기후 문화

기후 변화와 사회적 현실

KlimaKulturen

edited by Harald Welzer, Hans-Georg Soeffner, Dana Giesecke

Copyright ⓒ 2010 Campus Verlag GmbH, Frankfurt/Main

All rights reserved.

Korean Translation Copyright ⓒ 2013 by Sungkyunkwan University Press

기후 문화

기후 변화와 사회적 현실

엮은이   히랄트 벨처

　　　　한스-게오르크 죄프너

　　　　다나 기제케

옮긴이   모명숙

성균관대학교 출판부

목 차

일러두기

1. 이 책은 *KlimaKulturen*(edited by Harald Welzer, Hans-Georg Soeffner, Dana Giesecke, Campus Verlag GmbH, Frankfurt/Main, 2010)을 우리말로 옮긴 것이다.

2. 원서의 주는 본문 하단에 두었고, 필요 시 독자가 책의 내용을 이해하는 데 도움이 되도록 인물·개념어·사건 설명 등 별도의 옮긴이 주를 본문 모서리에 두었다.

3. 책·신문·저널 등의 제목은 《 》로 묶고, 단편 논문·단편 소설·보고서·노래·TV 프로그 램·영화 등의 제목은 〈 〉로 묶어 표기했다.

기후 문화

하랄트 벨처 Harald Welzer

한스-게오르크 죄프너 Hans-Georg Soeffner

다나 기제케 Dana Giesecke

해석되지 않는 문화 변화로서의 기후 변화

2007년 초 유엔환경회의는 세 가지 보고로 세계 여론을 당황케 했다. 이산화탄소 배출이 지금까지처럼 계속된다면, 기후 시스템이 머지않아 붕괴할 거라고 명확히 밝힌 것이다. 과학자들이 선포하는 사안마다 일렁이던 흥분은 물론 오래가지 못했다. 그렇게 된 것은 무엇보다도 기후온난화의 영향이 지역에 따라 극히 다를 수 있다는 점이 빨리 분명해졌기 때문이다. 남반구에 있는 나라들은 장차 가뭄, 홍수, 토양 유실 등으로 고생해야 하는 반면, 북반구의 부유한 나라들에서는 전적으로 긍정적인 효과가 나타날 수 있다는 것이다. 이 나라들이 환경공학에 참여하여 활동하는 한, 관광과 농업과 산업에는 긍정적이라는 말이다.

기후 변화에 관한 정부간 전문가 패널 Intergovernmental Panel on Climate Change, IPCC이 발표한 이 나쁜 소식들은 처음에 인간들의 마음에 상당한 불협화음을 야기했다. 불협화음은 나쁜 소식들을 익숙한 인식 틀과 문제 해결 여부 전략에 따라 분류함으로써 성공적으로 줄일 수 있었다. 2008년과 2009년의 금융 위기 및 경제 위기와 함께, 이 주제는 최종적으로 관심의 우선 대상에서 밀려났다. 오늘날의 시각에서 요약하자면, 문제의식은 높아졌지만 변화에 대한 각오는 항상 그 상태 그대로였다고 할 수 있다. 매체사회media society에서 놀라운 일이 아닌 이런 조사 결과는, 특히 미래의 사회적·문화적 생활 상태에서 기후 변화라는 문제의 차원이 어떻게 변할 것인가에 대해 아직 전반적으로 측정되지 않았다는 데서 연원한다. 외부에서 얻는 자원을 거리낌 없이 이용하고 낭비하는 서구의 생활 양식은 전 지구화될 수 있다. 또 이런 배경 하에서라면 사람들은 20년 후에도 오늘날과 같은 소비와 오락의 문화에 열중할 수 있을 것이다. 이런 가정에서 출발하는 것은 예나 지금이나 대개 여전한 것 같다.

그러나 기후 변화는 여러 가지 관점에서 과소평가된 위험으로, 지금까지 전반적으로 파악조차 되지 않는 사회적 위험이다. 그리고 현재는 민주적인 사회들이 과연 위험의 방지—내지 그 결과들에의 적응—를 강력하게 요구하는 방향 전환을 시작할 수 있는지조차 분명하지 않다. 이것은 한쪽에는 자원 고갈, 다른 한쪽에는 탄소 배출 증가라는 이중적인 압박의 결과 생기는 경제적이며 사회적인 모든 현안과 관련이 있다. 또한 세대 간 불공평이라는 갈등을 유발하는 문제나 자원 경쟁, 이와 결부된 안전 문제에 대한 현안과도 관계가 있다.

미처 계획하지 못한 채 상이하게 전개된 인류의 발전 과정은 기후 변화를 막지 못해서 부정적인 역학에 도달했을 수 있다. 수십 년, 수백 년에 걸쳐 서서히 형성된 인지 형태, 해석 형태, 문제 해결 형태 등이 그 역학 뒤에서 절뚝거리며 따라갈 수 있을 따름이다. 전 지구적인 위협을 적절한 수준이 되게 할 수 있는 능력이 대체로 부족하다는 것이 이것을 말해준다. 또한 기후 변화와 실제적으로도 잠재적으로도 결부되어 있는 엄청난 결과에 대해 무

감각이 만연하다는 것도 마찬가지로 이를 말해준다. 그리고 국제적인 관점에서 전혀 다른 이해관계의 상황들은 당연히 지구온난화의 심화에 공동으로 단호하게 제동을 걸지 못하도록 막을 것이다. 신흥공업국들Newly Industrialized Countries은 산업화 과정을 만회하고 있고, 일찍 산업화된 국가들의 에너지에 대한 갈망은 그칠 줄 모르며, 성장과 자원 활용에 기대를 거는 사회 모델이 전 지구적으로 확산되고 있다. 그래서 전 지구적인 기온 상승이 금세기 중반까지는 2도 정도에서 멈출 거라는 예상은 비현실적으로 보인다. 그리고 이것은 사태의 직선적 고찰에만 근거를 두는 전망이다. 사회적으로 기후 영향의 발생을 촉진하고 그 위력을 점진적으로 강화하는 데로 나아갈 수 있는, 자가 촉매적 과정이 여기에서는 아직 전혀 고려되지 않고 있는 것이다.

지구물리학적 차원에서 보면, 기후 문제를 극단적으로 심화시키는 비선형적인 과정들이 나타날 수 있다. 가령 영구동토층permafrost이 드러나면서 엄청난 양의 메탄을 방출하여 그 자체로 기후에 영향을 미칠 때, 또 삼림 유실이나 해수 과산화가 임계점에 도달하여 지금까지도 예상할 수 없는 도미노 효과를 야기할 때 말이다. 사회적인 차원에서도 똑같은 일이 생긴다. 가령 원료에 대한 열망이 갈등을 불러일으켜, 피난민 이주가 발생하고 국경 갈등 및 해적 행위가 심해질 때 말이다. 이 모든 것은 국가 안에서, 그리고 국가 간에 예측할 수 없는 폭력으로 이어질 수 있다. 사회적 과정의 논리는 직선적이지 않다. 이것은 기후 변화의 결과에도 적용된다. 인간의 폭력적인 역사에서는 그 어느 것도 평화의 시기가 곧 지속적으로 안정적인 사회적 상태임을 보여주지 않는다. 폭력의 대규모 사용은 **항상** 행동의 선택임을 바로 과거가 말해주는 것이다.

현재 전 지구적인 역학 관계에서 보이는 불균형의 심화는 전쟁과 똑같이 설명될 수 있다. 기후 변화가 원인이 되어 완전히 새로운 형태의 끝없는 폭력으로 이어질 수 있는 전쟁처럼 말이다. 기후의 영향을 가장 크게 받는 것은, 그것을 극복할 능력이 가장 적은 사회이다. 그런 까닭에 21세기 내내 세계적으로 이주가 증가할 것이고, 이민을 위협으로 느끼는 사회들은 극단적인 문제 해결책을 모색하지 않을 수 없을 것이다. 기후온난화처

1 Geisteswissenschaft, 자연과학에 대비되는 독일어 개념으로서 인간의 정신적 작용이나 그것으로부터 발생하는 문화 현상을 이론적으로 연구하는 학문 분야로, 철학, 신학, 심리학, 역사학, 정치학 등을 포함하며 인간학human studies으로도 번역됨

럼 **자연과학적으로** 설명되는 현상이 사회적 파국, 시스템 붕괴, 내전, 인종 말살 등을 포함한다는 것은 원칙적으로 우리의 관념과는 배치되는 것처럼 보인다. 그러나 이런 것들을 상상하기 위해 서둘러 너무 앞서 나가는 판타지는 전혀 필요하지 않다. 현재에서 보더라도 환경으로 인한 사회적 갈등이 엄청나고 안전 대책들이 강화되고 있음은 이미 확인할 수 있다.

그럼에도 불구하고 기후 변화는 지금까지 자연과학의 소관 사항에 속하는 현상으로 간주되었다. 사회학, 정신과학[1], 문화학 등을 연구하는 관련자들은 지구온난화에 기껏해야 개인적으로는 관심을 갖지만 전문적으로는 거의 그렇지 못하다. 기상학자, 해양학자, 고시생대古始生代학자, 빙하학자 등이 부분적으로 이미 수십 년 전부터 드물게도 의견의 일치를 보이며 입증하고 있는 것은 지구의 평균 기온이 올라가고 있다는 것만이 아니다. 인간의 오염 물질 배출 활동, 특히 이산화탄소의 배출이 기온 상승에 결정적으로 책임이 있다는 것 역시 증명하고 있다. 그런데 여기에는 특별한 어려움이 있다. 현재 두드러지게 드러나는 문제의 원인들은 적어도 반세기나 된 것이고, 당시 자연과학 연구의 수준에서는 전혀 예견할 수 없었다는 점이다. 대단히 불확실하기만 한―행동을 할 당시에는 결과를 예측할 수 없는―미래, 그것도 시간적으로 멀리 떨어져 있는 미래에 대한 현재의 개입 전략이 성공을 거둘 수 있을 때는 문제가 모두 훨씬 더 복잡해진다. 여기에서 행위와 그 결과 간의 시간적 관계는 여러 세대에 걸칠 정도로 길어졌고, 또한 과학적인 중재를 통해서만 설명될 수 있다. 이 관계를 감각적으로 경험하는 것은 거의 불

2 Kyoto Protocol, 리우 유엔환경회의 (1992)에서 채택된 기후변화협약UN-FCCC을 이행하기 위해 1997년 만들어진 국가간 이행 협약으로, 기후변화협약에 따른 온실가스 감축 목표에 관한 의정서
3 Arnold Gehlen, 1904~1976, 독일의 사회심리학자이자 철학자

가능하다. 그래서 문제를 간과하거나, 그 문제를 극복하려는 진지한 시도를 허구적인 "후일"로 미루기 쉬워진다.

물질적이며 제도적인 토대infrastructure는—정신적 성향mental disposition과 마찬가지로—움직임이 느려서, 그것을 바꾸는 변화는 곧 1차 산업혁명의 극복에 전혀 뒤지지 않는 과제가 된다. 또한 신흥공업국 및 개발도상국의 성장과 근대화에 대한 요구는 탄소 이후postcarbon 시대로의 이행을 어렵게 만든다. 세계의 한 지역에서 기껏 탄소 배출을 절감하면, 다른 지역에서의 경제적 발전을 통해 그 이상의 탄소 배출이 이루어지는 것이다. 이런 이유에서 탄소 배출의 통계는 교토의정서[2] 체제에도 불구하고 매년 증가하는 양상을 보여준다. 그리고 해가 갈수록 배출되는 탄소 가스의 전 지구적인 총 발생량을 줄이는 데 많은 비용이 들 것이다. 인간에 의한 기후 변화의 경우에는 아르놀트 겔렌[3]의 의미에서 "결과의 최초성" Konsequenzerstmaligkeit과 관계가 있다. 여러 가지 관점에서 선례가 없기 때문에, 문제 인지와 해결 시도를 위해 전승되는 준거 틀을 처음부터 지나치게 요구하는 사건이 되는 것이다. 그럼에도 불구하고 기후온난화의 영향으로 생활과 생존의 조건들이 현저히 달라질 것은 오늘날 이미 자명하다. 이런 일은 지역적으로 매우 상이하게 추진하는 가운데 발생하지만, 어느 경우에나 경제와 정치와 인간의 정신에 대단히 엄청난 결과를 수반한다. 인간에 의해 야기된 기후 변화가 민주주의 국가에 미치는 영향력을 생각해 보자.

왜냐하면 이런 물음들이 가능하기 때문이다. 문제의 원인과 결과를 시간적으로 따져볼 수 있는 인과 관계의 사슬이 와해된다는 것은 정치의식의 발전과 정치적 결정에 있어서 무슨 의미일까? 또한 과정의 이질성에 내재된 무책임성은, 기후 변화와 함께 발생하는 사회적 결과와 그 해결 가능성을 인

식하는 데 어떤 영향을 끼칠까? 사람들은 몇 년 후에 어떤 해결책, 즉 어떤 정치적 선택을 가능하다고 여길까? 오늘날만 해도 선택을 전혀 생각할 수 없을 것처럼 보이지만 말이다.

지구 시스템 및 기후 시스템은 구체적으로 늘 어떤 형태를 취하든, 앞으로도 물론 계속 존속할 것이다. 지구가 평균 2도, 4도 또는 8도 더 따듯해지든 차가워지든 상관없이 말이다. 진화 그 자체는 "가치중립적으로" 실행된다. 진화는 변화에 대해 완전히 냉정하다. 명확한 동일 표준시 지역time zone을 구상하고 현재의 것을 과거 및 미래의 것과 구별할 수 있는 종種이 발생함으로써 비로소 주어진 불변의 것, 현재 행동으로 사실상 해결할 수 있는 것, 앞으로 바라는 것이나 우려하는 것 등의 구별도 가능해진다. 존재와 당위의 구별이 가능해지는 것이다. 인류 이전의 진화는 이런 구별을 알지 못한다. 이 진화는 윤리를 갖고 있지 않으며 또 필요하지도 않다. 가젤영양을 제압하는 사자도 살인자가 아니고, 메탄을 내뿜는 물소떼나 소떼도 기후에 악영향을 미치는 죄를 범하지 않는다. 반면에 인간들이 야기한 고통과 죽음에는 어떤 가치 중립성도 적용되지 않는다.

한편으로 자신 역시 자연"의" 일부라는 것을 알고 있지만, 다른 한편으로 "자연적 인위성natürliche Künstlichkeit"(Helmuth Plessner)을 특징으로 하는 종인 인간은 "굴하지 않고" 본능적으로 감응하지도 않고, 순전히 반응적으로 적응하지도 않는다. 다른 생물들과 달리 인간을 움직이게 하는 비교적 개방적인 동인 구조, 즉 인간의 "비확정성"Nichtfestgelegtheit은 인간을 "비전문화의 전문가"Spezialist auf Nichtspezialisiertsein로도 "위험을 무릅쓴 존재"riskiertes Wesen (Konrad Lorenz)로도 만든다. 인간은 자연스런 환경을 갖고 있지 않다. 환경은 오히려 형성되어야 한다. 인간에게 맞는 환경, 즉 "인간의" 세계는 인위적이라는 것이다. 환경은 인간이 자연과 자기 자신을 가지고 만들려고 하는 것, 바로 문화이다. 인간의 세계, 곧 문화에 대해서는 인간이 책임을 진다.

세상의 어떤 윤리도 피하지 못하는 사실이 있기는 하다. 한편으로는 우리가 원하든 원치 않든 종종 무책임하게 행동하고(행동할 수밖에 없고) 또한 우리의 무책임을 나중에야 비로소 의식적으로 지각하지만, 다른 한편으로는 우리가 모든 것과 모든 사람들을 위해 "개인적으로" 책임을 떠맡을 수 없다는 사실이 그렇다. 하지만 그 어떤 실용주의도 행동의 결과를 책임지고 윤리적으로 정당화시켜야만 하는 것으로부터는 마찬가지로 벗어날 수 없다.

우리가 문화적 존재이자 시간적 존재로 각인된 것은, 반응적인 동화보다는 오히려 앞서서 미리 행동하는 적응 능력 때문이다. 우리는 모든 것을 포괄하는 진화의 부분이며, 또 계속 그렇기도 하다. 진화는 특히 우리의 미래적인 적응 행동 역시 만들어냈다. 하지만 우리는 또한 이처럼 진화가 가져온 것에 대해 대가를 지불해야 한다는 것 역시 알고 있다. 한편으로 우리는 우리의 자연적 인위성에 대한 경험 때문에 유한성, 약함, 불완전함을 통찰하지 않을 수 없고, 부득이하게도 개선의 필요성을 줄곧 호소하게 된다. 다른 한편으로 우리는 조종하려고 하면서 우리 자신이 조종당했다는 것을 알게 된다. 인간이라는 종(이중적인 의미에서 "인위적인" 종)이 생겨남으로써, 진화는—은유적으로 말한다면—재촉당하는 몰이꾼getriebener Treiber으로서의 인간 안에 주어졌고, 성찰적인 요소는 인간 안에만 부여되었다. 앞을 내다보는 적응 대책들을 정당화하기 위한 미래적이고 도구적 동기와 성찰적 동인, 이 두 가지가 인간 안에서 하나로 묶였다. 그리고 우리의 조정 잠재력이 커질수록, 한편으로는 개선의 압박이 그만큼 강화된다. 고통을 줄여야 할 책임이 강화되는 것이다. 이와 함께 다른 한편으로는 우리의 선택권과 수단을 택하는 것에 대해 정당화 압력이 똑같이 커진다. 이처럼 상호 압박이 커지는 강화 과정을 통해 두 가지 가능성, 즉 정지와 복귀가 영원히 막힌다. 따라서 인간에게 기후와 문화는 기후 변화 및 문화 변화와 마찬가지로 함께 하나의 전체를 이룬다.

이런 문화 이해의 틀에서만, 지나간 상 4 Nicholas Stern, 1946~, 기후 변화 전문가인 영국 경제학자
태의 측정 결과를 보고 미래적 상황을 예측
하는 기술들이 발전할 수 있다. 이런 인식론적인 차원만이 기후 변화를 문
화학적 연구 대상으로 삼는다. 인간의 존재 여부는 "자연"에게 당연히 중요
하지 않다. 그 반대의 논리는 성립되지 않는다. 인간의 생존공동체가 우호
적인 기후 조건에 얼마나 심하게 의존적인가를 명확히 보여주는 것이 바로
기후 변화인 것이다. 생물학적인 온도 조절(열 균형), 영양 섭취 가능성, 에너
지 공급 측면에서 말이다. 하지만 또한 인간의 삶을 호화롭게 만드는 많은
관점들에서도 마찬가지이다. 이 관점들은 순수한 물질적 존재와는 더 이상
아무런 관련이 없다. 허리케인 카트리나는 2005년 불과 몇 시간 안에 세계 최
대의 공업국인 미국에 있는 어느 대도시의 사회적 질서를 완전히 마비시켰
다. 또 매년 중부 유럽의 겨울 폭풍우는 교통 시스템을 손쉽게 순식간에 엉
망으로 만들 수 있다. 2003년에는 중부 유럽에서 계속된 불볕더위에 죽은
사망자가 3만 명이나 되었다. 2009년에는 온난화로 인해 진드기가 옮긴 뇌
염이 확산되면서는 발병 사례 305건이 독일 로베르트-코흐 연구소Robert-Koch-
Institut에 보고되었다. 몇 년 전만 해도 이런 전염은 생각할 수조차 없었던 지
역과 지방 관구들에서 발병한 것이었다. 해안 보호 및 홍수 방지를 위한 비
용은 고기잡이와 포도 재배와 마찬가지로 기후 변화로 타격을 받았다. 기
후온난화의 영향을 받지 않는 사회적 재생산 영역이란 거의 존재하지 않는
다. 그래서 세계은행 前 수석경제학자인 니콜라스 스턴[4]은 2007년에, 기
후 변화에 따르는 국민경제적 비용이 전 세계 차원에서 국내총생산의 약 5
분의 1에 가깝다는 계산을 내놓았다. 예를 들어, 일찍 산업화된 나라들의 복
지국가 사회보장시스템이나 신흥공업국 및 개발도상국들의 복지제도 형성
에 있어서 이것이 의미하는 바는 이제부터 개략적으로만 예측할 수 있다.
이것은 지정학의 관점에서 전략적이고 자원정책적 선택의 변화와 새로운

폭력원의 발생에도 똑같이 적용된다.

해석되는 변화로서의 기후 변화: 기후 문화

인간에 의한 기후 변화가 정신과학 및 문화학의 전문적인 평가를 시급히 필요로 하는 현상임을 명백히 하는 데는 앞서 언급한 몇 가지 내용으로도 충분하다. 이런 현상이 전반적으로 어떤 역사적 및 문화적 준거틀 내에서 해석되는가 하는 질문으로 시작하면 말이다. 정신과학과 문화학의 평가는 필요한 해석틀과 마찬가지로, 선취되고 통감되거나 직접 체험한 파국들과 관련되는 역사적 경험 내용과 관계가 있다. 또한 인간에 의한 기후 변화로 이어진 문화적 실천과 의미 맥락뿐만 아니라, 사회학, 정치학, 심리학, 법학 등 기후 변화를 다루는 광범위한 영역과도 관계가 있다. 정신과학과 문화학의 전문적인 평가는 특히 인간의 해석 잠재력과 의미 부여 가능성을 유발한다. 즉 정의와 책임의 관점들에 대한 철학적 검토뿐만 아니라, 문헌학이나 문학의 언어 비판과 집단적인 해석 형태의 지식사회학적 분석 역시 야기하는 것이다.

이를 배경으로 하면, 기후 문화의 장을 지금까지 폭넓게 다루지 않고 내버려둔 정신과학 및 문화학의 태만이 얼마나 큰지 알 수 있다. 그리고 왜 그런 것인지 직접적인 설명이 필요하다. 사회학과 정신과학 및 문화학이 주제와 관련된 이론을 만드는 것으로부터, 특히 공적이면서 정치적인 담론으로부터 후퇴한 것은 다른 관점들에서도 검토되어야 한다. 이런 후퇴에 대한 가장 중요한 이유는 우리의 시각에서 보면, 1989년 동유럽 공산권의 체제 붕괴에 있다. 국제정치적인 외형이 이처럼 근본적으로 바뀌리라고는 아무도 예견하지 못했다. 이것을 본래 관할하는 해석학 역시 이를 미리 알아채지 못했다. 많은 학자들이 볼 때 학문별로 각각 이루어진 작업의 기본 이론이 그때까지는 타당했지만, 이 사건과 함께 이 기본 이론

5 intellectualism, 지성 또는 이성이 의지나 감정보다도 우위에 있다고 생각하는 철학적 입장

역시 의심스럽게 되었다. 그것이 마르크스주의였든, 시스템 이론이었든 상관없이 말이다. 적지 않은 수의 사회학 또는 정치학 세미나들에서는 1990년 여름학기부터 더 이상 마르크스가 아니라 베버가 읽혔다. 그리고 지난 20년간 전문 분야 역사를 돌이켜볼 때 알 수 있는 것처럼, 이것이 그 이후에 정신과학 및 문화학 분야가 천착하게 될 유일한 **방향 전환**turn은 아니었다. "담론적"discoursive, "상징적"iconic, "시각적"visual, "서술적"narrative 등 부단히 계속되는 다른 방향 전환들turns을 뜻한다. 이 방향 전환들은 이론적으로 일종의 불임처럼 비생산적이고 경험과 전반적으로 거리가 멀지만, 그와 동시에 특별한 한 가지는 해냈다. 정신과학 및 문화학의 주제 범위를 계속해서 교묘하게, 사회적인 문제 상황의 영역에서 담론이라는 소수만 알아듣는 밀교적 세계로 옮긴 것이다. 순수하고 자기만족적인 지성주의[5]처럼 세상과 유리된 공간에 존재하는 것에 바로 이렇게 자족한 결과, 사회학과 정신과학 및 문화학은 비판적 잠재력은 물론이고 주어진 현실actuality을 초월할 수 있는 능력 역시 잃고 말았다. 미하엘 하크너Michael Hagner가 본서에서 설명하고 있는 것처럼, 이것은 특히 이 학문들의 미래가 없어졌고 따라서 자기의 실존 및 공동의 생존에 대한 근본적인 걱정도 당연히 사라졌다는 데서 나타난다.

사회학과 정신과학 및 문화학은 이처럼 미래를 망각함으로써, 공적인 공간을 탈정치화하는 데 상당한 몫을 했다. 해석 엘리트들이 비판적 잠재력을 포기한다면, 민주주의는 매우 효과적인 교정 수단을 빼앗기고, 시민사회는 분석적인 동시에 정치적인 힘을 잃게 된다. 공적인 공간의 탈정치화가 〈안네 빌〉[6]과 〈혹독하지만 정당한〉[7] 유형 같은 정치적 논쟁들의 탈민주주의적 위장postdemocratic simulation으로 대체되지 못하고, 본보기로 설명되는 것이다.

6 Anne Will, 독일의 텔레비전 앵커 우먼 안네 빌이 진행하는 정치 토크쇼
7 Hart aber fair, 매주 월요일 방송되는 독일의 정치 토크쇼

"기후 변화"라는 현상은 사회 및 문화와 관련되어 극적이라 할 정도로 여전히 설명되지 않고 있는데, 그 이유는 마찬가지로 이 현상이 토크쇼에서 벌어지는 언어적 외피들의 교환과 이것을 기준으로 입장을 취하는 의회 논쟁에 내맡겨졌기 때문이다.

21세기의 생활 상태를 여러 가지 관점에서 함께 규정할 현상을 문화학이 체계적으로 조명하지 못하는 것은 치명적이라 하겠다. 그 이유는 기후 변화로 생기는 결과의 최초성에 대한 무관심으로 인해, 사회학과 정신과학 및 문화학이 발견적 가치가 큰 대상을 빼앗기기 때문만이 아니다. 특히 경험뿐만 아니라 현상의 매개 역시 거의 전적으로 자연과학자들에게 맡겨져 있기 때문이기도 하다. 자연과학자들은 학문 분야의 특수한 관점들에 제한을 받기 마련인데 말이다. 이것은 가령 기후 변화의 영향이 완전히 추상적으로 주제화되는 데서 드러난다. 2020년에는 대기 중 이산화탄소량이 400ppm 정도일 것이고, 다음의 세기 전환기에는 해수면이 89센티미터까지 올라갈 것이라고 한다. 이런 정보들은 인류의 "일상"에 있어서 기후 변화가 의미하는 바를 거의 완전히 없애버린다. 전 지구적으로나 지역적으로나.

인간들의 생활 조건 및 생존 조건에 있어서 이런 발전이 끼치는 영향을 설명하는 것은 중요할 수밖에 없다. 자연과학은 이런 과제에 접근할 수 있는 과학적인 통로를 제공하지 못한다. 이 과제가 자연과학의 관할 영역에 속하지 않는 것이다. 그러나 올라가는 기온, 녹고 있는 대륙 빙하 또는 북쪽으로 확산되는 말라리아 감염 등에 대한 자연과학의 평가가 정치적이고 공적인 활동 무대에서 토론될 때에는, 이로부터 벗어날 수 있는 방책, 적응 또는 해결책 등에 대한 질문이 반드시 나오게 된다. 질문을 받은 자연과학자들은 당연히 꼭 답변해야 한다고 느낀다. 답변은 물론—행동 변화에 대한 호

소처럼—대단히 단순하거나 기술 만능주의적이기 마련이다. 지구공학geo-engineering, 이산화탄소 저장, 전기자동차 등은 기술 만능주의적인 방향을 향할 것이다. 이런 "조언들"이 문화학적으로 결정되지 않은 것은 불가피했다. 역사적인 토대가 있는 기술 비판, 경제사 및 환경사, 물질적이고 제도적이고 정신적인 토대들의 발생, 관심과 의도 및 전략, 사회적 역학과 비의도적인 행위의 결과, 경로 의존성path dependence과 문화적 유대cultural bonds와 집단사고groupthink 등등에 대한 질문들이 기후 변화에 관한 자연과학적 및 공학적 담론에서는 필연적으로 제기되지 않는 것이다. 그것은 자연과학자들과 공학자들 탓이 아니라, 바로 사회학과 문화학 및 정신과학에 매진하면서 지금까지 전반적으로 현상의 이런저런 많은 측면들에 대한 모든 평가를 거부한 사람들 때문이다.

이것은 지금까지 이루어지지 않은 언어 비판의 광범위한 영역에 대한 사례로 보일 수 있다. 언어 비판에 대해서는 이 책에서 잉고 슐체Ingo Schulze가 다루고 있다. 또한 이것은 전통적인 환경운동이 보여주는 계시록적인 표상과 파멸을 강변하는 지루한 수사학의 지속성에 대한 사례로도 볼 수 있다. 이 책에서는 울리히 벡Ulrich Beck이 이것을 주제로 삼고 있다. 인간들이 자신들의 지식을 조직하고, 삶의 현실에서 변화를 지각하며, 선점 또는 회피의 상이한 형태들을 실제에 적용하고, 종종 경쟁하는 해석들을 모색하고 발견하는 것은 "하부 세계"Subuniversa(James Cooley) 내에서이다. 이 복합적인 하부 세계 역시 자연과학적으로나 공학적으로는 결코 이해할 수 없다. 자연과학이나 공학은 인간들이 잘못된 것인 줄 알면서도 결정하고 행동하는 이유를 묻는 질문에 마찬가지로 답을 할 수 없다(이 책에서는 안드레아스 에른스트Andreas Ernst와 우도 쿠카르츠Udo Kuckartz가 이 문제를 다룬다). 마찬가지로 조명이 부족한 주제 하나는 생활 양식과 문화적 전승의 타성이다. 식습관과 이와 연관된 의식은 닐스 밍크마르Nils Minkmar가 보여주듯이 습관적인 세계의 부분이고, 따라서 변화가 극히 어렵다.

이해관계, 권력, 언어, 역사, 주관성, 정의, 책임, 정치, 폭력, 위생, 음주문화 등과 같은 사회적 사실들과 문화적 범주들의 해석은 자연과학 및 공학의 권한이 아니라 사회학과 정신과학 및 문화학의 관할 영역에 속한다. 그러니까 이것은 간과할 수 없는 일이다. 이런 해석이 기후 변화를 둘러싼 논쟁에도 연구 의제에도 적용되지 못한다면, 해석의 학문들은 일상적인 행동에도, 문제의 학문적 및 정치적 설정 또는 취급에도 영향력을 행사하지 못한다.

기후 변화의 맥락에서 중요한 질문과 체험 및 답변 등과 관련하여 사회학과 정신과학 및 문화학의 지참채무[8]가 크다고 본다. 그 채무를 갚아나가는 것이 중요하다. 그렇게 함으로써 사회에서의 직무 수행보다 훨씬 많은 결과를 낼 수 있다는 게 우리의 추측이자 희망이다. 또한 수정·추진하면 불가피하게 재앙으로 가는 다른 길이 생길, 문화적 실천의 필수적인 변화를 위해 단기적인 자극들에 단순히 불을 붙이는 것보다도 많은 성과를 낼 수 있다고 본다. 정신과학 및 문화학은 오히려 스스로 고무적인 활력도 얻었다. 그 활력 덕분에, 이 학문들은 전문가들 외에는 아무도 관심을 갖지 않는 사안들에 대한 전문적인 분과주의의 자족적인 금욕의 틀을 부수고 나올 기회가 생긴다고 한다. 이로써 우리의 학문 분야들은—드디어—다시 사회의 부분이 될 것이다. 상당한 미래의 문제, 그것도 학문 없이는, 특히 사회학과 정신과학 및 문화학 없이는 해결할 수 없는 미래의 문제를 갖고 있는 사회의 부분이 될 것이다.

왜냐하면 지구온난화처럼 대단히 현실주의적으로 보이는 주제는 역사적 관점에서 분석적으로 해독될 때, 뜻밖에도 고전 문헌학과 역사학 역시 답변하는 물음을 제기하기 때문이다. 한편으로는 토마스 쉬렌Thomas Schirren의 글뿐만 아니라 다른 한편으로는 크리스티안 피스터Christian Pfister와 프란츠 마

우엘스하겐Franz Mauelshagen의 글 역시 이것을 보여준다. 다르게 바꿔 말하면, 어문학,

철학, 문예학 및 정신과학 역시 기후 변화처럼 대단히 "정신과 거리가 멀어" 보이는 주제를 분석할 때 전공별로 체계적으로 중요한 통찰들을 전달할 수 있다는 것이다. 철학적으로 근거 있는 정의 개념(Dieter Birnbacher)이나 책임윤리에 대한 질문(Ludger Heidbrink)은 바로 기후 변화의 문제를 또한 기후 문화의 문제로 재공식화하기 때문에, 지금까지 전적으로 자연과학이 지배했던 시각을 훨씬 넘어선다. 이것은 기후 변화가 가령 지자체commune처럼 천차만별의 사회적 행위자들에게 부여하는 법적 의무와 역할(Ulrich Battis)에도, 또 건축과 공간 이용 계획Raumordnung의 패러다임 변화(Bernd Hunger, Werner Wilkens)에도 똑같이 적용된다.

다른 가능성들도 있을 수 있다. 취약하고 파국의 경험이 있는 사회들의 경우, 개인과 집단의 저항력 및 생존 능력의 차원에서 볼 때 일찍 산업화된 유형의 나라들에서 발생하는 대단히 복잡한 위험이나 보험 사회들risk and insurance societies보다 덜 위태로울 수 있음을 인지할 가능성도 있다는 것이다. 여기에서 지금까지 비교적 미미한 정도로만 파국에 노출되어 있는 사회들은 몇몇 경험과 전략을 배울 수 있을 것이다. 또한《재앙의 문화cultures of disaster》(Greg Bankoff)라는 연구서에는 일찍 산업화된 사회들을 위한 학습 가능성이 제시되어 있다. 이 학습 가능성은 전통적인 시각을 뒤집는다. 이 연구서에서 모델을 형성하는 것은 서구사회의 주민들이 아니라, 탈식민적인 사회의 주민들인 것이다. 어떤 사회적 지식 자원들이 탈식민적인 지역들에서 계발되었는지 앞으로 더 많이 연구해야 할 것이다. 사람들은 확고부동하게 보이는 것 못지않게 기만적인 자기 확신에서, 이런 지역들이 "서구로부터 배울" 거라고 생각한다. 재레드 다이아몬드[9]는 이 점에 대해 어느 인터뷰에서 간단명료하게 확실히 밝힌다. 위급한 경우에 누가 파국에 저항력 있게 행동

할지 전혀 확실치 않다고 말이다. 방글라데시의 벼 농사꾼이든 어느 대기업의 정보통신기술 담당 간부이든 말이다.

왜냐하면, 기후 변화의 영향을 피할 수 있는 상태와 그 영향에 적응하는 상태 중 우리가 지금 어떤 국면에 있는지는—비르거 P. 프리다트Birger P. Priddat, 라르스 클라우젠Lars Clausen, 디르크 메스너Dirk Messner 등이 각각 다른 관점에서 암시하듯이—아직 확실하지 않기 때문이다. 쓰나미의 경우에 물이 빠져나갈 때처럼 위험한 순간에 우리는 분석을 시도한다. 바로 그렇기 때문에, 우리가 오늘날 아직은 위험하지 않은 것처럼 보이는 사회의 붕괴 가능성을 지각하지 못한다고 하는데, 단연 그럴 수 있을 것이다. 즉 사태가 이상하게 보이지만, 아직은 위험해 보이지 않는 것이다. 우리가 살고 있는 행성에서의 생존 조건들은 극히 불공평해지고 있고, 이와 함께 또한—기후 변화의 **사회적** 영향과 관련되는 것인데—누가 승자와 패자가 될지, 또는 당분간 더 살아남게 될지 결코 결정되지 않았다. 이런 것 때문에 **지구온난화**의 불균형적인 영향이 극단적으로 고조된다. 바로 그렇게 되는 순간부터 전 지구적 기후 변화의 거버넌스global climate governance에서 현재 우세한 모든 생각들은 마찬가지로 망상으로 밝혀질 수 있을 것이다. **지구온난화**의 영향이 계속 현실화될수록 우리는 **실패한 사회**failed societies 때문에 그만큼 바빠질 것이다. 왜냐하면 라르스 클라우젠의 표현을 빌자면, 전체적으로 "실패한 세계화"failed globalisation가 될 수 있을 것이기 때문이다.

그밖에, 자원을 무한정 이용할 수 있고 소비할 수 있다고 느끼는 문화 속에서 살고 있는 우리가 기후 변화 때문에 유한성의 현상과 대결하는 것처럼, 과거와 현재와 미래라는 범주들은 뜻밖의 혼란에 빠진다. 진보는 이미 오래 전부터 과거의 사안일 수 있고, 미래는 길을 잃은 잘못된 발전 이전으로 돌아가는 것에 있을 수 있을 것이다. 이것은 현대에는 완전히 생소한 행위이다. 본서가 잃어버린 미래로 시작하여, 곤란하게 된 역사로 끝나는 것도 이런 이유 때문이다.

　사회학과 문화학 및 정신과학이 기후 영

10 Claus Leggewie, 1950~, 독일 정치
학자

향 연구에 기여하는 몫이 얼마나 중요한지, 또 분석과 해석과 예측을 자연과

학자와 공학자들에게만 맡길 때 그 결손이 얼마나 클 수밖에 없을지 명확하

게 해주는 것이 바로 이런 연구의 결과들이다.

　문화학적인 기후 연구를 처음으로 대변한 사람들 중 한 명이 클라우스 레

게비[10]이다. 그는 과거에도 현재에도 이 책의 중요한 제안자이자 분석가이

며 표제어 제공자이다. 그가 작성한 글은 본서에 나오지 않는다. 하지만 그

의 작업이 없었다면 이 책은 아예 생각할 수도 없었을 것이다. 이것이 우리

가 이 책을 그의 예순 번째 생일에 헌정하는 이유이다.

2010년 1월,

에센에서.

인문학은 미래를 잊었는가

인문학은 미래를 잊었는가?

미하엘 하크너
Michael Hagner

인문학자들은 때때로 서로 몹시 분노하며 스스로 파괴하는 버릇이 있다. 놀랍게도 그들이 자기 파괴를 당장 변호하지 않는 이유가 궁금할 정도이다. 보통은 그렇게까지 되지 않는다 하더라도, 지구촌에서 이런 식의 자기 지시적인 교묘한 농간self-referential coquetry은 눈에 띄기 마련이어서 다른 사람들이 여기저기서 인문학의 폐기를 요구하는 데 조금은 더 일조했을 것이다. 이런 반발을 한갓 상투적인 빈말로 볼 수 없다는 것은, 또한 2007년 초 니콜라 사르코지(Nicolas Sarkozy, 1955~) 프랑스 대통령이 어느 인터뷰에서 고전 어문학 박사논문을 쓸 권리는 누구에게나 있지만 국가가 박사학위 공부도 재정적으로 뒷받침해줄 의무는 결코 없다(de Saint-Do 2007)고 분명히 밝혔을 때 누구에게나 분명해졌을 것이다. 이 기발한 말을 통해 사르코지는 적어도 두 가지를 표현했다. 첫째로 그리스어나 라틴어를 아는 심오한 지식이 전 지구화된 세계에서는 소용이 없으며, 따라서 그것을 향유할 수 있는 사람들의 취미로 간주된다는 것이다. 고대 어문학은 이로써 예컨대 개인적인 우주비행, 낡은 스위스 그랜드호텔의 구입 또는 인상주의 미술품의 수집 등과 같은 범주에 놓이게 된다. 인문학이 지루한 백만장자를 위해 선용할 여가가 된 셈이다. 둘째로—이것이 아마도 훨씬 중요할 것이다—국가가 대학교육에 투자를 해야 하지만, 그렇게 하는 이유는 오직 국가 자체의 경제와 과학기술

과 관료체제가 살아남는 것을 보장하기 위
한 것 때문임이 명백하다는 것이다. 또한
국가는 어떤 종류의 학문적 연구가 후원하
기에 적합한지 여부를 결정할 권리를 지닌

1 Bologna Process, 1999년 영국, 프
랑스, 독일, 이탈리아 등 유럽연합 4
개국이 이탈리아의 볼로냐에서 출범
시킨 단일한 고등교육 제도

다. 사르코지는 영향력이 큰 정치가, 경제계 지도자 또는 학계 관리자들 중
에서 자연과학이든 인문학이든 기초 연구가 실제로 유용할 때에만 후원을
받을 자격이 있다고 주장하는 유일한 사람은 아니다.

많은 사람들이 바라는 것처럼 그렇게 빨리 인문학이 상아탑 같은 대학에
서 쫓겨날 수 있을까? 필자는 그럴 거라고 생각하지 않는다. 그럼에도 불구
하고 최근 몇 년 동안 대서양 이쪽저쪽에서 "인문학의 위기"가 많이 화제가
되고 있다는 것은 간과할 수 없다. 그리고 이로 인해, 인문학이 무엇에 도움
이 되는가 하는 질문 주위를 계속 맴도는 폭넓은 성찰 과정이 시작되었다.
그래서 볼로냐 프로세스[1]의 대학 구조 개혁으로 인해 야기된 충격이 많이 회
자되고 있다. 그것에 대해 오랫동안 불평의 말은 많았지만, 2009년 가을에
야 비로소 정당하면서도 강력한 저항이 나타났다.

인문학 위기의 또 다른 요인은 학문 분야의 명확한 분류에 맞지 않는 문
화학의 개입으로 전통적인 학과들이 점차 쇠퇴하는 것이다. 많은 인문학자
들은 자신들이 여전히 19세기에 학문 분야에서 이루어진 분리 독립의 전통
속에 있다고 생각한다. 그래서 수많은 연구 주제들과 전체 학문 범위가 탈
학제적인 일들postdisciplinary undertakings로 구상되어 있다는 것을 과소평가했
다. 그것도 모든 학문에서 말이다.

끝으로, 격론이 벌어진 문제가 있다. 인문학이 응용 지향적인 유용한 지
식을 내놓아야 하는가, 아니면 실천, 유용성 또는 진보 등의 범주들 내에서
움직이기보다 오히려 그 범주들의 근거를 비판적으로 묻는 성찰적 지식을
관할하는가 하는 문제이다. 철학이나 역사학이 암 연구나 나노 기술과 같은

2 Kursbuch, 1965~2008, 독일의 문화잡지

방식으로 발전하지 않는다고 말하는 것은 적절하다. 또 **쓸모없는** 인문학을 **유용한** 자연과학과 마찬가지로 포기할 수 없다고 여기는 것 역시 정당하다. 다만, 그렇다 하더라도 이런 불가결성은 명백한 논증을 통해 부각되어야 할 것이다. 이런 일이 바람직하게 일어나지 않는 이유는 무엇일까? 필자는 그 동인에 대한 중요하고 현실적인 논의를 계속 살펴보고 싶지는 않다. 그보다는 오히려 역사적인 길로 접어들어, 인문학을 정당화하는 데 현재 부족한 것이 무엇인지 보다 상세히 파악하고자 한다.

2008년 6월, 43년이나 된 전설적인 평론지《쿠르스부흐》[2]의 발간을 중단한다는 보도가 나왔다. 그 결정은 잘 된 것이었다. 이 잡지가 우리 시대의 중요한 주제나 토론과 더 이상 아무런 관련이 없게 된 지 이미 오래되었기 때문이다. 그런데 이 잡지는 1960년대 말에만 좌파의 슬로건 제공자이자 주된 매체였던 것이 아니다. 1978년에도 《쿠르스부흐》는 시대의 흐름에 뒤떨어지지 않았다. 1978년 5월의 52호에는 별지 쿠르스보겐Kursbogen이 한 장 첨부되었다. 거기에서는 이탈리아 디자이너 엔조 마리(Enzo Mari, 1932~)의 작품을 볼 수 있다(그림 참조). 작품의 제목은 "망치와 낫"으로, 전형적인 공산주의의

그림 | 엔조 마리, "망치와 낫" (출처:《쿠르스부흐》52호 쿠르스보겐, 1978, 베를린)

상징을 보여준다. 가운데 위쪽에 자리 잡은 이 상징은 무대면 위에 절대적으로 떠 있다. 무대를 구성하는 서로 빽빽하게 인접한 44개의 대臺 위에는 무정형無定形 물체들이 자리하고 있다. 그런데 높이 들어 올려진 위엄dignity은 착각이다. 왜냐하면 망치와 낫이 더 이상 한 두 조각으로 만들어지지 않고, 오히려 44개의 부분으로 분할되었기 때문이다. 또는 이것을 더 냉혹하게 표현한다면, 망치와 낫이 44개의 작은 조각으로 허물어졌다고 할 수 있다. 이 파편들은 박물관 전시 때 대 위의 조각품으로 다시 모습을 드러낸다.

3 habitus, 일정하게 구조화된 개인의 성향 체계
4 Krysztof Pomian, 1934~,《박물관의 기원: 수집에 관하여Der Ursprung des Museums: Vom Sammeln》를 쓴 바르샤바 출신의 철학자이자 역사학자
5 expectation horizon, 독자에 의한 텍스트의 재구성, 즉 독서 행위에서 미확정성의 부분이 독자에 의해 채워진다는 수용미학 이론
6 Hermann Lübbe, 1926~, 독일의 철학자

공산주의는 나이가 들어서 늙은 것만이 아니었다. 박물관 전시물museum object로 다시 모습을 드러내고 있다. 그것도 알아볼 수 없을 정도로 파편화된 방식으로 말이다. 망치와 낫은 단지 대 위의 전시를 통해서만 자기의 지위를 유지할 수 있다. 이와 함께 근본적인 변형은 이미 예고되었다. 투쟁, 유토피아, 희망 등을 대변하는 정치적인 상징이 조각품 공원으로 바뀌는 변신은 예전의 의미론적인 내용을 없애는 데로 나아간다. 아비투스³가 달라진 것이다. 전에는 정치적인 의미가 있었다면 지금은 미학적인 의미가 주장된다. 전에는 상징이 미래를 가리키고 약속을 담았다면, 이제 박물관의 해석에서 파편으로 허물린 상징은 과거를 가리킨다. 크리스츠토프 포미안⁴에 따르면, 사물과 의미의 순환에서 빼내져 정지된 것이 박물관에 있기 때문이다(Pomian 1997). 망치와 낫은 기호계semiosphere로 축소되었다. 사용의 대상이 관찰의 대상이 되고, 가까움은 돌연 거리 취하기로 바뀌고, 기대 지평⁵은 기억 지평memory horizon이 된다. 헤르만 뤼베⁶는 이 과정을 특유의 간결한 표현으로 이렇게 확인했다. "근대의 유산을 기념물로 인식하는 사람은 탈

7 discourse analysis, 글로 쓰이거나
말해진 언어에 들어 있는 단위들의
관계에 관한 연구
8 deconstruction, 1960년대에 프랑스
의 비평가 데리다(Jacques Derrida,
1930-2004)가 제창한 비평 이론
9 system theory, 하나의 시스템이 각
요소들의 단순한 집합체도 각 요소들
을 초월한 추상적 총체도 아니며, 상
호 연관되는 각 요소들에 의해 구성
된 통일체라고 보는 입장
10 media theory, 다양한 매체들의
내용, 역사, 영향 등을 연구하는 학문
분야
11 cultural science, 문화의 물질적 및
상징적 차원을 연구하는 학문

근대적postmodern으로 존재한다."(Lübbe 1992: 78). 마르크스주의를 나타내는 중심적인 상징의 개별 부분들이 곧 유산이 된다. 엔조 마리의 포스터는 공산주의의 유토피아를 탈근대적으로 새롭게 다루는 것을 대변하고, 1970년대 말의 변화와 궤도 조정을 그 폭에서는 아니겠지만 그 급진성에서 논점으로 삼는 것이다.

이것이 인문학과 무슨 관계가 있는가? 인문학은 결코 박물관에서 구경할 수 없을 것이다. 그렇지만 인문학 스스로 진단한 위기는 아주 오래 전에 이루어진 유토피아와의 결별과 관계가 있다는 게 필자의 주장이다. 이 결별은 오늘날까지 느낄 수 있는 휴지부를 만들었다. "탈근대"의 개념은 알다시피, 베를린 장벽의 붕괴 전 10년 이상 마르크스주의와 유토피아가 서서히 고사枯死하는 것과 함께 생겨났다. 이 개념은 애매모호하게 다양한데도 불구하고, 오랜 기간 동안 형이상학적인 소란을 야기했다. 인문학에서 이것은 담론 분석[7], 해체주의[8], 시스템 이론[9], 매체 이론[10], 문화학[11] 등이 서구의 대학 강의실과 세미나실을 차지하기 시작한다는 것을 의미했다. 이와 함께, 새롭고 비판적인 단초들을 제시한 사유 양식이 자리를 잡았다. 이 단초들은 온갖 차이에도 불구하고 한 가지 공통점을 갖는다. 유토피아와는 작별을 고했고—더욱이—미래에 대해서는 근본적으로 더 이상 말할 게 없다는 것이다. "원칙적인 것으로부터의 작별"(Abschied vom Prinzip-iellen, Marquard 1981)은 많이 다루어졌고, 이로부터 인문학을 정당화할 수 있는 새로운 발판이 마련되었다. 이 토대는 1980년대에 서독의 상태에 적합할 수 있겠지만, 1989년 이래 역사적 사건들을 통해 급속한 해체에 내맡겨졌다.

미래와의 작별은 그 대가를 치렀다.

　유토피아, 이것은 19세기 이래 '어디에
도 없다'nowhere 주위를 맴도는 사유에 대한
비판적인 개념이 아니었다. 오히려 그 반대
였다. 유토피아는 그때그때마다 오늘의 사

12 Hans Magnus Enzensberger, 1929~,
독일의 시인이자 평론가
13 François Noël Babeuf, 1760~1797,
프랑스 혁명기의 급진적인 혁명가
14 Ernst Bloch, 1885~1977, 독일의
마르크스주의 철학자

유를 지칭했다. 이 사유는 자기 시대보다 앞섰고, "내일의 진실"Wahrheit von
morgen (Louis Blanc)을 선포할 수 있었다(Hölscher 1992: 102 참조). 이 견해에 따르면,
유토피아는 미래가 시작될 수 있든 없든 상관없이 미래와 비례 관계에 있는
역사철학적인 방식이다. 미래와 유토피아, 이것이 바로《쿠르스부흐》52호
가 다루는 두 개념이다. "유토피아 I—미래에 대한 의심"Utopien I–Zweifel an der
Zukunft, 이것이 한스 마크누스 엔첸스베르거[12]의 투쟁적인 짧은 에세이로 시
작되는 52호의 제목이다. 그의 글 〈세계 몰락에 대한 두 가지 부수적 소견
Zwei Randbemerkungen zum Weltuntergang〉은 그 당시 실제로 스캔들을 야기했다.
아직은 말귀를 알아들을 수 있는 좌파가 엔첸스베르거에게 옛 좌파의 이상
에 대한 배신자라고 비난했던 것이다. 30년의 시간적 거리가 있어도 그때의
흥분은 충분히 실감할 수 있다. 이론과 실천에서 미래의 조성을 위해 진력
하는 사람들은 잘못이 다음과 같다고 지적당했을 때, 그것을 어떻게 여겨야
했을까? 좌파 이론의 강점이 "바뵈프[13]에서부터 블로흐[14]에 이르기까지, 그
러니까 무려 150년 이상이나, 세상이 대등한 것을 제시할 필요가 없었던 긍
정적인 유토피아에 근거했다"(Enzensberger 1978: 4)는 데 있긴 하지만, 엔첸스
베르거의 진단에 따르면 이제 "미래의 확신"Zukunftgesissheit이 좌파에게서 없
어졌다는 것이다. 더욱이 낙관주의는 세계 몰락의 전경을 초래할 수 있는 부
정적인 유토피아에 굴복했다. 세계 몰락의 전경에 대해서는 엔첸스베르거
라도 즉시 머리가 일곱 개 달린 괴물의 이름을 이렇게 거명할 수 있을 것이
다. "경찰국가, 과대망상증, 관료주의, 테러, 경제 위기, 무장의 광기, 환경파

15 Hydra, 그리스 신화에 나오는 여러 개의 뱀머리를 가진 괴물
16 lemming, 노르웨이에 사는 들쥐의 한 종류로, 집단자살로 유명한 나그네쥐처럼 무분별하게 남을 따라 부화뇌동하는 것을 '레밍효과'lemming effect라고 함
17 irrationalism, 오성·이성·개념 등의 이성적인 것보다 감정·직관·본능 등을 세계나 사고의 원리로 삼는 입장

괴"(앞의책 1). 이 히드라[15]의 도발에 대한 답을 찾기에는 좌파의 무장이 불충분했을 뿐이다. 그 결과, 특히 미래에 대한 기쁨이 사라지고 말았다. "나그네쥐[16]처럼 동요하지 않고 확고하게 2000년을 향해 대단히 쾌활하게 행진하는 유일한 사람들은 오늘날 기술만능주의 신봉자들이다."(앞의책 3) 좌파들은 "허위의식", "새로운 비합리주의"[17], 그리고 내심으로는 좌파 고유의 입장이 지니는 의미와 권위의 급격한 상실 등을 한탄한다.

그런데 그것은―오늘날 공공관리Public Management라고 불리는―기술만능주의의 개선행렬에 대한 거의 부러울 정도로 정확한 예측이라고 이의를 제기할지 모른다. 또한 1970년대 말 좌파의 의미 상실을 그 근원에서부터 파악하면서 미래의 새로운 평가와 직접 연결하는 명민한 점검이 중요하다고 반론할 수도 있다. 가망이 있는 미래의 실현을 위해 노력하지 않는 사람은, 미래를 뭔가 다르게 생각하는 대신 차라리 당장 그 깃발을 태워버리는 게 낫다. 그러나 다시 한 번 물어보자. 그것이 지난 30년 동안 인문학의 발전과 무슨 관계가 있는가? 잠깐 장면을 바꿔, 2007년 가을의 상황을 보자.

> "족히 25년 전부터 인문학자 및 문화학자들은 자기들의 상황이 위기 일변도로 나아가는 것에 참견하느라 정신이 팔려 있었다. [그들은] 1970년대 말 이후[그러니까 거의 30년 전부터] 자신들의 인식과 이론, 자신들의 전문 지식과 방향 제안이 사회에서 더 이상 수요가 없다는 것을 서로 증명하는 데 상당한 에너지를 쏟고 있다."(Heidbrink / Welzer 2007: 8)

이 문장은 루트거 하이트브링크(Ludger Heidbrink, 1961~)와 하랄트 벨처(Harald Welzer, 1958~)가 편찬한 책《겸손의 종말. 인문학 및 문화학의 개선을 위하여*Das Ende der Bescheidenheit. Zur Verbesserung der Geistes- und Kultur- wissenschaften*》의 서문에 나온다. 엔첸스베르거가 1978년 좌파에게 증명한 것을, 다층적

18 Eric Hobsbawm, 1917~, 영국의 마르크스주의 역사가
19 cybernetics, 생물 및 기계를 포함하는 계系에서 제어와 통신 문제를 종합적으로 연구하는 학문

이고 종합적인 지식문화knowledge culture의 두 인문학자가 2007년에 다시 증명하고 있다는 것은 언급할 만한 가치가 있다. 이들은 또 인문학의 의미와 방향의 위기가 시작된 시점을 1970년대 말부터라고 적고 있다. 그 당시 좌파 진영에서는 미래에 대한 확신의 상실이 들불처럼 번졌다. 그 바람에 인문학은 심하게 쇠약해져서, 미래를―단지 엔첸스베르거가 그 당시 제안한 것처럼, "세심하고, 공손하고, 겸손하게"일 뿐이라 하더라도―어떤 식으로든 생산적으로 분석하는 일을 간단히 포기해버렸다. 그 시기에 대체 무슨 일이 일어난 건가? 좌파는 관할 영역의 의제에서 삭제되었거나, 공포의 장면을 되살아나게 한다는 의미에서 사회에서 버림받은 부랑아 같은 존재가 되었다.

불과 몇 년 안에 근본적인 변화가 일어났다는 점을 분명히 깨달아야 한다. 에릭 홉스봄[18]이 표현한 바 있듯이 "전후의 황금기"Golden Age der Nachkriegszeit를 말하는 1960년대는 미래에 대한 의욕, 더 정확히 말하자면 미래에 대한 관심에 의해 특징지어졌다. 이 시기에 결코 서로 모순되지 않는 토대는 사회주의 유토피아와 인공두뇌학[19] 유토피아였다. 제2차 세계대전의 와중에 미국에서 창설된 미래에 대한 학문인 미래학 역시 1960년대에―인공두뇌학과 마찬가지로―엄청난 부흥을 경험했다. 과학과 예술과 건축만을 본다면, 미래는 이 분야들이 기꺼이 투자하는 대상이었다.

1970년에 미래에 대한 희망이 돌연 끝나버린 이유는 너무 복합적이어서 여기에서는 개별적으로 다룰 수 없다. 석유 위기, 환경오염, 에너지원의 부

20 Ernst Jünger, 1895~1998, 독일의 작가이자 철학자
21 Friedrich Georg Jünger, 1898~1977, 독일의 작가이자 문화비판적 에세이스트
22 Martin Heidegger, 1889~1976, 독일의 실존철학자
23 Konrad Lorenz, 1903~1989, 오스트리아의 동물학자
24 Dialektik der Aufklärung, 호르크하이머와 아도르노의 공동작업으로 1944년 가철본으로 생겨난, 비판이론의 주저로 통하는 철학 에세이 모음집
25 Max Horkheimer, 1895~1973, 프랑크푸르트학파의 일원이었던 독일의 철학자이자 사회학자
26 Theodor W. Adorno, 1903~1969, 프랑크푸르트학파의 중심인물이었던 독일의 철학자이자 미학자
27 1968년 5월 프랑스 학생운동을 주도했던 대학생들과 이에 동조해 시위와 청년문화를 이끌어갔던 당시 유럽과 미국 등의 젊은 세대를 가리키는 말

족 등에 대해서는 엔첸스베르거가 이미 표제어로 언급했다. 하지만 필자가 보기에는 특별히 중요한 또 다른 이유가 있는 것 같다. 1960년대까지 미래의 염세주의와 기술 비판은 주로 에른스트 윙어[20], 프리트리히 게오르크 윙어[21], 마르틴 하이데거[22] 또는 콘라트 로렌츠[23] 등과 같은 보수적 지성인들의 일이었다. 좌파는 처음부터 과학적 및 기술적 진보의 편이라고 생각했다. 그 점에 있어서는 《계몽의 변증법》[24]의 막스 호르크하이머[25]와 테오도르 W. 아도르노[26]가 행한 기술 비판조차 조금도 달라지지 않았다. 아비투스의 차원에서 볼 때 그들의 기술 비판은 오히려 보수적인 편인데도 말이다. 68세대[27]와 함께 비로소 상황은 근본적으로 달라졌다. 기술은 사회적인 기술만능주의를 생겨나게 하지만 약속한 편리함과 혁명을 그렇게 빨리 실행에 옮길 수 없다고 비난받음으로써 이데올로기라는 혐의를 받았다. 또한 과학 비판은 인문학의 광범위한 영역에서도 사회적으로 용인되었다.

　필자는 인문학 및 자연과학이 이전에 서로 집중적으로 몰두했다고 주장하는 것이 아니다. 19세기 이래로 사람들은 각각의 영역에 대한 경계 설정의 기준을 찾는 것에 계속해서 관심이 있었다. 사람들은 미래에 대한 확신을 잃고, 과학과 기술에 대한 깊은 회의에 빠졌다. 즉 자신의 무기력을 통찰하고, 과학기술이 이끄는 대로 관료화되었다. 그리고 관료화는 가장 성공적이라고 짐작되는 실험 대상을 대학교에서 발견했다. 그러니까 필자는 물론, 이런

상태에서 인문학이 전체를 아우르는 하나의 주제 영역을 잃었다고 주장하고 싶다. 미래에 대한 지속적인 과민 반응은 인문학의 연구 프로그램에서까지 느낄 수 있었다. 그것도 인문학에 유리하지 않게 말이다.

미래에 대한 담당은 완전히 자연과학에 위임되었다. 자연과학은 몇 년 간의 잠복기를 통해 이 역할을 1980년대 말부터 고맙게 받아들였다. 1990년에 공고된 **10년 뇌 프로젝트**[28] 또는 **인간 유전체 규명 계획**[29]이나 나노 기술[30]을 세계 여론에 소개한 미래 지향적인 수사학을 생각해보자. 그 결과는 알려져 있고, 자연과학 내에서 "두 개의 문화"로 설명될 수 있다.

한편에는 과학의 기술화가 있다. 가령 컴퓨터에 근거하는 계산과 시뮬레이션의 영역에서처럼 말이다. 이런 계산과 시뮬레이션은 계산 능력이 커지고 파라미터[31]가 증가함으로써 적어도 몇몇 영역에서는 믿을 만한 예보를 할 수 있게 된다. 그것은 미래를 기술과학적으로 다루는 일일 것이다. 그리고 다른 한편에는 유전공학, 신경과학, 나노 기술, 정보과학[32]의 엄청난 예고들이 있다. 그 내용은 심지어 의심의 여지없이 경탄할 만한 혁신마저 능가한다. 이것은 미래를 수사학적으로 앞서서 다루는 일일 것이다. 미래를 이렇게 다루는 것은 특히 자연과학이 그 전부터 자기 정당성의 부분을 유토피아적인 평판의 이용에 근거를 둔 결과로 돌릴 수 있다. 또 미래의 망각과 관련하여 때때로 진부한 상투어 이상이 나올 수 없다 하더라도, 그런 일은 별 탈 없이 일어난다. 자연과학은 대단히 인상적인 방식으로, 주요한 사회 시스템이 기억이 없도록 만들었기 때문이다. 이미 호르크하이머와 아

28 Project on the Decade of the Brain, 1990~1999, 미국 정부가 공고한 신경과학 연구 강화 이니셔티브
29 Human Genome Project, 1990년 인간의 유전체를 완전히 해독할 목적으로 창설된 국제 연구 프로젝트
30 nanotechnology, 10억분의 1㎜ 크기의 세계에서 원자·분자의 조작을 통한 새로운 극미세 소자, 신소재를 창출할 수 있는 기술
31 parameter, 사용자가 원하는 방식으로 자료가 처리되도록 하기 위하여 명령어를 입력할 때 추가하거나 변경하는 수치 정보
32 information science, 기계와 생물체 및 인간사회에서의 정보의 생성·전달·처리·축적·이용에 대한 일반적 원리에 관한 학문

33 mnemosyne, 그리스신화에 나오
는 기억의 여신
34 Jan Assmann, 1938~, 독일의 이집
트학자
35 Wolfgang Frühwald, 1935~, 독일
의 문예학자

도르노도 진보사상을 결산하면서 신랄하
게 지적했다. "과학의 선험적 조건으로서
기억의 상실, 모든 물질화는 망각이다."
(Horkheimer/Adorno 1947: 274). 그렇긴 하지만,
자연과학이 19세기 이래로 기억의 도움을
기꺼이 받았다는 점도 간과할 수 없다. 명예로운 계보학genealogy에 스스로 편
입되는 것이 중요할 때 말이다. 그런데 자연과학이 기억과 도구적인 관계를
맺는 것은 확실하다. 그리고 현재 관리가 잘 되는 실천은 소속 연구 프로그
램들과 관련하여, 몇 년 이상 지난 일을 전혀 기억하지 않는 것에 딱 들어맞
는다. 또 자연과학은 얼마 전에 대단히 심각하게 여겨졌던 어떤 일도 기억
하려 하지 않는다. 여기에 시간의 화살arrow of time이 명백히 자리를 잡았다.
이 시간의 화살은 지난 지 얼마 안 된 과거에 출발하여, 정확히 정해지지 않
은 미래까지 간다.

지난 25년 동안 기억Gedächtnis이라는 표제어 하에 과거로 줄기차게 방향
을 돌리는 일이 일어났던 인문학 및 문화학에서는 사정이 완전히 다르다. 기
억, 기록 보관소archive, 므네모시네[33], 기념물, 기억 속 고인의 삶, 정신적 외상
trauma, 기억의 공간 같은 개념들은 문화학적 중심 개념이 되었고, 무수한 연
구 프로젝트를 야기했다. 얀 아스만[34]은 1992년에 당연히 이렇게 진단했다.
"기억의 개념을 둘러싸고 문화학의 새로운 패러다임이 생겨난다. 이 패러
다임은―예술과 문학, 정치와 사회, 종교와 법 등―상이한 문화적 현상들과
영역들을 새로운 맥락에서 보게 한다."(Assmann 1992: 12). 단 **하나**의 새로운 패
러다임만이 문제였다면, 모든 게 정상이었을 것이다. 그렇지만 기억이 자석
처럼 끌어당기는 힘을 발휘했기 때문이 아니다. 오히려 인문학이 순전히 용
기가 없고 자족함으로써, 기억은 조금 후엔 심지어 예비 닻의 역할을 할 수
밖에 없었다. 볼프강 프뤼발트[35]는 독일연구협회Deutsche Forschungsgemeinschaft

의 회장으로서 1996년 다음과 같이 말했다. "회상과 문화적 기억을 겨냥하는 인문학은, 이것들이 과학에 대해 잃어버린 개념 규정의 전권을 문화학의 형태로 되찾아줄 수 있다. 이 전권은 회상과 문화적 기억이 잃어버린 것이다."(Frühwald 1996: 41).

이 말이 하필 독일의 패전 기념일인 1996년 5월 8일에 글로 씌어졌다는 것은 우연이 아니었다. 의견의 일치가 이루어지는 부분인데, 기억과 회상의 호황 그리고 이와 결부된 "문화학의 부흥"은 다음과 같은 질문의 절박함이 없었다면 거의 가능하지 않았을 것이기 때문이다. 집단적인 기억과 개인적인 회상은 홀로코스트와 관련하여 어떻게 대응하는가? 시대적 중인들의 사멸에 직면하여, 그리고 이 사건이 우리에게 남겨놓았지만 해석하기 어려운 파편과 흔적들에 직면하여, 이 야만을 정말로 기억하는 것이 어떻게 가능할까? 희생의 고통을 현재 기억하고 있기 위해서는, 기억의—기록, 문예, 서사, 조형, 영화, 건축 또는 기념비 등—어떤 상징적 형태들이 적당할까? 현재는 어떤 종류의 기억으로 가치 있게 채워져야 할까? 그 사이에 20세기 역사의 충격적인 다른 사건들에도 이런 질문들이 제기되었다.

문화학이 이런 질문들에 완전히 몰두하지는 않지만, 문화학에서 사고방식의 역사적인 추이는 명확히 표현되었다. 1960년대의 의식이 미래, 즉 기대와 유토피아에의 전념으로 규정되고 이런 국면이 1970년대 말에 끝났다면, 이와 같은 시기에 발전한 의식은 과거에 몰두하는 특징을 지녔다. 과거와 기억의 호황은 오늘날까지 지속되고 있는데, 이것을 결코 신랄하게 비난해서는 안 된다. 과거의 해석은 항상 그때그때마다 현재의 정향 기준에 속할 것이다. 이런 일방적인 발전에 들어간 비용의 측면을 비밀로 숨긴다면, 그것 역시 물론 경솔한 짓이 될 것이다. 자연과학에서 미래를 아주 특수하게, 그것도 자기의 필요에 맞추어 다루는 것은 수십 년 간 단초적으로만 지각되었다. 대부분 이 영역에서 여론의 권위를 갖고 있는 것은 기술 만

36 Copenhagen conference, 2009년 각국의 온실가스 감축 목표치 설정과 2012년 만료되는 교토의정서를 대체할 새로운 국제조약을 마련하는 것을 목표로 소집된 제15차 유엔 기후 변화 협약 당사국 총회

능주의 신봉자이자 최고 경영자들, 즉 일반적인 브랜딩branding과 마케팅 페티시즘marketing fetishism의 옹호자들이다. 그러니까 지금이야말로 우리가 미래를 다시 돌볼 때다. 매체, 기후, 과학 등과 관련하여 갖가지 발의들이 시사하는 것은, 미래 망각의 약이 효력을 잃기 시작한다는 점이다. 그리고 이런 암시는 시급히 필요하기도 하다.

기후 연구를 예로 들어보자. 2004년 과학사학자 나오미 오레스크스(Naomi Oreskes, 1958~)는《사이언스Science》지에 논문을 실었다. 그녀는 이 논문에서 1993년부터 2003년까지 동료 평가peer review가 실린 잡지들에서 기후 변화의 주제를 다룬 학술논문 928편을 평가했다. 그 결과를 보니, 기후 변화가 인간에 의한 것이라는 일반적인 합의에 이의를 제기하는 것은 단 한 편도 없었다(Oreskes 2004: 1686). 그것은 **기후 변화에 관한 정부간 전문가 패널**IPCC의 보고들과 일치했지만, 그 당시 미국 정부와 그 일파의 신보수주의neoconservatism 입장과는 대조적이었다. 그들은 기후 연구 내에서 결코 기후 변화의 원인에 대한 합의가 지배적이지 않다는 논리를 펴려고 했던 것이다. 코펜하겐 회의[36]가 부수적인 온갖 난처한 사건들로 보여준 것처럼, 이 주제는 오늘날까지 해결되지 않았다. 별의별 사건 관계자, 국가, 이해집단 등의 관심이 너무 심하게 갈라지는 것처럼 보이지만, 상황의 설명을 위해 과학이 무슨 말을 해야 할지는 쉽게 요약될 수 있다. 오레스크스는 결론을 내릴 때 신중했다. 기후학자들의 합의가 틀릴 수도 있다고 했다. 과학사가 가르치는 한 가지 교훈이 있다면 바로 겸손이기 때문이라고 했다. 또한 기후 변화의 구조들에 대한 이해에 여전히 빈틈이 많다고 했다. 그러므로 연구는 일관되게 계속되어야 하겠지만, 이 모든 것에도 불구하고 기후 변화를 억제하는 일을 계속 지연시키는 행동들은 무책임하다고 했다. 여기에서는 자연과학적 예

후 판정의 가능성과 한계에 관해 해야 할 말이 몇 마디로 요약되었다. 수학적 모델, 알고리즘[37], 여전히 대단히 많은 경험적 자료 등을 통해 절대적인 확신이 아니라 개연성이 성립될 수 있다. 절대적 확신을 갖고 싶어하는 사람은 과학에 문의해서는 안 된

37 algorithm, 어떤 문제의 해결을 위하여, 입력된 자료를 토대로 하여 원하는 출력을 유도하여 내는 규칙의 집합
38 Bruno Latour, 1947~, 프랑스의 과학사회학자이자 인류학자
39 dystopia, 이상사회의 부정적인 모델로 유토피아의 반대말

다. 그럼에도 기후 연구에 의지하는 것이 왜 합리적이고, 어쩌면 심지어 생존에 필요하기까지 할까?

거의 같은 시기에 브뤼노 라투르[38]가 정치생태학political ecology의 구상을 가지고 그 대답을 주었다. 인간이 고안한 어떤 다른 사회적 시스템도 자연과학만큼 튼튼하고 믿을 만한 지식을 마음대로 사용할 수 있게 해주지 않는다고 지적했던 것이다. 물론 라투르는 이런 강점에서 보편적인 처방이 자동적으로 생겨나서 기후 변화나 인구 과잉, 빈곤, 에이즈 같은 문제들을 제어할 수 있게 된다고 믿을 만큼 순진하지는 않다. 우리는 "정치적으로 장애가 있다." 그렇다면 우리도 그렇게 행동해야 한다. 근대의 역사가 강함에 대한 확고한 신뢰와 감정이라는 특징을 지녔을 때, 라투르는 근대 이후의 역사—이것은 포스트모던과는 좀 다르다—를 위해 이런 입장을 제안한다. 자신감이 사라지지는 않았지만 자신의 약점과 허약함에서 출발하여, 이런 사실적인 자기 평가가 갑자기 다시 오만으로 돌변하지 않도록 일련의 제어장치를 내부에 마련하라는 입장을 말이다(Latour 2001).

라투르의 제안을 세세히 따르든 아니든, 어쨌든 여기에서는 인문학적 사고에서 발전한 미래에 대한 우려가 표현된다. 미래에 대한 우려는 유토피아나 디스토피아[39]의 저편에서, 아직은 항복 선언에 전혀 서명하지 않았다는 것을 분명히 해준다. 설령—기후의 추이에서와 비슷하게—이렇게 미루면 사회적, 경제적, 정치적으로 심각한 결과가 생길 것이 걱정된다 하더라도 말

40 determinism, 인간의 행위를 포함
하여 이 세상에서 일어나는 모든 일은
우연이나 선택의 자유에 의하여 일어
나는 것이 아니라, 일정한 인과관계의
법칙에 따라 결정된다는 이론

이다. 하랄트 벨처가 쓰고 있는 것처럼 21
세기가 "유토피아에서 멀고 자원과 가깝
다"(Welzer 2008: 276)고 한다면, 또 자원 때문
에 폭력이 단계적으로 확대될 조짐을 보이

고 있다면, 이런 방향에서 미래에 대한 모든 우려, 모든 정치적 이론, 모든 인
문학적 구상은 통틀어 **장애학**disability studies으로 이해할 수 있다. 우리는 적어
도 그것을 대비해야 할 것이다.

그러니까 1960년대 유토피아로의 후퇴란 없다. 그것은 미래의 확신과 함
께 끝났다. 그러나 기후, 자원, 빈곤 등과 같은 중대한 문제 저편에도 미해결
논점들은 충분히 있다. 우리가 미래에 어떻게 살려고 하고, 어떻게 우선순
위를 결정하고, 어떤 원칙과 문화 기술culture technology과 제도와는 작별하려
하고 또 어떤 것들과는 아닌지. 이 모든 것은 경솔하게 과학기술적-매체적
인 결정론[40]에 맡겨진 물음들이다. 우리가 원하든 아니든 이런 발전이 시작
될 거라는 의미에서 말이다. 대체 어째서 그럴까? 인문학은 여기에서 전 영
역을 점령해야 한다. 그 점에 있어서, 이제 인문학이 마음대로 사용할 수 있
게 해주는 응용의 지식인가, 아니면 성찰의 지식인가라는 질문도 잘못 제기
된 것 같다. 물론 두 가지 다 말이다. 인문학의 방법론적 및 인식론적인 다양
성은 유감으로 생각하기보다는 오히려 장점으로 여겨야 할 것이다. 그것
도—게다가 어울리지 않는 것인데—가지각색의 꽃들이 많은 정원이 무척
아름답기 때문이 아니라, 여기에서는 문화적인 능력이 중요하기 때문이다.
그것은 근대 이후의 사회에서, 그러니까 지금과 미래에 우리가 처하게 되는
변화하기 쉽고 종종 혼란스러운 복잡한 상황에도 가장 빨리 반응할 수 있는
능력이다.

이런 의미에서 인문학은 과학기술 문명에 의해 야기된 형이상학 영역의
손상을 보상하기 위한 수단과는 전혀 다른 것이고 훨씬 그 이상일 수 있다.

이를테면 인문학은 단계적 축소de-escalation의 효과적인 수단일 수 있다. 경제와 종교 또는 과학기술에서 있을 수 있는 온갖 종류의 단계적 확대에 대처할 수 있는 도구일 수 있는 것이다. 단계적 확대는 이 세 시스템의 필연적 결과는 아니지만, 바로 근본주의와 결정론이 위험천만하게 섞이면서 이 시스템들을 통제할 수 없게 될 때 그렇게 된다. 단계적 축소는 거리를 취한 성찰의 단초를 통해서만 이룰 수 있는 게 아니다. 단계적 축소는 또한 미래를 함께 고려하는 것을 일반 사안normal case으로 만드는 의도적이고 체계적인 조정을 필요로 한다.

| 두 번째 |

변화의 기후인가
아니면 녹색 근대가 어떻게 가능할까?

변화의 기후인가
아니면 녹색 근대가 어떻게 가능할까?

울리히 벡
ULRICH BECK

I.

늦어도 2009년 말 코펜하겐 세계기후회의가 실패한 이후, 우리는 솔직히 다음과 같은 핵심적인 의문을 갖지 않을 수 없다. 인류가 환경 파괴로부터 시작되는 위험에 직면한 상황에서, 바스티유[1]로의 돌진, 생태계의 붉은 10월[2] 같은 일이 왜 생기지 않는 걸까? 우리 시대의 가장 절박한 문제―기후 변화와 생태계적 위기―에 대해, 왜 빈곤, 독재, 전쟁 등 지나간 과거의 비극들에 맞섰던 것과 똑같은 에너지, 똑같은 이상, 똑같은 열광, 낙관주의, 앞을 바라보는 민주주의 정신 등으로 대처하지 않는 걸까? 이것이 필자가 여기에서 여덟 개의 명제로 논구하려는 물음이다.

첫 번째 명제: 기후 정책에 관한 담론은 지금까지 전문가들 및 엘리트들의 담론으로, 민중, 단체, 시민, 노동자, 유권자 등과 그들의 관심, 관점, 의견 등을 거의 고려하지 않는다. 기후 변화의 정책을 완전히 바꾸려면, 사회학이 개입해야 한다.

기후 연구가들은 수년 이상 계속해서, 단호한 행동으로 지구온난화에 대처해야 하는 부득이한 이유들을 보고했다. 니콜라스 스턴(2007)도 결국에는 적당한 경제적 논리를 덧붙였다. 오늘날 필요한 기후 보호 대책들의 비용은, 계속 아무것도 하지 않는 직무 태만으로 인해 미래에 지불할 예측 가능한 비용에 비하면 미미할 거라고 한다. 이를테면 아무것도

---

1 1789년 프랑스혁명 때 파괴된 감옥
2 Red October, 1917년 발생한 러시아의 10월 혁명

하지 않는 나태함 때문에 세계 경제는 장차 생산력의 20퍼센트를 비용으로 낼 수 있다는 것이다. 그것도 매년 말이다. 기후 보호

3 Anthony Giddens, 1938~, 영국의 사회학자

에 투자해야 한다는 새로운 논리는 그러니까, 이 투자가 나중에 복리의 이자를 받게 된다는 것이었다. 이 논리에 이제 앤서니 기든스[3]의《기후 변화의 정치학(The Politics of Climate Change 2009)》도 더해진다. 그 반대측 입장은 비용의 논리만이 아니라 정치적 반론마저 빼앗겼다. 더 이상 빠져나갈 수 있는 구멍은 없다.

정말로 없을까? 이에 관해 우리는 명확히 알아야 할 것이 있다. 기후 변화의 경제학과 정치학은 **사회가 녹색이 된다**Gesellschaften werden grün는 것을 전제로 한다는 점이다. 기후 변화의 정치학에 관해 말을 할 뿐만 아니라—자주 개인적인 자기 이익에 어긋나게도—그런 의미에서 행동과 선택도 하는 매우 상이한 인간들이 모인 다수의 집단이 없으면, 기후정책은 실패할 것이 뻔하다. 절실하지만 전반적으로 금기시된 다음의 질문에 대한 답을 찾을 때에만, 기후 변화의 정치학은 엘리트의 공상에 불과하지 않게 될 것이다. **아래로부터의** 일상적인 지원, 그러니까 계층, 민족, 정치적 이데올로기, 국적 등이 다른 보통 사람들의 지지는 어디에서 오는 걸까? 그들은 기후 변화에 당면하는 것도 아주 천차만별이고 기후 변화를 지각하는 것도 무척 다른 사람들인데 말이다. 사회학적인 **잃어버린 고리**missing link는 **당연**Sollte과 **가능**Können의 비현실적인 접속법에서는 찾을 수 **없을** 것이다. 좋은 의도가 충분하기만 하다면!

사회학적인 핵심 질문은 오히려 이럴 것이다. 많은 경우에 지지자들의 생활 양식과 소비 습관, 사회적 지위, 생활 조건 등을 서서히 무너뜨릴 생태학적 변화를 위한 지지는 어디에서 올까? 그것도 더욱이 불확실성을 특징으로 하는 시대에 말이다. 또는 그 질문을 사회학적으로 표현하자면 이렇게 된다.

국경을 넘는 일종의 세계주의적 연대, 즉 사회의 녹색화가 어떻게 실현될 수 있을까? 기후 변화에 꼭 필요한 초국가적인 정치학을 위한 전제가 바로 사회의 녹색화이다.

4 Max Weber, 1864~1920, 독일의 사회학자
5 industrial capitalism, 자본주의 발전 과정에서 산업 자본이 사회 경제의 주축이 되는 단계의 자본주의
6 reflexive modernization, 현대성이 갖고 있는 부정적 현상, 즉 인간 소외, 관료적 지배, 폭력과 전쟁, 생태계 파괴 등에 대한 비판과 극복을 추구하는 새로운 개념

II.

두 번째 명제: 배경이 되는 중요한 가정이 하나 있는데, 여기에서는 환경의 주제에 대한 일반적인 무지가 드러난다. 이 문제는 역설적으로 환경사회학이라는 전문 영역 자체에 이미 들어 있다. "환경"이라는 범주의 형태로 말이다. "환경"이 단지 인간적이지 않은 것, 즉 사회적이지 않은 모든 것을 포괄한다면 사회학적으로 공허한 개념이 된다. 그러나 환경이 인간의 행동과 사회를 포함한다면 과학적인 오류이자 정치적 자살이 된다.

기후 변화의 사회학을 위해 애쓰는 사람은 막스 베버[4]의 유명한 인용구 "[…]마지막 남은 화석 연료가 다 타버릴 때까지"(Weber 2004: 201)를 생각할 것이다. 베버의 견해에 따르면, 산업자본주의[5]는 천연자원에 대해 만족할 줄 모르는 욕망이 생겨나게 한다. 그 욕망 때문에 산업자본주의가 자기의 물질적인 전제조건을 다 소모하는 것이다. 베버의 글에서는 여전히 "생태적인 숨은 뜻"을 찾아볼 수 있다. 21세기와 기후 변화의 시대에 맞는 막스 베버의 면모이다. 또는 이것을 달리 표현하면, 성찰적 근대화[6]의 초기 이론을 발견할 수 있다는 것이다. 현대 자본주의의 승리는 기후 변화라는 전 지구적인 위기를 야기하고 전개한다. 눈에 보이지도 않고 원치도 않았던 이런 위기는 인류 전체에 불평등하게 분배된 자연적-사회적인 파국적 결과들이 연결된 것이다. 생태학적 계몽에 대한 이런 초기 예는 우리에게 몇 가지 교훈을 줄 수 있다.

기존의 사회학이 단계적으로 확대되고
있는 기후 변화를 모르는 체한다는 것은—
2008년 가령 콘스턴스 레버-트래시Con-
stance Lever-Tracy 같은 몇몇 사회학자들이 한
탄하는 것처럼—사실이 아니다. 막스 베버,
카를 마르크스(Karl Marx, 1818~1883), 존 듀이[7],
조지 허버트 미드[8], 에밀 뒤르켐[9], 게오르크
짐멜[10] 등등 대가들의 저작들에서는 기후
변화의 사회학에 영감을 주는 통찰과 개념

7 John Dewey, 1959~1952, 미국의 철
학자이자 교육학자
8 George Herbert Mead, 1863~1931,
미국의 철학자이자 사회심리학자
9 Emile Durkheim, 1858~1917, 프랑
스의 사회학자이자 교육학자
10 Georg Simmel, 1858~1918, 독일
의 철학자이자 사회학자
11 Daniel Bell, 1919~2011, 미국의
사회학자이자 미래학자
12 Talcott Parsons, 1902~1979, 미국
의 사회학자

적인 착상이 실제로 발견된다. 베버와 마찬가지로 듀이도 미국 자본주의에
의한 천연자원의 "낭비"와 발생할 수 있는 "고갈"을 말했다(2001). 이것은
전적으로 자본주의적 근대화의 역학을 예견하지 못했다는 생각이 사회학의
창시자들에게 있었다는 것을 말해준다. 이것이 근대화 자체의 토대와 특유
의 준거틀을 위태롭게 만들고 있는 것이다. 사회학 창시자들은 단연 비직선
적이고 불연속적인 변화, 변화의 변화, "메타 변화"를 특징으로 하는 "불확
실한 시대" 등에 대한 표상을 갖고 있었다. 그런데 "환경사회학"에서는 관
점과 준거틀의 중요한 변화가 사라지는 것처럼 보인다. 천연자원에 대한 만
족할 줄 모르는 갈망의 예견하지 못한 결과들을 통해 변형되는 것은 "환경"
이 아니라 현대 사회 자체이다.

대단히 양면적인 근대화 과정의 이런 지평은 전후 세대의 고전적 사회학
자들에게서 사라졌다. 다니엘 벨[11]은 "성장의 한계"를 거부하고, "생태적
운동의 묵시록적인 히스테리"를 공개적으로 비난했다(1999: 387ff.). 그와 탈
코트 파슨스[12]는 현대 사회가 "점점 더 자연 밖에서 발전한다"는 데 의견의
일치를 보았다. 즉 우리의 환경이 과학기술적으로 매개되었다는 말이다. 그
러니까 자원의 문제들은 기술적 혁신과 경제적 상충관계trade-offs를 통해 관

리될 수 있다는 것이다(Davis 1963; Parsons 1971; Rostow 1959).

실제로 전후의 근대화 서사는 "자연적" 힘과 "사회적" 힘 사이의 분리를 가정했다(이때 사람들은 파국을 막기 위해서는 사회적인 힘에 전념해야 한다고 가정했다). 그러나 기후 변화는 정반대의 모습을, 이를테면 자연과 사회의 결합, 혼란, "혼합"이 진전되는 확대와 심화의 과정을 보여주고 강요한다. 기후 변화는 사회와 자연이 분리되어 있고 서로 배제한다는 가정을 조롱한다. 그리고 바로 이처럼 "양자택일"에서 "양자 모두"로의 패러다임 변화는, 1980년대 이래 전후 근대화 이론가들의 비판 및 거부 일색이었던 사회이론가들이 수적으로 많아지게 되는 중요한 출발점이다(Latour, Urry, Adams, Giddens, 필자 등등).

중요한 논리적 관계 중 하나는 "기후정책"의 개념을 너무 자주 사용하면, 기후정책이 거세된다는 것이다. 왜냐하면 기후정책에서 정녕 중요한 것은 기후가 아니라, 민족국가적이고 산업적인 1차 근대의 근본적인 개념과 제도를 변형하는 것임을 이 개념이 간과하기 때문이다.

그러니까 우리가 기후 변화와 무슨 관계가 있단 말인가? "빌어먹을, 그런 게 성찰적 근대화야!"(Latour 2008) 또는 질문으로 표현한다면 이렇다. 현대는 어떻게 녹색화될 수 있을까?

III.

기후 변화를 사회학과 정치학의 중심부에 두려면, 기후 변화를 내부적으로 사회적 불평등의 권력 역학 및 갈등 역학과 관련시켜야 한다. 기후정책의 힘은 어디에서 생기고, 기후정책에 대한 저항은 어디에서 오는가?

세 번째 명제: 사회적 불평등과 기후 변화는 한 동전의 양면과 같다. 기후 변화의 결과를 고려하지 않고 불평등을 개념적으로 파악하는 것은 더 이상 가능하지 않다. 또한 기후 변화가 사회적 불평등에 미치는 영향을 고려하지 않고 기후 변화

13 Sahel Zone, 사하라 남부의 사막
과 스텝의 점이 지대
14 Katrina, 2005년 9월 미국 남부지
역을 강타한 최고 시속 280km의 강
풍과 폭우를 동반한 초대형 허리케인

를 파악하는 것도 마찬가지로 가능하지 않다.

기후 변화가 사회적 불평등을 전 지구화하고 극단화한다는 것은 더 이상 의심의 여지가 없다. 그 점에 있어서는 기후정책도 마찬가지다. 기후정책은 승자와 패자, 후원자의 소집단과 적대자의 대집단을 구분한다. 그것도 모든 한계를 넘어서 말이다. 이런 불평등을 보다 정확히 탐구하기 위해서는, 불평등의 문제를 보통 억지로 꿰맞추는 "국민총생산" 또는 "1인당 국민소득"이라는 헷갈리게 하는 좁은 틀을 깨뜨려야 한다. 따라서 연구는 전 지구적인 규모의 빈곤, 사회적 취약성, 부패, 위험 축적, 존엄성의 상실 등이 치명적으로 충돌하는 것에 집중되어야 한다. 이 모든 것이 가장 혹독하게 당면한 지역은—해수면 상승으로 사라질 몰디브 같은 섬나라를 일단 제외하면—사하라 남쪽의 사헬지대[13]이다. 그곳에서는 세상에서 가장 가난한 사람들이 절벽 끝에 서 있는 것처럼 거의 파멸 직전의 상태로 살아가고 있다. 기후 변화는 그들을 낭떠러지 아래로 떠밀겠다고 위협한다. 기후 변화에 대한 그들의 책임은 가장 적은데도 말이다.

사회적 불평등에 대한 새로운 사회학은 더 이상 사회적 **평등**의 세계화를 도외시할 수 없다. 불평등이 커지지 않을지라도, 평등에 대한 기대는 커진다. 이런 기대감 때문에, 국가적-세계적 불평등의 시스템은 부적법하고 불안정하게 된다. "개발도상국들"은 서구화되면서, 환경 파괴의 "평등"이 문명의 자기파괴로 이어진다는 것을 서구사회에 그대로 다시 보여준다. 이것을 중첩이라고 말할 수도 있다. 전 세계적으로는 평등에의 기대(인권)가 커지고 있다. 그리고 한편으로는 기후 변화, 다른 한편으로는 자원 소비의 결과가 극히 다르게 나타나는 국가적이며 세계적인 불평등도 커지고 있다. 이 두 상황의 충돌은 국내로 제한될 수 있는 불평등이라는 가설의 틀 전체를 그야말로 쉽게 무너뜨릴 수 있다. 허리케인 "카트리나"[14]가 뉴올리언스의 빈민가를 박살낸 것처럼 말이다.

15 methodological nationalism, 사회 지식의 국가주의적 경향
16 world risk society, 울리히 벡의 《세계위험사회 Weltrisikogesellschaft》에서 규정한, 성찰과 반성이 없이 근대화를 이룬 현대사회

　사회적 불평등에 대한 새로운 사회학은 더 이상 국내와 국제라는 구분의 가설에 의지할 수 없다. 방법론적 국가주의[15]가 행하는 사회적 불평등과 국가적 불평등의 동일시는 특히 오류의 원인이 되었다.

　사회학의 생성 가설, 즉 사회적이고 자연적인 불평등의 구분은 유지되기 어려워졌다. 지금까지 민족국가에 국한된 불평등의 지평에서 측정된 삶의 상태와 가능성은 세계위험사회[16]에서의 **생존 상태**Überlebenslagen 내지 **생존 가능성**Überlebenschancen이 된다. 여기에서는 취약성의 범주가 중심이 된다. 태풍이나 허리케인 같은 큰 폭풍, 홍수 등의 영향을 어느 정도 막을 수 있는 나라나 집단이 상당수 있는 반면, 어떤 나라나 집단, 즉 사회적으로 취약한 서열의 비특권층은 사회적 질서의 붕괴와 폭력의 단계적 확대를 고스란히 체험한다.

　이 세 가지 요소를 함께 생각하는 사람은 다음의 역설을 만나게 될 것이다. 평등의 준칙이 세계적으로 관철될수록 기후 문제는 더욱 풀 수 없게 되고, 사회생태적인 불평등은 더욱 끔찍해진다. 어떤 장밋빛 전망도 없다. 그러나 "세계주의적 시선"이라는 필자의 구상은 바로 청렴하고 세계 개방적인 현실주의와 관련된다. 여기에서 중요한 것은 기념일에 세계주의적인 화목 같은 것을 말하는 수사학이 아니다. 그보다는 오히려 기후 변화의 시대에 사회적 불평등의 한계 없는 폭발력에 대해 일상과 정치와 과학에서 시선을 열어두는 것이다. 그런데 이 모든 것은 절반의 진실일 뿐이다.

Ⅳ.

네 번째 명제: 기후 변화는 빈자와 부자, 중심과 변두리라는 엄연히 존재하는 불평등을 심화시킨다. 그러나 동시에 이 불평등을 지양한다. 지구에 대한 위험이 커질수록, 아무리 부유하고 힘 있는 자들일지라도 그 위험에서 벗어날 가능성은 적어진다. 기후 변화는 둘 다이다. 계급적hierarchisch이고 민주적demokratisch이다. 기후 변화는 순전히 양면적이다. 기후 변화는 "세계주의적 명령"kosmopolitischer Imperativ을 내린다. 협력하지 않으면 실패한다는 것이다. 이것은 녹색 정책grüne Politik의 재발명으로 번역되고 바뀔 수 있을 것이다.

현재 통용되고 있는 그럴듯한 순진한 파국적 현실주의는 헷갈린다. 기후 위험은 기후 재앙과 같은 의미가 아니다. 기후 위험은 미래의 파국을 현재에서 선취하는 것이다. 기후 위험의 이런 "현재적 미래"gegenwärtige Zukunft는 현실적이다. 반면에 기후 재앙의 "미래적 미래"zukünftige Zukunft는—여전히—비현실적이다. 그런데 기후 변화의 선취만으로도 오늘 여기에서 근본적인 변화가 시작된다. 기후 변화가 인간에 의한 것이고 자연과 사회에 파국적인 영향을 끼친다는 점이 분명하다고 간주된 이래로, 이를 막기 위한 방책들이 사회와 정치에 새로 개입된다. 그것도 전 세계적으로 말이다. 따라서 기후 변화는 결코 묵시록적인 종말로 직접 통하는 대안 없는 길이 아니다. 기후 변화는 정치의 민족국가적인 고루함을 극복하고 세계주의적인 현실주의를 국민적 관심 속에서 발전시킬 가능성도 열어준다. 기후 변화는 두 가지 다이다. 기후 변화는 순전히 양면적이다.

전 지구적인 위험들(기후 변화, 세계적인 경제 위기, 테러리즘)이 민족국가적인 시스템을 무너뜨리는 동시에 저개발국과 선진국들을 서로 더욱 연결해 준다는 사실을 세계 여론이 지각하는 정도에 따라, 역사적으로 새로운 것이 생겨날 수 있다. 인간들이 자신을 또한 위태로운 세계의 일부이자 자기 지역의 역사와 생존 상태의 부분으로 보는 세계주의적인 시선이 생길 수 있는 것이다.

따라서 기후 변화는—고대의 세계주의(스토아학파), 계몽주의의 **세계시민법** ius cosmopolitica(임마누엘 칸트) 또는 인류에 대한 범죄(한나 아렌트, 카를 야스퍼스) 등과 유사하게—"세계주의적 동인"kosmopolitisches Moment을 내어준다. 전 지구적인 위험들이 외견상 멀리 있는 타자들과 대결하게 되는 것이다. 전 지구적인 위험들은 국가의 경계들을 허물어뜨리고, 토착적인 것을 낯선 것과 섞는다. 멀리 떨어져 있는 타자가 내부의 타자가 된다. 이것은 이주의 결과가 아니다. 오히려 전 지구적 네트워킹(David Held)과 전 지구적 위험의 결과이다. 일상은 세계주의적으로 된다. 사람들은 자기들의 삶을 영위하고 이해해야 한다. 더 이상 동류 인간들과의 만남만이 아니라, 남들과의 교류 속에서 말이다.

V.

그럼에도 불구하고 기후 변화에 관한 발언은 대개 우울하게 만든다. 기후 변화는 부득이 "부정적으로 전 지구화된 지구"의 어두운 면을 불러내는 것 같다. 그리고 "전 지구화를 통해 야기되었거나 심화된 문제들에 대한 국부적인 해결책은 없고, 있을 수도 없다"(Bauman 2008: 42). 그러므로 선의의 녹색 정신을 지닌 수백만 명의 지배적인 분위기와 반응은 자연을 지배하려는 예전의 시도들에 대한 자책, 지나간 과거의 오만에 대한 후회, (마치 신생아가 대량살상무기라도 될 수 있는 것처럼) "인구 폭발"을 극복할 가능성의 모색, 당장 지금부터 가급적 눈에 보이지 않는 생태적인 족적을 남기겠다는 맹세 등으로 귀결된다.

이런 부정적 성향을 극복하고 대책에 필요한 힘과 전략을 전개하려면, 제도화된 "정의定義 관계"relations of definition에 집중해야 할 것이다.

다섯 번째 명제: **규제**regulation**는 조직화된 무책임성을 어떻게 극복할 수 있는**

가 하는 질문을 훨씬 일찍 심도 있게 시작한다. 그러니까 해명, 보정, 명백한 증거 등에 대한 질문을 시작하는 것이다. 마르크스에게 있어서 자본주의 사회의 "생산관계"relations of production였던 것이, 위험사회에서는 "정의 관계"가 된다. 둘 다 지배 관계와 관련된다. 위험들을 특정한 맥락에서(예를 들면 민족국가에서이지만, 또한 민족국가들 간의 관계에서도) 어떻게 확인하는지를 결정하는 규칙, 제도, 능력 등은 정의 관계에 속한다. 이것들은 위험 정책이 조직되는 적법하고 인식론적이고 문화적인 권력망power matrix을 형성한다.

규제의 재편성과 이와 함께 정의력 관계definatory power-relations의 변화는 더욱이 금융 규제와 마찬가지로 기후 변화에도 적용될 수 있는 다음의 질문 주제들을 통해 조사될 수 있다. 생산자들의 위협적인 면, 즉 위험요소는 누가 규명하는가? 누가 책임지는가, 위험요소의 생산자인가, 그 수익자인가, 아니면 위험관리의 희생자인가? 원인과 결과의 관계가 언제 인정될 수 있는지를 결정하는 인과성causality의 기준은 누가 확정하는가? 위험에 대한 지식과 무지가 서로 불가분하게 뒤얽혀 있고 모든 지식이 논란의 여지가 많고 개연성이 있는 세계에서 무엇이 "증거"로서 가치가 있는가?

민족국가 내부에서 또는 민족국가들 사이에서, 당사자들에 대한 손실보상은 누가 결정하는가? 세계위험사회에서 생산자와 위험의 희생자 사이에서 새로운 계약은 어떻게 이루어질 수 있을까? 그리고 서구사회는 탈식민적 세계로부터 배려하는 삶과 노동에 관해 무엇을 배울 수 있을까?

이 질문들을 똑바로 주시하면 분명해지는 것이 있다. 위험사회들은 국가적이고 국제적인 법체계와 과학적 규준의 역사적 논리 때문에, 생태계적 위기의 전 지구성globality을 완전히 비껴가는 뻔한 행동방식들에 사로잡혀 있다는 점이다. 그래서 이 사회들은 다음과 같은 제도화된 모순에 직면해 있다. 위기 및 파국은 바로 기존의 개념, 인과성 기준, 증명 책임 및 해명 책임의 귀속 등에서 벗어나는 역사적 순간에 시작된다는 것이다. 그런 순간에 위기 및

파국은 위험성이 커지고, 대중매체들에 모
습을 드러내게 되며, 이로써 더욱 일상적이
된다. 기후 변화의 정치학은 자주 **사후 결과**
post-hoc consequence에 집중되고, 기후(등등)의

17 Roser Silverstone, 1945~2006, 영
국의 미디어학자
18 John Dewey, 1859~1952, 미국의
철학자이자 교육학자

문제를 "남의 눈에 띄지 않는 부차적인 결과"로서 생산하고 재생산하는 조
건과 원인을 간과한다.

VI.

여섯 번째 명제: **전 지구적 위험들의 정치적 폭발력은 대체로 대중매체들에서 전
지구적 위험들을 (재)제시(re-)presentation하는 기능이다. 전 지구적 위험들은 매체
들에서 각색되면 "세계시민적인 사건들"이 될 수 있다. 사회적으로 만들어진 위험
들의 제시 및 시각화는 눈에 보이지 않는 것을 분명히 볼 수 있게 해준다. 이것을
통해 동시성, 공동 참여, 고통 분담 등이 이루어짐으로써, 세계적 공공성에 대한 타
당성이 생겨난다. 따라서 세계시민적인 사건들은 경험과 재앙에 관한 한 상당히
매체화되고, 매우 선택적이고, 대단히 가변적이고, 무척 상징적이고, 지역적 및 전
지구적이고, 공적 및 사적이고, 물질적 및 소통적이고, 성찰적이다.**

　이것을 이해하려면, 로저 실버스톤[17](2008)이 매우 꼼꼼하고도 세심하게
그려낸 "미디어폴리스"mediapolis의 모습을 떠올려야 한다. 또한 듀이[18](1996)
가 그린 훨씬 오래된 모습도 더해져야 한다. 듀이는 행위가 아니라 그 결과
가 정치의 핵심을 형성한다는 명제를 지지했다. 비록 그가 생전에 지구온난
화, 광우병 또는 테러 음모 등을 생각하지 못했다 하더라도, 그의 이론은 세
계위험사회에 탁월하게 적용될 수 있다. 전 지구적인 공적 담론은 결정들에
대한 합의에서가 아니라, 오히려 결정들의 결과에 대한 견해차에서 생겨난
다. 근대의 위험한 위기는 결과에 관한 바로 이런 논쟁들에서 만들어졌다.

많은 사람들이 위험에 대한 과잉반응을 줄

19 Simon Cottle, 영국의 매체 및 커
뮤니케이션 연구자

로 계몽적인 기능을 갖는다. 위험의 갈등들은 주어진 질서를 흔들리게 하지
만, 동시에 새로운 제도의 마련을 향해 내딛는 결정적인 걸음으로도 여겨질
수 있다. 전 지구적인 위험은 조직화된 무책임성의 기제들을 흩뜨리고 심지
어 정치적 행동을 위해 개방할 수도 있는 잠재력을 갖고 있다.

　"강요된 계몽"과 "세계주의적 현실주의"라는 시각은 다음과 같은 가능
성을 열어준다. 세계 위험 사회가 야기하는 불확실성 때문에, "세계주의적
인 위험 공동체"라는 배경 앞에서 초국가적 재귀성transnational reflexivity, 전 지
구적인 협력, 조화된 답변 등이 드러날 수 있다는 것이다. 필자의 중심 개념
이 "위기"가 아니라 "새로운 전 지구적 위험"이기 때문에, 각색의 관점이
중요해진다. 위험은 대체로 인간이 만든 위기와 파국으로, 예견할 수 없고
보험 가입도 안 된다. 이런 위기와 파국은 예상은 되지만 종종 눈에 띄지 않
으며, 따라서 그것을 어떻게 "지식"의 형태로 규정하고 투쟁하는가에 좌우
된다. 따라서 그 "현실"은 잘 알려져 있는 것과 그렇지 않은 것을 결정하는
규준들에 맞게 각색되고 경시되고 변형되거나 또 간단히 부인될 수 있다. 되
풀이해서 말하자면, 위험은 특정한 정의력 관계 내에서 정의定義를 둘러싼
투쟁과 갈등의 산물이자—다소 성공적인—각색의 결과이다. 이것이 위험
이라는 개념 하에서 이해되는 것의 핵심이라면, 우리는 매체적인 각색에 대
단히 큰 의미를 부여해야 하고 또 매체의 잠재적인 정치적 폭발력을 인정해
야 할 것이다.

　이런 사정은 경험적인 사실과 어떤 관계에 있는가? 시몬 커틀[19](2009)이
설명하고 있는 것처럼, 2007년 초 기후 변화에 관한 정부간 전문가 패널IPCC
이 가장 최근에 발표한 보고서는 기후 변화의 보고들에서 결정적인 요소로
입증되었다. 처음에 기후 변화는 과학잡지에 비교적 부정기적으로 등장했

을 뿐이다. 그 다음에는, 보도의 특권이 있는 기후 회의론자 소집단이 기후 변화를 논쟁의 대상으로 삼았다. 그리고 마지막으로 기후 변화는 세계의 모든 나라들에 답변을 요구하는 대체로 인정받는 "세계 위험"world risk으로 거론될 자격을 얻었다. IPCC와 비교적 최근의 과학적 모델들이 내놓은 예견이 다음 몇 십 년 후에 진실임이 입증된다면, 기후 변화는 또한 문명적인 운명 공동체의 성립에 영향을 끼치는 힘들 중에서 가장 강력한 것으로 밝혀질지 모른다.

서구의 보도 매체들은 전 세계에서 보내온 극적이고 상징적인 영상들을 동원하여 기후 변화를 떠들썩하게 보여주었다. 이런 요란한 시각화는 의심의 여지없이 기후 변화의 상태를 대체로 인정받는 전 지구적인 도발로 확증하는 데 도움이 되었다. 뿐만 아니라 이런 시각화는 전 지구적 광경으로 각색되는 제3세대의 근대를 조명한다. 보도 매체들의 기능은 여기에서 전 세계적인 초점을 특정한 사건들에 맞추는 데에만 있는 것이 아니다. 보도 매체들은 오히려 수행적인 태도performative pose를 취하고, 특정한 주제들을 "세계 위기"로서 효과적으로 제시한다. 보다 지표적indexical 의미에서 기후 변화의 전 지구적 과정을 대변하는 영상들을 지금은 규칙적으로 보도 매체들을 통해 볼 수 있다. 일부 영상들은 기후 변화에 대한 의식을 먼저 일깨우려는 시도를 감행했다. 지구온난화의 전 지구적인 위력과 위협을 가능한 한 완전히 파악할 목적으로, 흔히 흥미 있는 영상들을 통해 말이다. 이와 같은 영상들에서 기후 변화를 다루는 순수과학abstract science은 문화적으로 의미심장하게 되고, 정치적으로 큰 파장을 초래하게 된다. 지리적으로 멀리 떨어져 있는 공간들이 글자 그대로 인지할 수 있고 "알 수 있으며"knowable 걱정하고 행동할 수 있는 장소가 되는 것이다. 시각적인 환경 수사학을 이처럼 보여주는 용도로 사용하는 것은 선정된 신문들에 국한되지 않는다. 기후 변화를 영상으로 보여주는 방식이 흥미롭게도 주류가 된 것이다. 그래서 전 지구적 기후 변화의 위기와 현실은 아마도 시대의 세계 위험으로서—특히 서구사회에—"엄습했을" 것이다.

다른 한편 보도의 내용 및 담론에서 민족적인 것이 소용돌이치는 지속적인 흐름은 과소평가될 수 없다. 이것은 물론 전쟁들에 적용된다. 전쟁들에 대한 보도는 더군다나 국익이라는 색깔로 채색되었다. 그런데 기후 변화가 국내 및 국제 논쟁의 새로운 국면으로 치닫는 동안, 국가들과 콘체른들과 시민들도 각각의 역할과 책임에 관해 토의했다. 극복과 적응의 국내 정책과 관련해서든, 지구온난화의 최악의 결과를 마주하고 있는 개발도상국들의 국가적 지원을 통해서든 말이다. 여기에서도 행동과 반응에 관해서는 보통 국내의 뉴스 프리즘과 준거틀 안에서 보도된다.

그런데 세계 위기의 이야기를 파국에 대한 서구적 상상력의 이야기(Calhoun 2004)로 곡해해서는 안 될 것이다. 그 이야기는 "몰락할 때까지 반주되는 배경음악"이 아니고, 단순히 "현실 안으로 들어가게 깨워주는 기상 신호"도 아니다. 그것은 오히려 기대에 찬 즐거움이다. 다르게 꿈꾸는 이야기인 것이다. 그 핵심단어는 "해방"이다. 이 핵심단어가 적어도 근대화의 열망만큼 강력해지는 생태적 우려를 낳거나, 아니면 해방이 재차 실패할 게 뻔하다.

VII.

일곱 번째 명제: **환경정책의 쇠퇴를 알린 것은 역설적으로 전 지구적인 생태계 위험 자체이다.** 답하기 곤란한 녹색 정책의 난제를 괴테의 말을 따라 자유롭게 바꿔보면 이렇다. "그대는 근대와 사이가 어떤가?" 근대와 경제성장에 대해서는 어떻게 생각하는가? 근대는 자연에 어긋나는 죄를 대변하는가? 아니면 오히려 대안적인 근대를 고안하고 촉진하는 용기를 대변하는가? 녹색 근대green modern age는

새로운 번영의 비전을 포함해야 할 것이다. 그 내용은 시장의 신봉자들이 경제성장을 높이 평가하는 것처럼 경제성장일 수 없다. 녹색 근대는 부富를 경제지수로 규정하지 않고, 자유와 창의성을 포함하는 보편적인 번영으로 정의할 것이다.

부는 우리에게 자유를 부여하는 것이라고 새롭게 정의된다. 우리가 유일무이한 개인이 되고 평등과 차이 속에서 남들과 함께 살아갈 수 있는 자유를 말이다. 이렇게 이해되는 부는 우리가 생산하고 소비하는 새로운 방식 및 새로운 제도를 만드는 창의성과 힘을 포함할 것이다. 둘 다 폐기물의 전 지구화에 대해 주의하면서 말이다. 그리고 이런 부는 개발도상국들의 세계주의적 비전을 보증할 것이다. 기후를 안정시키려는 모든 성공적인 시도는 환경 보호, 경제적 발전, 전 지구적 정의正義 간의 차이들을 고려하고 점차 없앨 것이다.

중국, 인도, 브라질, 아프리카 사회 등은 자국의 경제적인 노력을 제한하려는 어떤 국제적 움직임에도 동의하지 않을 것이다. 그것은 당연한 일이다. 성찰적 근대화의 발단은 번영과 생태적 의식이 충돌하는 것으로 시작되고, 그 충돌을 세계주의적 비전으로 바꾼다. 서구사회에서 전후시기의 번영이 환경의식의 태동을 위한 토대를 만든 이후, 환경의식은 오늘날 개발도상국들에서 번영을 위한 토대를 만들어야 한다는 것이다. 생태학의 세계주의적 비전은 이로써 경제적 발전에 대한 환경운동의 조건부 지원을 왜곡한다. 개발도상국들의 지속 가능성은 바로 서구사회가 개발도상국들의 발전에 투자하고 전 지구적인 타자와의 만남에서 부와 성장에 대해 새로운 견해를 갖는 것에 비례할 것이다.

근대와 자연의 대립을 깨닫는다면, 보다 나은 세계에 대한 꿈과 희망을 이루기에는 너무 허약한 지구를 보게 될 것이다. 그리고 나면 일종의 국제적인 계급제도를 구상하고 관철시킬 수밖에 없어서, 개발도상국들의 가난한 사람들은 영원히 (에너지) 빈곤에 내맡겨질 것이다. 경계 설정의 정책은 "반

20 Thomas Robert Melthus, 1766~
1834, 《인구론》(1789)을 쓴 영국의
경제학자
21 Thomas Hobbes, 1588~1679, 영
국의 철학자이자 정치학자

대anti"정책일 것이다. 즉 반이민anti-immigra-
tion, 반세계화anti-globalization, 반근대적anti-mod-
ern, 반세계주의적 anti-cosmopolitical, 반성장
anti-growth 정책 등이 될 것이다. 이런 정책은

멜서스[20] 학파의 환경보호를 홉스[21] 학파의 보수주의와 연결시킬 것이다.

　인류의 암담한 미래를 보여주는 논쟁의 여지가 없는 사실들의 이름으로,
녹색 정책은 정치적 열정을 상당히 탈정치화 했다. 그래서 시민들에게는 우
울한 금욕주의, 자연의 능욕을 통한 공포, 근대의 근대화에 대한 무관심 외
에 어떤 다른 대안도 남아있지 않다. 마치 녹색 정책이 정치를 전체적으로
얼어붙게 하여 일종의 요지부동이 되게 한 것 같았다.

　"환경"이라는 범주는—인간이 자연 밖으로 나오는 오랜 역사와 함께—
되풀이해서 말하자면 정치적 자살이다. 모든 환경운동가들은 아니지만 많
은 행동가들이 그 역사와 제도와 정책 등을 통해, 자연이 인간에 의해 분리
되고 가혹하게 다루어진 것이라는 인상을 강화한다. 이런 패러다임은 생태
적 문제가 바로 인간의 입장에서 자연을 가혹하게 다룬 불가피한 결과라고
규정한다. 테드 노드하우스Ted Nordhaus와 마이클 셸렌버거Michael Shellenberger
는 우리에게 환경운동과 연관되는 동사들을 똑똑히 볼 것을 권한다. "그만
두다"aufhören, "경계를 정하다"begrenzen, "거꾸로 하다"umkehren, "저지하다"
verhindern, "규제하다"regulieren, "제한하다"beschränken 등.

　"이것들[동사들]은 전부 다 우리의 생각이 선을 창조하는 것이 아니라 악을
　방지하는 데로 직접 향하게 한다. 기후 변화의 도전을 공해의 문제로 묘
　사하는 것은 잘못이다. 핵전쟁이 갱단의 폭력과 다른 것처럼, 지구온난화
　는 로스앤젤레스의 스모그와 다르다. [⋯] [지구온난화는] 공해의 문제가 아
　니라, **진화** 또는 혁명의 문제로 이해하는 게 낫다."

환경정책의 기술만능주의적인 견고한 틀에서는 이산화탄소 배출이 모든 사안의 척도가 된다. 재래식 칫솔과 달리 전동칫솔은 얼마나 많은 이산화탄소를 생산하는가(0그램 대 94.5그램)? 기계식 자명종과 달리 전기 자명종은 이산화탄소를 얼마나 만들어 내는가(0그램 대 22.26그램)? 그리스도교 구원관의 낙원에는 젖과 꿀이 흐른다. 그러나 땅에서는 젖을 먹는 것이 직접 환경의 죽음으로 이어진다. "기후 킬러"climate killer 암소는 날마다 수백 리터의 메탄가스를 발생시킨다. 우유 1리터당 거의 이산화탄소 1킬로그램과 맞먹는 양이다. 심지어 이혼에 대해 더 이상 신 앞에서만이 아니라 환경 앞에서도 책임을 져야 한다. 왜냐고? 부부의 가정살림이 독신 살림살이보다 환경친화적이기 때문이다.

노드하우스와 셸렌버거는 주된 봉쇄를 아주 명백히 밝혀냈다. 현실주의의 기치 아래, 녹색 정책을 우리의 한계를 인식하는 문제로 소개하고 있는 것이다. 그러나 동시에—그것도 여기에 역설이 있는데—한계에 대한 이 개념은 녹색 정책에 한계를 설정하거나 심지어 녹색 정책을 마비시켰다. 이런 한계를 두 저자는 "돌파하려" 한다(Latour 2008 참조).

근대화의 역사는 역설들로 가득 차 있다. 필자는 그 중 많은 것을 연구에서 다루었다. 그런데 가장 중요한 것은, 전 지구적 위험에 직면하여 정치의 개혁을 위한 지평을 열어주는 역설이다. 산업적 근대가 자기 성공의 희생물이 된 것이다. 성공 때문에 산업적 근대는 원칙 비판 및 다양한 미래에 대해 개방하지 않을 수 없었다. 따라서 서구의 근대가 직선적인 발전에 대해 갖고 있는 믿음은 근대가 점차 스스로 마법을 풀어버리는 것과 모순된다. 뒤르켐, 베버, 호르크하이머, 아도르노, 파슨스, 푸코(Michel Paul Foucault, 1926~1984), 루만(Niklas Luhmann, 1927~1998), 하버마스(Jürgen Habermas, 1929~) 등의 사회이론들에 반대하여 필자가 주장하는 바는 이렇다. 기후 변화의 빛 속에서, 독자적이고 자율적으로 보이는 산업근대화 시스템이 전 지구화가 성공

22 universalism, 보편자(또는 전체)
를 개별자(또는 개인)보다 상위에 두
고, 개별자는 보편자와의 관계에서만
그 존재 이유와 의의를 가진다고 하
는 입장

하는 흐름 속에서 자기 해체 및 자기 변형
의 과정에 들어섰다는 것이다. 이 세계주의
적 전환은 근대화를 성찰하는 현 국면의 특
징이다. 이것은—민족적으로 배제된—타
자가 우리 가운데 있다는 것을 의미한다. 거짓된 보편주의[22]를 생각해 낸 주
역인 우리 유럽인들은 경험과 관점에 있어서 유럽 외의 근대화와 이와 결부
되어 있는 기후 변화의 지각 그리고 기후 변화로 인한 당혹감에 마음을 열어
놓아야 할 것이다. 기후 변화와 임마누엘 칸트 사이에는 숨겨진 연관이 있
다. 그런데 기후 변화에 답을 내놓으려면, 적어도 약간의 "영원한 평화"ewiger
Frieden를 실행에 옮기는 단호한 조치가 필요할까. 바로 칸트냐 몰락이냐! 하
는 생존 원칙의 냉혹함이 희망 또한 만든다.

VIII.

여덟 번째이자 마지막 명제: 세계주의는 도덕적·정치적으로 시급한 주제일 뿐
만이 아니다. 세계주의는 또한 권력을 확대 재생산하는 승수power multiplier이기도
하다. 전적으로 민족적인 개념으로만 사고하는 사람들은 패자들이다. 세계에 대한
세계주의적 시각을 습득하는 사람들만이 몰락을 피하는 동시에, 권력을 행사하고
변화를 야기할 새로운 기회와 가능성을 발견하고 시험해 보고 터득할 수 있을 것
이다. 민족적인 장벽을 극복하는 데서 생겨나는 해방과 힘의 이런 경험은 녹색 근
대의 조성에 대한 열광을 드러내 보일 수 있을 것이다.

이로써 세계주의적인 행동가들은 민족적으로만 행동하는 적수들에 비해
유리한 점을 몇 가지 얻게 된다. 그래서 그들은 누가 세계주의적으로 노련한
"사자"이고, 누가 민족주의적인 "여우"인지 보여줄 수 있다. 세계주의적인
전환은 정치적 행동을 초국가적인 활동 무대로 이끈다. 이것은 적어도 기후

문제에 대한 현실적인 답변을 찾을 수 있는 방법이다. 근대에 의해 짓밟힌 사람들도 취약성을 점차 강점으로 바꾸려면 세계주의적인 시각이 필요하다.

23 Friedrich Hölderlin, 1770~1843, 독일의 시인

　끝으로 은유를 하나 들어도 된다면, 확실히 인류는 애벌레의 오류에 빠질 수 있다. 인류의 유충은 고치를 뚫고 나오는 단계에 있건만, 고치가 사라진다고 슬퍼한다. 유충은 나비가 될 텐데, 인류의 유충은 아직 나비를 짐작도 못하기 때문이다. 물론 그 반대로, 많이 인용되는 횔덜린[23]의 희망에 무척이나 의지할 수도 있을 것이다. 횔덜린의 희망에 따르면, 위험이 커질수록 구해주는 것das Rettende 또한 커진다. 그렇게 되면, 나비가 되는 데 꼭 필요한 노력은 동력을 잃을 것이다.

　사회학 스스로 고치를 뚫고 나오는 단계에 있는가, 그러니까 유충이 나비가 되는 과정에 있는가 하는 질문에 필자는 아직은 감히 답변하지 못하겠다.

문화적 변화
기후 변화의 문화적 극복

문화적 변화
: 기후 변화의 문화적 극복

루트거 하이트브링크
LUDGER HEIDBRINK

1970년대 언젠가 기차 여행 중에 두 명의 사회학자 니클라스 루만Niklas Luh-
mann과 아르놀트 겔렌Arnold Gehlen이 우연히 만난다. 대화가 지지부진하다
막혀 버린다. 비교적 오랜 침묵 끝에 루만이 동료학자인 겔렌에게 요즘 무
슨 연구에 매달려 작업하느냐고 묻는다. 겔렌은 몰락을 준비하고 있다고 대
답한다. 시간을 뛰어넘어, 2007년 국제 자동차 전시회에서 당시 포르쉐 사
장 벤델린 비데킹Wendelin Wiedeking은 초만원을 이룬 개회식에서 이렇게 선
언한다. "독일에서 승용차로 인한 이산화탄소 배출은 12퍼센트 미만이다.
화물차 단독으로 약 43퍼센트를 야기하고, 산업은 16퍼센트, 그리고 가정집
은 14퍼센트 차지한다. 포르쉐만 보면 교통에서 차지하는 이산화탄소 배출
이 0.1퍼센트 미만이다."

　이 두 사건은 서로 무슨 관계가 있을까? 두 사건은 위험이나 적어도 상당
한 불확실성을 가리키는 상황에 어떻게 적응하는지를 보여준다. 사회학자
겔렌은 최악의 경우를 고려하고 있다고 설명한다. 반면에 경영자 비데킹은
최악의 경우를 최소한도로 낮춰 잡는다. 두 사람이 보여주는 태도는 최후의
상황을 대비하는 것이거나, 사실들을 대수롭지 않은 것으로 경시하는 것이
다. 기후 변화에 관한 정부간 전문가 패널
IPCC의 2007년 4차 보고서[1]가 폭탄 선언으

1 인간이 기후 변화를 초래한다는 내
용이 명시됨

로 공공의 인식을 얻은 이후, 오늘날까지 기후 변화에 대한 반응은 이 양극 사이에서 오락가락하고 있다.

기한이 정해진 것의 우선성

앞에서 본 두 가지 극단적인 반응이 너무 갈 데까지 다 가지는 않을 것은 분명하다. 이제는 기후 변화가 일어나고 있다는 것이나 기후 변화의 원인이 인간이라는 것에 똑같이 의심의 여지가 없다. 기후 변화는 그 발생과 복잡한 지구 시스템에 미치는 영향에 대한 객관적인 분석을 요구한다. 따라서 위협적인 대기 온난화를 줄이는 데 성공하기 전에, 일단 흥분한 사람들을 진정시키는 데 진력을 다해야 할 것이다. 극단적인 입장을 취하는 것이 단기적으로는 심리 상태에 득이 될지 모른다. 그것도 목전에 닥친 기후 재앙을 들먹이거나, 아니면 기후 변화에 관여한 개인의 몫을 더 이상 문제되지 않을 정도로 줄이는 것이 잠깐은 유리할 수 있다. 장기적으로—설령 행동할 시간이 점점 빠듯해진다 하더라도, 기후 변화는 장기적인 현상이다—볼 때, 효과적인 대응책을 보여줄 수 있으려면 기후 변화의 실제적인 이유와 예상 가능한 영향을 통찰하는 것이 어쨌든 실제로 유리하다. 루만의 표현을 빌리자면 "기한이 정해진 것의 절박함"Vordringlichkeit des Befristeten(Luhmann 1968)에서 기인하는 냉정한 시선은, 21세기에 산업사회가 직면하고 있는 실천적인 도전이 클수록 그만큼 꼭 필요하다. 화석원료의 소비에 맞서 효과적인 전략을 개시하고, 온실가스의 배출을 모든 관계자와 당사자가 용인할 수 있고 실천에 옮길 수 있을 정도로 줄이기 위해서 말이다.

지구 대기권의 온난화가 진행되는 속도 때문에, 이제는 점점 더 많은 전문가들이 산업화 이전에 비해 평균 기온을 2도 높게 잡은 한도를 망상이라고 여길 정도이다. 그런데 문제는 이런 속도만이 아니다. 온난화의 진행이 사회 시스템에 미치는 영향도 점점 더 위험천만하게 보인다. 기후의 변화가 십중팔구 엄청난 경제적 비용을 초래할 것이고, 지금까지 미처 몰랐던 규모의 기술적 혁신을 필요하게 만들며, 세계적으로 가뭄, 홍수, 농경지 파괴, 질병, 전염병, 폭력적으로 해결되는 갈등 등을 심각하게 증가시킬 것이기 때문이다. 이런 재앙들은 그에 상응하는 이민 및 이주를 동반할 것이다.

따라서 산업사회들과 그 산업사회들을 본받으려고 노력하는 개발도상국 및 신흥공업국의 개조는 경제적·기술적으로 커다란 문제를 제기할 뿐만 아니라, 사회적·문화적으로 근본적인 궤도 수정을 요구한다. 놀랍게도 이런 사정이 지금까지는 부차적으로만 고려되었다. 대부분의 변환 모델은—현대에 이르기까지—경제, 기술, 과학의 삼위일체에서 시작된다. 앞서 거론된 아르놀트 겔렌은 50년 전에 벌써 이 삼위일체를 근대 산업사회의 "상부구조"Superstruktur라고 칭했다(Gehlen 1957: 13). 소위 3차 산업혁명의 현실적인 본보기 역시 대체로 이런 표상에 근거한다. 과학적 합리성, 과학기술적 혁신, 경제적 효율성 등을 통해 근본적인 궤도 수정이 가능한 반면, 문화적 매개변수는 그에 비해 비교적 미미한 역할을 한다는 것이다. 그런데 산업사회의 변화 과정은 문화적으로 중요한 결과를 야기할 뿐만 아니라, 문화적인 전제들에 근거하고 있다는 것도 명백하다. 이 전제들은 산업사회 변화과정의 진행과 그 역학에 상당히 영향을 미치며, 특히 행동할 시간이 빠듯할 때 중요해진다.

문화적 이유들

이렇게 볼 때 재생 불가능 에너지의 매우 빠른 소모와 이로부터 기인하는 온실효과의 원인들은 근대 과학기술의 사용에, 그리고 재화를 생산하고 대량소비와 대량판매시장mass market에 의존하는 상품경제에 있기는 하다. 그러나 산업사회에서 확대되는 에너지 집중과 자연환경에 대한 유례없는 훼손의 이유들은 특히 문화적인 성질의 것이다.

이에 대한 본보기로는, 막스 베버가 1905년에 이미 표명한 예측을 들 수 있다. 그는 자본주의 시장질서가 "이 시장질서의 동력장치에서 태어나는 모든 개인의 생활 양식을 엄청나게 강압적으로 결정하고, 아마도 화석연료의 마지막 센티미터마저 다 타서 없어질 때까지 결정할 것"(Weber 1934: 203)이라고 예견했다. 철학자 루트비히 클라게스(Ludwig Klages, 1872~1956)는 몇 년 후, 그러니까 1913년에 산업화가 전진하고 있다는 인상을 받고서 자본주의 경제가 자연환경에 미치는 영향을 다음과 같이 묘사했다.

"인간의 창조와 대지 사이의 연결은 끊어졌다. 영원히는 아닐지라도 수세기 동안 자연경관의 원래 모습은 망가졌다. [...] 예전에 숲이 울창한 언덕들 사이를 미로처럼 구불구불 미끄러지듯 지나갔던 강줄기가 이제 일직선 수로가 된다. 물살이 센 여울과 폭포는 마치 나이아가라라도 되는 것처럼 전기 집적지들에 동력을 공급해야 한다. 숲을 이룬 듯 빽빽하게 늘어선 연통들이 물가에서 솟아오르고, 공장의 유독성 폐수는 대지의 맑은 물을 썩게 한다. 요컨대, 육지의 모습은 점차 농업이 섞인 시카고로 변모한다!"(Klages 1956: 10)

환경학자들의 견해에 따르면, 이주, 교통, 기술, 산업 등을 통한 인간의 생태계 훼손이 대책들을 통한 보상보다 커지는 지점은 늦어도 1980년대에 이미 넘어섰다. 그 이후로 유한한 자원의 소비와 자연환경의 이용은 생물계biosystem에 부담이 되고, 또한 미래 세대들을 희생시킴으로써 이루어진다. 온난화가 지금까지처럼 계속된다면, 미래 세대들은 오늘을 살아가는 우리가 누리는 것보다 낮은 생활수준을 꾸려나갈 수밖에 없을 개연성이 대단히 크다.

천연자원을 대대적으로 개발하고 환경을 도구적으로 다루는 것에 대해서는 특히 행동의 문화적인 동기에 책임이 있다. 이 문화적 동기들은 사회적 진화 과정에 직접 영향을 미치는 가치관, 규범, 인생관 등의 집합체로 이루어진다. 이와 연관하여, 근대의 생태계 위기가 목적 합리적으로 좁혀진 자연 이해에 뿌리를 두고 있다는 점이 자꾸 언급되었다. 이런 자연 이해는 근세 초기 수학적-물리학적 학문 개념의 결과라고 한다(Hölse 1991: 43ff.). 그 논증에 따르면, 수학과 물리학의 계산 가능성 때문에 자연은 객관적인 특질을 상실했고, 주관적인 재량의 소용돌이에 빠졌다고 한다. 특히 보수적인 문화 비평가들이 계속 경고했던 근대의 '할 수 있다'는 망상은 이런 시각에서 볼 때, 통제 불능이 된 개인주의의 결과로 여겨진다. 개인주의는 현대의 수많은 위기 진단에서도 발견된다. 그 다음으로 시장 자본주의의 생태적 위기로 함께 이끈 것은, 일차적으로 쾌락 추구 욕망, 자아실현에 대한 갈망, 미숙한 대량소비 등이었다(Barber 2008: 10ff.).

그런데 상황은 보다 복잡하다. 산업사회의 파괴적인 역학에 원인으로서 책임이 있는 것은 개별적인 행위자로서의 인간이 아니라 **인간의 문화**menschliche Kultur이다. 인간의 문화는 틀 체계frame system이자 배경의 정보로서, 생태학적으로 중요한 결정 과정에 제어하기 어렵게 영향을 끼친다. 근대 문화는 독자적인 조정 프로그램control program으로서 인간의 행동에 영향을 끼치고, 행위자들이 공동의 목표를 추구하면서도 집단적인 방향 정립을 직접적으로 의식하지 못하게 한다(Latour 2007: 76ff.). 문화는 일차적으로 행동 규칙들의 자체 조직에 근거하기 때문에, 그 자체로는 우회적으로만 영향을 받을 수 있다. 문화는 직접적인 개입에서 벗어나, 자연과 환경에 대한 유익하거나 파괴적인 영향을—말하자면 행위자들의 등 뒤에서—발휘한다(Sieferle 1994: 248ff.).

이렇게 볼 때 생태계 위기는 문화가 원인이 되기에, 개별적인 행위자들이 내린 행위 결정의 결과로 돌릴 수 없다. 생태계 위기는 복합적인 문화적 과정에 근거한다. "문화적 과정은 행위 내지 결정에 의해 야기되기는 하지만(문화적 과정), 어떤 누군가의 행위로서 의미 심장하게 계획될 수는 없다(주체 없는 과정)."(Lübbe 1998: 15)

이것은 무엇보다도 기후 변화에서 나타난다. 기후 변화는 문화적 전제들로 되돌아가는 동시에 정치적 제어라는 인습적인 수단에서 벗어나는 속성들을 특징으로 한다. 그 결과, 기후 변화는 상당 부분 산업화 단계 동안 이루어진 역사적 배출에서 기인한다. 그 배출을 야기한 장본인들이 더 이상 책임을 질 수 없으며, 오염에 대한 의식 없이 자주 행동했던 것이다. 더 나아가 기후 변화는 오늘날 온실가스를 가장 적게 배출하는 지역들에서 가장 심각한 피해를 초래하고 있다. 기후 변화는 또한 특히 미래 세대들에게 지속적인 위태로움을 야기한다. 미래 세대들은 현대의 기후 보호 대책들에서 덕을 보긴 하겠지만, 전체적으로는 부담을 더 많이 질 수밖에 없다.

그러나 기후의 급속한 변화는 무엇보다도 사회적·정치적으로 장기적인 영향을 극히 불확실한 규모로 야기한다. 그 영향에 대해서는 지금 당장 대응책을 마련해야 한다. 대응책은 재해 대책 및 의료 대비책의 확대에서부터, 기후 난민들을 다루고 환경으로 인한 폭력적인 갈등들의 조정을 넘어, 이를 위해 필요한 제재 수단을 재량껏 사용하는 초국가적인 재판권을 어떻게 확립할 수 있을까 하는 문제에까지 이른다(Welzer 2008: 250ff.).

크고 묵직한 문제들에 직면하여 궁금한 점이 있다. 행동의 필요성이 명백한데도 불구하고 지난 수십 년 동안 효과적인 대응책들을 마련하기 위해 한 일이 거의 없는 이유는 무엇일까? 미국의 생물지리학자 제레드 다이아몬드는 사회가 필요한 궤도 수정을 시작하지 않거나 늦게야 겨우 시작하는 일련의 이유들을 거론했다(Diamond 2005: 517ff.). 재난으로의 발전을 경험하지 못했기 때문에 그런 발전을 예견하지 못할 수 있다. 또는 변화가 완만하게 이루어지고 당사자들이 사건들에 대해 인지할 수 있는 거리를 갖지 못하기 때문에 위험을 인식하지 못할 수 있다. 또한 문제들에 맞서 뭔가를 시도하기는 하지만, 제대로 된 수단과 능력을 갖고 있지 못하기 때문에 성과가 없고 실패할 수도 있다. 그러나 다이아몬드의 견해에 따르면, 문제가 알려졌을 때조차 사회가 해결을 위해 노력하지 않는 경우가 아주 흔하다. 아무것도 시도하지 않는 것이 사회에 단기적으로는 더 유리하기 때문이다.

지금까지 기후 변화에 대한 대책이 다만 매우 더디게 망설이듯 실천에 옮겨진 것은 결정적으로 특히 마지막 두 가지 이유 때문인 것으로 보인다. 온실가스의 배출 한계치를 지금까지 구속력 있게 확정하지 못한 것은, 다수의 당사국들이 기후 보호에 투자를 늘리면 상당한 경제적 불이익을 감수할 수밖에 없음을 두려워했기 때문이다. 행위자들 내부의 시각에서 책임 분담이 불리하다고 여겨질 경우에는 필요한 투자를 일단 보류하고, 공정한 책임 분담을 보장하는 일반적으로 구속력 있는 기본 규칙을 찾을 때까지 기다리는 것이 전적으로 합리적인 것처럼 보인다.

다른 주된 방해 이유는, 기후 변화의 복잡성 때문에 기후 변화를 극복할 올바른 수단을—아직—갖고 있지 못하다는 두려움에서 기인한다. 인간의 개입으로 인한 불확실한 결과에 직면하여, 근본적인 궤도 수정은 포기된다. 지구 시스템에—당분간—개입하지 않는 것이, 위험한데다 그 결과를 예상할 수 없는 변형 과정을 시작하는 것보다 더 합리적으로 보인다. 이런 시스템 이론적인 패배주의를 말해주는 범례가 루만의 입장이다. 루만은 "문제들을 해결하지 않음으로써 해결하는 것, 즉 문제들을 시스템의 자기생산Autopoiesis 요소로서"(Luhmann 1992: 209) 있는 그대로 내버려두고, 시스템이 지적인 자기 관찰을 통해 자율적으로 조정되는 것에 기대를 거는 것을 지지한다.

그런데 좀 더 정확히 고찰해보면, 두 가지 방해 이유는 전혀 타당하지 않다. 경제적인 비용 부담의 논리는 이의 제기로서는 적절하지 않다. 전 지구적인 척도에서 부당한 부담이 과연 어디에 있으며, 또 부담을 공정하게 분배하기 전에 역사적으로 발생한 비용들의 공정한 할당을 실행에 옮긴다는 것이 무슨 뜻인지를 우선 해명해야 하기 때문이다. 이때 시스템 과정들의 자가 동력이 일방적으로 너무 높아질 때, 개입의 위험에 대한 시스템 이론의 경고는 다시 설득력이 없어진다. 복잡한 과정들에의 개입이 어떤 결과를 가져올지 모른다면, 그 중단이 어떤 결과를 가져올지 마찬가지로 모를 것이기 때문이다.

문화를 통한 조정

기후 변화는 극도로 불확실한 시스템 과정에 근거하고 있고, 공정한 책임 분담은 십중팔구 불완전하게 실현될 수 있을 뿐이다. 바로 이런 이유에서, 집단적인 생활 형태를 자발적으로 바꾸고 대단히 사회적인 변형을 시작하는 문화적인 관점 변화가 필요하다. 왜냐하면 기후 변화는—다시 한 번 강조하자면—그 전체 역학에서 보면 자연적인 현상이 아니라 문화적인 현상이기 때문이다. 기후 변화의 발생과 영향은 산업사회적인 "상부구조"의 수준에서 그 효과를 발휘하기 전에, 우선 문화적 관점에서 중요하다. 따라서 일상의 실천적인 행동 방식에 대한 방향을 재정립하는 것은, 과학기술적 또는 정치적 조정의 차원에서만이 아니라 정신적·인식적 정향 기준의 차원에서도 시작되어야 한다.

산업사회의 지속적인 개조가 문화적인 기획인 것은, 특히 무엇보다도 기후 변화의 폭넓은 수용 의식이 그 사회적이고 정치적 영향들과 함께 생겨나야 하기 때문이다. 3차 산업혁명의 개혁 이상의 토대가 되는 통상적인 전략들만으로는, 주민들에게서, 또 기업들과 국가기관들에서 기후 보호의 적극적인 지지를 야기하는 데 **부응하는 기본 입장**을 만들어내기에 충분하지 않다. 다수의 전통적인 대책들이 구조적인 변형 과정을 개시하는 데 도움이 되는 것은 확실하다. 사원 생산성의 증대, 대안 에너지의 모색, 지구공학, 정보 기술 및 생명공학의 지원 등이 그 대책들에 속하는 것은 의심의 여지가 없다. 이동성 및 물류관리, 도시계획 및 건축, 디지털 방식의 장거리 통신, 절약이 되는 소비 등의 새로운 형태들도 마찬가지로 중요하다. 또한 특히 가령 배출권 거래, 이산화탄소세 또는 기후 관세, 재화의 자원 소비와 유해 물질 생산에 관해 알려주는 증명서 등 같은 효과적인 자극들이 필요해진다.

이 모든 대책들은 중요하지만, 가치관과 규범 수용이 뒷받침될 때에만 지속적인 행동 변화로 이어진다. 이에 대한 본보기로 들 수 있는 환경 행동에 대한 연구들은, 환경의식이 성장하고 있긴 하지만 구체적인 일상적 행동은 훨씬 뒤처져 있음을 보여준다.[1] 설문조사 결과는, 지식과 행동 사이에 괴리가 생기는 원인이 수입이 비교적 적거나 교양이 부족한 데 있기보다는 오히려 가치 지향value orientation이 충분히 강하지 않으며 자기효능감self-efficacy의 확신이 부족한 데 있다는 것을 말해준다. 책임 연구를 통해 알 수 있는 것은, 인간이 특히 자발적으로 행할 때 책임 있게 행동할 준비가 되어 있고, 자신의 행동을 통제한다고 느끼며, 추구하는 목표들을 통해 정체성을 확인할 수 있다는 사실이다(Auhagen 1999: 211ff.; Hoff 1999). 생활 양식 및 환경에 대한 연구는 이와 비슷한 결과에 이르고, 특히 가치의식, 공정성 원칙, 삶의 질 등을 참여적인 환경 행동의 중요한 요인으로 거론한다(Wippermann u.a. 2008: 59f.).

책임을 떠맡는 핵심 기준들이 내적인 동기 부여, 개인적인 능력, 목표와의 동일시 등에 있다는 가정에서 출발한다면, 지속적인 행동방식을 문화적으로 뒷받침해 줄 필요성이 특히 명백해진다. 시민사회, 시장, 국가 등의 인습적인 공동 작용은, 지속적인 행동방식을 작동시키는 정신적·인식적 해석 유형에의 개입을 통해 확대되어야 한다. 또한 환경 정책적인 규제들을 통한

---

1 본서에 실린 쿠카르츠Kuckartz의 글 및 쿠카르츠 공저(2007: 24ff.) 참조.

인습적인 조정과 나란히 **문화적 매개변수들을 통한 조정**Steuerung durch kulturelle Parameter이 등장한다. 문화적 매개변수들은 행위자들의 생태적인 수용 의식을 높이고 입장 변화를 뒷받침하며 일상의 실천적인 행동 변화를 야기할 수 있다.

다른 말로 하면 3차 산업혁명의 본질은 과학, 기술, 경제로 이루어지는 상부구조의 지속적인 변형을 개시하는 것뿐만 아니라, 산업사회의 도덕적-정신적 상태에 근본적인 변화를 초래하는 데에도 있다고 하겠다. 위태로움과 시간의 빠듯함—기한이 정해진 것의 우선성—에 직면하여, 문화적인 방향 전환은 정치적인 조정이 과학기술 장려 및 시장 지향과 더불어 목표를 실제로 달성하기 위한 전제가 된다.

문화적 적응

환경 변화의 속도는 적응adaptation과 완화mitigation 사이의 인습적인 양자택일을 장차 유지하기 어렵게 한다. 시간 제한 때문에, 기후 변화의 결과들에 대한 효과적인 적응은 에너지 소비와 자원 활용의 계속적인 증가를 가능한 한 빨리 방지하는 동시에 보다 나은 위험 대비를 행하는 것에 있다(Storch/Stehr 2007). 정신적이고 인식적인 해석 유형에의 개입은 예상할 수 없는 급속한 환경 변화에의 효과적인 적응에 기여한다. 이 과정에서, **정치 이전의 차원**vor-politische Ebene에서라도 기후에 해로운 행동들을 조기에 방지하는 지속적인 행위의 입장들이 생겨날 가능성이 커지기 때문이다.

제방 축조, 숲의 재조림 또는 이산화탄소 감축 등을 통한 적응이라는 인습적인 전략들은 발생한 훼손을 추후에 복구하게 한다. 이런 전략들과는 달리, 문화적인 적응은 예방적인 발의와 장기적인 방향 정립을 목표로 삼는다. 생태계의 위험 분석을 문화적 지평에서 할 수 있게 되면, 불확실한 위험들에 대한 예측 가능한 관찰이 강화되고, 위험에 개입해야 하는 동기가 더욱 잘 부여될 수 있으며, 책임을 자기에게 돌리게 될 개연성이 높아진다. 행위자들이 상태의 개선을 위한 참여가 신념의 이유에서 타당하다고 여기기 때문이다.

산업사회의 지속적인 개조는 또한 전통적인 성장 패러다임의 포기와 탄소 없는 형태의 생산 및 소비 개발을 전제로 한다. 생산과 소비의 탄소 없는 형태들은 십중팔구 문화적인 생존기술, 가치관, 이상 등의 적절한 수정을 통해서만 달성될 수 있다. 올바른 삶의 표상이 없이는, "좋은 사회"gute Gesellschaft (Lippmann 1937)의 이상이 없이는, 세대 사이의 정의正義라는 규제적인 것das Regulativ 없이는, 행위자들이 자신들의 행동방식을 수사학적으로만이 아니라 실제로도 변화시킬 가능성은 거의 없게 될 것이다.

지구 기후의 계속적인 발전은 행위자들의 결정에 좌우된다. 준비 전위(準備電位, readiness potential)가 부족한 본질적인 이유는 기후 변화 과정에 대한 이들의 인식 및 의미 관련성이 부족하거나 적다는 데 있다. 그런 점에서 문화적 적응 전략의 필요성이 분명해진다. 온난화 영향의 감지는 결코 대응 조처를 강화하게 만들 정도로 분명한 적이 없었다. 위기의 사건들이 정상이고 제어할 수 있다는 인상이 여전히 우세하다. 사회적 자연 재앙이나 인간에 의한 재난에 대한 언급이 늘어나고 있고, 뉴올리언스의 경우에서처럼 사회적 질서 구조가 극단적인 날씨 상황 때문에 얼마나 빨리 와해될 수 있는지 관찰할 수 있다 하더라도 말이다.

기후온난화와 관련 있는 이런저런 오염의 결과들은 흔히 자신의 행동 탓으로 소급되지 않고, 역사적으로 우발적이고 전 지구적인 시스템 과정의 결과로 간주된다. 여기에서는 개인적인 참여가 등한시될 수 있다. 개인적인 참여는 중요한 인과적인 작용과 관련이 없기 때문이다. 때때로 장거리 여행을 하거나 쇼핑을 가거나 직장에 출근하기 위해 자동차를 이용하는 사람은,

개별적인 교통을 통해 전체적으로 배출되는 이산화탄소의 엄청난 양을 보고 개인적인 기여가 결국 중요치 않다는 것을 근거로 삼는다. 집단적이고 상승작용이 일어나는 오염의 과정에서는 그 영향의 추정이 잘 이루어지지 않는다. 이런 현상은 오염의 영향이 대부분의 공업국들에서 아직도 인식의 문턱 아래 있다는 사정 때문에 더욱 심해진다. 인식의 문턱이란 대개 객관적으로 위험천만한 환경 변화를 통찰하는 것을 가리킨다.

또한 기후 변화의 원인은, 화석 자원의 소비가 환경에 어떤 영향을 미치는지 아직 알려지지 않았던 산업화 초기 단계에까지 거슬러 올라간다. 역사적 배출historical emission의 대부분은 당시의 행위자들이 오염을 의식하지 않을 때 이루어졌다. 그래서 책임을 과거의 탓으로 돌리는 것은 제한적인 의미에서만 가능하다. 뿐만 아니라 온실가스의 배출이 미치는 실제로 위험한 영향은 십중팔구 미래에야 비로소 나타나는 동시에, 현재 살고 있는 사람들보다 후속 세대들에게 훨씬 맹렬하게 닥칠 것이다. 여기에 덧붙여, 미래가 더 이상 규범적으로 구속력 있는 행위의 공간이 아니라는 점 때문에 더 어렵게 된다. 적어도 전반적으로는 1970년대까지는 미래가 규범적으로 구속력 있는 행동의 공간이었지만 말이다. 그때까지만 해도 역사철학적이고 사회 유토피아적인 모델이 여전히 사회 통합적인 판단력을 지녔던 것이다.[2] "탈역사"posthistoire가 시작되진 않았지만, 미래의 요구에 대한 무관심은 분명히 생겨났다. 그래서 미래에 살아갈 사람들과의 동일시identification는 줄어들었다.

그 결과, 적응과 예방의 시급한 전략들이 미래로 옮겨지는 동시에 비용을 시간적으로 한정한 외재화temporalized externalization가 추진된다. 정치적 차원에서는 배출 감축을 위한 대책에서 책임 분담에 협력하는 방법들을 거부

---

2 본서에 실린 하크너Hagner의 글을 참조.

하는 것이 지속적인 문제 해결의 타임 소싱time sourcing에 해당된다. 이런 방법들은 경제적·사회적으로 단기적인 부담을 야기하겠지만, 현재의 예상에 따르면 국민경제와 사회에 중장기적으로 유리할 것이다(Kemfert 2008: 61ff.).

책임 분담burden sharing으로부터 **이익 공유**benefit sharing로 나아가는 길은 가령 국가별 배출 예산national emission budget과 세계적인 기후 대책 배당금global climate action dividend을 통해 이루어질 수 있다고 한다(Leggewie/Sommer 2009: 4ff.). 이 길의 조성이 어려운 것은, 그것에 필요한 조약들이 공동의 책임 의지를 전제로 하기 때문이다. 당사국들의 자기 이익으로부터는 공동의 책임 의지란 생겨날 수 없다. 이해관계에 이끌리는 협의들은 내부의 합리적인 논리 때문에, 고전적인 딜레마 상황을 극복할 수가 없다. 2009년 12월에 열린 코펜하겐 기후정상회의의 실패로 또다시 분명해진 것은, 규범적 의무frame obligation가 존재하지 않으면 결국 민족국가적인 이익 지향이 온실가스의 감축을 위한 협조적인 해결 시도보다 중요해진다는 것이다.

정치적으로 효과적인 협력 합의를 유도하는 규범적 의무는 마음껏 사용할 수 없는 자원들 때문에 존속한다. 시장이 경제적 거래의 성립을 보장하는 사회적 구조들에 근거하는 것과 마찬가지로(Beckert u.a. 2007), 민주적인 협상 과정에는 문화적으로 선행되어야 할 것이 있다. 문화적인 토대가 마련되어야, 구속력 있는 기본 이해는 물론이고 집단적인 의무를 지우는 목표 설정이 이루어진다. 이런 문화적 선행 급부에 속하는 것은 구조적인 신뢰의 자원confidence resource과 합리적인 공정성 장려fairness incentive (Ockenfels/Raub 2010)만이 아니다. 사회와 관련된 미래상들과 개별적으로 효과적인 행위의 신념action belief 역시 이 선행 급부에 해당된다.

기후 변화에 대처하는 절실히 필요한 대책들은 이로써 후기 산업사회postindustrial society에 대한 **문화적인 틀 설계**kulturelles Rahmendesign를 전제로 한다. 이런 틀 설계가 정치의 협력 구조, 경제의 장려 시스템incentive system, 사회의 미래 구상, 개인의 행동 지향 등을 서로 연결해준다. 종래와 같은 책임 전가 유형은 효과가 없고, 오염 원인과 오염 결과 사이의 부족한 인과관계는 책임 원칙의 제거를 야기한다. 바로 이런 이유 때문에 사회의 문화적 조정은 더욱 중요해진다. 산업사회의 지속적인 개조는 궁극적으로 사회 구조 자체가 달라질 때에만 이루어질 수 있다. 성장 패러다임의 포기와 책임 분담의 계약론적 해결은 정신 및 인식에서 근본적인 방향의 재정립을 불가피하게 만든다. 이런 방향 전환은 개인들의 행동뿐만 아니라 사회적인 전체 시스템과도 관련된다. 공동협력적인 해결을 막고 지식과 행동 간의 간극을 크게 만드는 끊임없는 책임 분산을 저지하려면, 변화된 환경 조건에의 문화적 적응이 필요하다. 생활습관과 가치관, 법의 개념과 정치 양식 등이 너무 달라져서, 과거에 비용 집약적이었다가 해체된 생활방식이 미래에는 사회적으로 정상 상태가 될 것이기 때문이다.

문화적 변화의 한계

마지막 논점들이 분명히 밝혀줄 사항인데, 기후 변화에 대한 투쟁은 문화적 기획이다. 이 기획은 후기 산업사회에서 정신적이고 인식적인 토대의 변화만이 아니라 제도적인 토대의 변형 역시 겨냥한다. 사회적인 가치 변화는 실로 대개 사회적·정치적 질서 구조의 체제에 좌우된다. 이 체제를 통해 공동협력적인 행동에 대한 자극이 주어지고, 구속력 있는 규칙 설정 과정이 시작된다. 규칙 설정 과정은 경쟁의 단점을 막고, 행위자들에게 책임을 잘 이해하며 떠맡는 데 필요한 행동의 여지를 준다(Beckmann/Pies 2008). 자유 없는 책임은 있을 수 없지만, 자유는 그 자체로 사회적인 위험 처리 과정을 집단적으로 해결하기 위한 공동책임을 무산시킬 우려가 있다. 자유가 국가적 질서 규칙과 자발적인 자기 의무의 실천을 통해 공익에 어긋나지 않는 방향으로 유도되지 않는다면 말이다.

여러 번 확언한 바 있는 탈물질주의[2]로의 가치 변화가 일상의 실천에서 지속적인 행동의 강화로 이어지지 못한 이유도 여기에 있다. 이런 가치 변화는 개인적인 자아 실현과 친사회적 입장pro-social attitude의 연결에 의해 특징지어진다(Klages 2007). 도덕적

2 post-materialism, 자아실현, 문화적 욕구, 아이디어, 언론과 표현의 자유, 소비, 환경, 평화 등을 중시하는 가치관
3 product carbon footprint, 일상생활에서 배출되는 이산화탄소 배출량이 표시된 제품
4 electronic mobility, 네트워킹에 모바일 개념을 도입한 것

이고 생태적인 가치관이라고 해서 반드시 환경 친화적인 일상적 행동과 상관 관계에 있는 것은 아니다. 이 가치관은 오히려 보충적인 보장 시스템을 통해 안정되고 유도되어야 한다. 따라서 문화적 신념들은, 행동의 기대를 안정시키고 행위자들을 행동에서의 확실한 효과 추정을 통해 이끄는 체제framework와 중간 제도intermediate institution에 의존하고 있다.

이것이 의미하는 바를 구체적으로 살펴보면 이렇다. 초·중등학교, 대학교, 기타 교육 기관 등과 같은 제도들이 시민들에게 변화하는 지구계earth system의 사회문화적 영향에 관해 보다 정확한 지식을 매개한다는 것이다. 즉 소비자들이 가령 **탄소 발자국 제품**[3] 같은 표식을 통해 재화와 서비스에서 온실가스가 차지하는 몫을 알게 된다는 것이다. 이것은 또한 지자체, 지역의 기업, 시민 등이 이산화탄소 배출을 줄이기 위한 공동의 대책을 발전시킨다는 것을 의미한다. 가령 에너지 공급의 지역화, 모듈식 e-모빌리티[4] 구상 또는 근거리 교통의 유연화 등에서 관찰될 수 있는 것처럼 말이다. 그리고 마지막으로 또한 초국가적 차원에서 기후 보호 협정을 위한 법적 구속력 있는 기본 규칙들이 실현된다는 것을 의미한다. 이 기본 규칙들은 자기의 노력 없이 남의 일에서 이익을 보는 무임승차 같은 전형적인 전략들을 저지하며, 개별 국가들이 재정적·정치적 힘을 자기과시에 이용하지 않고, 기후 보호를 위한 협력 대책들에 쓰게 한다. 그 협력 대책들에서 결국 당사국 대다수가

이익을 얻게 된다.

　문화적인 이유와 요인이 기후 친화적인 대책들의 실행에 있어서 중요한 역할을 한다 할지라도, 그 효과를 과대평가해서는 안 될 것이다. 신흥공업국들의 경제적 비약과 국제 환경 정책의 합의 부족을 통해 이산화탄소 배출의 증가율은 예상 가능하다. 이런 배출의 증가율을 볼 때, 개인적인 행동방식이 달라진다 하더라도 처음에는 이상할 정도로 이산화탄소 배출 증가율과는 비교가 안 될 것이다. 여기에 문화적 과정에 영향을 끼치기 어려운 근본적인 난점이 더해진다. 문화적 과정은 바로 그 혁신적인 동력 때문에 고도의 통제 불능이라는 특성을 지닌다(Nowotny 2005: 130ff.). 그렇다면 정신적이며 인식적인 입장에 직접적인 개입이 가능하다 할지라도, 가부장적이거나 생태 독재적인 강제 조치들과의 경계를 어디에서 그어야 하는가?

　이런 문제들 때문에 문화적 적응은 지금도 생태적인 가치관과 지식 형태의 형성에 적절히 기여하는 국가의 사회 정책 및 환경 정책에 의존하고 있다. 국가의 과제는 사회문화적 동인들을 활동하게 하고 하나로 묶어서 창의적인 자가 동력을 발휘할 수 있게 하는 데 있다. 이것은 지능형 네트워크들의 조정과 시민사회적인 자기조직화를 통해 그나마 가장 성공할 것 같다(Ladeur 2006: 388ff.). 따라서 필요한 것은 사회의 기후 위험을 설명해 주는 교육 및 정보 캠페인만이 아니다. 오히려 무엇보다도 정치가, 기업가, 시민, 과학자 등의 전문 영역을 넘어서는 대화가 필요하다. 이들이 함께 할 것은, 대안적인 번영의 기준과 지속 가능한 발전의 기준에 관한 소통을 통해 공정한 책임 분담을 구속력 있게 정의하는 것이다(Sachs 2005).

　문화적 기호화를 통해 지속 가능성에 방향을 맞추고 준비하는 분위기를 조성하는 과제는 거의 십중팔구 이런 결론에 이른다. 국가가 사회적 협상을 조율하는 조정자로서의 역할과 결별하고, 후기 산업사회의 위험 처리 과정을 관리하는 일종의 매니저가 될 수밖에 없다는 것이다. 지속 가능한 정책은 추세를 인식할 뿐만 아니라 정하기도 하는 국가에 토대를 둔다. 미래의 국가는 "시장의 도덕화"Moralisierung der Märkte(Stehr 2007)와 녹색 소비green consumption 같은 문화적 상황의 변화에 지금까지보다 빨리 반응하고, 그 변화를 제도적으로 강화하고 안정시켜야 할 것이다. 이것에 성공할 때, 사라지는 에너지원과 급속한 기후 변화는 불확실한 정책으로 대응하는 사회적 위험만이 아니다. 문화적이고 사회적인 혁신 과정을 위한 기회도 될 수 있는 것이다. 그 혁신과정을 통해, 지속 가능한 생활방식이 머지않아 사회적인 정상 상태가 될 것이다.

전 지구적 구조 적응

지구계의 한계 안에서의 세계 경제와 국제 정치

전 지구적 구조 적응

: 지구계의 한계 안에서의 세계 경제와 국제 정치

디르크 메스너
DIRK MESSNER

지구온난화의 결과를 둘러싼 논쟁은 이미 20년 전부터 시작된 세계화 논쟁과 맥락을 같이 한다. **세계화담론 1.0**(Globalisierungsdiskurs 1.0, 경제의 탈경계화)은 베를린 장벽의 붕괴와 사회주의의 파열 이후 서구 시장경제의 경제모델이 전 세계적으로 확대될 거라는 가정에서 출발한다. 그것은 **서구화로서의 세계화**globalization as westernization를 말한다. 이를 지켜본 많은 이들이 세계화에 대한 생각에 도취되었지만, 이런 식의 발전을 오히려 회의적으로 본 사람들도 있었다. 세계화를 민족국가적인 과잉 규제의 속박으로부터 경제의 해방으로 해석하는 사람들, 또 서로 연결된 세계 경제 및 국제 정치를 위한 **글로벌 거버넌스**[1]를 숙고하는 사람들, 이들 사이의 논쟁은 규제 정책과 관련하여 진행되었다(Messner/Nuscheler 2006). 현재 당면한 세계 경제 위기와 2009년 가을에 발생한 국제 금융시장의 폭발을 통해 분명히 드러난 것이 있다. 물질적인 번영을 조장하는 세계화는, 세계 경제에서 안정성과 공정한 이해 조정을 위해 진력하고 체제를 위태롭게 하는 투기를 저지하는 국제적 지침과 정부 구조가 확립될 때에만 가능하다는 사실이다. 세계 경제를 (세계)사회적 규범체계 및 제어시스템에 다시 편입시키는 것이 문제이다. 이 과정은 오래 되었는데도 완성되지 않았다.

---

1 global governance, 세계적 규모의 문제들에 국가가 충분히 대응하지 않을 때, 국제사회가 그 해결 활동을 전개하는 세계적 규모의 협동 관리 또는 공동 통치

세계화담론 2.0(Globalisierungsdiskurs 2.0, 전 지구적인 권력 이동)은 2000년대 초 세계화가 결코 서구 공업국들의 커다란 성과를 촉진시키지 못한다는 사실이 점점 더 분명해졌을 때 시작되었다. 오히려 견인차 역할을 하는 중국과 인도와 함께 아시아가 세계 경제의 새로운 중심이 되고 있다(Kaplinsky/Messner 2008). 다른 개발도상국들도 경제와 정치에서 새로운 자신감을 펼치며, 전 지구적인 과정들을 함께 조성할 것을 촉구하고 있다. 남아프리카, 브라질, 인도네시아 등이 그 주역들이다. 이 나라들은 OECD 국가들의 단독 대표권 주장을 문제로 삼지만, 발전과 시장경제와 민주주의 등에 대한 서구의 근본 개념들에 대체로 동의한다. 이것은 이란, 베네수엘라 또는 아랍세계의 몇몇 나라들에는 적용되지 않는다. 몇몇 아랍국들은 지역적이고 국제적인 권한을 간과하기 어려울 정도로 요구하고, 서구의 세계관과 가치관 및 질서관을 부분적으로 거칠게 도발하듯 시험하고 있다. 세계가 다극화되는 이 과정은 "옛 공업국들"의 2백 년 간의 우세를 문제시하고, 세계의 형성을 위한 대서양 연안국들의 기본 구조(옛 G7/8)를 제거했다. 이 과정 역시 오래 되었는데도 끝나지 않았다(Khanna 2008; Leininger 2009). G7/8이 세계 경제 위기의 소용돌이 속에서 세계의 권력 중심으로서는 몰락했고 G20에 자리를 양보한다는 것은 국제적인 혁명이다. 혁명이라고 한 것은 공업국들이 인정하기 시작하는 엄청난 전 지구적 권력 이동을 암시하기 때문이다. 이로써 많은 문제들이 제기된다. G20이 공정하고 적절한 세계 질서 및 세계 사회에 대한 공동의 개념을 발전시키는 데 성공하거나, 천차만별의 세계관들이 이 새로운 "권력 협주곡"Machtkonzert에서 제멋대로의 주장을 갑자기 멈추고 조화를 이룰까? 민주주의 국가들과 독재 국가들이 G20에서 서로를 어떻게 대할까? 안정적인 세계 경제적 한정 조건의 합의에 대한 대가는 인권과 민주주의 진흥 전략에 있어서 진보의 포기일까? G20은 "세계의 나머지"(G172)로부터 차단되고 G8[2] 보다 훨씬 더 폐쇄적인 클럽이 될 것인가? G8은 어쨌든 브라질,

2 미국, 일본, 영국, 프랑스, 독일, 이
탈리아, 캐나다 등 서방 선진 7개국
(G7)과 러시아로 구성되는 경제대국
정상들의 모임

인도, 중국 같은 나라들을 필두로 하는 G77
로부터 도전받을 수 있었는데 말이다. 혹은
G20이 개발도상국들과 연결되는 적절한
가교를 놓고, 세계 사회의 모든 주역들이 드

나드는 플랫폼인 유엔의 근대화를 강화하며, 인간의 발전을 알맞게 고려하
는 미래의 세계 정책을 조성하기 위한 의제를 만들까? 그러니까 "세계화담
론 2.0"은 미래적인 글로벌 거버넌스 주역들의 상황과, 다극적 권력 상황에
서 전 지구적인 통치에 대한 가능성과 위험을 다루고 있는 것이다.

　　세계화담론 3.0(Globalisierungsdiskurs 3.0, 전 지구적 발전 및 지구계)은 "기후 변화와
발전"을 둘러싼 논쟁에서 생겨난다. 늦어도 2007년의 IPCC 보고서를 통해,
위험한 기후 변화가 산업화 이전 시기와 비교하여 2도 상승한 지구 온난화
를 넘어서 전 지구적인 문명의 위기를 야기할 수 있다는 점이 명백해진다.
자연과학의 기후 연구는 무엇이 문제인지 보여준다. 효과적인 기후 정책이
없으면, 금세기 말에는 산업혁명이 시작될 때보다 전 세계적으로 3도 내지
6도 더 따듯해질 수 있다고 한다. 이 정도 규모의 온난화 추이는 지구계가 달
라지는 변화에 버금간다. 2만 년 전의 마지막 빙하기 동안 지구계는 오늘날
보다 약 4도 추웠고, 전 지구적인 생태계는 완전히 다른 모습이었다. 북유럽
과 북아메리카 일부는 북극의 빙하 속에 묻혀 있었다. 4도의 기온 변화는 따
라서 사소한 일이 아니라, 시대의 전환을 야기할 것이다. 이제 세계는 적어
도 3백만 년 전 이래 이렇게 짧은 시간 안에 결코 겪어보지 못한 기온 변화를
다음 10년 안에 경험할 수 있을 것이다. 따라서 인류는 지구계의 아주 커다
란 나사를 돌리며, 돌이킬 수 없고 헤아릴 수 없을 정도로 엄청난 결과를 야
기하고 있는 셈이다. 현재 당면한 세계 경제 위기와의 커다란 차이가 바로
이 점에 있다. 세계 경제 위기는 깊고 통절하게 느껴지며, 어마어마한 사회
적 비용을 야기한다. 그렇지만 경제 위기는 몇 년 후면 극복될 것이다.

지구온난화의 선형 및 비선형 역학: 지구계의 티핑 포인트[3]

기후 연구는 기후 위험을 두 가지 종류로 구분한다. 첫째, 더 심해지는 가뭄, 변화되는 강수 패턴precipitation pattern, 극단적인 기후 사건들, 수면의 상승, 빙하의 소실 등처럼, 비교적 잘 예견할 수 있고 발생 가능성이 높은 기후 영향을 말한다. 둘째, 지구온난화로 기온이 2도 내지 3도 이상 상승할 때, 기후계climate system 및 지구계의 질적인 변화가

심해질 위험이 추가로 발생하는 것을 말한다. 시스템 구성요소들의 대단히 비선형적인 이런 반작용은 기후계의 티핑 포인트로 지칭된다. 그것은 위험한 경계선을 넘은 후에 거의 제어할 수 없는 시스템의 자가 동력own dynamics이 시작되는 시스템 행동system behaviour을 말한다. 티핑 포인트를 넘어설 수 있는 지구계 대부분을 티핑 영역[4]이라 칭한다(Lenton u.a. 2007). 가령 포지티브 피드백 메커니즘[5]을 통해 필시 어느 특정한 위험한 온난화부터 흘러내리고 허물어질 수 있는 그린란드의 빙상ice sheet 또는 어느 임계점부터 돌이킬 수 없게 바싹 마를 수 있는 아마존 삼림을 그 예로 들 수 있다. 기후의 역사는 기후계가 실제로 강력하고도 급격하게 변화할 수 있다는 증거를 보여준다(z.B. Rahmstorf 2002).

이런 비선형적인 현상들은 전반적으로 순조로운 추세보다 예측이 훨씬 어렵다. 그래서 지금까지는 책임을 감당해 낼 수 있는 계획이나 체계적인 위험 평가는 존재하지 않고, 보통 대개 위험의 특질을 보여주기만 하는 듯한 인상을 주는 개별적인 결과들만 있다. 불확실성이란 물론 소홀히 해도 되는 위험이어서 무시할 수 있을 거라는 의미가 아니다.

6 Larsen B ice shelf, 남극대륙에 이
어져 바다에 떠 있는 얼음덩어리

지구계에서 위협받는 티핑 영역으로 유
럽대륙의 얼음덩어리를 예로 들어보자. 대
류의 빙괴가 녹으면, 수면은 수 미터 상승

하게 될 것이다(Archer/ Rahmstorf 2010). 대류의 빙괴는 **빙하면 고도 피드백**ice-ele-
vation-feedback을 통해, 잘 알려진 임계선을 보여준다. 그린란드의 빙상 같은
얼음덩어리는 어느 정도의 한계 내에서 유지된다. 약 3킬로미터에 달하는
두께 덕분에 대부분의 얼음 표면이 높고도 차가운 공기층에 있게 되기 때문
이다. 대기의 온도는 위로 올라갈수록 킬로미터 당 평균 6.5도씩 내려간다.
얼음덩어리가 줄어들면, 그 표면은 점점 더 따뜻한 공기층에 놓이게 된다.
이와 동시에 스스로 강화되는 효과가 나타나, 결국에는 얼음이 완전히 녹게
된다.

온난화의 분기점을 넘어설 때 얼음덩어리의 빠른 붕괴를 야기할 수 있는
보다 강력한 다른 피드백들도 있다(WBGU 2006). 예를 들어 관측들은 얼음이
녹은 결과 그린란드 빙하의 유속flow velocity이 분명히 높아진다는 것을 보여
준다. 특히 얼음 표면의 해빙수meltwater가 구멍(일명 빙하 구혈)을 통해 얼음 아
래 도달하고, 그곳에서 윤활제처럼 작용하기 때문이다. 남극에서도 빙하, 특
히 남극 서쪽의 비교적 작은 빙상에 있을 수 있는 동적 반응dynamic reaction에
대한 암시들이 증가하고 있다. 2002년 2월 남극 반도 앞에 있는 천 년 된 라
르센 B 빙붕[6]이 산산조각 났다. 빙붕은 바다에 떠다니기 때문에, 빙붕의 붕
괴가 처음에는 해수면에 영향을 끼치지 않는다. 그러나 빙붕의 붕괴가 대륙
빙하에 영향을 미치는 것은 분명하다. 라르센 B 빙붕 뒤에서 빙상으로부터
흘러나오는 빙류ice stream는 그 다음부터 속도가 무려 여덟 배까지 높아질 정
도로 대단히 빨라졌다. 대륙의 얼음덩어리가 허물어지는 붕괴가 위험한 것
은, 특히 해수면의 상당한 상승과 연관되기 때문이다. 그린란드 빙상만 녹
아도, 해수면은 전 지구적으로 약 7미터 올라갈 것이다. 1990년과 비교하여

7 biosphere, 생물이 살 수 있는 지구
표면과 대기권
8 El Niño, 남아메리카의 서부 열대
해상에서 수온이 평년보다 높아지는
현상
9 Peter M. Cox, 영국 생태학 연구소
의 기후 모델 학자
10 monsoon circulation, 대륙과 해
양의 온도 차이 때문에 주로 동아시
아와 인도에서 발생하는 계절풍 몬순
의 순환

지구가 2도 내지 3도 따뜻해져도 그런 일이 발생할 수 있을 것이다. 그렇게 되면 지구의 지리학은 새로 씌어질 것이다. 이렇게 녹는 데 시간이 얼마나 걸릴지 아직은 아주 불확실하다. 몇 년 전까지는 수천 년 걸릴 거라는 가정에서 출발했다. 그러나 새로 발견된 얼음 구조를 보면, 수백 년 내에 완전히 녹는 것도 가능할 것 같다.

생물권[7]에서도 장차 상당히 비선형적인 효과가 기후 변화에 대한 반작용으로 나타날 수 있을 것이다. 엘니뇨[8]가 발생한 해의 가뭄 기간에는 식물계의 순 1차 생산량net primary production이 수 년 간의 평균에 비해 10퍼센트 내지 20퍼센트 감소한다(Potter u.a. 2001). 이와 함께 생태계는 단기적으로 탄소원이 된다. 전문가들 사이에서 논쟁적으로 토론되는 피터 콕스[9] 등(2004)의 기후 모델 연구는 하나의 시나리오를 기술하고 있다. 기후온난화의 결과 2090년까지 아마존 삼림의 65퍼센트가 가뭄 때문에 훼손된다는 시나리오이다. 이 가뭄은 대서양과 태평양에 인접한 지역의 따뜻한 해수 온도ocean temperature(엘니뇨 조건) 때문에 더욱 조장된다. 이것은 아마존 지역에서 관찰된 가뭄에도 해당된다. 다른 연구들은 다우림rain forest 식물이 몇 년 안 되는 가뭄에도 무척 민감하게 반응한다는 점을 환기시킨다(Nepstad u.a. 2002). 아마존 삼림이라는 시스템이 탄소 흡수원carbon sink에서 탄소원으로 바뀔 정도로 탄소 대조표carbon balance가 크게 달라지면, 지역적인 영향과 동식물 종들의 감소 외에도 식물과 토양에서 (화재를 포함하여) 이산화탄소가 상당히 방출되는 결과가 생겨 온실효과와 함께 지구온난화가 계속 심해질 것이다.

몬순 순환[10]의 역학과 관련해서도 이와 비슷한 토론들이 이루어진다. 아시아에서 몬순 강우monsoon rainfall의 규칙성과 연간 총 강우량에서 몬순 강우가 차지하는 중요한 비중은 몇몇 지역의 농업을 몬순에 상당히 의존하게 만든다. 그 결과, 농업은 몬순의 변화에 대한 저항력이 무척 약해진다. 예컨대 인도 반도indian subcontinent의 대부분은 몬순 장마monsoon rain에 의

11 aerosol, 대기 중에 부유하는 고체 또는 액체의 미립자
12 UNDP, United Nations Development Programme, 개발도상국에 대한 유엔의 개발 원조 계획을 조정하기 위한 기관

존하고 있다. 인도의 연간 강우량 대차대조표를 볼 때, 여름 몬순이 차지하는 몫은 지역에 따라서는 90퍼센트까지 달한다. 몬순 활동이 약해진 단계에 이른 것도 이미 과거지사가 되었다는 점은 고古기후학 연구들을 통해 잘 알려져 있다(Gupta u.a. 2003).

연구는 몬순 순환 역시 이동성 저기압 같은 외부의 대기요란disturbance에 상당히 비선형적으로 반응한다는 것을 보여준다. 그래서 몬순에서는 에어로졸[11] 입자가 있는 대기의 오염이 온실가스 농도의 증가보다 훨씬 중요한 매개변수일 수 있다(Zickfeld u.a. 2005). 두 가지 변수는 현재 서로 반대로 작용한다. 에어로졸 오염이 증가하면 몬순은 약해지고, 반대로 이산화탄소 농도가 증가하면 일반적으로 몬순은 강해진다. 몬순이—증가이든 감소이든, 변동이 심해지면서 동시에 예측 가능성이 사라지는 것이든—심하게 바뀌는 모든 변화는 농업에 상당한 영향을 미치고, 따라서 아시아에서 인간들의 식량 공급에 막대한 결과를 가져온다.

기후 변화와 인간의 발전

위험한 기후 변화는 따라서 지구와 인간의 생활조건을 지속적으로 변화시킨다. 세계은행과 **유엔개발계획**[12]은 위험한 기후 변화가 어떻게 인간의 발전을 저해하고 빈곤을 배가시키는지 기술했다(World Bank 2009; UNDP 2008). 니콜라스 스턴은 걷잡을 수 없는 온난화가 얼마나 엄청난 경제적 피해를 유발할

지 계산했다(Stern 2007). 그리고 독일 지구환경변화 과학자문위원회(WBGU, Wissenschaftlicher Beirat der Bundesregierung Globale Umweltveränderungen)는 기후 변화가 안전을 위협하는 국제적인 위험물이 될 수 있음을 보여준다(WBGU 2008). 이 모든 연구들을 종합해보면, 인류가 인간의 모든 문명에서 가장 중요한 네 가지 토대를 전 지구적인 규모로 불안하게 만드는 데 관여하고 있음이 명백해진다. (1) 물, (2) 농경지(식량), (3) 대기 등, 이 세 가지 자산이 다음 10년 후에는 부족하게 될 수 있다는 것이다. 생존에 극히 중요한 이 기본 자산으로 2050년에 90억 명의 인간들을 부양한다는 것이 기후 변화가 가속화되는 조건에서라면 위태로울 것이다. 또한 기후 위기 때문에 (4) 전 세계적인 에너지 생산은 다음 10년 후에는 완전히 바뀔 수밖에 없다. 에너지 생산이 화석 에너지원 시스템에서 재생가능 에너지원에 근거하는 시스템으로 개조되어야 하는 것이다. 인류는 따라서 세계 사회의 네 가지 생존 토대인 물, 식량, 대기, 에너지 등을 안정시키기 위해 엄청난 노력을 기울여야 한다. **세계화 3.0**(Globalisierung 3.0)은 그러므로 세계 사회가 세계 경제 및 국제 정치를 지구계의 한계("행성 경계"planetary boundaries, Rockström u.a. 2009) 내에서 조성할 줄 알아야 한다는 것을 의미한다.

다음에 개괄되는 것은 임박해 있는 학습 과정의 세 차원이다. 이 학습과정은 결국 전 지구적인 구조조정structural adjustment을 초래하여, 세계 경제와 국제 정치의 역학을 지구계의 한계 내에서 유지할 수 있게 할 것이다. 이 학습 과정의 세 차원이란 전 지구적 위험 관리global risk management의 발전, 전 지구적 **저탄소경제**global low carbon economy의 구축, 국제적 협력의 촉진 및 강화를 말한다.

전 지구적 위험 관리

지구계의 티핑 포인트를 개략적으로 살펴보면, 기후 변화가 21세기 동안 전 지구적인 시스템 위기로 이어질 수 있다는 것이 분명해진다. 전 지구적인 시스템 위기에 대해서는 지금까지 과학과 정치에서 거의 논의되지 않고 있다. 이렇게 볼 때 몬순 순환의 극단적인 변화 또는 아마존 우림의 붕괴 역시 아시아와 라틴아메리카의 전체 농업생산을 변화시키고, 예측할 수 없는 경제적 비용 및 이주를 야기할 것이다. 지구계의 변혁이 세계 경제 및 국제 정치에 미치는 영향에 관한 사회학의 체계적인 논쟁은 아직 시작조차 되지 않았다(WBGU 2008). 따라서 지구계에서 그때그때마다의 티핑 포인트가 세계의 지역들과 국제적 시스템에 어떤 경제적·사회적, 정치적 영향을 미치는가 하는 질문은 대비의 의미에서 꼭 국제적인 연구 의제에 올라야 한다. 그럴 때에만 책임 있는 전 지구적 위험 관리를 위한 지식의 기반이 조성될 수 있을 것이다.

사회학이 지금까지도 정확히 진술할 수 없는 질문들이 있다. 언제, 어떤 조건 하에서, 세계 경제 및 국제 정치의 어떤 하위 체계에서 티핑 포인트에 도달할 수 있을까? 그리고 위협적인 지구계 변화에 직면하여 사회들의 적응 능력은 얼마나 책임을 감당해 낼 수 있을까, 또는 얼마나 무력할까? 기후 변화에 따라 조짐을 보이는 전 지구적인 시스템 위험global system risk을 숙고하기 위한 단초들은 지금까지는 주로 위험 연구risk research로부터 나온다(Klinke/Renn 2006; van Asselt 2000; WBGU 2000; OECD 2003).

"위험 관리에 대한 새로운 도전들은 위험에 대한 새로운 개념의 형성을 수반한다. 여기에서는 시스템 위험을 말한다. 이 개념은 인간의 건강과 환경에 대한 위험이 사회적·재정적·경제적인 위험 및 가능성의 보다 복잡한 맥락 속에 편입되어 있음을 강조한다. 시스템 위험은 (때때로 인간의 영향에 의해 야기되거나 강화되는) 자연환경적인 사건, 경제적·사회적·과학기술적 발전 및 정치적으로 작동되는 역학 사이의 경계에서 생겨난다. 그것도 국가적인 차원뿐만 아니라 국제적인 차원에서도 말이다. 이처럼 서로 연결된 새로운 위험 영역들은 또한 위험 분석의 새로운 형태를 요구한다. 이 형태는 분야별로 또는 지리적으로 대단히 상이한 위험 영역들의 자료들을 하나의 통일적인 분석 유형에 모으는 것을 목표로 삼을 수밖에 없다. 시스템 위험의 분석은 전체론적holistic인, 즉 총체적인 단초들이 위험 연관들의 확인으로, 위험 평가로, 위험 관리로 발전할 때에만 성공할 수 있다. 시스템 위험의 연구는 원인과 결과의 분석이라는 통상적인 개념을 넘어서고, 위험 집합체들risk-clusters 간의 상호 의존과 상호 강화에 집중된다."(Renn/Kleinke 2006)

클링케Klinke와 렌Renn(2006; 3ff.)은 경제와 사회와 정치가 다룰 줄 알아야 하는 전 지구적인 시스템 위험의 네 가지 중요한 속성을 기술한다.

복잡성complexity: 지구계 역학과 사회적 과정의 공동 작용은 결코 과학적으로 설명될 수 없는 상당한 수준의 복잡성에 의해 특징지어진다. 양성 및 음성 피드백, 중재하는 가변적인 것들의 복잡한 네트워크, 역학들을 야기하는 원인과 그 결과 사이의 긴 시간, 비선형적인 과정 등은 전지구적인 시스템 위험들을 보다 정확히 이해하는 것을 어렵게 만들고 있다. 사회들에 특별히 중요한 것은 흔히 사건들의 직접적인 결과들(계속되는 무더위로 인한 가뭄)이 아니라, 이차적 및 삼차적 영향들(식량 위기, 국가의 붕괴, 경제적 분배 갈등, 이주)이다.

불확실성Uncertainty: 과학이 복잡한 위험들을 풀 수 없을 때, 정치에 있어서는 불확실성의 계기가 증가한다. 위험 경고들 중에서 어떤 것이 다른 것보다 중요할까? 통계학적 모델들은 지구계의 티핑 포인트에서 얼마나 적절할까? 정치는 전 지구적인 시스템 위기에 대한 서로 다른 평가들을 어떻게 다루어야 할까? 어떤 대규모 사건들이 언제 나타날 수 있을까? 불확실성은 원인과 결과의 점점 더 복잡해지는 연관들을 성찰한다. 불확실성은 한편으로는 정치적 행동을 차단하고("우리는 너무 적게 알고 있다"), 다른 한편으로는 인간들이 정치를 신뢰하는 것을 저해한다("정치는 우리를 보호할 수 없다").

애매성ambiguity: 전 지구적 변화의 자료 및 과정에 대한 근거 있는 해석들의 다의성과 가변성은 점점 더 늘어난다. 전 지구적인 시스템 위험에 대한 대부분의 과학적 및 정치적 논쟁들은 (온실가스 배출 같은) 각각의 현상들을 측정하는 방법이나 (아마존 우림의 변화 같은) 역학들의 모델링modeling 주위만 맴도는 게 아니다. 그보다는 오히려 이 모든 것이 인간의 발전, 건강, 경제적 과정, 제도, 국가들 및 국제 시스템의 안정성 등에 있어서 무슨 의미일까 하는 물음에도 천착한다. 지구의 기온 상승이 어느 지점부터 세계 보건, 국제적인 안정성, 세계 경제 등에 위험이 된다고 가정할 수 있을까? 안데스와 히말라야의 빙하들이 녹는 것이 어느 지점부터 해당 지역들의 농업과 건강과 식량에 의미 있는 영향을 미치며, 그것에 대해 누구에게 배상 책임을 물을 수 있을까? 21세기 후반부의 미래 사회들은 전 지구적인 시스템 위험들을 어떻게 다룰까? 애매성이 생겨나는 것은 전 지구적인 시스템 위험들을 특징짓는 복잡성과 불확실성 때문이지만, 전 지구적인 변화의 영향들을 판단하는 기준들이 부족한 결과이기도 하다.

정치와 경제를 위한 새로운 시간대time scale for the policy and the economy: 기후 변화의 과정에서는 원인과 결과의 시간적 간격이 크다. 새로운 시간 논리는 행

13 Peter Senge, 1947~, 미국의 과학
자이자 지식경영 이론의 대가

동의 지평이 대체로 단기적인 정치와 경제
에 과중한 부담이 된다. 오늘 배출되는 온
실가스는 수십 년 후에야 비로소 그 효과를 발휘한다. 2015년/2020년부터
전 세계적인 이산화탄소 배출을 줄이는 데 성공하지 못하면, 지구 온난화를
21세기 말까지 2도 상승 정도로 안정화시키는 것은 더 이상 거의 불가능하
다. 수십 년 후면 그린란드 빙하가 녹는 과정은 되돌릴 수 없는 지점에 도달
했을 수 있고, 그 다음 백 년 후에는 수 미터의 해수면 상승을 야기할 수 있
을 것이다. 지금까지 인간들과 인간이 만든 제도들은 수십 년을, 더 나아가
다가오는 수백 년을 포함하는 시간 차원에서 생각하고 책임 있게 행동하는
것에 익숙하지 않고, 또 그것을 거의 준비하지도 않았다. 문명화의 학습 과
정과 제도적인 혁신들은 이런 도전을 극복하는 데 꼭 필요하다. 피터 셍게[13]
는 이처럼 꼭 필요한 문명의 도약을 다음과 같이 표현한다.

> "지구가 적소適所인지는 불확실하지만, 우리 인간들은 아주 최근에―지
> 구의 수명에서 보면 사실상 순식간에―세상을 채울 정도로 늘어난 신생
> 종이다. 어떤 의미에서 보면, 우리는 십대 같고 열정과 에너지가 넘치며,
> 약간 당황한 것 이상으로 혼란스럽다. 또한, 모든 십대가 반드시 깨달아
> 야 하는 것처럼, 우리는 우리가 우주의 중심이 아니라는 사실을 발견하려
> 는 참이다. 우리가 결코 이 행성에서 생명의 중심이 아니라는 사실을 말
> 이다. 우리는 수백만 생명체들 중 하나일 뿐이고, 우리의 가치는 우리의
> 자아가 아니라 우리의 협력에 달려 있다. 우리의 행동이 지금 지구의 장
> 기적인 기후 과정 자체의 부분이기 때문에, 기후 변화는 이윽고 우리를 훨
> 씬 큰 무대에 올려놓는다."

위험 연구들을 통해, 정치가 기후 변화의 결과 생겨날 수 있는 전 지구적

인 시스템 위험을 다루는 데 있어서 따라야
할 네 가지 원칙이 도출될 수 있다.

14 BAU, Business as usual, 특별한
조치를 취하지 않을 때 예상되는 미
래의 배출 예상량

— **지식 기반 정책**knowledge-based policy**을 강화하기**: 기후 변화 및 지구계 변화
의 공동 작용이 지닌 도저히 풀리지 않는 **복잡성**은 물론이고 이 복잡성이
인간의 발전과 세계 경제 및 국제 정치에 미치는 영향에 직면하여, 정치
는 장기적으로 다학제간 기후 영향 연구에, 특히 위협받는 개발 지역들
에 별개로 투자해야 할 것이다.

— **사전 예방 원칙**precautionary principle**을 중시하기**: 지구 온난화가 2도 한계를
넘어설 때 생기는 수많은 사회적·정치적·경제적 **불확실성**에 직면하여,
기후정책에서 대비 및 신중성 원칙은 특별한 의미를 지닐 것이다. 온실
가스 배출의 지속적인 증가로 귀결되는 위험 대비와 "배출전망치[14] 전
략"은 따라서 기후정책에서 책임감 있는 선택이 아니다.

— **담론 전략**discoursive strategies**을 확대하기**: 지구온난화의 결과들에 대한 있
을 수 있는 해석들의 다의성(애매성)과 위험한 기후 변화의 광범위한 영향
들을 감안할 때, 정치는 시민사회와 함께 참여하는 전략과 담론을 확대
해야 할 것이다. 그렇게 해야 미래를 위해 중요한 정책 영역에서 상이한
이해집단들 간의 갈등들을 다루고, 사회와 교류하면서 기후 친화적인 경
제 방식과 소비 유형으로 나아가는 길을 모색할 수 있다. "하향식 전략"
top-down strategy은 다양한 개별 이해관계들의 저항 때문에 실패할 것이다.

— **정책의 장기적인 사고**long-term thinking**를 지지하기**: 정책의 행동 지평은 오
히려 단기적이고 기후 변화의 영향은 장기적이라는 차이에 직면하여, 상
응하는 조기 경보 능력을 확대하고, 장기적인 행동을 부추기는 자극 구
조incentive structure를 발전시켜야 할 것이다.

저탄소 경제

인간 문명의 실존적 토대를 파괴하는 위험을 방지하기 위한 중요한 열쇠는 21세기 중반까지 **고탄소 세계 경제**high carbon global economy가 **저탄소 세계 경제** low carbon global economy로 전환되는 변화이다. 변화의 통로는 다음과 같이 설명될 수 있다(WBGU 2009). 지구온난화를 2도 상승 이하로 유지할 수 있는 현실적인 가능성을 가지려면, 첫째로는 온실가스 배출에 있어서 전 지구적인 추세 반전trend reversal이 2015에서 2020년 사이에 이루어져야 한다. 이것은 온실가스 배출을 완전히 막는 것과 같다. 둘째로는 2010에서 2020년 사이에 전 세계적으로 궤도 조정이 기후 친화적인 세계 경제의 방향으로 관철되어야 한다(예컨대 효과적인 국제 기후 체제, 전 세계적인 배출권 거래, 엄격한 국제 에너지 기준, 삼림 보호를 위한 지침, 온실가스 효율을 높이기 위한 연구 및 개발에의 상당한 투자, 세계 경제의 모든 분야에 적용되는 국제적인 **저탄소** 운행 시간표 등). 그렇게 해야 셋째로, 2020년에서 2040년 사이에 세계 경제의 근본적인 변화가 일어날 수 있어서, 1인당 온실가스 배출을 2050년까지 전 세계적으로 약 1톤으로 줄일 수 있을 것이다 (미국은 현재 1인당 20톤, 독일은 1인당 11톤, 중국은 1인당 4.6톤, 인도는 1인당 1.3톤이다). 이것이 성공하도록, 넷째로 세계 경제에서 온실가스 효율(경제단위 당 배출)은 지난 몇 년 동안 약 1.3퍼센트에서 다음의 수십 년 동안 5퍼센트 내지 7퍼센트로 올라가야 한다. 이처럼 대단히 어려운 전 지구적인 과업을 해결하기 위해서는 공업국들이 온실가스 배출을 짧은 시간 안에 급격히 낮춰야 할 뿐만 아니라, 다수의 개발도상국들도 신속하게 자국의 배출을 안정화시킨 다음 줄여나가야 한다(WBGU 2009: Kap. 5.3).

대규모의 이런 변화는 중국의 예를 살펴보면 명백해진다. 중국이 온실가스 배출을 2020년까지 절반으로 줄여야 하지만 경제가 같은 시기에 약 10배 성장한다면, 경제단위 당 배출은 20배, 그러니까 95퍼센트를 줄여야 할 것이다. 이 수치는 그러니까 공업국들보다 높은 것이다! 국제통화기금IMF은 이처럼 극심한 기술적 변화에 대한 비용이 2010년부터 국민총생산GNP의 1.6 퍼센트 내지 4.8퍼센트에 이를 거라고 평가한다(Stern 2009: 188). 다른 예측들에 따르면, 중국이 2015년 혹은 2020년에야 비로소 **저탄소경제**의 방향에서 진지하게 걸음마를 시작한다면, (2010년부터 2030년까지 20년 동안) 감축 잠재량의 30퍼센트 내지 60퍼센트를 실현하지 못할 거라고 한다(McKinsey 2009: 13). 기후 문제는 중국 없이 풀 수 없다. 또 세계는 중국 경제의 기후 친화적인 개조가 가능한 한 빨리 시작되고 있는 동시에, 중국의 1인당 배출이 OECD 경제보다 현재 1/2 내지 1/4 이하이고 1인당 경제력은 약 1/10 미만이라는 데 큰 관심을 보인다. 그래서 공업국들은 이런 변환의 비용 분담에 동참하지 않을 수 없을 것이다.

전 지구적인 협력의 혁명

전 지구적인 위험 관리와 시간 압박을 크게 받고 있는 기후 친화적인 세계 경제의 구성은 국제 기후정책에서의 돌파 없이는 거의 상상하기 어렵다. 여기에서는 어떤 도전들이 나타날까? 기후정책의 출발 상황은 냉전 기간 동안의 군비 경쟁과 유사한 양상을 보여준다. 국가들은 고탄소 전략을 계속하고 그 결과 결국 인류와 지구계를 돌이킬 수 없게 손상시키면서 서로를 위협한다. 동서로 양분된 갈등에 비하면, 화석 경쟁은 덜 명료하게 구조화되었다. 많은 나라들이 협력 거부를 통해 기후 위기를 결정적으로 촉진할 수 있는 잠재력을 지녔기 때문이다. 이것은 기후 위기에 주된 책임이 있는 OECD 국가들에 해당되지만, 중국과 인도처럼 크게 성장하고 있는 나라들이나 브라질, 인도네시아, 말레이시아, 미얀마, 콩고 등처럼 대형 삼림(그리고 이산화탄소 흡수원carbon sink)을 보유한 국가들에도 적용된다. 코펜하겐의 기후회의 기간에 분명해진 협상 봉쇄는 이러한 혼잡 상황을 증명한다. 단기적인 국가 이익

15 MDGs, Millennium Development
Goals, 2000년 UN에서 채택된 의제
로, 2015년까지 빈곤을 반으로 줄이
자는 범세계적 약속

때문에, 기후 위기에 대한 전 지구적인 해결책의 관철을 저지하게 되는 것이다. 과거의 군축 협상에서와 유사하게 기후 협상이 계속 진행될 때에도, 2009년 12월의 기후 협상에서처럼 수상한 타협이 이루어질 가능성은 매우 크다. 단도직입적으로 말하면 21세기 동안 3도 내지 6도의 기온 상승까지 타협이 될 수 있는 것이다.

국제적인 기후정책이 "보통 방식"normal modus으로는 꼭 필요한 촉진도, 국제적 협력의 적절한 확대 및 심화도 할 수 없을 거라는 점은 불 보듯 뻔하다. 국제적 협력의 "보통 방식"은 느리며, 아주 작은 공통분모에 합의하는 경향이 있다. 이 방식은 국가적 이해관계와 국가들 간의 경쟁이라는 논리를 따른다. 국가적 및 국제적 이익을 한데 묶으려는 다자국간 협력의 시도들 역시 힘겹고 느리다. 가령 **세계무역기구**WTO의 끝없는 협상 회의negotiation round, **밀레니엄 개발 목표**[15]의 달성을 위한 노력, 국경을 넘어서는 협력을 보여주는 전 세계적으로 가장 진일보한 실험실인 유럽연합 내에서의 정책 과정 등이 이를 말해준다. 상호 의존적인 세계에서 수적으로 점점 늘어나는 세계 문제들이 오직 **글로벌 거버넌스**와 협력적인 세계 정치를 통해서만 해결될 수 있다는 신념은 정치적 결정 주체들에게도 널리 퍼져 있다. 이 확신은 대체로 국제적 협력의 촉진이나 돌발적인 다자국간 정책으로 옮겨지지 않는다. 이런 확신의 반대편에는 권력구조, 이해관계의 복잡한 구조 및 차이, 193개국까지 함께하는 협상 과정의 복잡성 등이 있다. 여기에 개인 행동가들은 포함되지 않는다. 기후정책은 심지어 "국제적 타협 외교의 불행과 한계"에 대한 대표적 사례이다.

역사를 볼 때 국제적인 정책의 신속한 과정에 대한 긍정적인 예는 별로 없다. 언급할만한 하나의 예는 그 당시 전혀 예기치 않았던 미하일 고르바

초프(Mikhail Gorbachev, 1931~)의 개혁 정책으로 야기된 냉전의 종말이다. 고르바초프는 사회주의 모델이 파산했고, 동서 간 대결 논리의 유지가 사회주의 국가들의 경제적 및 정치적 몰락을 가속화시킬 것이며, 국제적 대결의 위험을 높일 것임을 시인했다. 기후 위기는 전적으로 이와 유사한 모습을 보여준다. 전 세계적으로 우위를 점하는 고탄소 발전 모델이 마찬가지로 파산 직전에 있으며, 단기적인 이익 실현을 지향하는 국제적 협상 논리가 화석 세계경제의 실패를 보증할 뿐만 아니라 국제적인 긴장과 갈등을 조장할 거라는 것이다.

국제 기후정책이 이런 속박에서 벗어날 수 있도록, 국제적인 협력을 새로 창안해야 할 것이다. 재정, 과학기술, 정치, 과학 등에서 세계를 포괄하는 협력은 상당한 시간 압박을 받고 있는 기후정책에서 적절하고 공정한 해결책을 찾는 데 꼭 필요하다. 그런데 이런 협력을 지금까지 상상하지 못한 수준으로 어떻게 발전시킬 수 있을까? WBGU는 기후와 세계 경제와 개발과 관련된 정책의 결합을 통해 기후 위기의 해결을 유도할 글로벌 거버넌스라는 범주를 발전시켰다(WBGU 2009). 그런데 이런 방향으로의 돌파가 성공할 수 있는 것은 다만, 적어도 가장 중요한 세계정치적 주역들이 멀리 내다보며 전 지구적으로 이끌 수 있고 전 지구적 책임의 문화를 확립할 수 있을 때이다. 코펜하겐 기후회의가 초라하게 실패한 것은, 국제적 국가공동체가 바로 그런 지점에 아직 도달하지 못했다는 것을 증명한다. 오히려 위에서 개괄된 전 지구적 시스템에서의 광범위한 권력 이동은 탈민족적인 전지구적 질서로의 이행을 보다 쉽게 해주기보다는 전승되는 강권 외교정책의 논리를 강화시켜주는 것처럼 보인다.

고탄소 경제와 유사하게, 기후 위기에서는 그러니까 국제 정치의 확고한 질서가 자기 한계에 부딪친다. 협력적인 **글로벌 거버넌스**라면 필요할 것이다. 그 틀 안에서라면 인류의 이익이 국가적 이익보다 선험적으로 우위를 점할 것이다. 국제 정치의 활동무대에서 볼 때 이 말은 순진하고 세상과 동떨어진 것처럼 들린다. 그런데 이것만큼은 확실하다. 국제 정치에 대한 "현실주의적인 관점"과 그 세력 정치power politics의 틀에 박힌 일상은 지구온난화와 다른 세계화 도전의 시대에 전 지구적인 무능global incapacity으로 이어진다.

마지막으로 정치와 경제는 기후정책의 경우에 철저하고 효과적인 개혁에 접근할 줄 알아야 한다. (바로 국제 금융 위기의 경우에 그런 것처럼) 위기가 이미 "나타나 있을" 때 비로소 그렇게 하는 것이 아니라, 끔찍한 결과들이 나타나기 수십 년 전에 예방적으로 말이다. 왜냐하면 대규모 기후 위기들이 2030년부터 누적된다면, 기후계의 타성 때문에 위기의 방지에 너무 늦을 것이기 때문이다. 즉 **사건**(다가오는 수십 년의 기후 위기)을 근거로 나중에가 아니라, **인식**(전 지구적인 환경 변화의 영향에 대한 과학의 성과)을 토대로 당장 행동해야 한다는 것이다. 우리의 정치 및 경제 시스템은 물론이고, 개별적인 "우리의 머릿속 지도"(**심상 지도**mental maps) 역시 이에 대한 준비가 잘 되어 있지 않다. 이 모든 이유들을 볼 때, 전 지구적인 위험 관리, 기후 친화적인 세계 경제의 구축, 지구계의 한계를 인간 문명의 토대이자 틀로 여기는 인정 등을 통한 기후 위기의 방지는 "전 지구적인 큰 변환"große globale Transformation을 나타낸다. 이것은 일종의 문명의 도약으로, "수렵 및 채집 사회"로부터 "농경과 목축"의 시기로 넘어가는 약 만 년 전의 신석기 혁명 및 족히 200년 전의 산업혁명에 견줄 수 있을 뿐이다(Leggewie/Welzer 2009). 이제 중요한 것은 **글로벌 거버넌스와** 민주적 의무(세계화 1.0), 다극적인 세계에서 국가들과 개인 행동가들의 협력 지향적인 공동 작업(세계화 2.0), 화석 에너지원에의 의존을 넘어서고 지구계의 생물권적 한계 내에 있는 경제(세계화 3.0) 등이 함께 모이는 세계 경제 및 사회의 발전이다.

기후 변화

지구 위상학적 정체성의 종말

기후 변화
: 지구 위상학적 정체성의 종말

비르거 P. 프리다트
BIRGER P. PRIDDAT

기후 변화에서 불분명한 것은 연구될 수 있고, 또 정치적으로 평가될 수 있을 것이다. 그러나 이 두 가지를 동시에 하기란 거의 불가능하다. 정치 시스템과 과학 시스템의 연결은 여전히 균형이 맞지 않는다. 범학문적 하이퍼 난제trans-disciplinary hyperproblem의 분석에서도 서로 익숙해질 필요가 있는 과학이 통상적인 강도의 개연성 진술을 통해 결론을 암시하지만, 정치는 그 결론을 직접 받아들이지 않는다. 단지 그 결론이 현행 정치를 방해한다는 이유 때문에 말이다. 정치의 논리는 직접적인 문제들을 다룰 것을 요구하는데, 이 문제들은 공세적인 선거전의 요구에 따라 다시 선별된다. 그것도 유권자들이 기대한다고 생각되는 것, 또는 긍정적인 관심을 야기하는 것에 따라 다시 선별되는 것이다.

(비록 정도의 차이는 있다 하더라도 코펜하겐 기후회의[3]가 모두를 실망시키는 것처럼) 우리는 과학-정치학 지체science-politics-lag와 함께 계획적systematic으로 살아야 할 것이다. 이에 관한 지식에서 우리가 아예 정확히 알려고 하지 않는 것이 있다 (알게 되면 행동하는 것이 우리의 의무가 될 수 있기 때문이다). 하지만 그것은 예감으로서 어디에나 존재한다. 그래서 담론은 **시기**의 문제에 매달린다. 언제 어디에

---

3 UN-Klimakonferenz, 7. bis 18. Dezember 2009 in Kopenhagen.

서 어떤 기후 변화가 우리에게—그리고 누구에게—닥칠까? 과학 역시 진술들이 다르기 때문에, (비교적 작은 규모의 왜곡을 포함하여) 미래에 멀리 있는 사건 발생 자료들이 선호된다.

"기후 변화"를 믿어야 할지 여부는 오늘날 이미 더 이상 중요하지 않다. 오히려 기후 변화가 언제 어떻게 나타날 것인가 하는 다가오는 사실성facticity의 인지가 문제이다. 또한 긍정적인 영향을 야기하는 사람들의 목소리를 더하는 것이 중요하다. 정신적으로는 이미 기후의 첫 번째 승자들이 존재한다(모습을 드러낸 시베리아 영구동토층의 신화, 더욱이 독일 펑크록 밴드 **의사들**Die Ärzte의 노래 "나는 스웨덴을 사랑해!" Jag Älskar Sverige!에서 이미 찬양된 스웨덴 종려나무가 여기에 해당된다. 또한 영국의 포도 재배 등등의 일이 이미 시작되고 있다). 좀 더 자세히 살펴보면, 시기도 문제가 아니다. 오히려 사람들이 선택적인 관심을 통해 만회할 수 있다고 생각하는 유예가 문제이다. 그래서 적절한 수사학relevant rhetoric, 행동에 대한 부담 경감, 사실상의 **불간섭** laisser faire의 변증법이 생겨난다. 문제가 너무 커서 다룰 수 없을 것—**복잡성이 (활동성을) 죽인다**complexity kills (activity)—이라는 남모르는 우려 때문에, 모습을 드러내는 행위의 차원들 앞에서 적당히 엄격하기 위해 담론이 강화된다.

코펜하겐은 **정치적 합의**political consensus를 내놓기는 하지만, 법률상의 권리 능력까지 갖춘 조약을 내놓지는 못한다. 자연과학자들이 선전하는 정치적 목표는 2050년까지 기온이 2도 이상 상승하지 않게 하는 것이다. 이 목표는 실현될 수 없을 것이다. 중국과 인도는 물론이고 다른 나라들도 강력한 성장을 통해 복지 수준을 더 높일 수 있는 기회를 놓치려 하지 않을 것이다. 북대서양 국가들이 자신들의 성공 모델을 아주 오랫동안 전 세계적으로 모방할 가치가 있는 것으로 선전한 이후에는 말이다. 이산화탄소 배출은 미국과 유럽이 가장 많이 하고 있다. 신생공업국들은 미국과 유럽이 이산화탄소 배출을 가장 많이 줄일 것을 기대한다. 그러나 이것은 유럽인들이 성장을 유지하거나 증대시킬 거라는 기대와 충돌한다. 유럽이나 미국에서 진심으로 기후 문제를 위해 자국의 번영을 포기할 용의가 있는 나라는 없다. 현재 생산단위 1달러마다 이산화탄소 768그램이 소모된다. 2050년에는 이산화탄소 소모량이 겨우 6그램이 되어야, 지구온난화를 2도로 제한하겠다는 목표를 달성할 수 있을 것이다(Jackson 2009). 이처럼 130퍼센트의 효율성 증가를 달성하게 될지는 여전히 불확실하다. 다른 예측들은 이미 1.5도일 때의 한계를 말하고 있다. 우리는 기후 변화를 더 이상 막지 못하기 때문에, 그 결과들을 다룰 줄 알아야 할 것이다.

우리가 온난화 역학을 결정적으로 막지 못할 것이기 때문에, 기후 변화는 지역들의 작은 재난들로 확대될 조짐을 보인다. 이런 기후 변화는 훨씬 새로운 다른 것에 대한 징후이다. 우리가 "역사의 종말"Ende der Geschichte 2단계에 들어서고 있는 것이다. 미국의 미래 정치학자 후쿠야마(1992)가 정치적인 해방 문화사의 종말―이로써 문화적 발전의 지속되는 침체를 고발하는 민주주의를 넘어서는 다른 정치적 진보는 존재하지 않는다―을 기록한 이후, 우리는 지금 또 다른 종말과 대결하게 된 것이다. 즉 **지구 위상학적 정체성의 종말**Ende der geo-topologischen Identität과 말이다.

오랜 역사에 걸쳐 전쟁과 정치로 인해 영토가 바뀐 후 이제 우리는 생태학적 변화를 통해 새로운 차원을 경험한다

우리가 낡은 수단들로는 대처할 수 없는 역사의 한 시기가 끝나간다. 정치와 전쟁으로는 그렇게 할 수 없는 것이다. 정치와 전쟁이 우리가 배제할 수 없는 2차 규제second regulation로서 작용하는 것을 제외하면 말이다. 우리는 이미 물 전쟁을 예측하기 시작했다. 그것은 영토를 바꾸는 기후 변화의 결과 자체를 변화시키는 것이다. 비옥한 땅 + 물 + 적당한 기온의 **가치**가 새로 분

배된다. 일종의 2차 지구 창조인 셈이다. 우리는—지역별로—홍수, 가뭄, 기근, 전염병 등을 경험할 것이다. 부정적인 기후 영향을 받는 지역들에서는 자본의 상당한 가치 절하 외에, 이주의 부담도 생겨난다.

우리가 대결하게 될 "현대적 유형의 민족 이동"은 아프리카에서처럼 기근과 **채무 불이행**default에 의해 야기된 게 아니라—기근, 궁핍, 물 부족 등을 증폭시키는 것으로서—생태계의 상실 때문에 생겨난 것이다. 이것에 대해 북독일 저지대(그리고 네덜란드)의 범람 같은 할리우드 영화 비슷한 시나리오를 상상할 필요는 없다. 그보다는 오히려 이주에 대한 비교적 사소한 차원의 원인들로도 이미 다음과 같은 많은 효과를 내기에 충분하다. 물 가격의 상승과 쌍을 이루듯 결합되는 지속적인 가뭄은 농경지 풍경을—그리고 부분적으로는 그 풍경에 포함되는 도시들을—텅 비게 만든다. 또 지금까지 비교적 추운 지역들의 기온 상승은 인구를 끌어들이고, 고전적인 관광 지역들이 명성을 포기해야 하는 등등의 효과가 생긴다.

지구 위상학적 정체성 역사의 종말이 새로운 정신적 틈새에 끼워졌다. 우리는 생태 제국주의ecological imperialism의 한계를 경험하고 있다. 인류가 비교적 변함이 없는 영토의 확장에 성공한 역사의 한계를 경험하고 있는 것이다. 기후 변화에 이미 점령당한 지역들은 인간의 지배를 거부하고, 불모의 상태에 이를 때까지 변형된다. 신이 외견상 공짜로 처분에 맡긴 것 같았던 창조의 위대한 부활처럼 말이다. 그 지역들의 정복은 지금까지는 고갈되지 않는 큰 가능성의 잠재력 개념potential concept을 지녔다. 천연자원의 한계 외에, 이제는 생태계 변동에 의한 영토적 잠재력의 한계가 더해진다. 이 한계는 대기의 제한된 수용 능력을 통해 알게 된다.

우리는 우리를 개념적으로 떠받쳤던 신학적 구조의 종말에 직면하고 있다. 우리는 신이 자연을 창조했다고 가정했다. 그럼으로써 자연은 한편으로는 더 이상 신적이지 않았다. 즉 더 이상 신성불가침하지 않았다. 그리고 다른 한편으로는 우리 인간들이—신의 수임자로서—자연을 떠맡는 신분이 되었다. 우리는 자연을 점유의 대상으로 여겼다. 그럼으로써 우리는 자연이—독자적인 창조 능력이 없는 창조의 산물로서—스스로 새로워질 수 없다는 혐의를 두었다. 그 결과 우리의 눈에 자연은 불충분하게 될 수 있는 것처럼 보였다. 근대 이후 과학은 자연의 이용을 확대하면서 자연 물질들의 재결합을 통해 이와 같은 사실을 통찰하기 시작했다. 우리는 마치 신이라도 된 것처럼 "생명이 없는 자연"을 계속 새로 창조해야 하고, 그 잠재력을 완전히 이용해야 했다. 그런데 우리는 자연이—생태계 자연으로서—되살아나지만 다른 시간 방식time modus으로 그렇게 된다는 것을 이제 처음으로 깨닫는다. 자연은 자기 나름의 순환 속에서 움직인다. 그 순환에 적응하는 것이 우리에게 새로운 기회가 될 수 있을 것이다. 자연은 생태계 시스템의 격변으로 점점 더 변덕스럽게 된다. 즉 우리의 실행 가능성에 대해 고려하지 않게 되는 것이다. 자연은—우리가 문화적 작업을 통해 정당하게 획득했다고 생각한—우리의 소유물을 무가치하게 만든다.

우리는 이것을 적응력의 부족이라고 설명하거나, 심지어 우리가 산업을 통해 기후 변화를 야기했다고도 설명한다. 그럴지도 모르지만, 거기에는 자연을 지배하는 태도가 담겨 있다. 다만 지금은 **부정적으로**ex negativo 말이다. 그러나 우리에게 빠듯한 것은 화석 자원이라기보다는 대기 중의 쓰레기 매립 공간이다. 그래서 우리에겐 화석 에너지원을 덜 사용하고 땅 속에 그대로 둘 마음이 생겨나는 것이다. 하지만 취해져야 할—탈탄화의—조처들은 매우 강력하다. 특히 재정적으로 엄청나다. 그래서 자연과의 지적 소통intelligent communication에 대한 문제는 더 이상 과학기술적 진보를 환기시키는 것만으로는 답변될 수 없고, 오히려 새로운 장해들을 뚜렷이 보이게 한다. 우리의 투자 잠재력에 대한 과도한 요구가 분명히 드러날 수 있는 것이다. 이런 관점에서 볼 때 우리가 때마침 겪은 금융 위기는 국가 채무의 과장으로 이중적인 위험이 된다. 금융시장이 아직 정화되지 않았을 뿐만 아니라, 또한 국가 부채가 강력한 기후 투자에 대한 여지를 제한한다는 것이다.

여기에서 중요한 것은, 기술적으로 무엇이 책임질 수 있는가 하는 문제만이 아니다. 누가 무엇을 지불해야 하는가 하는 문제가 훨씬 절박하다. 과학적 요구들은 정치적으로 여전히 조심스럽다. 너무 많은 착수금으로 정치적 출발을 겁먹지 않게 하려고 말이다(세계 총생산량의 2.5퍼센트). 다른 계산들은 예측을 달리 하지만, 무엇보다도 투자는 지역에 따라 다르게 발생한다. 코펜하겐 기후변화회의는 여전히 세계 공동의 행동 및 자금 조달 구상이라는 환상을 품고 있다. 기후정책은 세계적 차원의 재분배 정책으로서 확립되기 시작한다. 익히 알고 있는 이익interest, 차이divergence, 특별 상환special rebate, 요구requirement 등 이 모든 것으로 말이다. 이것은 **정치적 흥정**political bargaining 의 보통 업무이다. 정치적 흥정이 일반적인 **사회생태적 계약**으로 귀결될 거라고는 거의 기대할 수 없을 것이다. 오히려 지역적인 차별화의 국면에 들어서게 된다(**헬름홀츠 지역 기후 변화 협회**Helmholtz Verbund Regionale Klimaänderung, REKLIM가 때마침 탐구하기 시작한 다음의 질문처럼 말이다. '기후 변화는 지역별로 어떤 영향을 미칠까?').

이것은 지구를 세계의 중심으로 여기는 미혹에서 깨어나는 각성인 코페르니쿠스적 전환과 비교될 수 있다. 어쨌든 지구가 일종의 지구 위상학적 배치를 유지한다고 생각하는 한 다시 실망하게 된다. 지구가 탈중심화되고 있는 것이다. 고전적인 중심들의 망net, 어쨌든 원자론적인 망 구조가 뒤틀린다. 낡은 중심을 교란시키고 새로운 중심을 만들기 위해서 말이다. 기후생태학적 지구가 직접 책략을 쓰기 시작한다. 그런 게 아니라면, 금방 시작될 것만 같은 배척을 뭐라 칭해야 한단 말인가?

자체 배출 등을 당장 강력하게 줄일지라도, 우리는 특정한 결과들을 결정론적으로 감수해야 할 정도로 지금 이미 자가 동력을 달성했다. 비교적 속

수무책으로 이런 과정들에 내맡겨진 우리는 처음으로 복잡성을 고스란히 체험한다. 즉 우리는 자신을 더 이상 세계의 조정자로서가 아니라, 그러니까 주체로서가 아니라 세계의 주제로서 체험하는 것이다.

이 모든 것은 이미 논구되었다. 그러나 새로운—의미 있게 새로운—통찰은, 지역적으로 특수하게 배치되어 있다 하더라도 우리가 자연이 갖고 노는 공이 된다는 것이다. 모든 정치적 이성은 이에 저항한다. 이것은 타당한 정신적 모델이 아니다. 뿐만 아니라 역사는 그렇게 고안되지 않았다. (인간의) 역사는 지금 자연사를 방해하고 있다. 자연사는 이미 발생한 것의 지적 재구성으로서 심원한 지구 역사를 토대로 진화론적으로 개관할 수 있게 다루어지지 않고 진화에 당장 개입한다! 우리는 이제 자연과 **상호작용**interplay하게 된다. 자연은 더 이상 과학의 계략에 넘어갈 수 있는 것으로 등장하지 않는다. 우리는 그 잠재력을—일본 전통 무술 **주지츠**jiu jitsu 같이—우리를 위해 변화시킨다. 자연은 이제 오히려 적수로서 새로운 게임에 등장한다. 그 게임에서 우리는 자연의 다음 수가 무엇일지 평가하기 시작한다. 우리는 그 다음 수에 응수할 줄은 알지만, 자연을 기만할 수도 저지할 수도 없다.

라틴아메리카에서는 단지 부유한 서양이 소비할 고기를 생산하려고 너무도 많은 원시림이 목초지로 바뀌었다. 우리가 고기를 상당한 정도 포기할 때에만 그 규모만큼의 면적을—이산화탄소 저장소로서—다시 확보할 수 있을 정도이다. 왜냐하면 인구밀도가 높은 유럽 지역에서는 축산기술상 소비량만큼 고기를 생산할 수 없기 때문이다. 유럽 혼자 힘으로는 육류 수요를 전혀 해결할 수 없을 것이다. 반대로 라틴아메리카 나라들은 복지를 증대시키는 수출 잠재력이 제한되는 것을 이해하지 못할 것이다. 또한 암소가 하루에 약 14 입방미터의 메탄(메탄은 작용의 효과가 이산화탄소의 3배에 달한다)을 대기 중에 방귀로 내뿜는다면, 기후정책이 처한 문제적 차원이 분명해진다. 이처럼 "이중적인 번영"doppelter Wohlstand이라는 주제만큼은 기후 영향의 저지보다는 오히려 기후 영향들을 고려해야 한다는 점을 가리킨다.

가장 뚜렷한 차이는, 우리가 설령 지금 개입하기 시작한다 하더라도 자연의 역학에 내맡겨져 있다는 점이다. 그 결과들은 더 이상 영향을 쉽게 받지 않는다. 당연히 우리는 과학적인 가능성 시나리오를 신뢰한다. 우리가 지금 시급하고도 강력하게 조처를 취한다면, 아직은 많은 것을 얻을 수 있을 거라는 시나리오를 신뢰하는 것이다. 이것은 물론 근거가 있다. 하지만 생태계 역학ecosystem dynamics의 맥락에서 보면 현재 진행되는 과정에 대한 적응은 늦어지고 있다. 우리는 적응의 수준에 더 이상 영향을 미치지 못한다. 다음의 과정들—2050년부터—만 변경될 것이다. 연구는 과정의 복잡성을 다루는 것에 아직은 자신이 없다. 그러나 우리가 코펜하겐 기후변화회의의 망상을 더 북돋울 수 있을지 여부도 마찬가지로 연구되지 않고 있다. 우리가—세계공동체적으로—온실가스 배출을 제어할 것이라는 망상을 말이다. 또 우리가 그 다음에 **사실상**de facto 도달하는 것이 생태적 역학ecological dynamics을 제지하는 데 충분할지 여부도 연구되지 않고 있다. 제안된 세계기후조약—2050년까지 지구 온난화의 상승을 2도로 제한하는 것(WBGU 2009)—은 탈탄화 대책들에 있어서 정치-경제적으로 너무 까다로워서, 우리가 하는 것이 예상 대신 오히려 희망에 가까울 정도이다. 현실적으로, 우리가 너무 늦게 부적절하게 반응하기 때문에 2도 한계가 달성될 수 없을 거라는 가정에서 출발해 보자. 그런데 그 다음에는 어떻게 될까?

우리가 창조의 정점이라는 이념은—처음에는 신학적으로, 그 다음에는 과학적으로—포기되었다고 한다. 창조의 두 번째 정점인 경쟁이 우리에게 생긴 것이다. 경쟁은 우리가 충분히 오랫동안 활용한 이후, 점차 우리를 심하게 반박하는 데 온 힘을 기울인다. 우리가 경쟁을 환기시켰다는 것이 점차 납득되기 시작한다. **경쟁은 우리가 그것에 속했고 지금은 우리에게 속하는 것이 된다**(Sie wird das, was wir ihr waren, nun uns). 우리가 경쟁과 함께 하나의 시스템을 형성한다는 것은 명백해진다. 그리고 이와 함께 그 다음의 방해가 분명해진다. 우리를 세계의 중심에서 밖으로 내던진 코페르니쿠스적 전환 후에 우리는 지구의 중심에서 밖으로 내던져지는—명칭이 없는—전환을 경험한다. 우리는 테두리가 위태로운—상당히 활동적인—틈새가 된다.

영토적 불안정성
: 세계 공공재로부터 지역 공공재로

생태계적 차원은 지금까지 식물계, 동물계, 대기 등와 관련된 맥락에서의 변화로서 인지되었다. 여기에 덧붙여, **영토적 불안정성**territoriale Instabilität이 기후 주제를 새로 관통한다. 즉 어쨌든 현재의 영토 면적이 달라지는 변형이 새로운 주제가 되는 것이다. 가령 해수면의 상승으로 홍수가 나거나, 새로운 사막이 생겨나거나, 대대로 비옥했던 지대가 전반적으로 달라지거나, (중앙아시아의 염호 아랄 해aral sea에서만이 아니라) 물이 부족해질 때 말이다.

  기후는 지금까지 대기(오염)의 주제인 동시에, 경제적 측면에서 **세계 공공재**로 특징지어졌다. 기후 변화 작용은 이제 토양 내지 영토의 잠재적 효과처럼 보인다. 그러니까 기후 변화가 더 이상 단지 세계 공공재와 관련되지 않고, 국가 공공재national public goods 또는 지역 공공재regional public goods와 관련

대기	재정 **세계 공공재** 정치 권력
토양	재정 **지역 공공재** 정치 권력

되는 것이다. 이런 새로운 불균형은 다음과 같은 다른 질문들에 부딪친다. 어떤 나라들이 적합하게 반응할 수 있고, 어떤 나라들이 어떤 기초 구조의 변동 자금을 조달할 수 있으며, 어떤 나라들이 그렇지 못한가? 또 어떤 나라들이 정치적으로 강력하게 다른 나라들의 이익보다 자국의 이익을 관철시킬 수 있는가?

세계 공공재의 문제성은—코펜하겐 기후변화회의가 지금 분명히 보여주는 것처럼 온갖 문제들과 함께—전 세계적인 협력을 요구한다. 그러나 불균형적으로 분포한 **지역 공공재 차원**은 비교적 상당한 갈등 가능성을 지니고 있다. 중요한 것은 더 이상 (해당되지 않는 나라들의 경우 **무임승차** free riding라는 의무 불이행 전략 defection strategy과 함께) 일반적인 공공재가 아니라 지금까지의 **지역 공공재**에 대한 평가 절하(그리고 다른 공공재의 평가 절상)이기 때문에, 우리와 관련 있는 것은 다음과 같다.

1. 고전적인 이익단체 정책들의 부흥(이 정책들은 항상 세계의 부분 영역만 포괄한다 = 갈등들의 지역화).
2. 이 부흥과 결부되는 일반적인 기후 이해관계. 따라서 예컨대 대양섬들 oceanic islands은 주변의 지역 문제(작은 섬들의 수몰)가 계속 **세계 공공재** 주제의 맥락 속에 있다는 것을 알려면 상징적인 정책을 추진해야 한다.

기후 문제는 정책을 분리한다. 지금은 두 가지 차원의 정책이 나타나기 때문이다.
a) 전 지구적 차원의 투입 정책 input-politics은—복잡한 기후 모델들을 통해 옮겨질 때—출력 output을 모두에 대해 불특정하게 부정적이라고 선언한다. 그렇기 때문에 모두가 협력해야 한다.
b) 그러나 우리는 기후 결과 climate-output를 상론할 다수의 다양화된 부분 정

책들과 관련을 맺게 된다. 우리는 명백히 세 부류의 "당사자들"Betroffene과 관계를 맺게 될 것이다.

b1) 기후의 피해를 보는 패자climate loser

b2) 기후의 덕을 보는 승자climate winner

b3) 기후와 무관한 중립자climate neutral

"고전적인 이익단체 정책의 부흥"은 기후 변화의 부분들을 더 이상 보편적인 문제로서가 아니라 지역적인 문제로서 협의하게 할 것이다. 일련의 과학 시나리오에서 **막다른 길**dead end로서 관여하는 야심찬 생각의 유희이겠지만, 모종의 예측들이 적중하여 네덜란드와 독일이 물에 잠긴다고 해보자. 그것은 기껏해야 유럽의 문제이겠지만 전지구적인 문제는 아닐 것이다. 현 단계의 기후 논의—예후들에서 감지되는 예상이 정확해질수록 그 끝을 향하는 기후 논의(헬름홀츠협회의 연구 참조)—는 곧 다수의 부분 관심으로 산산조각 날 수 있는 전 지구적 책임의 이념을 여전히 숨기고 있다. 전 지구적 규정이 더 성립된다면, 이 규정들은 반드시 개별 문제들의 해결을 위한 지침을 포함해야 한다.

왜냐하면 이제 점차 시작되고 있는 기후 정책 단계에서 문제는 더 이상 이산화탄소 배출을 줄이는 것이 아니라, 불충분한 이산화탄소 감소의 결과를 영토상의 변화로 다루는 것이기 때문이다. 지금까지 세계의 문제처럼 여겨진 것이 이제는 여러 가지로 나뉘는 지역별 문제가 된다. "큰 해결책들"은 그만큼 더 절박해지지만, "작은 결과들"은 낡은 정치적 반응을 다시 불러낼 것이다(그러다가 마침내 전쟁이라는 상스러운 해결책에 이를 것이다).

무엇이 차이를 만드는가? **세계 공공재**는 모든 나라와 관련된다. 원인과 결과는 여전히 불분명하게 나누어져 있다. 그러니까 잠재적으로 모두에게 적용될 수 있다. 예측이 분명할수록, 정책의 주제 선택은 그만큼 더 "전형적

1 John Rawls, 1921~2002, 미국의 철학자

이" 된다. **세계 공공재**는 비용 집단cost collective을 폭넓게 만드는 경향이 있다. 설령 사용자 집단user collective이 비교적 작고 다르게 분포하고 있다 하더라도 말이다. 누가 무엇을 야기하고 따라서 더 많이 지불해야 하는가를 두고 이미 논쟁이 벌어진다. 그러나 이것은 여전히 전 지구적인 제휴 관계에 멎어 있다. 기후 결과가 구체적일수록, 모두를 위해 특수성의 대가를 치를 일반적인 대비는 덜 될 것이다. 연구는 아직 그다지 분명한 상태가 아니다.

기후와 무관한 중립자들이 먼저 발을 빼고, 그 다음에는 기후로 덕을 보는 승자들이 손을 뗀다. 전 지구적으로 책임을 요구하는 현 국면은, 어떤 나라들이 어느 정도로 부정적으로 당하는지에 대해 기후 모델들이 그다지 정확하게 명시할 수 없는 한 계속되는 단계이다. 그러는 동안은 감히 존 롤스[1]의 **무지의 베일**(veil of ignorance, 롤스는 이것을 사회적 보험 정리social insurance theorem를 위해 입안했다; Rawls 1971)과 동일한 태도를 가질 수 있다. 장차 내게 어떤 부정적인 결과들이 닥칠지 모르는 한 나는 원칙적으로 어떤 결과도 발생하지 않도록 투자할 용의가 있다는 것이다(그 결과들은 내게도 부정적으로 닥칠 수 있다―. 내가 그 결과들이 닥칠지 모르는 한 말이다).

그러나 무슨 일이 닥치는지(또는 닥치지 않는지, 또는 심지어 긍정적인 것인지) 좀 더 정확히 안다면, 즉 "무지의 베일"이 들추어진다면, 나는 입장을 좀 더 분명히 정리할 수 있을 것이다. 이것이 다음 단계의 기후정책을 지배할 것이다. 이 말은 적확하다. 기후정책이 상당한 재정적 비용을 의미하므로, 그때그때마다 실제적인 국가 정책을 심하게 제한할 것이기 때문이다. 이런 제한을 매번 덜어주는 경감에 다시 관심을 가지는 것은 어렵지 않을 것이다. 경감은 기후 주제의 틀에서 전 지구적인 자금 조달과 재분배의 **공동관리**common pool에 대한 부담을 덜어주는 것이다.

우리는 다음과 같은 역설에 처하게 된다. 기후 주제가 전 지구적으로 소

통될수록, 실제적인 비용 분배가 여전히 불분명하기 때문에 사람들은 그 주제를 더욱 열심히 다룰 것이다. 그러나 연구가 지역적으로 분배된 부담을 더욱 정확히 증명할수록, 비용 논증은 그만큼 더 특별히 상론되고 더욱 제한적으로 될 것이다. 그러면 우리는 기후 주제의 다양화 및 비균등화라는 단계에 이를 것이다. 이 단계에서는 명백해지는 특수성이 지역적인 특색으로 취급되므로, 세계 공동체는 이 특수성이 자기 관할이 아니라고 선언한다.

세계 기후정책이—개별 국가들의 복지 수준을 감안하지 않은 채—제한을 요구하는 대책들을 구체적으로 명시하지 않는 한, 사람들은 **저비용**low cost 영역에 머물며 관념상으로 합의할 것이다. 그러나 국가의 복지 수준에 개입하기로 결의했다면, 갈등 효과가 큰 **고비용 정책**high-cost-policy의 단계가 시작될 것이다. 이것 또한 여전히 잠재적 영향의 틀 내에서 진행될 것이다. 그 다음에 첫 번째 영향이 강력해진다면, 그것은 **일견 확실한**prima facie 지역적 현상에 머물 것이다. 그렇다면 지역들은 외부의 도움을 전혀 받지 않을 것이다.

기후로 피해를 보는 패자들은—적응할 수 있는 대비의 의미에서—기초 구조에 상당한 투자를 해야 할 것이다. 그들은 가령 전 지구적 재분배의 의미에서, 기후의 덕을 보는 승자들이나 기후와 무관한 중립자들로부터 투자 자금을 더 이상은 당연하게 조달받지 못한다. 지금은 협력적 단계로 보이지만, 그것도 오히려 경쟁적인 단계로 급변할 것이다. 기후 패자들은 다른 기후 패자들과 동맹을 맺을 것이다. 경우에 따라서는 영토(그리고 이와 함께 생존 가능성)가 사라지는 손실에서, 전문 지식이 있는 인적 자원의 이주 물결을 받아들임으로써 이익을 얻으려 하는 기후 승자들과도 연합할 것이다. 그 보답으로 자금 조달을 받는 셈이다. 기후 승자들은 이중으로 이익을 볼 것이다. 영토의 상대적인 특질 때문에 그렇고, 따라서 그들의 경제를 끌어올리는 이주자들 때문에도 말이다.

영토의 상대적인 특질은 기후 영향의 다양화를 통해 생겨난다. 한 지역의 상대적인 체류지 가치가 달라지는 것이다. 기후 패자들이 부정적으로 평가되는 것은 분명하다. 그러나 기후 승자들이 부정적으로 당하지 않고 또한 이주의 매력을 통해 상대적으로 평가 절상된다고 해서 이익을 보는 것만은 아니다. 이런 관점 때문에 이 지역들에서도 꼭 대비를 할 필요가 있게 된다. 기후 승자들—그리고 기후 중립자들—은 이주의 효과 이상으로 과도한 부담을 안게 될 수 있는 것이다.

우리는 직접적인 이민뿐만 아니라 간접적인 이민에도 해당되는 이주와 관련을 맺게 될 것이다. 부동산 및 기반시설의 평가 절하와 결부될 수 있는 재산의 재분배 외에도, 관광객 인파가 감소하고 무역 거래 관계가 변화할 수 있는 것이다. 자본의 흐름은 어쨌든 이것을 따라간다.

상황을 악화시킬 수 있는 변화를 위해 계획을 수립하는 사람은 없다. 야심찬 사례인 네덜란드와 북독일 저지를 계속 살펴보자. 그곳에 거주하는 인간들이 어디로 이주해야 한단 말인가? 독일연방공화국은 1950년대에 망명자들의 편입을 통해 이 주제를—단지 약한 반응처럼 보일지라도—알고 있다. 어쩌면 우리는 심지어 역사적으로 준비가 되어 있을 수 있다. 그런 것이 가능할 수 있다는 것을 알고 있기 때문이다. 우리는 엄청난 자본 파괴(기업, 부동산, 기반시설) 외에, 새로운 수익의 장을 개척해야 하는 **인적 자원**human capital의 심한 가치 저하로 어려움을 겪는다. 그런데 어디가 그럴까?

함부르크, 브레멘, 뤼베크, 올덴부르크 등을 관개灌漑가 되지 않은 독일의 나머지 영역으로 간단히 분류할 수 없다. 여기에서 국제적인 해결책이 필요하다. 어떤 나라들이 기후 승자인가? 어떤 나라들이 이주를 필요로 할까? 스칸디나비아 국가들이 이익을 얻을까?

여기에서 계속 추측을 늘어놓는 것은 무의미하다. 세계는 이 차원에 대한 준비가 잠재적으로만 되어 있다. 근본적으로 우리는—예후 판정을 감안하여—비상시가 아니라 계획된 실행이라고 여겨질 수 있는 "추방"Vertreibung

으로 어려움을 겪는다. 여기에서 자칫 국제화의 형태가 시작될지 모른다. 그래서 민족국가의 부분들이 해체될 수 있다는 사실로부터, 우리가 익숙하지 않은 결론을 끌어낼 수 있다. 민족국가가 이런 문제들의 부적격 조건을 나타낸다고 말이다.

이런 맥락에서 위험해지는 새로운 정치적 주제는 **이웃**neighbourhood이다. 부정적인 기후 결과들의 불균형적인 분배는 긍정적인 해결을 위한 원인이다. 어떤 사람들이 잃는 것을 또 어떤 사람들은 필요로 한다. 시베리아의 영구동토 바닥이 드러날 것—우리는 이로써 야기되는 이산화탄소의 방출이 치명적일 수 있다는 것을 알고 있다—이라는 말이 맞다면, 우리는 번성의 가능성이 있는 풍경을 보게 될 것이다. 그곳의 정주는—19세기의 격세유전적인 표현을 사용한다면—생각할 수 없는 일이 아니다. **이웃**은 공동의 문제 상황, 공동의 대비책 및 기본 구조를 성취한다는 것을 의미한다. 기후 중립자들 또는 기후 승자들이 기후 패자들의 부정적인 외부 효과를 보상하려 할 때, 기후 중립자들 또는 기후 승자들과 특수하게 협력하는 기후 패자들의 이웃으로서 말이다.

조처들이 효과가 없거나 충분하지 않다면, 우리는 세계 공동체의 탈탄화 규제라는 코펜하겐의 이념 대신에 양측의—또는 이웃의 다자간—협력으로 되돌아갈 것이다. 이 협력으로 인근에서 먼 지역들이 완전히 분리될 뿐만 아니라—상이한 개혁적인 계층들과 함께—기획의 현실화도 천차만별이 된다. 어쩌면 코펜하겐 이념이 소멸한 잔재로서 기후 개발 은행이 존재할 것이다. 특수하게 규정된 기획들에 자금을 조달해 주는 세계은행과 유사하게 말이다.

인근 기후 당사자들의 협력이 보장하는 것은, 꼭 필요한 대책의 충분한 자금 조달이 아니고 오히려 지능적인 해결책의 마련이다. 기후 승자들이 이 일에 나서는 것은 기후 패자들의 부정적인 외부 효과에 대처하려 하거나, 전문 지식이 있는 **인적 자원**의 공급을 늘리는 이주 계약을 체결하려 하기 때문이다. 기후 승자들이 이렇게 나설 때에야 비로소 자금 조달이 다시 고려된다. **세계 기후 공공재 정책**global climate public good policy이라는 코펜하겐 기후변화회의의 이념이 수포로 돌아갈 때 이 점을 기억하라.

인근에서 먼 기후 패자들은 이중적인 의미에서 패자가 된다. 그러면 그들은 정말로 혈혈단신이 된다. 특히 아프리카, 아시아, 라틴아메리카의 비교적 가난한 나라들은 이웃과 거리가 멀다. 유럽의 국가연합에 존재하는 이웃들이 멀리 떨어져 있는 국가들보다는 가깝다.

우리가 단지 지역적인 주제들과 관련이 있다는 제한은 기후 승자의 시각에서 보면 풀린다. 이주가 필요한 것이다. 우리가 아직 예측할 수 없는 사회적 흡인자social attractor가 생겨날 것이다. 우리는 마찬가지로 아직 예측할 수 없는 문화적 변동을 체험할 것이다. 새로운 풍경은 번성하고, 낡은 풍경은 시들 것이다(어쩌면 알프스가 그럴 것이고, 또 어쩌면 남부이탈리아, 남부스페인, 그리스 등이 그럴 것이다). 문화적 중심들이 바뀔 것이다.

역사가 옛 문화 경관의 역사인 한, 우리는 역사를 고쳐 쓸 것이다. 우리는 이 역사를 산업화를 통해 이미 한 번 고쳐 썼다. 자연 극복 및 자원 활용의 역사로 말이다. 이제 우리는 역사를 문화생태적 적응으로 기술하기 시작한다.

그런데 **정치**문화적politico-cultural으로 각인된 국가적 정체성이 얼마만큼 지속될지는 자고로 미지수다. 기후 변동을 통해 훨씬 더 가난해질 빈곤국들은 존립을 거의 보장할 수 없다. 하지만 이 빈곤국들이 보다 부유한 국가들과 합병할지는 전혀 분명치 않다. 지금 우리는 완전한 분리의 대안들(소말리아, 콩고 일부, 아프가니스탄 또는 파키스탄)을 이미 알고 있다. 기후 파트너 관계를 맞으라는 다른 제안은 식민지 시대의 말처럼 들린다.

방비 대신 이주: 오직 기후보다는 더 많은 변화를

그러나 지금까지 우리는 다르게 반응하고 있다. 대체로 처음에는 일단 영토의 방비 활동으로 반응할 것이다. 제방을 더 높이 쌓는가? 우리는 소유물을 안전하게 하려 하지만, 방비의 비용이 극히 비싸진다(기반시설 같은 방식으로 말이다. 그러니까 공공 예산을 통해 자금이 조달되는 비용이다. 국가에 청구되는 것이다.).

우리는 현재 금융 위기 속에서 한편으로는 국가가 행위 능력이 있다고 체험하지만, 다른 한편으로는 이미 한계치에 이른 것으로 경험한다. 국가가 얼마나 더 많은 부채를 감당할 수 있을 것인가? 기후 변화로 인해 필요한 기반시설 개조 대기획에 특히 자금 지원이 이루어진다고 한다. 국가들에 이 금액의 처리를 맡길 정도로 자본 시장이 충분히 크고 강력한가? 무엇보다도, 지금 도입되는 은행 규제는 장차 금융 수요를 발생시킬 적합한 수단일까? 규제 기관은 기후 주제를 선취할 만큼 충분히 멀리 내다보며 생각할까? 그런데 자유로운 자본시장은 필요하지 않을까?

우리가 에너지와 배기가스 생산을 절약하고 저수를 현명하게 관리하고 할당하며 에너지와 자원에 관한 지혜를 발휘하는 것을 그 무엇도 막지는 못할 것이다. 그러나 이런 식의 방어는 첫째, 많은 에너지가 들고, 둘째, 많은 자원이 필요하며, 셋째, 그렇게 해도 결국 채워질 수 없는 기대들을 연결한다. 보다 지능적인 소비자 보호, 생태적 생산 체제, 면밀한 에너지 구상 등 외에, 우리는 정치적 지능을 동원해야 할 것이다. 가령 유럽에서, 적어도 유럽 통일체 구축의 틀에서 정치적 지능이 발휘되기 시작했을 때처럼 말이다. 고전적인 영토의 보존이라는 방어가 중요한 게 아니다. 종국에는 자본 유지 capital maintenance의 비용이 많이 드는 형태(부동산, 기반시설 등)가 중요할 리 없다. **방비 대신 이주**statt Sicherung Wanderung가 문제인 것이다.

기후 변화는 지금까지 잘 알려진 이주 물결과는 혼동될 수 없는 국제적 이동성의 형태들을 요구한다. 기후 변동 과정에서 국경은 우리가 이런 형

2 Richard Florida, 1957~, 미국의 도
시학 이론가

태로는 감히 감당할 수 없는 극히 비용이
많이 드는 제한이다. 따라서 유럽 통합의
과정은 적어도 유럽권에서 볼 때 문화화culturation의 무대로서, 우리가 각오
해야 하는 인구의 혼합population mixing과 이주에 대한 준비만큼 중요하다.

이것을 갑작스런 변형으로 생각해서는 안 된다. 오히려 천천히 진행되는
융합 과정으로 보아야 할 것이다. 이 과정은 거의 눈에 띄지 않게—그렇지
만 확실히—문화들을 새로 섞고, 오래된 국가들을 서서히 해체시킨다. 북유
럽의 불모지는 대단히 현대적인 계획과 건축으로 이주가 가능해질 수 있다.
우리는 해저도시를 실험할 것이다. 그러나 특히 정치적으로는 기상 작용cli-
matic process이 이루어지는 세계에 대비해야 할 것이다. 여기에서 우리는 국적
의 문제를 새로 생각하고, 소유권에 대해 성찰하고, 국경을 폐지하고, 새로
운 관용을 도입하는 등의 일을 해야 할 것이다.

많은 사람들에게 더군다나 극단적으로 들리는 것이 기상 작용을 감안하
면 훗날 당연한 게 될 것이다. 뿐만 아니라 이것을 오늘날 이미 보여주는 본
보기도 있다. 리처드 플로리다[2](2002)는 전 세계적으로 대단히 유동적인 지
식 노동자들을 유인하는 전 지구적인 **창조센터**creative centers가 이미 오래 전부
터 존재함을 보여준다. 여기에서 우리는 노동과 삶이 이상적으로 결합되는
곳으로 옮기는 것이 이미 지금 어떻게 납득 가능한지를 깨닫는다. 이것은 기
후 변화로 생길 이동성 과정에 대한 모델이자 본보기이다. 그 다음에 우리
는 더 이상 비교적 비싼 주택을 짓지 않을 것이고, 교육비를 줄이고 이동성
을 익힐 것이다. 생태적인 저항 대신, 사회적 지능을 발전시킬 것이다. 따라
서 지속 가능성 정책을 위한 교육 주제는 적어도 환경정책만큼 중요하다. 지
금 그렇지 않다 해도, **결국에는**à la longue 더 중요하게 될 것이다. 교육은 이주
능력을 갖게 해준다.

기후는 우리의 문화에 새로 개입할 것이다. 기후 변화 과정이 닥친 사람

들은 어디로 옮겨가야 할까? **고수준 노동자들**high-level-workers의 경우 지금 이미 국제적

으로 이동성 모델이 있다. 그러나 **저수준 노동자들**low-level-workers은 어떤가? 왜냐하면—난처한 예인데—북독일 저지대의 홍수보다는 아프리카의 남부 사하라가 황폐해지는 풍경에 우리의 신경이 더 쓰일 것이기 때문이다. 어쩌면 이미 남유럽 농업의 황폐함이 그럴지도 모른다. 그리고 근동의 물 부족, 방글라데시의 홍수 등도 마찬가지이다. 교육을 받지 못한 무수히 많은 사람들은 다른 지역들로 떠나겠지만, 그곳에서 땅도 일자리도 찾지 못할 것이다. 피난민 수용소나 대도시 인근의 새로운 **교외 주택지구**banlieues가 새로운 삶의 형태가 된다. 이 두 형태는 탈문화화된 영역, 즉 폭력의 처분에 맡겨진 영역이다. 수용소를 부양하는 것 외에, 우리는 이 영역에 대한 본보기가 없다. 그러나 그렇게 되면, 이것은 더 이상 "난민 구제"가 아니라 세계화된 복지국가의 영락한 형태들이라고 한다. 북대서양 국가들에서는 **저수준 노동자들**에 대한 수요가 없다. 우리는 바로 지금—교육받지 못한 젊은이들 특유의 문제들과 함께—디지털화된 지식 사회의 단계에 진입하고 있다. 이런 식의 이주 압박이 클수록, 우리는 국경 밖의 부양 영역에 대해 그만큼 덜 알려고 할 것이다. 이주의 유동성이 높을수록, 이주는 별로 환영받지 못하게 된다.

이슬람교가 초국가적 종교로 예고된다는 것은 흥미롭다. 이슬람교의 종교적 공동체성 구상은 서구 세계가 누리는 생산성의 만족감을 포기해야 한다는 것을 뜻하는데 말이다. 이슬람교는 이주자들의 지배적인 종교가 될 가능성이 있다. 이슬람교가 북대서양 국가들의 포용 거부를 역으로, 무슬림은 여하간 서구 사회에 동화되지 않는다라는 강령으로 뒤집기 때문이다. 이렇게 볼 때, 이주 압박은 전반적인 궁핍화를 영적인 텐서³로 변화시킬 수 있다. 영적으로 긴장하게 만드는 이 장력 때문에 이주자 영토의 탈영토화는 성전

4 Hartz 4, 독일 노동시장 개혁위원
회 의장의 이름을 딴 개혁 시리즈 중
2005년에 시작된 단계

聖戰이나 다른 전쟁으로 변질될 수 있다(특히
그들이 이주자 무리로서, 종교적 이유로 맞서 싸워야 하
는 나라에 이미 와 있기 때문이다). 반면에 그리스
도교는 오히려 방어 종교의 상태에 놓이게 될 것이다.

문화적 과정에 대해 우리는—이산화탄소와 재정 문제에 몰두하느라—아
직 잘 알지 못한다. 급진파 이슬람은 우선 더 이상 다른 대안이 없는 사람들
이 가진 신앙의 힘을 다시 상기시킬 뿐이다. 반면에 우리는 우리의 세계에
서 복지의 수준을 유지하려 한다. 이런 입장은 전문 지식이 있는 **인적 자원**
만을 입국시키는 선별적인 이주 정책을 야기할 것이다. 인구 변동의 솎아냄
demographical thinning에 대한 보정으로서 말이다. 기후 변화는 문제—그리고
비용—를 우리가 현재 그 주제와 전혀 연결시키지 못하는 차원으로 발생시
킬 것이다. 정책들이 처방하는 것에는 종족 혼합ethnical mixes, 전 지구적 하르
츠 4[4] 상황에 대한 지속적인 자금지원으로서의 "저개발국 원조", 군사적 방
비 비용, 새로운 반전염병 전략 및 제도 등은 물론이고, (어쩌면 "유전학적" 근거
가 있는) 새로운 인종주의와 엘리트 종교 및 자유의 제한도 있다. 우리는 바로
지금 **빠져나오고** 있는 신자유주의 단계를, 지나간 자유의 문화 영역으로 그
리워하며 기억할 것이다. **기후 변화**는 **문화적 변화**를 불러일으킨다. 이 문화
적 변화는 보다 높은 수준의 해방을 야기하지 않고, 우리를 적응할 수 있게
생태적으로 연결할 것이다.

그러나 생태적 적응의 아름다운 모습은 수입과 복지와 자유의 감소를 의
미한다.

기후 재앙과 함께 어디로?

기후 재앙과 함께 어디로?

라르스 클라우젠
Lars Clausen

기후 변화와 기후 재앙

전 지구적인 기후 재앙이 문제가 아니다. 날씨는 지구 곳곳에서 달라질 것이다. 목성에서도 같은 일이 벌어질 것이다. 머지않아 선미 갑판에서 남쪽 하늘에 나타날 초신성[1]에 대해서는 말할 필요도 없다. 하지만 이 모든 것은 아직 기후 "재앙"이 아니다.

왜냐하면 지구 전체에 걸친―기후―변화는 다음의 조건일 때 비로소 전구 전체에 걸친 "재앙"이 될 것이기 때문이다. 첫째, 이런 변화가 매우 빠르게 나타나고, 둘째, 그 변화가 사회적으로 상호 연결된 모든 인간에게 똑같이 닥치고, 셋째, 도처에서 그 원인들이 악마적인 힘을 갖게 된다는 조건이 성립될 때이다. 이 세 가지 문제는 필자가 볼 때―재해사회학자disaster sociologist는 어쩌면 이론적으로 이렇게 시작해도 될 것이다―사회적 변화의 세 가지 차원에서 제기될 수 있다(Clausen 2003 참조).

기후 변화가 지구의 생물권biosphere 면적 전체에 해당된다 하더라도, 모든 사람이 똑같이 놀라지는 않는다. 몇몇 집단은 부분적으로만 놀라거나 거의 놀라지 않기도 한다. 기후 변화가 닥치는 것도 천차만별일 것이다. 어떤 집단들은 분명히 덜 당하기도 할 것이다. 기후 변화가

---

1 supernova, 질량이 큰 별이 진화하는 마지막 단계에서 급격한 폭발로 엄청나게 밝아진 뒤 점차 사라지는 현상

어디에서나 마법에 걸린 숙명으로 해석되고, 그 집단들을 그만큼 불안하게 만들지는 않을 것이다. 오히려 몇몇 집단에서는 기후

2 Privat geht vor Katastrophe, '회사가 곤경에 처했다 하더라도 내 휴식 시간이 더 중요하다'라는 의미

변화를 염려할 만한 근거가 있는 위험으로 해석할 수 있을 것이다. 그런 위험이라면 사회적으로 극복할 수 있다.

　그렇다면 "재앙"이란 무엇인가? 다음과 같은 동독의 낡은 상투어가 우리를 사회의 가장 내적인 영역으로 이끈다. "사적인 것이 재앙보다 앞선다."[2] 공동체적으로 가장 긴밀히 연결된 사회 네트워크[4]에서 개인들이 일상어로 사용하는 "재앙"은 사적으로는 깜짝 놀라는 경악을 통해 경험된다. 가령 주택 화재, 치욕, 불치병 등처럼 말이다. 그 다음으로는 장소적, 지역적, 결국에는 국가적으로 경험하는 대대적인 파괴—폭발, 대폭풍 기상 상황, 전쟁 발발—가 그로 인해 죽을 사람과 어쨌든 살아남는 사람을 가장 명백하게 구별한다. 처음에는 완만하다가 그 다음에는 명확히 나타나는 "기후 재앙"처럼 전 세계에 걸쳐 나타난다고 추정되는 위험은 사회적으로 엄청나게 차이를 보일 것이다. 울리히 벡이 재난이 평등하게 만드는("민주화하는") 효과를 강조 (Beck 1986)했던 1986년에 생각한 것과도 다르게 말이다. 본서에 실린 상론으로 그의 말은 더욱 옳게 된다. "기후 변화가 사회적 불평등에 미치는 효과를 고려하지 않으면서 기후 변화를 파악하는 것은 […] 더 이상 가능하지 않다." 이때 그는 환경정책상 고의로 모순되게 이렇게 방점을 찍는다. "기후 변화는 두 가지 다이다. 계급적이고 민주적이다."[5]

---

4 여기에서는 사회적 관계들이 전체로서 주어진 목적 없는 연관을 사회학적으로 정의할 때의 "사회 네트워크"Soziales Netzwerk를 말한다. 목적의식이 있는 정치적 또는 경제적 도당들을 위해 완곡한 의미로 취한 단어가 아니다(Fuchs-Heinritz 2007; 456 참조).

5 본서에 실린 울리히 벡의 글 〈변화의 기후인가 아니면 녹색 근대가 어떻게 가능할까?〉에 나오는 명제 3과 4 참조.

3 Weltinnenpolitik, 국내 정치와 국제 정치를 분리하지 않는 다자국간 지향 정치
4 Pan-Slavism, 전 슬라브 민족의 정치적·문화적 결속 운동
5 ideeller Gesamtkapitalist, 마르크스주의 이론에서 자본주의 국가의 기능을 말해주는 용어

전 세계적인 기후 변화가 기후 재앙이 되려면, "세계"가 우선 일단 "전 지구화되어"—필자는 이 단어를 사회적으로 철저히 네크워크화되었다는 뜻으로 말하고자 한다—있어야 한다. 경제적으로, 사회적으로 그리고 우리의 맥락에서는 특히 정신적으로도, 그러니까 감정적 혹은 사상적으로도 말이다.

경제와 관련하여 네트워크화는 무엇보다도 자본주의의 승리로 절대화되고 따라서 과도하게 강조된다. 그러나 정치와 관련하여 "전 지구화"는—특히 세계대전 전이나 후에—점차 증가하는 "세계 내 정치"[3]를 또한 포함해야 할 것이다. 그리고 정신과 관련하여 세계화는, 가치에 합당하게 구상된 새로운 구원 전략 및 광고 전략을 낳고 이성적으로 실행에 옮기려고 애쓰는 여전히 지역적인 종교와 세계관(가령 범슬라브주의[4], 이슬람주의)의 만성적인 위기에서부터 완만하게 이루어지는 세계의 전반적인 탈마법화에까지 이른다. 즉 오늘날에는 또한 세계의 과학화scientification에까지 이른다.

경제적으로 볼 때, 확산되는 자본주의 전략들은 계획적인 세계 개발 정책만을 말하는 게 아니다. 또한 국제적인 복합기업에서 기업 내부 관리의 붕괴로 인해, 기업의 계산에 입각한 예측 가능성이 투기 과잉으로 바뀌는 것을 의미하기도 한다. 이것을 분명히 말해주는 특질은, 상품과 관련되는 모든 상표화 정책branding policy의 실패와 파생상품에 대한 즉석 내기ad-hoc-bet로의 교체이다. 이것은 이미 위험 비용의 "지나친" 외재화를 야기했다. 또한 기후 변화의 일반적인 위험이 발전이 지체되는 나라들의 비교적 많은 주민들에게 재분배되는 결과를 낳았다. 기후 변화를 경제적으로 생산적이게 바꾸는 것은, 해결이 안 되는 이런 난처한 상황을 감안할 때—마르크스주의적으로 표현하면—"관념적 총자본가"[5]에게 기대할 수 없다. 그렇게 하려면 관념적

총자본가는 하나의 세계 국가world state를 사들이거나 창설해야 할 것이다.

정치적인 면에서 19세기의 성공 방안에 따르면, 견실한 공동사회들communities은 초자연적 특성인 카리스마로 정당화될 수 있고, 그 다음에 합리적으로 국가nation로 조직될 수 있다. 그러나 이런 식의 처방은 이미

6 just war, 정당한 원인에 기초한 전쟁만을 합법이라고 인정하는 이론
7 das Heilige Römische Reich Deutscher Nation, 962년 독일의 오토 1세가 로마 교황으로부터 대관을 받은 때부터 1806년 프란츠 2세가 나폴레옹에 패하여 제위에서 물러날 때까지의 독일 제국의 정식 명칭
8 Zarah Leander, 1907~1981, 스웨덴의 배우이자 가수

옛 국가들 자체에서 나타나는 전 세계적인 경제 이민과 피난 이주에 직면하여, 또 만성적인 식량난이나 신종 전염병에 직면하여 특히 유엔의 기구에서 실패한다. 1945년 "정당한 전쟁"[6]을 통해 도입된 유엔은 사라져 버린 이런 카리스마를 선전으로 보충하겠다고 선언한 과제 때문에 실패한다. 유엔의 기구가 행하는 번거롭고 혼란스러운 시도들은 뚜렷하게 옛 신성로마제국[7]이 1806년까지 모색했던 방책들을 연상시킨다(이 방책들은 점차로 존경심 같은 것마저 불러일으킨다). 유엔 외에, 준국가기관 기구들이 점점 더 많이 점점 더 눈에 띄게 등장한다. 이것은 세계가 형식적으로만 국가로 나누어져 있는 결과이기도 하다. 왜냐하면 그 중 점점 더 많은 국가가 경쟁적인 "폭력 기업가들"Gewaltunternehmer이 지배하는 **실패한 국가**Failed States가 되기 때문이다(Elwert 1997, 2001.) 이런 상황 하에서라면, 위험한 특성을 지닌 세계 기후 변화는 목표 지향적인 세계 내 정치를 과도하게 요구할 수 있을 것이다.

사회의 정신적인 변화는, 경제 광고와 정책 선전이 모든 문화권에 충분히 배어든다는 것을 뜻한다. 행동의 자명함은 더욱 불확실해진다. 차라 레안더[8]의 옛 선전가요 〈세계는 그것으로 몰락하지 않는다 Davon geht die Welt nicht unter〉는 1944년 독일인들을 위로할 수 있었다. 그러나 오늘날에는 더 이상 그때만큼 많은 인간들의 잠재의식을 안심시키지 못한다. 오히려 그 반대이다. 그 대신 보다 드물지만 더욱 확고한 요소를 하나 거론해 보겠다. 제

도화된 근대 과학에 대해 정신적인 확신을
아직은 가질 수는 있을 것이다. 그러나 과
학이 세계 인구 전체를 고려한다 하더라도, 그것은 더 이상 커다란 성과를
보이는 "승리"가 아니라, 상업적이고 정치적인 부패, 따라서 혼돈화로 나아
가는 경향이 있다. 왜냐하면 과학의 부문들이 더 이상 서로를 이해하지 못
하기 때문이다. 물리학에서는 점점 더 다채로운 우주론 가설들이 양산된다.
무엇보다도—이론의 여지가 없는 세계적 과학화와 나란히—이미 학문 분야
들 사이에 떠돌다가 세련되고 공공연하게 되는 소문("신화")이 인터넷 공간
에서 수적으로 증가한다. 이 소문들이 전 세계적으로 마법처럼 작용하며, 과
학적 합리성을 다시 철회하는 것이다. 그 답변에 대한 예가 여기에서는 점
차 증가하고 있고 부분적으로 전 세계에 걸친 음모이론[9]이다. 이것은 가치
합리적으로 설명하는 타협을 구하려는 시도의 한 형태이다. 그러니까 정신
적 측면에서도, 세계적인 사회 변화는 기후 변화를 고려할 때 과학의 힘으로
는 더 이상 확실한 토대를 내놓지 못하는 것이다.

필자의 결론은 이렇다. 예컨대 대기가 가열됨으로써 야기되는 결과는 자
연 재해가 아니라, 매우 또한 대단히 상이한 문화 재앙들이라는 것이다. 그
저 하나가 아니라 복수로 말이다.

문화에서 보이는 불편한 심기

지금까지 거론된 것을 보면, 모든 문화의 배후에 있는 근본적인 느낌을 추론
할 수 있다. 문화의 근본적인 확신들fundamental convictions로는 더 이상 도전들
에 대적하지 못한다고 느끼게 되는 것이다. 이와 함께 기후 변화를 구별하
는 새로운 과제가 생긴다. 해수면이 올라가고 제방을 쌓은 국가들이 양분될
조짐을 보일 때, 기후 변화는 부분적으로 사회 전체적인 몰락의 위험이 된

다. 그러나 대부분 기후 변화는 가령 기근이나 질병이 새로 재분배될 때, 새로운 사회적 불평등을 통해 구분된다. 따라서 자명한 모든 것이 왜곡될 우려가 생긴다. 바로 이것이 문화의 "재앙"을 가리킨다.

필자는 줄리어스 나지Julius Nagy로부터 위안이 되는 말을 자주 들었는데, 놀랄만한 전제들에서는 위안이 될 만한 것을 추론해 낼 수가 없다. 그런데 "서양의" 문화에 대

10 Oswald Spengler, 1880~1936, 독일의 역사가이자 문화철학자
11 Arnold Toynbee, 1852~1883, 영국의 경제학자이자 사회개혁가
12 Franz Borkenau, 1900~1957, 오스트리아의 역사철학자이자 문화사가이자 사회학자
13 Isaac Asimov, 1920~1992, 미국의 SF작가이자 생화학자
14 Science Phantasy, 공상 과학 소설의 요소와 판타지의 요소를 혼합한 소설의 장르

해서는 세 명의 위인도 이 말에 동의한다. 그들은 그것을 예견하고 이미 고전적인 답변을 내놓았다. 대단히 상이한 결론을 내리는 오스발트 슈펭글러[10], 아놀드 토인비[11], 프란츠 보르케나우[12]는 2010년에는 익숙지 않기는 하지만 유명하다.[6]

공상 과학 소설인 아이작 아시모프[13]의 《파운데이션*Foundation*》삼부작(1951, 1952, 1953)에는 적절하고 한 세대 전에 훨씬 많이 읽힌 신중한 답변이 있다. 그러나 그 답변은 예측에 대한 고전적인 기대(Günther 1975 참조)의 실패와 함께 또한 이미 묻히고 말았다. 그 기능이 **과학 판타지**[14]라는 새로운 동화로 대체되었기 때문이다. 마법의 잡동사니를 통해 마술을 부리는 것은 그 배후에 있는 제거될 수 없는 사회적 불안 때문에 힘이 다 빠지게 된다. 과학 판타지에 대해서는 이 글에서 다루지 않겠다.

왜냐하면 먼저 생각해야 할 것이 기후 변화가 우리 사회의 모든 안락함에 미치는 **직접적인** 영향이기 때문이다. 그 이야기는 심기가 불편한 작은 예

---

6 Spengler 1998; Toynbee 1934; Borkenau ²1995 참조. 이 세 사람 중에서는 보르케나우가 훨씬 훌륭한 사회학자이다.

15 Ferdinand Tönnies, 1855~1936,
《게마인샤프트와 게젤샤프트Geme-
inschaft und Gesellschaft》의 저자

로 시작할 수 있다. 겨울에 눈이 점점 적게
내리면, 부모는 여섯 살 난 아들에게 지하
실에 있는 스포츠용 썰매를 어디에 써야 하
는지 번거롭게 설명해야 하는 일이 생길 수 있다. 관찰들에는 불만족이 숨
겨져 있다. 가령 독일의 많은 가정들이 심한 눈보라를 경험한 후 너무 늦게
다음과 같은 사실을 깨달았다는 관찰이 그렇다. 정전이 되었을 때, 가정들
이 냉동칸에 마냥 보관되고 있는 식료품을 그냥 꺼내서 눈 속에 파묻으면 된
다는 생각을 미처 하지 못했다는 것이다. 사회학자에게 이상하게 보이는 것
이 있다. 봄에 날씨가 이례적으로 아주 좋을 때, "예전"과의 날씨 비교와 함
께 우려 섞인 대화와 매체적 논의가 생겨난다는 점이다. 자외선 방사가 점
점 늘어나는 것 때문에 일광욕이 더 위험해졌다고 한다. 그런 말에는 오히
려 오스트레일리아 사람들이 신경을 쓴다. 대중매체를 통해 이제 오존 구멍
만이 아니라 멀리 떨어진 곳에 닥친 대폭풍과 쓰나미와 산불에 대한 소식들
역시 보도할 만한 가치가 있게 되었을 때 불편한 심기는 더욱 뚜렷해진다.
독일에서는 지붕에 많이 쌓인 눈의 무게 때문에 빙상 경기장이 무너지거나,
빙판 밑의 전선 파열로 뮌스터란트Münsterland 전역에 걸쳐 전기 공급이 계속
차질을 빚은 일이 있었다. 이런 일들 때문에 국가의 관리 감독과 기반시설
정책에 대해 걱정하는 질문이 제기되었다. "확실하다"고 전제된 종래의 위
기 대응에 대한 신뢰를 떠도는 불안이 대체하게 된 것이다. 미리 두려움과
함께 살아가려고 하는 곳에서는 불안이 점점 더 많이 생겨난다.

그런데 전 지구화된 기후 변화는, 독일 사회학의 창시자인 페르디난트 퇴
니스[15]의 말을 빌려 표현하자면 **전 지구적인 "사회 문제"**eine globale "Soziale Frage"
일 수 있다.[7] 퇴니스에게 있어서 이런 문제는 **국가**der Staat가 해결해야 했다.[8]
그가 볼 때 이것은 국가의 정당한 국내 정책 과제였고, 언제나 유일하게 그
렇다.

전 지구화된 사회 문제가 있다면—계속 퇴니스 식으로 생각한다면—세계 국가world state는 관심을 가져야 한다(Tönnies 1917 참조). 그러나 대응 능력이 있는 세계 국가가 존재

16 Thomas Hobbes, 1588~1679, 영국의 철학자이자 정치사상가
17 Leviathan, 구약성경 욥기에 나오는 바다 괴물의 이름으로, 국가라는 거대한 창조물을 가리키는 홉스의 비유

해야 한다면, 그런 국가는 **절대적**sovereign이어야 할 것이다. 이 세계 국가를 절대적으로 만들어주는 것은 모두가 어떤 제삼자를 위해 맺는 조약뿐이었다. 토마스 홉스[16]의 리바이어던[17]을 위해 말이다. 그런데 여기에서는 전 지구화된 세계 네트워크가 행위 능력이 없다. 그 대안으로서 연방제 세계 국가federal world state는 유일하게 현실적으로 구상할 수 있고 기대해 볼 만하다. 하지만 이 연방제 세계 국가는 **절대적이지 않을** 것이다. 동일한 인간들, 고쳐 말한다면 사회적 주역들을 통해 분열된 주권sovereignty은 **형용의 모순**contradictio in adiecto, 즉 나무로 된 쇠ein hölzernes Eisen인 셈이다.

지금 유엔을 바라보는 시선이 말해주듯 세계 국가가 절대적이지 않다면 리바이어던은 이 문제를 "해결하지" 못할 것이고, 어쨌든 그것 때문에 실패할 것이다. 그러니까 1945년 이래 유엔이 내재적으로 목표로 삼는 세계 국가는 이 문제에 답할 수 없을 것이다.

그렇게 할 수 있는 유능한 세계 국가는 재앙의 발생보다 먼저 나타날 수 없

---

7 페르디난트 퇴니스로는 왜 안 될까? 필자는 퇴니스 연구에 전념하면서, 고전주의자들이 생각한 것이 전부 다 무엇이었는지 다시 한 번 알게 되었다. 반면에 대학의 사회학 전공자들은 그때까지 늘 똑같은 바퀴의 수십 번째 되는 신 발명품을 갖고 천신만고를 겪었다. 즉 그들은 외부자금external funds을 목표로 삼을 것을 요구받기는 하지만, 그러니까 경쟁하는 동료들을 전문적으로 펼쳐놓기는 하지만, 기초연구의 부족 때문에 점점 더 많은 구체적인 문제 영역들을 자신들의 고유한 지평 뒤로 옮기는 데 익숙해졌다.
8 퇴니스에게 있어서 국가는 신앙처럼 "공동사회적"gemeinschaftlich으로 숭배될 수 있는 것이 아니라, (AG 같은) 이기적인 경영자를 위하여 목적을 "이익사회적"gesellschaftlich으로 설정하는 것이다. 《Gemeinschaft und Gesellschaft》(1887) 참조.

을 것이다. 또 재앙 속에 있을 때에는 충격을 받은 국가들의 예견 가능한 임시ad hoc 전략들에 의해 비판적으로 저지당할 것이다. 그리고 재앙이 끝난 후에는 세계 사회가 더 이상 존재하지 않는다. 남는 것은 모든 안전의 종말, 즉 **실패한 세계화**failed globalization이다. 그러니까 세계 국가를 문제 해결사로 계획하려 하지 말고, 힘을 아껴 자기의 급한 불이나 꺼야 할 것이다.

따라서 기후에 근거한 "사회 문제"는 풀리지 않을 것이고, 모든 국가들의 정당성을 무너뜨릴 것이다. 이것이야말로 심기가 불편한 생각이다.

전 세계, 유럽, 독일에 대두되는 새로운 사회 문제

사회학자는 "사회 문제"를 확인할 때, 사회적 차이들에 유의하며 사회 문제를 주요 논쟁에서 떼어놓고 사회학적인 답변을 논리정연하게 만들 필요가 있다.[9] 이 주제의 틀에서 필자는 있을 수 있는 포괄적인 황폐화—"재앙"—가 **정의定義에 따라**ex definitione 의미하는 문제적 상황이 다음과 같다고 가정한다. (1) 모든 것을 너무 서두른다. (2) 대단히 집중적이다. (3) 신화를 원하는 원인 찾기를 특징으로 한다. 한 세트가 되는 바로 이 세 가지가 "사회 문제들"의 소재이다(Clausen 1994 참조). **여기에서 사회 문제들은** 당연히 사회학으로 털어낼 수 있다. 전공의 지평을 사열하듯 평가하는 것을 그만두고, 하나의 정의定義를 두려워하기만 하면 된다. 물론 재앙 분석 없이 사회적 변화를 다루는 모든 사회학 이론은 자기 좋을 대로만 하는 사회학이다. 그러니까 전혀 이론이 아닌 것이다.

여기에서는 필자의 개념에 근거한 재난 사회학적 언급을 세 단계로 초점

---

9 필자가 일하는 대학이 슐레스비히홀슈타인 주 경제장관의 재량에 맡겨져 있는 동안 사람들은 필요한 기초 연구의 실행에 완전히 겁을 먹고 있지만, 이것은 일단 본서에서 다룰 문제가 아니라고 본다.

을 맞춰보겠다. 각각 전 세계, 유럽 그리고
독일에서 말이다.

18 사하라 사막의 남쪽 지역
19 climate change sceptics, 기후 변화
가 실제 상황이 아니며 인간의 활동
과 관련이 없다는 주장을 펼치는 기
후 변화 비판론 지지자들

맨 먼저 **전 세계적으로** 살펴보겠다.

(1) 사회 변화의 **신속성**rapidity이라는 차원

에서 보면, 세계 기후와 관련하여 사회 변화의 속도는 유럽이나 독일에

서보다 느리다.

(2) **급진성**radicality의 차원에서 보면, 심지어 국가들 사이에서 문제적 상황들

의 연결이 점점 더 해체된다. 즉 홍수 위험이 있는 인도양과 태평양의 국

가들, 사막화 위험이 있는 사헬 지방[18]이나 남유럽의 국가들, 메탄가스

방출이 있는 극지 부근의 국가들, 가령 전염병들(말라리아, 열대지방 풍토병 뎅

그열dengue fever)의 북쪽 이동에 위협을 덜 받는 미국, 중국, 중부유럽 국가

들, 심지어 지구온난화로 인해 농업이 유리해진 국가들 간의 문제적 상

황들이 달라진다. 그러니까 우선 전 지구적인 문제적 시각은 국가들에

따라 차이가 날 것이고, 세계 전체 국가들의 유대는 대체로 해체될 것이

다. "최빈국들"은 구호 기금의 수령자가 되고, 성장에 관심이 있는 나라

들은 방어적 내지 공세적으로 반응할 것이고, 그러면 다소 견고한 민주

주의의 "서쪽" 나라들은 홀로 방치된 제방 감독관의 역할을 억지로 떠

맡게 된다. 이제 연대를 어떻게 조장할 것인가? 2009년 12월 7일부터 18

일까지 열린 코펜하겐 세계기후회의는 이런 균열을 아주 잘 보여주었

고, 어떤 결정도 내놓지 못했다.

(3) **제의성**rituality(즉 한편으로는 합리적인 "세속화", 다른 한편으로는 신들리게 하는 "마법

화"라는 양극단적인 설명들을 제의적으로 뒷받침되는 제도화[10])의 차원에서 보면, 재

---

10 제의적인 세속화는 예컨대 브로크하우스Brockhaus에서 찾아보거나 위키피디아
Wikipedia에서 확인한다는 것을 뜻한다고 한다. 예컨대 제의적인 마법화는 "신이
벌하다" 또는 "자연이 복수하다"라는 느낌일 것이다(Clausen 1978 참조).

앙을 조장하는 동일한 형태의 마법화는 어디에서나 예상할 수 있는 것이 아니다. 그 이유는 재앙 시나리오 특유의 "전문가-문외한 갈등"이 지금까지 발전할 수 없었다는 데 있다. 그 갈등의 요지는 (우리가 의학이나 공학을 통해 알고 있듯이) 재앙을 감수하는 사람들("문외한")이 문제를 부정하는 전문가들("전문가")을 외면한다는 것이다. 기후 연구가들이 전문가 집단으로서 다가오는 위험에 어떻게 맞설지에 대해 점점 더 의견의 일치를 보긴 했지만, 이와 연관된 재앙 문외한들을 전 세계적으로 안심시킬 만큼 충분히 강하게 대오를 형성하지 못했기 때문이다. 하물며 문외한들과는 담을 쌓고, 그런 식으로는 장차 계속 "기대에 못 미친다"는 것은 말할 나위도 없다. 그들의 적수인 "기후 변화 회의론자들"[19]은 공해 산업과 특히 조지 W. 부시 미국 정부의 압력단체로서 정체를 뚜렷이 드러내며, 불안을 느끼는 문외한들의 대변자로는 턱없다.[11] 이 점에 있어서 문제를 의식하는 문외한들은 여전히 전문가들을 믿고 의지한다. 심지어는 전문가들을 따라하려고 할 것이다. 그렇다고 해도 물론 배제할 수 없는 사실이 있다. (가령 신 이슬람Neo-Islam의 약속들로부터 영향을 받는 것처럼) 여론이 종교의 지배를 받거나 민주주의가 정치적으로 공적 신뢰를 받는 큰 지역들에서 공적 신뢰의 지역적 붕괴가 시작되고 재난 전형적인 "구원자"가 요청된다는 점이다.

결론: 전 세계적으로 하나의 통일적인 재앙 시나리오는 예상할 수 없다.

---

11 그들의—아마도 비밀리에 조장된—음모에 대해서는 최근에 나온 크리스토퍼 슈라더Christopher Schrader의 《기후 변화를 둘러싼 진흙탕 싸움. 빼앗긴 이메일이 연구자들의 인식까지는 아닐지라도 그들의 명성을 위태롭게 한다Schlammschlacht um den Klimawandel. Geraubte E-Mails gefährden das Ansehen von Forschern, wenn auch nicht deren Erkenntnisse》, Süddeutsche Zeitung v. 3. 12. 9, S. 12 참조.

하지만 그럼에도 불구하고 신 이슬람의 근동 같은 영역이나 북쪽 민주주의의 큰 지역들에서는 재앙 시나리오가 예상 가능하다.

20 Gaza Strip, 서아시아 팔레스타인 남서단의 지중해 연안에 위치한 지역으로, 대 이스라엘 저항 세력의 주요 거점임
21 precariat, '불안정한precarious'과 '프롤레타리아트proletariat'의 합성어로 불안정한 고용 상황에 놓인 무한 계약직 혹은 임시 비정규직 노동자를 뜻하는 말

이것은 재난 사회학적으로 검증되어야 하는 통일체인 유럽으로 시선을 유도한다.

(1) 유럽 전역에서 기후와 관련된 어떤 사회적 변화가 **빨라진다**고 예견할 수 있을까? 이 대목에서 필자는 특히 지중해 및 계속 커지는 사하라 주변의 사막 형성을 언급하고 싶다. 사막화는 그렇지 않아도 세계 경제가 야기하는 남-북 이동을 심화시킬 것이다. 남-북 이동은 점차 많아지고, 흉년에는 대단히 많아질 것이다. 이주민들 전부를 결코―리비아로―추방할 수는 없을 것이다. 이것은―울타리를 친 미국 남쪽 국경을 감안하여 우리가 이미 알고 있듯이―특히 유럽연합의 사회적 폐쇄를 야기하고, 유럽연합을 정당화하는 정책들 중 하나를 무력하게 만든다. 그 하나에 해당하는 것이 인권 규정의 관철을 위한 사법권의 역할이다. 유럽의 배려 없는 허약한 민주주의가 난민들을 익사하게 두거나 새로운 소수로서 가자 지구[20] 식의 상설 수용소에 머물게 한다면, 유럽 대륙의 사람들은 분명히 무척 좋아할 것이다. 독재 국가들에나 있는 것이라고 여겼던 "수용소들"이 부흥하는 듯한 이런 소식은 비상경보처럼 놀라게 한다.[12] 그곳에서 태어난 사람, 즉 "두 번째 세대"에게 행운이 있기를. 어쨌든 모든 민주주의 국가들에 있어서 프리케리아트[21] 수용소의 허용은, 모든 시민들을 위해 하나의 신념 유형을 들

---

12 Schinkel 2009, 특히 783ff. 참조. "서유럽에 있는 '행정 구금'administrative detention 상태의 '불법 입국자들'illegal aliens".

22 Treaty of Lisbon, 2005년 프랑스·
네덜란드 국민투표에서 부결된 유럽
연합 헌법을 대체하기 위해 마련되어
2009년 12월 1일 발효된 개정 조약
23 Neo-National Socialism, 제2차 세
계대전 이후 나치즘을 신봉하고 그
부활을 도모하는 네오나치즘

여 온다는 위험 신호이다. 그렇게 되면 유럽연합의 국가들도 눈에 뜨이게 서로 외면하고, 수용소를 서로 떠넘길 것이다. 이것에 대해 리스본 조약[22]에 따른 공동 헌법은 충분한 보강 장치가 아니다.

(2) 변화는 **급진화**될 것이다. 경제적 위기에 대한 취약성vulnerability to crisis은 사회 내부의 갈등을 심화시키고, 잠재적으로 반자본주의적인 경향이 힘을 얻는다. 또 현실 사회주의가 잘못된 운영으로 파산했기 때문에, 가령 신 민족사회주의[23]처럼 즉석 해결 판타지ad hoc-solution fantasy가 사회적으로 지지받는다. 이주는 물론이고 또한 이미 프리케리아트로 밀려난 이주 하층민들은 모든 유럽 국가들의 외국 혐오적인 선입견을 구체화하면서, 평등과 관련된 민주주의 요소들을 무너뜨릴 것이다. 유럽 통합 운동의 가장 멋진 성과는 유럽에서 이웃 국가들과의 거의 모든 전쟁을 종결시킨 것이다. 이것은 또한 이웃 국가들에 의해 군사적 파괴가 자행된 20세기에 대한 효과적인 답변이기도 하다. 이런 성과가 뒷전으로 밀려났다. 유럽이 이렇게 오랫동안 평화로운 적은 결코 없었다. 전선 전투병과 공습 피해자와 잔인하게 학살당한 사람들은 진심으로 평화의 가치를 인정할 줄 알았다. 그러나 1945년 이후 이들 세대와 교대한 것은, 매체들을 통해 전쟁 살인 및 대량 학살의 모습들을 접하는 세대였다. 그러니까 이런 것들을 진짜로 무서워하지 않고, 기껏해야 불분명하게 두려워하는 세대인 것이다. 따라서 새로운 사회적 갈등이 생기면, 유럽대륙은 다시 산산이 부서질 준비가 되어 있는 셈이다.

(3) 가상 원인들에 상징적으로 초점을 맞추는 것, 그러니까 **마법화**는 유럽 전역에서 먼저 언급될 수 있다. 이런 파생어들derivatives(이념소ideologeme)은

당연히 발견하게 될 것이다. 그 다음에
는 소수의 곤경과 연결된 고리를 풀고

그들을 배제하기 위해 낙인의 특질들을 찾을 것이다. 매우 상징적이고
통합된 유럽 정책은 예측할 수 없다. 왜냐하면 경제적으로 볼 때 궁핍한
이주자들이 그저 불필요한 노동력이라면, 제1, 제2, 제3의 경제 부문들
이 산업 예비군을 또한 구조적으로 고용이 부진한 기존 거주 인구 중에
서 찾을 것이기 때문이다. 물론 고용이 부진한 이들은 부분적으로 노동
의 습관을 버린 사람들이다. 농촌 출신이어서 매우 혹독한 노동에 익숙
했던 산업화 초기의 산업 예비군과는 다르다. 확실히 자리를 잡은 그리
스도교는 바로 이주자들이 특히 이슬람을 신봉하기 때문에 아무것도 완
화하지 않을 것이다. 2009년 12월 스위스 국민투표가 결정한 미나레트[24]
반대는 곧 닥쳐올 재앙의 징조였다. 물론 여기에서는 우선 개별 국가들
에서도 대단히 상이한 결과를 낼 수 있는 오히려 통일적이지 않은 이념
소들을 예측할 수 있다. 아일랜드는 영국의 경우와 다르고, 에스토니아
는 라트비아의 경우와 다르며, 헝가리는 루마니아의 경우와 다른 것이
다. 그러나 여전히 유럽연합 밖의 유럽에서는—가령 우크라이나와 벨로
루시 사이에서는—재차 대단히 상이한 노선들을 발견할 수 있다.

결론: 결속력 감소의 결과 적어도 어디에서나 비슷하게 발생하는 인구
정책적 위험에 의한 기후 "재앙"에는 유럽 전체가 "세계"보다 약하다. 그
러나 재앙은 오히려 완만하게 나타날 것이다. 정치적 통일체가 붕괴하는 모
습으로 말이다. 그렇지만 재앙은 돌연 명확히 보일 수 있을 것이다. 사회적
변화의 특수 형태들에는 개별 국가들이 더 약하다. 따라서 항상 국가 제도
를 갖춘 사회들에 따른 세분화는 불가피할 것이다. 그럼 독일의 사정은 어
떠한가?

그러니까 독일은.

필자는 여기에서 일단 최악의 시나리오를 분명히 고려하는 〈보호 위원회 3차 위험 보고서Dritter Gefahrenbericht der Schutzkommission〉(2006)를 원용하겠다.[13]

(1) 기후 변화 때문에 경고를 보내는 사회적 변화의 **가속**acceleration은 어디에서 위협적일까? 〈3차 위험 보고서〉에서는 화학적 및 생물학적 위험이 중심을 이루고 있다. 그러나 기후 변화의 결과들은 보고서가 거명하는 온갖 위험 상황들로 표현된다.[14] 여기에서 거명될 수 있는 예들만 꼽아 보면 다음과 같다. 호우heavy rain가 잦아지거나 해수면이 올라감으로써 넓은 면적에 걸쳐 홍수가 늘어나면, 위생 기준이 극히 낮아지고 이로써 전염병이 더욱 조장될 수 있을 것이다. 여기에서는 전적으로 인습적인 전염병(티푸

---

13 이 보고서를 작성한 필진은 17명(그 중에는 사회학계의 클라우젠Lars Clausen, 돔브로브스키Wolf R. Dombrowsky, 게넨Elke M. Geenen 등이 있다)이었다. 그러나 보고서의 자료 준비와 토론과 결정에는 위원회 전체가 참여했다. 다음의 사실을 아는 것이 불필요하지는 않을 것이다. 보호 위원회 자체는 1951년 한국전쟁 중에 당시 조짐이 있던 제3차 세계대전에 직면하여 창설되어, 연방정부 내각에 조언을 하고 있으며, 법적으로는 연방의 민방위와 재난구호에 관한 법률(ZSKG, Gesetz über den Zivilschutz und die Katastrophenhilfe des Bundes) 18조와 19조에 규정되어 있다. 보호 위원회는 자연과학 및 공학, 의학과 사회학을 포괄한다. 따라서 보호 위원회 활동의 범위는 다른 모든 국가들에 있는 조사 대상이 되고 비교가 가능한 온갖 위원회들의 역량보다 크다. 보호 위원회는 독일 정부 위원회에 대해서는 대단히 독립적이다(보궐선거를 통한 새로운 회원의 임명, 대변하는 학문적 입장 때문에 면직될 가능성 없음, 의장의 자체 선출). 이것도 설립 당시 그렇게 된 것이고, 그 당시 연방내무장관 구스타프 하이네만Gustav Heinemann과 물리학자 베르너 하이젠베르크Werner Heisenberg 사이에서 전반적으로 타결되었다.

14 이 위험 보고서들은—기후 변화 식의—원인이 아니라 재난의 위험들이 나타나는 형태에 따라 구성되었다. 여기에서는—기억술에 따라—A 위험, B 위험, C 위험, D 위험, E 위험, F 위험으로 배열되었다. 즉 기계 및 열 에너지의 원자적atomar 위험, 생물학적biologisch 위험, 화학적chemisch 위험, 데이터망data network 관련 위험, 전자적elektromagnetisch 위험, 방출Freisetzung 위험 식으로 배열된 것이다.

스, 파라티푸스, 이질, 콜레라)을 말한다. 전기와 가스 또는 석유를 위한 장거리 도관 수송망의 위험한 기반시설은 자연현상(홍수, 대폭풍, 빙판)에 매우 약하다.

(2) 에너지원을 위한 도관 수송망의 결과는 **급진적**일 것이다. 이제 예측 가능한 수일에 걸친 공급 고장만으로도 이미 개인 가정들에는 갈증과 추위와 굶주림 등의 과중한 부담이 된다. 독일에는—펌프의 자루를 잡고 계속 펌프질함으로써—기계적으로 가동되는 비상 우물 체제가 더 이상 존재하지 않는다. 오염된 물일지라도 급히 마시게 될 것이다. 한기는 집 안에 있는 다른 옷가지로 대충 막겠지만, 음식 준비는 고생스러울 것이다. 그러나 강설과 눈보라가 심할 때는 통행할 수 없는 길 및 도로와 건축물 붕괴를 생각해야 할 것이다. 영양 상태가 양호하면 기근의 영향이 나타나는 데 한참 걸릴 것이다. 그러나 홍수 지역들에서 당장 급히 대피하는 사람들은 몸에 지니고 갈 수 있는 것이 별로 없을 것이다. 이제는 덜커덩거리는 소형 손수레나 짐마차를 이용하지 않기 때문에, 휘발유가 부족한 상황에서 물품의 수송에 도움이 되는 것은 기껏해야 배낭이나 자전거일 것이다. 개인 가정들이 단기간의 대피에도 마음의 준비가 되어 있지 않다는 것은 좋지 않을 것이다. 갓난아이, 직접 사고를 당한 희생자, 병자, 환자, 여행자, 언어를 모르는 불법 입국자 등이 가장 가혹하게 당할 것이다. 이것 때문에 현지의 비독일인 주민들이 불안을 느껴야할까? 물론이다. 그러나 이들 소수를 공격하려는 박해 근성에 대한 징후는 부족하다. 독일은 이것에 대해 구조적으로, 그리고 눈에 띄게 반대 행동을 취한다. 그렇지만 데이터망 붕괴는 대단히 극적이고 강한 사회적 결과를 낳을 것이다. 데이터망 붕괴는 최악의 경우, 은행 창구와 현금 자동 인출기를 마비시킬 수 있을 것이다. 가정의 현금 보유량은 줄어들다가 이내 바닥날 것이다. 이와 동시에 노약자와 극빈자에 대한 모든 구호

가 과중한 부담이 될 것이고, 가정 살림과 개별 가정은 암시장의 즉석 고리대금에 내맡겨지고 음식물이나 일용품을 훔치는 좀도둑질에 의존하게 될 것이다. 대부분의 집이 총기를 보유하고 있지 않다는 것 때문에 그나마 마음을 가라앉히고 가정을 전개할 수 있다. 재난 예방은 수년 전부터 넓어지는 이런 "자기 보호"의 빈틈을 아주 정확히 알고 있기는 하다. 그 빈틈을 막아야 하지만, 독일인 공통의 적절한 보호 정책은 존재하지 않는다. 독일에 체류하는 사람들에게 일반적으로 잘 알려져 있는 보호 정책은 정말이지 전혀 없다. 이런 결함은—일상적인 사고의 발생 때 믿을 만한—"하급 재난 예방 관청"(행정구 및 지방 관청에 속하지 않는 시 소속) 뿐만 아니라 기본법상 결정권이 있는 16개 주에도 적용된다. 연방은 법적으로 조언하고 도울 수 있을 뿐이지만, 마음대로 처리할 재량은 없다. 해당 헌법 상황은 연방의 재량을 전쟁의 경우에만 허용한다. 그러나 재난은 관청이 행하는 운영의 문제만이 아니다. 무엇보다도 개인 가정의 자급자족autarkies이 줄어드는 문제이다. 그것은 개인 가정을 사회적 변화에 **완전히** 취약하게 만든다.

(3) 어떤 악천후 상황 때 연결망의 고장만으로도 발생하는 정보의 문제들은 행동을 유도하는 소문을 조장할 것이다. 소문은 일상적이지만 이제 우세하게 되는 **마법화**이다. 그래서 사회 변화의 세 번째 차원 역시 중요해진다. 이것이 즉흥적이고 탈이성적인 원인 찾기이다. 일상적으로 믿을 만한 국가에 대한 신뢰의 토대가 허물어지면, "모든 안전의 종말"Ende aller Sicherheit이 아주 빨리 느껴진다. 이것은 예를 들어서 설명할 수 있다. 여기에서 필자는 본보기로 몇 가지만 거명하겠다. 전역에 걸쳐 튼튼하고—전류에 의존하지 않고—유연한 경고 네트워크warning network가 없게 되면 금세 아쉬움을 느낄 것이다. 독일의 "경고 허점"에 피해를 가장 심하게 당하는 것은 독일어를 모르는 가정주부, 노숙자, 기결수,

관광객 등일 것이다. 이들에게 뭔가를 말해주는 사람이 없는 것이다. 실제적인 정보에 대한 문의가 있겠지만, 해당 관청은 진정시키는 공식 성명을 먼저 떠올릴 테고, 또 그 정도로 대응하고 싶어할 것이다("**큰 공포만 야기하지 않기를!**"). 인간과 가축과 문화재를 대피시키는 계획은 부족하다. 국가의 지시는 당장 작용하는 효과가 있고, 방송국의 모든 방송을 중단시키며 엄밀하고 문제와 관계가 깊다. 이런 지시는 여전히 협의되며, 민영방송들은 기본 규제를 꺼린다. 정치와 경제 또는 스포츠 분야에서와는 달리, 또한 여기에서 도와줄 수 있는 정통하고 발전된 재난 전문 언론은 전혀 존재하지 않는다. 하지만 가정들은 방송 탐색에 정말로 익숙하다.

결론: 필자가 볼 때 원인 찾기 영역에서는 기후 유발적climate-induced인 변화의 맥락에서 독일의 분명한 정당성 위기는 직접 확인할 수 없다. 자원자들을 통한 민간인 협조는 여전히 기대할 수 있으며, 특히 다른 나라들에서 홍수가 났을 때 실행되었다. 또한 누가 보더라도 거버넌스governance에 지나친 부담이 될 수밖에 없는 재난의 원인은 여전히 정당성을 지닌다. 태만은 정당성을 다만 서서히 내려놓을 뿐이다. 기후 위험이 독일 사회를 당장 엉망으로 만들지는 않을 것이다. 독일 사회의 민주주의가 갖고 있는 행위 능력은 물론 시험대에 오를 것이다.

요컨대, 전 세계적인 기후 "재앙"은 당분간 예측할 수 없지만, 아마도 문화권과 큰 지역 및 국가와 관련하여 매우 천차만별의 기후 재앙일 것이다. 세계 기후 변화는 유럽 전체에 더 심한 타격을 주고 갈등을 양산할 것이다. 그리고 독일을 거버넌스로 혹독하게 시험할 것이다.

그것에 비하면, 자기 보호의 준비가 전혀 안 된 가정 살림 및 개별 가정들은 구조적으로 상당히 위태로워질 것이다. 이런 가정들은 무척 오랫동안

또는 완전히 혼자 내버려졌다고 느낄 것이다. 결국 전 세계적인 기후 변화
는 언제나 가정들에 생길 수 있는 재앙이 된다.

기후 책임은 분담의 문제이다

기후 책임은 분담의 문제이다

디터 비른바허
DIETER BIRNBACHER

"기후 책임"은 특수한 의무와 관련되는 신생 용어로, 그 의무는 전 지구적 기후 변화에 관한 인식이 점점 더 강화되는 데서 생겨난다. 이런 특별한 의무들이 존재한다는 말이 논란의 여지가 없다는 것은 절대로 아니다. 또 그런 점에서 이 새로운 용어는 많은 사람들에게 도발적인 인상을 줄지 모른다. 필자가 다음에서 전개하는 가정들에서는, 예고되는 기후 변화와 그 경제적·사회적 영향을 감안하여 책임을 묻는 질문이 정당할 뿐만 아니라 어느 정도 절박하기도 하다는 결론이 나온다.

첫 번째 가정은 특히 남반구의 나라들에 있어서 대기와 대양의 온난화가 미치는 주로 해로운 영향들에 직면하여, 지구온난화를 제한할 전 지구적인 전략에 대해 도덕적으로 납득할 수 있는 대안이 존재하지 않는다는 것이다. 평균 지구 온도를 산업화 이전 시기의 일반적인 기온에 비해 2도 이상 올라가지 않게 하려면, 할 수 있는 모든 것을 다 해야 할 것이다. 오늘날의 지식 상태에 따르면 이것은 오직 온실가스, 특히 이산화탄소의 배출을 극단적으로 줄임으로써 달성할 수 있다. 2009년 7월 이탈리아의 라퀼라L'Aquila에서 개최된 G8 정상회의가 내린 가장 최근의 결정은, 전 세계적인 배출을 2050년까지 1990년에 비해 절반으로 줄일 것을 예상한다. 최대 공업국들의 배출량은 1990년에 비해 80퍼센트 이상 줄어들 거라고 한다.

두 번째 가정은 온실가스 배출과 연관된 다른 과정들과 에너지 이용에 신속히 적응한다 해도, 현재의 기후 변화가 식물계 및 기상 조건에 해로운 영향을 미치는 동시에 많은 개발도상국들의 대단히 농업 의존적인 경제에 불리하게 작용하는 것은 막지 못하리라는 것이다. 19세기에 산업화가 시작된 이래 차츰차츰 증가하는 기후 영향은, 방향을 바꾸는 데 제법 오래 걸리는 대형유조선의 상태와 같다. 온실가스의 배출이 조만간 멈춘다 하더라도, 상당한 오염은 예상해야 할 것이다.

　세 번째 가정은 온실가스 배출의 감소도, 예상되는 오염의 제거 내지 보상도 상당한 희생 및 기회비용과 결부되어 있다는 것이다. 그런 점에서, 누가 이런 희생을 결정할 권한이 있는가 하는 물음이 제기된다. (여타의) 기후 문제들을 방지할 전략뿐만 아니라, 기후 문제들과 그 영향에 적응하는 전략 역시 분배 정의의 문제를 제기한다. 방지와 적응의 비용을 어떻게 분배해야 하는가? 분배가 타당하고 공정하다고 여겨지려면 어떤 기준이 분배의 토대가 되어야 할까? 상관있는 관련성, 기후 변화의 실현에 참여한 정도, 적응할 수 있는 능력 및 준비성, 또는 경제적 능력 같은 비전문적인 기준 등이 분배의 근거가 될까?

　전 지구적인 환경문제에 대한 책임의 세계적 분배 정의와 할당을 묻는 질문들은 우선 기후 문제와 관련하여 제기되지 않는다. 그런데 특이한 것은, 이 질문들이 윤리의 차원에서 기후 문제와 연관될 때에도 정치의 차원에서와는 대개 완전히 다르게 제기된다는 점이다. 정치에서는 일차적으로 실용적인 해결책들이 중요하다. 실용적인 해결책들이야말로 기존의 것에서 실마리를 찾고, 외교상 필요한 신중함을 갖춘 채 발전을 그때그때마다 옳다고 간주하지만 좀처럼 확실히 표현되지 않는 방향으로 유도한다. 또한 목표 달성을 위한 책임을 책정하고 분배하는 기준들도 갈등을 방지하기 위해 포괄적으로 암시되어 있다. 이것이 기후 정책에 영향을 미쳐, 감축 목표는—

소위 "약한 **그랜드파더링**"[1]의 의미에서—
절대적으로 정해지지 않고 **현재 상태**status

quo와 관련하여 확정된다. 가령 교토의정서에서처럼, 감축 목표가 관련 연
도의 실제 배출과 관련하여 결정되는 것이다. 백분율로 정해지는 감축은 달
성 가능한 것처럼 보인다. 또한 경제적 구조의 너무 극단적인 배척이 아니
라 적절한 "마찰 손실"friction loss을 야기한다. 비용 분배의 "정의"justice를 일
차적으로 평가하는 기준은, 비용 분배가 모두에게 적용되고 거의 동일한 관
련 비용이 모든 당사자에게 부과된다는 것이다. 출발 수준이 같지 않은 불
평등은 그대로 남는다.

정치에서 논의되는 전략들의 과정 지향process orientation과 달리, 윤리에서
논의되는 모델은 이런 전략들을 통해 영향을 미칠 수 있는 전 지구적인 배분
구조에 더 초점을 맞춘다. 윤리적 모델은 정치적으로 꼭 동의를 구해야 한
다는 부담에서 벗어났기에, 기존의 불공평을 받아들이는 경향이 덜하다. 윤
리적 모델은 오히려 무엇보다도 출발 수준의 불공평 자체를 문제시하는 것
을 과제로 여긴다. 윤리적 모델은 기후 변화에서 기인하는 문제를 완화시키
기 위한 책임의 분배를 소정의 규모에 비례하여 결정하지 않는다. 그 대신
일차적으로 이익 및 부담을 장차 적합하거나 공정하다고 여겨지게 분배할
수 있는 적합성에 따라 결정한다. 이것은 그렇게 결정된 책임 분담이 얼마
나 현실적으로 실현 가능해 보이는가 하는 것과는 상관없다.

실용적인pragmatic 할당의 방식과 달리, **체계적인**systematic 할당의 방식은 두
단계로 되어있다. 첫 번째 단계에서는 달성 가능성의 문제와 무관하게 이상
화하면서, 도덕적으로 타당하게 간주되는 상태를 만들려면 책임을 어떻게
할당하는 것이 적절하고 공정한가 하는 점이 검증된다. 두 번째 단계에서야
비로소 어떤 식의 할당을 정치적으로 이뤄낼 수 있는지, 도덕적 요구와 관철
가능성의 균형을 맞추려면 정의 및 효율에 있어서 필시 어떤 표본을 채취해

야 할지 등이 점검된다.

그런 점에서, 전 지구적 환경 문제의 윤

2 Peter Singer, 1946~, 오스트레일리아 출신의 철학자

리에서 논의되는 체계적인 할당 규칙이 특히 다음의 특징을 지니고 있다는 점은 놀랍지 않다. 첫째, 이 할당 규칙은 정치적 전략들 배후에 있는 복잡한 고찰보다 훨씬 단순한 구조를 지니고 있다. 둘째, 이 할당 규칙은 주어진 조건 하에서 다소 유토피아적인 인상을 주고, 실제로 정치적 영역에서 기껏해야 장기 목표로서 받아들여진다. 기후를 변화시키는 배출의 할당에 대해서는 두 개의 경쟁적인―그리고 매우 상이하게 "유토피아적"인―윤리적 단초가 있는데, 그 예로는 가령 다음과 같은 것이 거명된다고 한다.

1. 지구에 살고 있는 인간이라면 누구나 기후에 해로운 온실가스의 배출에 동등한 권리를 갖는다. 지구가 아직은 감당할 수 있는 배출의 양이 배출의 권리로 환산되고, 배출권 형태로 모든 인간들에게 똑같이 배분된다. 사용하지 않은 배출권은 세계 시장에서 판매할 수 있고, 추가로 필요한 배출권은 추가 구입할 수 있다. 이것은 오늘날 이미 기후 보호의 목적을 위해 지역적으로 투입되는 배출권이라는 환경정책적 도구를 보편화하는 제안이다. 이 제안은 특히 피터 싱어[2]의 지지를 받는다(Singer 2004: 35ff. 참조). 싱어의 제안은 매혹적일 정도로 단순하다는 점을 제외하면, 일련의 윤리적이고 실용적인 장점들을 규합하고 있다. 모든 인간을 동등하게 대우하면서, 끝없는 논쟁으로 이어질 수 있는 구별짓기distinction를 피하는 것이다. 가령 전통적인 생활 양식이나 기후 조건부의 상이한 필요에 따라서 말이다. 싱어의 제안은 현재 온실가스 배출이 적은 개발도상국들에 경제 재건에 중요한 추가 자금을 약속한다. 또 온실가스의 배출 감축 내지 가능한 한 배출이 없는 경제적 발전으로 나아가도록 독려하고, 이런 식으로 지난 150년 동안 산업화된 세계가 저지른 기후에 대한 죄climate sin의 반복을 저지한다.

이론적인 논쟁 내에서 다른 사유 방향이 대변하는 두 번째 제안은 또한 역사적 정의의 관점을 포함해서 생각한다.

2. 약 1850년 이후 지구에 살고 있는 인간이라면 누구나 기후에 해로운 온실가스의 배출에 동등한 권리를 가졌거나 갖고 있다. 지구가 아직은 감당할 수 있는 배출의 양이 배출권으로 환산되고, 배출권 형태로 모든 인간들에게 똑같이 배분된다. 사용하지 않은 배출권은 세계 시장에서 판매될 수 있고, 추가로 필요한 배출권은 추가 구입할 수 있다. 자기 몫의 배출권보다 많이 배출한 시민 누구나, 자기 몫보다 적게 배출한 사람들로부터 배출권을 추가로 구입해야 한다.

두 가지 체계적인 할당 규칙은, 기후 변화를 촉진시킨 출발 수준을 도외시하고 있다. 이 두 규칙은 효율성의 관점을—평등주의적인—정의의 관점과 결합시킨다. 이 두 규칙은 한편으로는 배출권이 전체 배출의 소정의 한계를 넘어서지 않게, 또 누구나에게 똑같은 몫이 돌아가게 배분한다. 이 두 규칙은 교부된 배출권의 전체 양이 인구 발전과 지식 상태에 맞게 적용할 수 있는 가능성을 허용한다. 첫 번째 할당의 도식에서와는 달리, 두 번째 도식에서는 물론 역사적 배출을 계산에 넣는다. 현재 똑같이 배출한다 하더라도, 오래 전부터 산업화된 국가들은 신흥공업국들보다 훨씬 많은 부담을 져야 할 것이다.

규범적인 출발점

목표 상태target state와 관련하여 권한 및 책임을 어떻게 할당하는 것이 효율적인가? 이것은 경험적인 질문으로, 역사적·사회학적 경험을 토대로 답변되어야 한다. 책임을 어떻게 할당하는 것이 공정하거나 도덕적으로 적절한

가? 이것은 윤리적인 질문이다. 그 질문에 답변하기 위해서는, 경험 가치와 관련하여 평가될 수 없고—실제적이거나 가설적인—도덕적인 자리매김을 요구하는 기준들을 동원해야 한다. 다음에서 필자는 규범적인 입장에서 출발하고 싶다. 이 규범적 입장은 한편으로는 고전적인 공리주의utilitarianism의 요소들을 받아들인다. 하지만 다른 한편으로는 그 요소들을 수정하여, 고전적 변종의 결과들 중에서 직관적으로 가장 덜 만족스러운 몇 가지를 방지한다. 공리주의적 할당 이론allocation theory은 책임을 나누는 도덕적 특질을 단지 책임 분배의 예측 가능한 효율에 따라서만 정한다는 특징이 있다. 그러니까 책임의 분배가 "장기 목표"long-term goal로 추구되는 상태를 가급적 적은 비용으로 야기할 수 있는 가능성을 얼마나 폭넓게 제공하는가에 따라서만 정하는 것이다. 이 "장기 목표"는 감각이 있는 모든 존재를 통해 축적되는 주관적인 행복wellbeing을 공간적·시간적으로 제한 없이 최대한 달성하는 것이라고 규정되어 있다. 책임의 분배는 최대한 만족스런 삶의 상태를 지속적으로 달성할 정도로 이루어져야 한다. 이때 목표치는 의도상 주관주의적으로 표현된다. 중요한 것은—경제적 조건을 포함하여—객관적인 생활환경이 아니라, 이런 생활환경이 주관적인 체험에 반영되는 방식이다. 여기에서 이런 결론이 나온다. 인간은 객관적으로 어려운 상황에도 적응할 수 있음이 역사적으로 입증되었다. 이런 능력을 감안하면 "장기 목표"는 처음에 보이는 것보다는 훨씬 덜 까다롭게 된다. 중요한 것은 인류에게 최고 수준의 복지를 제공하는 것이 아니라, 가령 영양실조, 부자유, 전쟁 및 내란 등으로 인한 재앙의 압박 상태를 방지하는 것이다.

필자가 볼 때 직관적으로 느낄 수 있는 기본적인 정의감을 충족시키려면, 공리주의의 수정은 물론 필요해 보인다. 기본적인 정의감에 따르면, 생활 형편이 좋은 사람들로부터 나쁜 사람들에게로 삶의 질을 재배분하는 것은 보통 긍정적으로, 그 반대로 생활 형편이 나쁜 사람들로부터 좋은 사람들에게

3 negative utilitarianism, 최소수의 사람들에게 최소한의 불행이나 고통을 가져오게 하도록 노력하라는 윤리 사상
4 marginal utility, 일정한 종류의 재화가 잇따라 소비될 때 최후의 한 단위의 재화로부터 얻어지는 심리적 만족도
5 Handeln, 의식적인 의사에 의한 적극적 행위
6 Unterlassen, 마땅히 해야 할 것으로 기대되는 행위를 일부러 하지 않는 것

로 재배분하는 것은 일반적으로 부정적으로 평가될 수 있다. 그렇지만 적절한 출발 조건 하에서는 고전적인 공리주의가 "아래로부터 위로"의 재배분을 배제하지 않는다. 적어도 이런 결론이 나오지 못하게 하려면, 비교적 높은 효용 수준에서의 효용 증가 및 손실보다는 비교적 낮은 효용 수준에서의 효용 증가 및 손실을 더 중시하는 것

이 좋을 것이다. 오늘날 **약자 우선주의**prioritarianism라고 불리는 이 제안 (Meyer/Roser 2006: 236, Parfit와 관련해서는 1997: 213ff. 참조)은 소위 "부정적 공리주의"3에서 기인한다(Birnbacher 1989: 26f. 참조). 이런 식으로 어떤 행동이 당사자들 전체에 긍정적이거나 부정적일 수 있는 영향을 따져보면, 생활 형편이 비교적 나쁜 사람들의 (긍정적 및 부정적인) 충격이 형편이 좋은 사람들의 당혹스러움보다 훨씬 이목을 끈다. 한계효용4이 감소하는 법칙은, 어떤 재화의 유효성이 증가하는 데서 생기는 효용 증가가 이 재화의 처분 가능한 양이 늘어날수록 감소한다는 것을 의미한다. 반면에 **약자 우선주의**는 효용이 증가하는 데서 생기는 가치 증가가 효용 수준이 높아질수록 감소한다는 것을 뜻한다.

약자 우선주의의 의미에서 수정된 공리주의의 전제 하에서 기후정책을 위해서도 중요한 일련의 결과들이 생겨난다. 맨 먼저 나오는 것은, 공간적 및 시간적 관점에서 행동하는 작위5와 행하지 않는 부작위6의 먼 결과를 고려해야 하는 대단히 포괄적인 의무이다. 도덕적으로 존속할 수 있으려면, 작위와 부작위가 이타주의적으로 정당화될 수 있어야 한다. 이를테면 작위와 부작위가 곤경의 예방과 완화를 위해 전 세계적으로 행하는 기여를 통해서 말이다(그렇다고 이 말이 작위와 부작위가 또한 이타주의적으로 동기 유발되어야 한다는 것을

뜻하지는 않는다. 결과주의consequentialism 도덕에서는 동기가 아니라 예상 가능한 결과만이 중요하다). 우리는 도덕의 진화론적인 생성 조건 때문에 책임을 가족과 지역 또는 기껏해야 지역적인 주변에 국한하는 경향이 있다. 반면에 공리주의는 그 밖의 모든 보편주의적인 윤리와 마찬가지로, 우리의 공감 및 감정이입 능력의 한계를 넘어 "책임의 탈경계"Entgrenzung der Verantwortung를 요구한다. 기후 책임에서 볼 때 이것은 멀리 있는 민족들(가령 해수면의 상승 위협을 받고 있는 방글라데시 해안 지역의 주민들)에게 닥친 것 같은 방식이 더도 덜도 아니고 꼭 가까이 있는 사람들과 동료 시민들 또는 동향 사람들이 당하는 충격만큼 중요하다는 것을 뜻한다.

이와 유사한 것이 시간적인 관점에서도 적용된다. 임마누엘 칸트(Immanuel Kant, 1724~1804)가 역사철학에서 말하고 있는 바는, "우리 인간의 속屬이 만나게 될 아무리 먼 시기를 고려할지라도, 인간의 본성은 필연적으로 우리의 속을 확실히 기대할 수 있을 때에만 무관심하지 않을 수 있다"(Kant 1902 ff., Bd. 8: 27)는 것이다. 설령 "인간의 본성"에 대한 이런 상이 확실히 지나치게 기분 좋게 만들고 "미래의 망각"에 대한 인간의 성향을 간과한다 하더라도, 보편주의적인 모든 윤리와 도덕의 특징은 미래와 관련해서도 작위와 부작위에 대한 책임의 "경계를 없애는 것"이다. 칸트에게서와 마찬가지로, 수정된 공리주의에 있어서도 미래의 책임에 대한 적법하고 유일한 제한은 점점 더 커지는—특히 멀리 미래에까지 미치는 결정에 적용되는—결과의 불확실함이다. 정치적 계획 수립에서 자주 그런 것처럼, 시간적인 관점에서 멀리 있는 사람들의 긍정적·부정적 충격을 지리적 또는 사회적으로 멀리 있는 당사자들에게 닥치는 결과처럼 "무시해서는" 안 될 일이다(Birnbacher 2001 참조).

근거가 되는 규범적인 틀의 다른 결과들은 처음에 특히 칸트적으로 규정된 윤리적 감수성ethical sensibility에 매우 낯설게 작용할 것이다. 이 결과들은 물론 공리주의의 그 어떤 특수성에서 생겨나지 않고, 오히려 모든 결과주의 윤리의 본질적 속성essential properties과 관련이 있다. 결과주의 윤리는 일상의 도덕에 관여하는 일차적으로 결과 지향적이지 않은("의무론"[7]과 관련된) 특정한 원칙들을 결과 지향적인 관점에서 해석하고 그 결과의 측면에서—즉 기능주의[8] 관점으로—정당화한다. 행동 및 기대에 대한 확신 부여하기, 시기심 줄이기, 공동체 의식을 느낄 수 있는 기회 주기, 실제적 또는 잠재적으로 사회에 해로운 태도와 동기 교정하기, 개인에게서 과도한 도덕적 부담 덜어주기 등이 이런 관점에 속한다. 명백히 결과 지향적이지 않은 도덕적 규칙들도 어떤 조건 하에서 얼마나 폭넓게 증명될 수 있는지가 이런 방식으로 점검될 수 있다. 가령 해로운 결과와 부차적인 결과 사이의 규범적인 구별(의도적인 가해는 피해를 감수하는 결과를 수반하는 행위보다 대체로 심하게 비난받는다), 행하는 것과 행하지 않는 것 사이의 규범적인 구별(적극적으로 행함으로써 해를 끼치는 손상은 행하지 않음으로써 생기는 손해보다 대체로 심하게 비난받는다)은 물론이고, 평등 원칙과 조정하고(보상적) 균등하게 나누는(분배적) 정의의 원칙도 여기에 해당된다. 설령 개별적으로 형성된다 하더라도, 정의의 원칙은 결과주의 윤리의 배경에서는 자기 정당화가 안 되고, 오히려 결과 지향적이고 대체로 맥락에 민감한context-sensitive 논거를 필요로 한다. 그 논거에 따르면 동일한 대우가 불공평한 대우보다 **마땅히**eo ipso 더 낫지 않고, 결과의 동일함이 상이함보다 **마땅히** 더 낫지 않으며, 불의를 행한 자에게 불의로 갚는 보복이 용서보다 **마땅히** 더 낫지 않다. 오히려 그 정당화는 이 원칙들이 각각의 "영역"sphere(Walzer 1992)에서 떠맡는 기능들에 좌우된다. 이때 현재의 맥락에서 중요한 것은, 가정과 지역 또는 민족 공동체의 영역에 적합하다고 입증된 원칙들이라고 해서 전부 다 국제적이고 전 지구 적 영역에도 적용될 수 있는 게 아니라는 점 이다. 기후 문제의 전 지구적이고 장기적인 차원을 고려할 때, 집단의 사기[9]라는 제한

된 차원에서 입증된 범주들 중 상당수가 적용 가능성을 상실한다. 도덕적 근 거를 지닌 기후 정책은, 공간적·시간적으로 보다 쉽게 제한할 수 있는 결과 와 부차적 결과를 갖는 정치적 결정보다 더 장기적으로 방향을 설정해야 한 다. 행하지 않는 부작위의 죄sin of omission를 도덕적으로 잘못된 결정보다 용 서할 만하다고 여겨서는 안 된다. 또 평등 원칙은 불평등이 사회적 응집력 과 연대에 대한 각오를 약화시키는 국내 영역에서와 동일한 우위를 주장할 수 없다. 또한 책임자 원칙—정당한 손해보상의 기본 원칙에서 파생되고 많 은 영역에서 포기할 수 없는 정의의 원칙—처럼 국내 및 국제 환경정책에서 입증된 원칙은 결과적으로 분명해지는 것처럼, 근거가 되는 포괄적인 도덕 개념의 배경에서는 적용이 제한될 수밖에 없다.

전 지구적인 기후정책은 어떤 원칙들을 따라야 할까?

전 지구적 기후정책의 첫 번째 목표는 앞에 언급된 바에 따르면 비상사태에 대한 대비여야 한다. 비상사태는 인간의 적응 잠재력을 과도하게 요구하고 감당할 수 없다고 느껴질 정도로 심각한 상황을 말한다. 따라서 기후정책의 질을 결정하는 지표는 기후정책이 발전의 **정당한 침해 가능성**Right Violation Po- tential(Dominic Roser)을 얼마나 많이 줄이는가이다. 즉 인간들의 삶의 질이 최 소한이라고 규정된 특정한 수준 이하로 떨어질 위험을 기후정책이 얼마나 많이 줄이는가에 달려 있다. 이와 연관하여 "권리"라고 말하는 표현을 물론 권리가 전적으로 또는 일차적으로 적극적인 개입을 통해 침해될 수 있다는

식으로 이해해서는 안 된다. 권리는—개발도상국들에서 대부분의 주민들이 겪는 절대적 빈곤처럼—비상사태를 그냥 묵인함으로써 침해되기도 한다. 비상사태를 야기한 원인 중에서 선진국들의 몫이 없거나 약간뿐이지만 선진국들이 그 비상사태를 제지할 수 있을 때 말이다.

비상사태의 위험을 줄이는 것에 관한 한, 비상사태에 시정_{是正} 능력이 있는 사람들의 능동적-인과적 몫active-causal share이 있는가의 여부는 문제가 되지 않는다. 그들이 이 비상사태를 저지하거나 완화할 수 있는 가능성을 갖고 있는 한 말이다. 이런 숙고의 결과 드러나는 것은, 온실가스 배출을 감축할—혹은 이미 발생한 오염이나 막을 수 없는 미래의 오염에 적응하도록 도와야 할—의무가 원칙상 일차적으로 책임자 원칙에 따라 할당될 수 없다는 사실이다. 그보다는 오히려 우선 대비 원칙에 근거해야 한다는 것이다. 대비 원칙은 입증 가능한 능동적-인과적 몫이 없다 해도, 예방적인 위험 감소나 지원을 약속한다. 그렇다고 책임자 원칙이 완전히 없어진 것은 아니다. 책임자 원칙의 장점은 특히 그 주된 책임자에게 적응 비용을 내도록 유도함으로써 배출 감소를 위한 자극이 창출된다는 데 있다. 책임자 원칙은 피해자들이 기후로 인해 발생한 피해에 적응하도록 시급히 지원하고, 미래에 다른 피해가 발생할 위험을 예방 차원에서 줄여준다. 그래서 책임자 원칙은 전 지구적이고 장기적인 관점에서 보면 이중적으로 가치가 있다. 바로 이런 숙고는 또한 보다 극단적인 결과를 지닌다. 수정된 공리주의에서 나오는 예방 및 원조 의무에서 볼 때, 예상되는 기후 변화를 과연 얼마나 과거와 현재의 온실가스 배출의 결과로 돌릴 수 있는지는 궁극적으로 중요하지 않다는 것이다. 기후변화가 인간들의 영향을 받지 않거나 영향을 받을 수 없는 자연적인 요인들에서 연원한다면, 기후 변화의 충격을 가장 심하게 받는 사람들을 위한 대비 및 구호의 의무도 이와 같은 방식이 될 것이다. 비상사태가 자연적으로 발생했는가 아니면 인간이 자연에 개입함으로써 야기되었는가

하는 것은 이 비상사태의 완화에 대한 책임
에서 볼 때 차이가 없을 수 있다. 사람들은
일반적으로 인간에 의해 야기된 불행과 인
간이 만든 위험보다 오히려 자연적인 불행

10 human development index, 유엔
개발계획UNDP이 매년 각국의 교육
수준과 국민소득, 평균 수명 등을 조
사해 인간 개발의 성취 정도를 평가
하는 지수

과 자연적인 위험을 잘 받아들이는 경향이 있다. 그렇다고 이 말이 적절한
구별짓기가 윤리적인 관점에서도 설명될 수 있다는 것을 의미하지는 않는
다. "인위적인" 위험보다는 오히려 자연적인 위험을 잘 받아들이는 심리적
경향은 적절한 윤리적 우위를 증명하지 못한다.

　기후 책임의 근간이 되는 원칙들에서 생겨나는 두 번째 관점은, 예방 및
구조 대책을 일차적으로 개발도상국들에 집중해야 하는 필요성이다. 그 이
유들은 명백하다. 첫째, 개발도상국들은 오늘날 이미—가령 인간개발지수[10]
에 따르면—객관적으로뿐만 아니라 주관적인 삶의 질에서 보더라도 사정
이 가장 나쁜 나라들에 속한다. 둘째, 오늘날 이용할 수 있는 온갖 추정들에
따르면 개발도상국들이 지구온난화의 충격을 가장 심하게 받고 있다. 셋째,
예상할 수 있는 기후 변화가 개발도상국들의 주민들에게 가장 심하게 영향
을 미친다. 개발도상국들에서 주로 농업과 관련된 경제의 토대는 기후 변
화에 공업국들의 경제보다 상당히 취약할 수 있다. 경제적 생산성이 기후
의 상황으로부터 점점 더 분리되는 과정에서 볼 때, 극빈한 개발도상국들은
아직 완전히 시작 단계에 있다. 게다가 이 개발도상국들은 오늘날 이미 공
업국들보다 훨씬 심하게 물 부족, 토양 변질, 환경오염, 기후로 인해 발생하
거나 기후가 함께 야기한 전염병 및 해충 피해 등과 싸워야 한다. 이보다 훨
씬 중요한 것이 네 번째 이유인데, 바로 인구 통계학적인 이유이다. 우리는
다음과 같은 가정에서 출발해야 한다. 즉 대기에 배출되는 온실가스의 영
향이 다음 세대들을 거치면서 비로소 완전히 느낄 수 있게 된다는 것이다.
그런데 지금 세대를 보면 극빈국들의 인구가 오늘날의—이미 높은—수준을

훨씬 상회하는 반면, 공업국들의 인구는 정체하거나 감소하고 있다. 이것은 기후 상황의 부정적인 영향이 오늘날 이미 조짐을 보이는 것보다 훨씬 많은 인간들에게 닥칠 것임을 의미한다. 그렇지만 결과주의 윤리의 시각에서 보면, 피할 수 있는 곤경에 처한 사람들의 수는 중요하다. 즉 **숫자가 중요하다** Numbers count. 예방 책임의 범위와 긴급성에 대해서는 방지할 수 있는 결과의 질이 결정적일 뿐만 아니라, 양적인 관점들 역시 중요하다. 다섯 번째 근거는 극빈한 개발도상국들의 경제적 전망을 평가할 때 드러나는 불확실성이다. 공업국들은 물론이고 몇몇 신흥공업국들의 경우에도, 장차 지속적인 경제 성장과 기술적 및 사회적 혁신과 함께 상당히 개선될 가능성이 있다고 가정할 수 있다. 경제적 활동을 오염물질 배출이 보다 적은 과학기술로 전환하고, 생활 양식을 새로운 도전에 적응시킬 수 있을 거라는 것이다. 반면에 전적으로 대단히 전통에 얽매인 극빈한 개발도상국들이 경제적 생산성, 교육, 의료 등의 발전에 참여할 가능성은 불확실하다. 최빈국들의 경우 지난 몇 년 간 생산의 발전은 상당한 인구 증가와 환경오염에 의해 거의 완전히 소진되었다. 오염의 결과를 사용 가능한 경제적·과학기술적 자원들로 보상하거나 줄이는 것이 바로 기후 변화의 영향을 가장 심하게 받는 나라들에서 가장 심각할 것임은 쉽게 가정할 수 있다. 이 나라들은 선진국들의 도움에 가장 절박하게 의존하고 있다. 그렇다고 이 나라들이 자원을 성공 가능성의 고려 없이 무턱대고 투입해도 된다는 말은 아니다. 효율성의 관점은 여기에서도 중요한 역할을 할 수밖에 없다. 효율성의 관점들이 분배의 정의에 있어서 희생을 의미하고, 최빈국들 대신 그 다음으로 가난한 나라들이 이익을 본다 하더라도 말이다.

책임자 원칙을 넘어서

그만큼 기후 책임은 책임 대상의 측면에 초점을 맞추게 된다. 책임 주체의 측면에서 보면 어떤 결과가 나올까? 오염물질 배출의 감소에 대해 어느 정도의 책임이 누구에게 돌아가고, 피해보상과 관련될까?

기후 변화로 인한 피해의 보상에 관한 한, 처음에는 부유한—그것도 대체로 기후 변화를 초래하는 일에 주로 관여한—나라들의 관할 범위가 각각의 인과율적인 몫의 규모에 따르기보다는 오히려 일반적인 경제적 능력에 따라 정해지는 일이 발생한다. 예컨대 전 지구적인 구제 기금의 납입을 통해서 말이다. 직관적으로는 이것을 처음에 용인하지 못하는 것처럼 보일 수 있다. 설령 예외적인 경우에만 그렇다 하더라도, 어쨌든 어떤 나라가 자국의 번영을 고려할 때 실제적 또는 역사적인 배출에 상응하는 것보다 훨씬 많은 몫을 이 기금에 납입해야 하는 일이 생길 수 있다. 솔직히 말해서 가령 노르웨이나 스위스처럼 부유하면서도 동시에 환경을 의식하고 오염물질 배출이 없는 나라들은 왜 하필이면 자신들이 대체로 다른 나라들이 야기한 오염을 보상할 의무를 져야 하는 것인지 의문을 가질 수 있을 것이다.

이런 의문은 납득이 간다. 이론적으로 보면, 어떤 나라가 오염물질 배출을 제로로 줄이는 데 성공한다 하더라도 주요 당사자들이 볼 때 대비의 책임으로 이해되는 오염 방지에 대한 책임은 면치 못할 것이다. 앞에서 이미 말했듯이, 여기에서 심지어 한 발 더 나아갈 수 있을 것이다. 기후 변화와 그로 인한 피해가 전적으로 "보다 상위의 권력"höhere Gewalt에서 연원한다 하더라도, 피해 교정에 대한 책임의 할당은 본질적으로 전혀 달라지지 않을 것이다.

그런데 이런 이의 제기가 오해하고 있는 점이 있다. 책임의 방식과 규모를 전적으로 효율성 관점에 맞추고, 원인으로 소급 적용되는 몫을 기껏해야 효율성 관점과 일치하는 만큼만 고려하는 일이 있는데, 이것이 바로 항상 수정된 공리주의의 책임 할당의 핵심이라고 보는 것이다. 이런 관점 하에서는 그러나 능력에 따른 책임 배분이 다른 식의 배분보다 분명히 우세하다. 복지 수준이 높은 나라일수록, 오염 제거 및 경감에 필수적인 자원을 포기하기가 그만큼 더 쉬워지는 것이다. 여기에서 인정해야 할 점이 있다. 희생의 최소화라는 관점과 피해에 대한 책임이 일차적으로 그것을 야기한 장본인과 관련된다는 관점은 실제로 전혀 맞아 떨어지지 않는다는 사실이다. 비교적 지불 능력 있는 나라들은 주로—그러나 예외가 없지는 않다—기후 문제의 원인과 관련하여 가장 책임이 큰 나라들이기도 하다. 예를 들면 페르시아만에 있는 석유를 수출하는 부유한 국가들이 아니다.

책임 분담의 문제에 대한 공리주의 해결책이 처음에는 항상 낯설게 보일지라도, 필자는 책임자 원칙 지향적인 대안이 과연 납득 가능하게 될 수 있을지 의심스럽다. 이를 위해 현재의 논의에서 주된 역할을 하는 두 가지 이상적인 모델을 살펴보자. 하나는 기후로 인한 피해에 적응할 때 도와주어야 하는 책임을 현재 온실가스 생산량에 따라 할당하는 모델이고, 다른 하나는 그 책임을 산업화가 시작된 이래 배출된 전체 온실가스량에 따라 정하는 모델을 말이다. 두 번째 모델에 따르면 가장 오래 전에 산업화된 나라들은 오염물질 배출과 기후 변화 사이의 연관이 알려진 이후—피해를 감수하면서—야기한 피해뿐만 아니라, 더 나은 지식의 부족 때문에 막을 수 없었을 피해도 보상해야 할 것이다.

두 모델은 깊이 자리잡은 직관적인 정의감에 호소한다. 두 모델은 오염 제거에 협력할 의무를 보상적인 정의의 요구로 이해한다. 하나는 알고 있는 오염 원인만이 책임 전가의 근거로 쓰이고, 다른 하나는 또한 알지 못하는 오염 원인 역시 근거가 된다는 차이가 있다.

필자는 물론 첫 번째 모델이 능력에 따라 책임을 배분하는 모델과 똑같은 결과를 이끌어내는 만큼만 납득될 수 있다고 생각한다. 그렇지 않은 다른 어떤 경우에도 그것은 설득력이 없다. 공업국들은 최근에 G8 정상회의에서 온실가스 배출의 엄청난 감축에 합의했다. 이런 사실을 감안할 때 배제할 수 없는 가능성이 있다. 인구가 많은 신흥공업국들의 온실가스 배출이 곧 인구가 보다 적은 "옛" 공업국들의 배출 수준을 상회할 거라는 점이다. 따라서 신흥공업국들이 별로 개발이 안 된 나라들에서 발생하는 적응 비용 중에서 오염 제거에 대한 주된 책임을 져야 하나? 선진국들이 배출 감소를 위한 자신의 노력을 내세우며 뒷짐 지고 수수방관하는 반면, 신흥공업국들은—부유한 나라들의 시각에서 볼 때—보잘것없는 발전 목표를 달성하는 데 필요한 자원을 이전해야 하는 걸까? 필자 개인적인 직관에 따르는 정의감은 이 점에 있어서 방향이 다르다. 보상적인 정의의 관점이 아니라, 대비의 정의에 대한 관점이 결정적이라는 것이다. 이 관점은 책임을 관련 있는 지불 능력에 따라 배분하는 것에 찬성한다.

공업국들에게 실제 배출 또는 최근의 배출만큼이 아니라 역사적으로 누적된 배출만큼 책임을 전가한다는 것은 얼마나 설득력 있을까? 적어도 국경이 여전히 안정적으로 유지되고 있고 역사적 배출을 현재의 나라들에게 비교적 명확하게 귀속시킬 수 있는 때까지는 책임을 전가한다는 것이 얼마나 타당성이 있을까? 이 모델은 우선 개인들과 관련하여 중요한 보상적인 정의의 관념을 민족이나 국가 같은 여러 세대를 아우르는 구성물에 차용하고, 이로써 이 구성물을 지나치게 의인화하는 문제가 있다. 어떤 지역이나 국가(또는 단체 또는 집단의 다른 주체)가 이와 똑같은 방식으로 개인 같은 도덕적 주체로 간주될 수는 없다. 법인은 도덕적 개인과 똑같지 않다. 책임은—단지 개인들에게만 적용될 수 있는 직감, 동기, 심정 등 같은 많은 개념들과 결부되어 있기 때문에—또한 개인들에게만 중요하게 부가될 수 있다. 단체 또는 집단의 책임은 단지 개별적인 개인적 책임들이 많이 모인—늘 그렇듯이 개별적으로 특정한—합계에 대한 상투어façon de parler일 수 있다. 그런 점에서 현재 공업국에 속한 나라들이 기후 피해의 교정에 대해 져야 하는 책임은, 선조들이 이런 피해에 얼마만큼 원인 제공을 했는지에 좌우될 수 없다. 적어도 "책임"이 본질적으로 도덕적인 의미로 이해되는 한은 아니다. 역사적인 책임자 원칙의 대변자들을 인정해줄만 한 것은 물론 있다. 현대를 살아가는 사람들이 논리적인 이유들에서 막을 수 없었던 잘못된 행동이 있는데, 책임자 원칙의 대변자들이 그 책임을 이 제안에 전가하지 않으려 애쓴다는 점이다(Neumayer 2000: 189 참조). 현대인들은 선조들이 저지른 과실에 대해 결코 일종의 친족에 대한 책임 같은 것에 사로잡히지 않을 것이다. 현대인들은 자신들의 입지가 오히려 역사적인 기회 균등의 원칙에 근거한다고 본다. 모든 국가는 온실가스 배출에 있어서 동일한 기회를 가져야 한다는 것이다. 그러나 이런 논증 역시 도덕적인 집단 주체인 "국가"nation라는 문제적인 구조에 사로잡혀 있다. 또한 내용적-규범적인 관점 하에서 보더라도, 보상의 책임을 역사적인 크기에 따라 할당하는 것에 대한 타당성은 의심할 수 있다. 산업의 역사가 비교적 길다는 배경을 갖고 있는 영국은 프랑스와 스페인이 짊어져야 하는 적응 비용보다 몇 배 더 부담해야 하는 걸까? 자기에게 귀속될 가능성이 있는 배출의 "몫"Deputat이 다 써버린 것보다 많아서 이제부터는 남들이 할당받은 몫을 다 쓸 수 있는 기회를 빼앗는 사람은 적응 비용을 더 많이 지불해야 하는 걸까? 무거운 역사적인 "빚"을 누적하긴 했지만 그 사이에 가난해졌다 하더라도, 그런 사람은 반드시 더 많이 지불해야 하는 걸까? 역사적인 책임자 원칙이 현실주의적인 책임자 원칙보다 나은 점이 있다는 것은 인정할 수 있다. 보상 책임을 떠맡아야 하는 의무에 있어서 관건이 무엇일지 더 잘 고려한다는 점이다. 중요한 것은 한 나라가 실제로 얼마나 많은 온실가스를 배출하는가 하는 것만이 아니다. 현재의 복지 수준에 도달하는 것이 대체로 빠듯한 자원의 소비를 통해서도 어느 정도 가능했을까 하는 것도 문제일 수 있다. 자원은 이로써 그것을 적잖이 절실히 필요로 하는 후대의 세대들이 더 이상 마음대로 사용할 수 없게 된다.

그러나 능력에 방향을 맞춘 책임 분담 모델
은—완전히 이와 똑같은 논증을 이용하지
는 않는다 하더라도—이런 생각을 오히려
여러 세대를 포괄하는 피해 책임의 메타윤
리학[11] 및 윤리학적으로 문제가 있는 원칙
으로 고려한다. 역사적인 책임자 원칙은 특
히 실용적인 이유들 때문에라도 문제가 된

11 metaethics, 윤리학을 가능하게
하는 근거를 제시하고자 하는 연구
12 브라질 리우데자네이루에서 각
국 대표들과 민간단체들이 지구 환경
보전을 위해 실시한 회의
13 UN Framework Convention on
Climate Change, 지구온난화 방지를
위해 온실가스의 인위적 방출을 규제
하기 위한 협약

다. 비교적 오래된 공업국들의 경우, 이 원칙은 보상을 과도하게 실행해야
하는 결과를 야기할 것이다. 공업국들이 과연 언젠가 그런 보상을 떠맡을
지 의심스럽다.

상응하는 국제적 합의의 실현 가능성에 대한 정치적-실용적인 관점에 관
한 한, 적어도 중요한 국제적인 문서는 책임 배분 문제의 결과주의적인 해결
책이 접할 수 있는 승인을 대변한다. 이를테면 1992년 리우 회의[12]를 앞두고
생겨난 "기후 변화에 관한 유엔기본협약"[13]이 그렇다. 이 문서에서는 오직
전문前文에만 기후 문제의 발생에 관여한 몫에 있어서 역사적으로 극히 불
공평한 배분이 언급된다. 책임 할당의 기본적인 경향은 미래 지향적이다.
항목 3.1에는 이렇게 적혀 있다.

"당사국들은 현재와 미래 세대의 인류를 위해 기후계를 보호해야 한다.
형평성을 바탕으로 하고, 공통적이지만 구별되는 책임과 각자의 역량에
부합되게 말이다."(Unitied Nations 1992)

구별되는 책임의 원칙은 책임이 어떻게 어떤 기준에 따라 단계화되어야
하는지 미해결인 채로 두는 반면, 정당성 및 단계화된 능력의 원칙들은 여기
에서 대변되는 구상을 가리킨다. 효율성 관점들은 협약의 다른 대목들에서

도 중요한 역할을 한다. 가령 거의 발전이 안 된 나라들에 초점을 맞추는 데
서 말이다.

> "당사국들은 자금 제공과 과학기술 이전과 관련하여 거의 발전이 안 된 나
> 라들의 특정한 요구와 특수한 상황을 충분히 감안할 것이다."(Ebd., Art. 4, 9)

그리고 비용의 효율성을 주장할 때도 마찬가지다.

> "심각하거나 돌이킬 수 없는 손상의 위험이 있는 곳에서 완전히 과학적
> 인 확실성의 부족은 이런 조치를 미루는 이유로 이용되어서는 안 된다. 기
> 후 변화를 다루는 정책과 조치를 고려하는 것은 가능한 한 적은 비용으로
> 전 지구적인 이익을 보장하도록 비용 효율적이어야 한다."(Ebd., Art. 3, 3)

실천적-정치적 관점에서 볼 때 피해 보상에 대한 분담 원칙에의 합의보
다 더 긴급한 것은 물론 피해 방지에 대한 분담 원칙에의 합의이다. 여기에
서도 필자에게는 책임의 단위로 국가들 또는 국제적 공동체 같은 집단들 대
신 개인들로부터 출발하고, 전 지구적인 위험의 문턱을 넘지 않는다면 지구
상의 개별 시민 각자에게 몫으로 돌아갈 배출을 계산해내는 것이 더 적절해
보인다. 전문가들이 현재 내놓는 견해에 따르면, 그 몫은 일 년에 1인 당 2톤
내지 3톤이다. 그런데 심각한 피해의 결과를 막아야 한다면, 연간 전체 배출
량을 장기적으로 점차 낮추어야 하는 건 아닌지 여전히 불확실하다(Müller
2009: 191 참조). 대기 자원을 역사적으로 과도하게 이용한 것을 감안한다면,
지속적인 부담의 수준에 "아래로부터" 접근하여 우선 보상 차원에서 전 세
계적으로 덜 배출하는 것이 장기적으로 지속 가능한 것보다 **더할 나위 없이**
idealiter 필요할 것이다(Wolf 2009: 371 참조). 반면에 기껏해야 지속적인 가치에

대한 "위로부터의" 접근은 현실적으로 보인다. 이 숫자를 온실가스 배출이 급속히 증가하고 있는 독일인들이 현재 약 10톤, 미국인들이 약 20톤을 연간 배출한다는 사실과 비교한다면, 이 규정들에 담긴 도전을 평가해 볼 수 있다. 공평하게 배분되고 거래될 수 있는 배출권의 시스템을 통해, 현재는 물론이고 비교적 가까운 미래에 예측할 수 있는 배출에 상응하는 것보다 훨씬 많은 배출권이 인구가 대단히 많은 신흥공업국과 개발도상국들의 몫으로 돌아가고 공업국들에는 훨씬 적게 돌아갈 것이다. 이것은 물론 아주 정당해 보인다. 삶의 기회를 과소비하는 부자들로부터 저소비하는 가난한 사람들에게로 재분배하라는 도덕적 요구가 있는데, 이 모델의 실행은 삶의 기회에 대한 재분배에 중요하게 기여할 것이다. 그것은 보다 공정한 세계의 방향으로 나아가는 중요한 걸음이 될 것이다.

개별적인 환경 운동

문제, 기회, 다양성

개별적인 환경 운동
― 문제, 기회, 다양성

안드레아스 에른스트
Andreas Ernst

지금 기후는 변화하고 있다. 그 변화는 완만하게 진행되지만 저지할 수 없다. 그래서 우리는 재앙의 분위기("인간의 문화에서 전혀 없었던 변화")와 완전히 무시하는 것("아직 괜찮은 한 지금은 차라리 스포츠카를") 사이에서 동요한다. 그 이유는 충분히 알려져 있다. 누구나 미래 지향적이고 공동체에 유용한 관심 외에, 단기적이고 근시안적인 별난 욕구도 갖고 있다는 것이다. 세계는 우리가 모든 것을 알고 평가하기에는 너무 복잡하다. 서서히 변화하는 것이 우리의 의식 속에 들어오는 일은 드물다. 정말로 목숨이 경각에 달리지 않는 한 행동의 변화가 가장 우선하지 않는 이유는 전체적으로 족히 수천 가지나 된다. 그런데 우리가 행동의 변화를 우선시하려고 할까? 진화의 과정에서 우리가 상당한 타성을 갖게 되어 유감스럽게도 기후 변화 같은 것에 대해 전혀 대응하지 못한다고 판명되었다면 어떻게 될까?

인간과 기후 변화에 대해 말할 때 우리의 문제는 대체 무엇일까? 우리는 우리 자신의 분열을 체험하고, 무엇을 해야 할지는 알지만 자신의 타성에 절망할 우려가 있으며, 남들도 사정이 더 낫지는 않다는 것을 알아챈다. 이런 것에 대한 도덕적인 격분이 우리의 문제일까? 실제로 우리는, 그러니까 우리들 각자는 수십억 명 중 하나에 불과하다. 그런 점에서 개인의 영향 가능성은 자연히 제한적이다. 이것은 암묵적으로 곧장 나쁘지 않은 인식이 된다. 왜냐하면 남들이, 그러니까 다수가 책임이 있기 때문이다. 여기에 매체를 통한 과도한 요구도 더해진다. 그 결과, "이제 나를 그냥 내버려둬. '기후'라는 단어를 더는 들어줄 수가 없어."라는 말까지 나오게 된다. 그럼에도 몇몇 사람들은 "우리가 세계를 알고 있던 것처럼, 세계의 종말"을 예언한다(Leggewie/Welzer 2009). 그리고 실제로 상당히 개연성이 있는 것은, 이 세계가 곧 결코 없었던 변화에 처해 우리 모두에게 두루 미치는 역학을 보여줄 거라는 점이다. 자연과 기술과 문화에 똑같이 변화가 닥칠 것이다. 보호 구역과 수혜 영역은 보다 작아질 것이다. 이런 변화를 너무 큰 혼란 없이 품위를 지키며 극복하는 것은 인류에게 당연히 최대의 도전으로 여겨진다. 이런 통찰은 "그건 이제 나와 아무런 상관이 없어"라고 말하는 거리를 두는 방어적인 태도와 명백히 대조를 이룬다. 그리고 이것에서 도덕적으로 흥분시키고 양극화하는 분열이 감지된다.

완전히 손을 들기 전에, 환경 친화적인 행동이 현존하는 사회적·제도적·물질적 기초 구조들에 어떻게 편입되는지 일별하는 것은 의미가 있다. 여기에서 포괄적인 행동 변화를 위한 강력한 수단을 발견할 수 있기 때문이다. 마음대로 사용할 수 있고 개인들이 쉽게 도달할 수 있는 정보는 복잡하다고 감지되는 부분들을 넘어서는 데 도움이 된다. 합리적이고 형식적인 사회적 규칙들과 환경 친화적인 기초 구조의 적절한 확대는 환경 친화적인 행동을 일차적 선택으로 만드는 데 도움이 된다.

이 글에서는 개별적인 환경 행동이 심리학의 관점에서 어떻게 설명되는지, 행동을 저지하는 어떤 방해물이 있는지, 개인과 사회는 물론이고 궁극적으로 국제적인 공동체마저도 연결하는 유형에는 어떤 것들이 있는지 제시할 것이다. 또한 이런 시각에서 볼 때 생활 양식의 지속적인 변화를 조장하기 위한 적절한 출발점을 어디에서 발견할 수 있을지 논의될 것이다. 앞으로 보여주겠지만, 사회적 다양성에 대해서는 물론이고 이념의 풍부함에 대해서도 근본적으로 개방적인 태도는 그 전제로서 꼭 필요하다.

무엇이 변화를 그렇게 어렵게 만드는가?

일반적으로 지속 가능성sustainability의 세 가지 전략이 토론된다. **효율성**effi-
ciency이라는 말은 환경을 덜 이용하면서 서비스나 상품을 만들어내는 것으
로 이해된다. 다른 한편으로 한결같은 **일관성**consistency은 자원 소비를 줄이
기 위한 원료의 환원을 의미한다. 이 두 전략은 확실히 정치가 좋아하는 것
이다. 이 전략들이 우리가 지금의 생활 수준을 더 올리지 않더라도 그대로
유지하면서 동시에 환경도 파괴하지 않는다는 것을 약속해 주기 때문이다.
이것은 물론 세계 인구가 앞으로 수십 년 동안 전체적으로 증가할 거라고 볼
때, 모두가 점점 더 많은 물질적인 풍요를 누릴 수 있게 하는 것이 불가능하
다는 점을 완전히 간과한다(이것에 대해 이미 일찍이 다룬 Malthus 1798 참조). 한계치
에 대한 이런 숙고는, 순전히 위기로 인해 혁신의 비율이 높아졌다는 점을
전제할지라도 미래가 그렇지 않을 것임을 보여준다.

그래서 **충분성**sufficiency의 지속 가능성 전략에 주목하게 된다. 충분성이란
환경 이용자(소비자)가 수요 행동demand behaviour을 바꾸지만 궁극적으로는 이
런 저런 방식으로 포기를 연습해야 한다는 것을 의미한다. 효율성과 일관성
은 기술적으로 뒷받침되어야 하는 중요한 대책들이다. 하지만 인류가 전체
적으로 보다 검소한 태도를 보이지 않으면서 이런 것으로 충분하다는 것은
전혀 상상할 수 없다. 여기에서 기후 보호와 기후 적응은 심리학적인 관점
에서 볼 때, 같은 종류의 문제에 부딪친다. 중요한 역할을 하는 여러 요인들
에 대해 차례로 논평해보겠다.

첫째, 환경은 복잡한 시스템이다. 그래서 항상 인간들에게서 대체로 뚜렷
한 특정한 행동 효과를 야기한다(Dörner 1991). 복잡한 시스템은 다수의 가변

적인 것이 고도로 서로 연결되어 있을 때 존재한다. 이런 관계 때문에 시스템의 어느 곳에 손을 대건 다음과 같은 위험이 생길 수 있다. 시스템에서 아주 멀리 떨어져 있는 다른 곳이라 하더라도, 특정한 정도와 특정한 시점일 때에는 그곳에서 그것을 감지하지 못할 거라는 것이다. 모든 것은 모든 것과—일부분 간접적으로—관계를 맺고 있다. 생태적인 것이든 경제적인 것이든 사회적인 것이든, 우리를 둘러싸는 복잡한 시스템들의 사정도 바로 그렇다.

둘째, 복잡한 시스템은 많은 경우에 자동적이다. 이 시스템은 우리의 도움을 받지 않고 계속 발전하는 것이다. 우리가 잠자고 있는 동안 세계는 변화한다. 그러나 이것은 결코 완벽한 자료의 근거를 만들어 낼 수 없다는 것을 뜻한다. 또한 따라서 결코 시스템과 그 발전을 대단히 잘 예견할 수 없을 것임을 뜻한다. 개연성의 여지가 있는 경계 내에서 있을 수 있는 미래를 설명할 수는 있을 것이다. 하지만 그 정확성은 장기적인 예견을 가능하게 하는 데 필요한 만큼은 안 될 것이다.

셋째, 복잡한 시스템들은 투명하지 않다. 많은 사건들은 인간이 직접 감각을 통해 체험할 수가 없다. 특히 우리를 둘러싸는 시스템들의 구조적 연관들에 관한 선험적 지식이 우리에겐 없다. 주목할 만한 과학적 발전에도 불구하고, 우리는 결코 그 구조적 연관들을 완전히 이해하지 못한다. "사회"라는 복잡한 시스템의 경우, 우리가 행하는 사회적 발전의 기술과 설명 및 예측이 얼마나 형편없는지 아주 분명히 드러난다. 그러니까 우리는 경험적으로 관찰 가능한 불완전한 징후들로부터, 근거가 될 수 있는 가변적인 것과 시스템적 연관을 추론하는 것이다. 이것은 명백히 불확실한 귀납적 결론을 나타낸다. 말하자면 이런 식으로는 진실에 단지 점차 가까워질 뿐이다.

우리를 둘러싸는 시스템들의 세 가지 논점으로 연결성에 의한 복잡성, 자동성, 불투명성이 거론되었는데, 그 결과 인간에게서는 항상 적용이 잘 되지는 않는 특정한 행동 방식이 생긴다. 그 이유는 이런 복잡한 시스템을 인식하고 조절함으로써 제기되는 인식적 요구들이 인간의 뇌가 원래부터 그리고 수천 년에 걸쳐 적응해 온 요구들과 철저히 구별된다는 데서 찾을 수 있을 것으로 보인다. 원칙상 불확실하지만 또한 원상 개관 가능한 영역에서 시사적 효과가 있고 신속하고 구체적인 결정을 내리는 것에 이유가 있는 것이다. 우리가 하는 행동의 결과들은 시공간적으로 멀리 떨어져 있고 불확실하며 위험천만하다. 지금 우리는 오히려 이런 결과들 관계가 많다.

복잡한 시스템들을 다룰 때에는 다음과 같은 인식적 약점들이 확인된다(ebd.).

한 가지 원인에만 근거하는 가정. 사안이 복잡해질수록, 우리는 안목을 완전히 잃지 않기 위해 인식의 차원에서 그 사안을 더욱 간소화하려고 한다. 즉 우리는 우리의 판단에 비추어 볼 때 주로 작용하는 요인들 격리시켜서 묘사하려 한다. 대개 그것은 아주 특별히 중요하게 보이는 하나의 요인일 뿐이다. 이런 개별 요인들이 더 잘 기억될 수도 있다. 우리는 관찰한 다양한 모습을 모사하지 않고, 그 대신 극히 간소화된 모상을 만들고 저장하는 것이 더 쉽다. 이처럼 자연적 및 사회적 연관들을 지각하고 정신적으로 재현할 때는 비교적 좁은 사회에서 그럴 때와 마찬가지로 간소화가 지배적이다.

이런 간소화 중 하나가 **국부적으로 사고하기** s Denken("눈으로, 감각으로") 이다. 우리가 보고 있는 사물들은 또한 우리에게 직접 말을 거는 사물들이기도 하다. 어떤 것의 인식적 현존을 약화시켜 행위의 효과 없애기 위해서는, 그것이 거리상 다만 조금 떨어져 있으면 그것으로 족하다. 게 국부적으로 생각하는 사고는 환경 운동을 그 전부터 공개적으로 비난했다. 고 그것은 당연했다. 왜냐하면 또한 전 지구적인 연관들을 의미심장하게 재현하면서도 국부적으로, 즉 효과적으로 행동하는 것이 중요하기 때문이다.

그렇게 하는 것의 현실성은 조금도 줄지 않았다.

시간의 비선형적인 경과를 선형화하기 Linearisieren von nichtlinearen Verläufen über die Zeit. 대부분의 발전은, 예를 들어 많은 성장 과정들처럼 비선형적인 시간 흐름을 보인다. 발전의 자기 가속self-acceleration은 위험하다. 그런데 이 자기 가속은 사람들이 볼 때 일관되게 뚜렷이 둔화되고, 따라서 그 장기적인 영향에서 볼 때 철저히 과소평가된다. 이것은 기후 변화가 시간의 흐름에 따라 가속화되는 발전과 마찬가지로 전염병의 확산에도 아주 똑같이 적용된다. 여기에 비선형적인 발전을 그 시작에서는 선형적인 발전과 거의 구별할 수 없다는 점이 더해져 어렵게 한다(일종의 바스락거림, 즉 자료의 부정확성이 전제된다). 대개는 이것이 과연 비선형적 발전인가를 놓고 긴 토론이 이어진다. 그러다가 곡선이─이제 모두에게 명확하게─두드러질 때면, 조정할 수 있는 귀중한 시간을 이미 낭비한 게 된다.

초낙관주의Überoptimismus. 하지만 이 모든 결함에도 불구하고 우리는 보통 (여기에서는 정신적으로 건강한 주민을 암시한다) 우리의 미래를 제어할 거라고 절대적으로 확신하고 있다. 우리가 그 미래를 어떻게 상상하든 상관없이 말이다. 이 초낙관주의도 진화론적으로 대단한 기능을 지녔을 것이다. 그러나 초낙관주의는 더 이상 항상 어디에나 합당하지는 않다. 누구나 때때로 자기 자신에게서 초낙관주의가 제대로 작동하지 않는 것을 볼 수 있다. 가령 세무신고서의 제출처럼 처리해야 할 일들에 관한 우리의 시간 계획은 전통적으로 결함이 있다.

이것과 함께 나타나는 것이 소위 **통제력 착각**illusion of control이다. 즉 우리가 대체로 사태를 완전히 통제하며 영향을 줄 수 있다는 확신이 그것과 결부되어 있다. 여러 관점에서 우리는 다만 원하고 해야 한다면 사태를 정말 통제할 수 있을 거라고 믿는다. 이처럼 실행 가능성에 대한 무조건적이고 무비판적인 확신에, 과학기술이 인류의 모든 문제를 해결할 수 있을 거라고 믿을 수 있는 한 원인이 있다. 여기에는 소위 **대형 자원의 착각**Illusion of large resources도 작용한다(Messick/McClelland 1983). 이 착각은 다음의 현상을 설명한다. 우리가 보기에 세계는 상상할 수 없을 정도로 커서 지구에서의 삶을 항구적으로 해칠 수 있다는 생각이 허무맹랑하게 여겨지는 현상을 말이다. 그래서 이런 생각이 인간의 머릿속에 가까스로 들어갈 수 있는 것은 근거 있는 의혹의 형태로 가능하다.

초낙관주의와 통제력 착각조차 결국 우리 시대의 어떤 문제들이 저절로 다시 사라지지 않는다는 것을 속일 수 없을 것이다. 이로 인해 욕구가 생긴다. 이 문제들을 쫓아내고 싶고, 문제들에 대해 아무것도 듣고 싶지 않고, 직접적으로 더 잘 만족시키겠다고 약속하는 다른 일들에 무척 몰두하고 싶게 되는 것이다. 그 배후에 어떤 악의가 숨겨져 있지는 않다. 오히려 그것은 과도한 요구에 대한 자연적이고 매우 인간적인 반응이다. 그러니까 그것은 자신이 무력하다는 느낌을 개인적인 틀에서는 적절하지만 사회적으로 관찰할 때 불합리하게 다루는 것이다.

환경 행동이 우리를 딜레마에 빠뜨리는 것, 그러니까 동인이 되는 문제를 만들어준다는 것은 앞서 기술된 인식적인 관점보다 훨씬 중대하다. 딜레마는 두 가지 사안 사이에서, 또는 상실을 느끼지 않고는 어떤 선택적 대안도 생겨나지 않는 방책들courses of action 사이에서 출구 없는 선택으로 괴롭힌다. 딜레마는 우리를 내적으로 망가뜨린다. 우리 안에 동시에 존재하는 목표 두 가지가 동시에 만족될 수 없기 때문이다. 그래서 어떤 목표가 득이 될 것인가 하는 물음은 그대로 남는다. 이런 딜레마들이 나타나는 것은, 대개 환경 이용의 경우처럼 인간들이 재생 가능한 천연자원을 공동체적으로 이용할 때이다. 여기에서 네 가지 함정을 구별할 수 있다(Ernst 2008a).

1. **사회적 함정**social trap. 사회적 함정에서는 천연자원의 이용이 당사자들에게 이익은 되지만 경우에 따라서는 발생하는 비용이 모든 당사자들에게

배분되는 상황이 존재한다. 이것은 대기
행렬에서 새치기하는 것을 예로 들어 가
장 간단히 설명할 수 있다. 필자가 열 명
의 대기자 앞으로 새치기함으로써 생기

1 time preference, 경제 주체들이 현
재 소비를 미래 소비보다 상대적으로
얼마나 더 선호하는가를 나타내는
개념

는 이익은—대기 행렬에서 한 사람의 일처리를 기준으로 평가할 때—10
시간 단위time unit이다. 그러나 이 행위는 필자 뒤에 있는 각 개인의 대기
시간을 각각 정확히 한 단위씩 연장한다. (아무도 반발하지 않는다면) 그것은
필자에게 해볼 만한 일임에 분명하다. 여기에서는 필자에게 이익이 생기
고, 피해는 다른 모든 사람들에게 할당된다. 환경 분야에서는 사회적 함
정이 실제로 어디에서나 발견된다. 에너지를 소비하고 오염물질을 배출
하는 자동차 운전자는 그것에서 직접적인 이익을 얻는다(땀 흘리지 않고 편
안하게 목적지에 도달하는 것이다). 그리고는 결국 자기가 소모하고 배출한 것
을 다른 사람들에게 배분한다. 어쩌면 자동차 내부의 공기마저 여과하여
걸러내고는 자기 자동차의 배기가스로부터 자신을 보호할 것이다. 즉 이
상황을 부추기는 자극들은 명백히 이런 행동을 실천하고 지속하게 한다.
물론 **모두들** 이런 자극들의 지배를 받는다. 그래서 사회적인 종합 결과는
이런 행동이 없을 때보다 더 나빠진다.

2. **시간의 함정**time trap. 소위 시간의 함정은 매우 자주 사회적 함정과 결합하
여 나타난다. 시간의 함정은 환경 이용에서 즉각 이익이 생기지만 경우
에 따라서는 분명히 비용이 나중에야 비로소 발생하는 데 있다. 우리는
이런 식으로 화석에너지를 소모했고, 수십 년이 지나서 그것과 결부된
이산화탄소 배출의 결과가 기후온난화의 형태로 우리에게 닥치고 있다.
시간의 함정 안으로 더듬더듬 걸어 들어가는 근거가 되는 것은 시간 선
호[1]의 심리적 현상이다. 즉각 얻을 수 있는 물건이 우리에게는 일 년이나
십 년 후에 구할 수 있는 물건보다 훨씬 좋은 것이다. 우리가 좋은 것을

2 tragedy of the commons, 1968년 12월 13일자 《사이언스》에 실린 것으로, 개인주의적 사리사욕이 결국 공동체 전체를 파국으로 몰고 간다는 것을 지적하는 하딘G. J. Hardin의 논문
3 nimby syndrom, 'not in my backyard' ('내 뒷마당에는 안 된다')의 약자로 지역 이기주의 현상의 하나

이런 형태로 언젠가 체험하겠다는 말이 아니다. 그러니까 차라리 지금 체험하겠다는 것이다. 반면에 우리는 피해나 불쾌한 것을 미래로 미루고 싶어한다. 직접 직면하고 있지 않은 모든 것, 즉 보고 체험하고 느낄 수 없는 모든 것은, 우리의 결정 및 사고에서 볼 때 지금 직접 보고 있는 것보다 훨씬 작은 역할을 한다.

거론된 사회적 함정과 시간의 함정은 함께 소위 "공유지의 비극"[2](또는 공유지 딜레마commons dilemma, 공유 자원 딜레마resource or commons dilemma; Hardin 1968; Ostrom 2003)을 형성한다.

3. **공간의 함정**spatial trap. 여기에 종종 소위 공간의 함정(Vlek 1992)이 더해진다. 공간의 함정에서는 이익이 지역적으로 생기지만 비용은 다른 곳에서 발생한다. 이것의 전형적인 경우는 개울의 상류 거주자와 하류 거주자의 관계이다. 이것은 또한 소위 **님비 증후군**[3]으로도 지칭된다. 우회도로를 건설하고 폐기물을 만들고 원자력 전기도 생산하고 싶지만, 부디 우리집 앞에서만큼은 아니길! 공간의 함정을 설명하기 위한 예들은 국부적·지역적·국제적 차원에서 대단히 많이 찾아볼 수 있다. 상응하는 이해관계의 갈등과 때로는 경제 또는 정치의 명백한 갈등도 함께 말이다.

4. **확실성 또는 취약성의 함정**certainty or vulnerability trap. 함정의 논리를 기후 변화의 전 지구적 맥락에 적용하면 분명해지는 사실이 있다. 기후 변화를 주로 야기한 부유한 장본인들이—대체로 화석에너지의 도움으로—풍요를 마련했고, 그 풍요 덕분에 그들은 이제 자신들이 함께 야기한 기후 변화의 결과에 스스로 대비할 수 있다는 것이다. 취약성은 가난한 사람들

에게 남는다. 이것은 유럽과 아시아에서 해수면이 높은 지역들을 비교하면 쉽게 설명될 수 있다. 가령 예를 들면 네덜란드와 방글라데시를 비교하면 알 수 있는 것이다. 이 나라들의 경우, 똑같은 해수면 상승이 생활조건과 사회에 미치는 효과는 완전히 다를 것이다.

전체적으로 볼 때, 네 가지 함정 모두의 경우에 개인적 이성과 집단적 이성 사이에 모순이 관찰될 수 있다고 말할 수 있다. 원칙적으로는 행동의 자극들이 잘못 설정되어 있다. 이를테면 개인의 이성, 사욕, 단기적이거나 각각 지역적으로 발생하는 당사자들의 이익 등의 관점에서 설정된 것이다. 이로써, 선한 의지 단독으로 또는 만인에 대한 호소로는 이 함정들과 함정들의 행동 제어 가능성을 해체하는 데 충분할 수 없다는 것도 분명하다.

환경 행동이 때때로 매우 활기가 없는 이유를 묻는 질문에서는 결국 **편리함**이 매우 중요한 역할을 한다. 인간이 익혔고 알고 있으며 자주 실행했던 일들을 고수하는 것은 종종 소위 **현상 왜곡**status quo distortion으로 지칭된다. 어떤 습관이 우리의 마음에 무척 드는 것은, 그 습관이 무의식적으로, 즉 정신적인 노력 없이 이루어지기 때문이다. 습관은 힘들이지 않고 빈번히 실행되고 간단히 겸해서 처리된다. 뿐만 아니라 우리의 많은 습관들은 다른 습관들에 사회적 영향을 미치고, 우리의 습관들 자체도 사회적 영향을 받고 있다. 사회적 규범들은 그것에 상응하게 상당한 지속 가능성을 지니고 있다. 즉 습관을 포기하고 다른 행동을 습득하는 재적응에 상당한 비용이 드는 것이다. 어떤 특정한 상품을 습관적으로 붙잡는 것을 다른 상품을 붙잡도록 고치는 재적응에 골몰하는 마케팅은 이런 변화의 상당한 심리적 비용에 대해 알고 있다.

이런 타성inertia은 여러 번 이용된다. 예를 들면 처음에 무료로 제공되는 잡지들의 경우에 그렇다. 잡지를 몇 주 동안 집으로 보내는 것이다. 그러나

제때에 서면으로 해약 의사를 밝히지 않으
면, 잡지는 정기구독자의 비용 지불을 대가
로 계속 제공된다. 단연코 모두가 제때에
자리에 앉아 배달된 계약서에 해약 내용을 작성하는 것은 아니다. 많은 사
람들에게 이런 수고는 그냥 너무 번거롭다. 그래서 잡지를 증정하는 것은 여
전히 괜찮은 장사이다. 고객들의 타성이 연간 정기구독자로써 이런 식의 장
사에 보답하는 것이다. 마찬가지로 집기들과의 관계에서는 표준standard의
힘, 즉 공급 설정delivery setting의 힘을 확인할 수 있다. 예를 들어 새 핸드폰의
표준 설정standard setting을 바꾸는 사람은 극소수일 뿐이다.

필자는 첫 번째 결론을 이렇게 내리고 싶다. 인간은 급속히 변화하는 세
계에 맞게 만들어지지 않았다. 세계의 복잡성은 진짜 인식 문제를 나타낸
다. 이야기된 재앙이 우리에게는 재앙이 아니다(Siegrist/Gutscher 2008). 우리 스
스로 체험한 사안만이 우리의 마음을 움직인다. **그리고 우리는 원래 알고 있
는 것을 그대로 행하지 않는다**Und so tun wir nicht, was wir eigentlich wissen. 여기에 공
유지의 비극이 더해진다. 이것이 우리에게 충고하는 바는 이렇다. 표면적이
고 단기적으로 관찰할 때 우리 자신에게 개인적으로 유리한 일들은 행하지
만, 우리를 집단적이고 장기적이고 전 지구적으로 도울 수 있을 행위들은 하
지 말라는 것이다. 왜냐하면 그것은 동기 부여나 인식에서나 우리에게 과중
한 부담이 되기 때문이다. 불경스럽지만, 인간은 타성적인 습관의 동물이고,
편리함이야말로 과학기술의 발전을 재촉하는 사실상의 몰이꾼이라고 말할
수 있다. 그리고 과학기술의 발전은 래칫[4]처럼 항상 위쪽으로 작동한다. 왜
냐하면 편리한 삶에서의 후퇴를 우리가 자발적으로는 받아들이려 하지 않
기 때문이다. 이런 시각 하에서는 새로운 인간을 요구한다는 것이 무의미하
다. 새로운 인간을 만들어서 공급할 수는 없을 것이다.

기회

그러나 다른 한편으로는 부분적으로 눈사태처럼 진행되는 사회적 변혁이 사회적 변화의 기회에 대해 이야기한다. 이런 변화를 위한 실마리는 어디에 있을까?

그런데 앞서 기술된 인식적 결함을 보완하려면 일차적으로 지식 습득이 머리에 떠오를 것이다. 예를 들면 이런 일은 수많은 빈틈없는 프로젝트로 환경 지식을 조장하는 유엔 지속가능발전교육 10년(United Nations Decade of Education for Sustainable Development, DESD, 2005~2014)에서 일어난다.[15] 순수한 지식 이전knowledge transfer 이외에도, 시간적·공간적으로 떨어져 있긴 하지만 관련 있는 사안들에 대한 지각 결함perception deficit을 줄일 수 있다. 기술적인 지각 확대, 말하자면 지각 보정perception prothesis은 우리가 하는 행동의 영향이 서서히 먼 훗날 나타날 결과를 알려주고, 우리로 하여금 그 결과를 보다 직접 의식하게 만들기 때문이다. 이것은 한편으로는 환경 실태를 감시하는 기술적인 수단이 될 수 있지만, 다른 한편으로는 미래에 있을 수 있는 발전을 시나리오 기법을 통해 들여다보는 통찰일 수도 있다. 이렇게 가시화됨으로써, 우리는 환경 변수들이 우리의 행동과 함께 할 수 있는 공동 작용에 민감해진다. 이것은 약한 신호들을 확인하는 데 많이 기여할 수 있다. 다른 경우라면 약한 신호들은 간과될 것이다. 이 신호들은 발전을 조기에 예고할 수 있기에, 단기적인 반응을 위해서는 절대적으로 필요하다. 우리가 현재 처한 곤경의 큰 부분을 이루는 행동과 환경 영향 사이의 피드백 순환feedback cycles은 이런 식으로 짧아질 수 있다. 뿐만 아니라 공간적인 분쟁지대hotspots도 확인할 수 있다. 이것은—기후 시뮬레이션climate simulations, 물 및 토지 이용처럼—처음에는 주로 환경 문제의 자연과학적 관점에 맞게 만들어졌지만 점차 사

---

15 http://www.decade.org(22.1.2010).

회적 관점에도 맞게 발전되는 소위 결정 지원 시스템들에서 실현된다(Ernst u.a. 2008). 예컨대 이 시스템들은 의견과 행동 방식과 기술적 혁신이 한 사회 안에서 어떻게 확산되는지 또는 하나의 정치적 조치가 주민들에게 얼마나 많이 받아들여질지 따져 보려 한다.

누구든 복잡한 환경 맥락에 숙달될 수 있다고 한다면 상당히 이상주의적 이라고 볼 수 있다. 하지만 그렇게 된다고 해서 더 나쁜 것도 아니다. 시스템 연관성들을 세세히 알지 않고도 많은 복잡한 시스템들을 제어할 수 있다. 누구나 이미 한 번쯤 비를 자루 끝으로 균형 잡으려 해보았을 테고, 그것에 정말로 성공하기도 한다. 그러나 우리는 이 과정의 물리학을 정말로 훤히 알고 있지는 않다(솔직히 말하면, 불안정한 위치에 있는 진자에 대한 공식을 누가 알고 있을까?). 그럼에도 우리는 이 시스템을 제어하고 그 상태로 안정시킬 수 있다. 그러니까 모든 것을 다 정확하게 알 필요는 없는 것이다. 이처럼 제어하고 안정시킬 수 있는 자리의 비밀은 피드백 순환의 길이length에 있다. 발전을 빈틈없이 관찰할 수 있다면, 우리는 발전의 내적 연관들을 끝까지 탐구하지 않았어도 발전에 빈틈없이 신속하게 반응하고 발전을 조절할 수 있을 것이다.

이제 부족한 것은 교육과 지식만이 아니다(Ernst 2008b). 환경 이용의 딜레마들은, 선한 의지와 최고의 지식이 있다고 해도 우리가 적합하게 행동한다고 말하지 못한다는 것을 보여준다. 자극들이 잘못 주어져 있는 것이다. 행동을 바꾸려 한다면 한 가지가 분명해야 한다. 행동은 공간에 혼자 유아론적으로 존재하지 않고, 항상 어떤 행동의 맥락에 편입되어 있다. 이런 행동의 맥락은 물질적·심리적 측면은 물론이고 사회적 측면도 갖고 있다. 우리는 일상생활에서, 우리가 얼마나 많이 행동을 독자적으로 결정하는가에 대해 전적으로 과대평가한다. 실제로 우리의 일상적인 행동 방식 중 압도적인 다수를 결정하는 것은 건축학적·물리학적·지리학적·유기적·그리고 마지막으로 사회적 또는 제도적인 일들이다. 그래서 우리는 그 사안들을 다른 식으로가 아니라 특정한 방식으로 실행한다.

이것 또한 단지 나쁜 소식은 아니다. 왜냐하면 변화에 필요한 조건들에 시선을 열어주기 때문이다. 행동과 그 물질적 사회적 및 제도적 주변 세계의 공진화[5]를 볼 수 있게 해주는 것이다. 오직 의식의 변화를 통해 행동 변화를 야기한다는 것은 그리 간단하지 않다. 이것이 실패하는 것은, 맥락들이 같은 의미로 함께 전개되지 않을 때이다. 행동과 물질적 또는 사회적인 다른 구조들이 쐐기를 박은 것처럼 밀착되는 것을 **잠금**[6]이라고 부른다. 그래서 예를 들면 지속 가능성의 관점에서 볼 때 바람직한 행동 방식은 선택의 자유가 부족하기 때문에 실행될 수 없다. 이용자가 난방이나 에어컨을 각 공간마다 개별적으로 조절할 수 없는 것이다. 또는 어떤 지역에서는 근거리 공공교통이 너무 멀리 있거나 너무 드물게 운행되거나 아예 없어서 승용차의 이용이 부득이 필요한 것이다(이런 식의 연관들을 열거하는 목록에 대해서는 Gessner 1996 참조). 그러나 원래는 별도로 떨어져 있는 기능들이 부득이 연결되는 것도 보인다. 자동차는 단지 이동을 위해서만 이용되지 않는다(이동에서도 시내를 다니는 단거리─즉 간단한 장보기와 쇼핑─와 여행을 위한 장거리를 구분할 수 있을 것이다). 그렇지 않다. 자동차는 사회적 위신, 즉 자기 과시에도 이용되고, 뿐만 아니라 어쩌면 깊이 뿌리박혀 있는 자유와 독립의 꿈을 충족시킨다. 이런 일들이 매우 긴밀하게 서로 연결되어 있어서, 우리는 자동차를 구입할 때 거의 합리적일 수 없거나 적어도 몹시 긴장해야 한다. 이 모든 것은 어쨌든 극히 제한적으로만 올바른 의식 또는 올바른 입장의 문제가 된다.

따라서 이런 **잠금**을 억지로 열고, 물질적이고 사회적이며 제도적인 주변 세계의 행동 제어적인 구조를 적극적으로 이용하고 같은 의미로 함께 조절

7 Richard H. Thaler, 1945~, 미국의
경제학자
8 cass R. Sunstein, 1954~, 미국의 법
률가
9 libertarian paternalism, 더 나은 선
택을 하도록 유도하지만 유연하고 비
강제적으로 접근하여 선택의 자유를
침해하지 않는다는 입장
10 choice architect, 사람들이 어떠한
결정을 내리는 생각이나 기준을 만드
는 사람
11 nudge, 강요에 의하지 않고 자연
스럽게 선택을 이끄는 힘

하며, 올바른 행동이 나오도록 주변 세계를 형성하는 것이 중요하다. 리처드 H. 탈러[7]와 캐스 R. 선스타인[8](2009)은 **자유주의적 개입주의**[9]의 항목에서 이 원칙을 이용한다. 그들은 방금 논한 의미에서와 똑같이, 주변 세계의 중립적인 합의란 존재하지 않는다고 언급한다. 그러나—이미 거론된 상이한 결핍과 어려움을 근거로 볼 때—인간들이 언제나 집단적이고 장기적으로 최선인 자

신의 이익 안에서 선택할 수 있는 것은 아니다. 그렇기 때문에 소위 **선택 설계자**[10]들은 집단적이고 장기적으로 볼 때 가장 살만한 최상의 조건을 만들 수 있도록 주변 세계를 조직해야 할 과제가 있다. 이때 전적인 선택의 자유는 누구에게나 남아 있다. 그러니까 강제는 문제되지 않는다. 여기에서는 심리적 자극들로, 종종 순전히 편리함과 행동의 용이함으로 조절된다. 주변 세계의 합의를 이렇게 유인하는 것은, 행동을 대개 바람직한 방향으로 전환할 수 있다. 두 저자 탈러와 선스타인은 이것을 행동 주변의 합의가 당사자들에게 가하는 '팔꿈치로 슬쩍 찌르기'(두 사람이 쓴 책의 제목에 따르면, 넛지[11])라고 부른다.

이것은 정치적 수단들을 섞는 혼합에서 중요한 부분일 수 있다. 이때 확인되는 것은, 물리적인 환경이 달라지고 어느 정도 발전에 앞서 서둘러 나가는데도 갑자기 습관이 상당히 유연해져서 재적응의 비용이 매우 적다는 것이다. 이렇게 슬쩍 찌르기는 전혀 새로운 개념이 아니다. 우리는 날마다 자신에게 그렇게 한다. 가령 아침에 일어나라고 깨워주는 자명종으로 말이다. 끈질기게 잠을 자는 사람을 위해서는, 심지어 탁자에서 뛰어내려 높고 가는 소리를 내며 바닥을 돌아다니는 자명종까지 있다. 그런 자명종은 결국 장롱

아래서 겨우 찾게 된다. 그리고 귀찮게 구는 이 물건을 다시 조용하게 만들려면, 사실상 잠자리에서 일어나는 수밖에 없다. 또 대단히 혁신적인 다른 모델도 있다. 침대 옆 바닥 양탄자 속에 숨겨져 있어서 온몸의 체중을 실어야, 그러니까 정말로 일어나야 우는 소리를 그치게 할 수 있는 자명종이 그것이다. 우리는 예컨대 체크리스트나 기억의 자잘한 메모에서 도움을 받는다. 이 모든 것은 환경의 변화로, 우리의 행동을 바람직한 방향으로 유도하도록 돕는다. 보다 큰 맥락에서 보면 행동의 장애물 및 자극은 부분적으로 잠재의식과 관련이 있다. 가령 건축물에서 계단이나 승강기가 건축물에 들어서는 사람이 바로 주시하는 방향에 있을 때처럼 말이다. 그 위치가 두 가지 중 어떤 것이 사용될지의 개연성을 상당히 결정할 것이다.

그러니까 우리의 행동은 항상 어떤 맥락에 편입되어 있고, 바람직한 행동 개선은 개인적·물질적·사회적인 맥락에 잘 적응할수록 오히려 이런 맥락에 잘 받아들여질 것이다. 훌륭한 "친환경 디자인"eco-design은 다음의 규칙들과 함께 달성될 수 있다(ebd.).

1. **실수하기를 기다려라**Erwarte, dass Fehler gemacht werden. 그리고 그것은 나쁘지 않다. 왜냐하면 그래야만 다수가 바람직한 행동의 좁은 길로 유인될 것이기 때문이다. 완벽함은 필요하지 않다.
2. 저항이 가장 적은 길에 포석을 깔아라. 그러니까 그대가 모두를 위해 원하는 길을 고르게 하라.
3. 피드백을 주어라. 짧은 피드백 순환은 자기 행동의 조절을 쉽게 해준다.
4. 심리적 자극들도 포함해서 생각하라. 그러나 이것 때문에 물질적인 자극들을 소홀히 해서는 안 된다.
5. **복잡한 선택들에 구조를 부여하라**Strukturiere komplexe Wahlen. 사태를 더 이상 조망하지 못하는 순간, 우리는 담을 쌓고 더 이상 서로 관심을 보이지 않는다.

행동 제어에 있어서 과소평가되어서는 안 되는 요인은 사회적 영향이다. 아주 어렸을 때부터 이미 우리는 남들의 행동을 기준으로 하여 자기의 입장을 취한다. 왜냐하면 그렇게 하는 것이 우리에게는, 환경에 적응해야 하는 우리 자신의 행동에 유용한 무한히 많은 정보들의 원천이기 때문이다. 사회적 영향은 그러나 양날의 검이다. 그것은 바람직하지 않은 행동방식을 공고히 할 수 있다. 또 마찬가지로 바람직한 행동방식을 시작하고 더 견고하게 할 수 있다.

그런데 그 다음에 개혁은 어떻게 사회 안에 자리잡고, 그 발전은 어떻게 시작될까? 바로 그것을 연구하는 흥미롭고도 놀라운 실험이 있다(Salganik u.a. 2006). 젊은 사람들이 주로 방문하는 어느 웹사이트에, 전혀 알려져 있지 않은 무명 밴드의 노래들을 내려받을 수 있는 가짜 음악 시장이 열렸다. 곡들은 평가받을 수 있었다. 14,000명 이상의 방문자들 중 일부는 기존 방문자들의 평가들을 볼 수 있었다. 방문자들은 우연히 여덟 개의 상이한 "권역들"worlds에 배치되었다. 그런데 그 권역들 모두 똑같은 곡들을 담고 있었다. 실제로 곧 "스타"stars가 생겨나더니, 내려받기를 위한 인기물이 되었다. 그런데 놀랍게도 그 결과는 어떤 권역에서든 다른 밴드가 이기는 것이었다. 그러니까 승자가 어떤 밴드인지는 밴드의 음악에 좌우되지 않았다. 오히려—이 과정을 시작할 때—방문자들이 어떤 곡의 지지 또는 거부를 결정했는지에 달려 있었다. 다른 방문자들은 그냥 따랐던 것이다.

여기에서의 문제는 이제 또 다시, 이 새로운 현상이 좋은 것인가 아니면 나쁜 것인가 하는 점이다. 이 대목에서 시선을 사회적 변화로, 그것도 그 변화를 야기하는 것에 돌려야 할 것이다. 기술적 혁신과는 달리 사회적 혁신이란 말 속에서 이해되는 행동 변화는 일차적으로 과학에서의 새로운 인식이나 인간들이 살아가는 생활 세계에서의 과학기술적 변화와 결부되지 않는다. 사회적 혁신의 역사적인 예들을 찾아볼 수 있다(Grübler 1997). 예컨대 12세기에 유럽에서 있었던 시토회 수도원[12]의 확산이나, 19세기 초에 영국에서 증기기관에 의해 가동되는 탈곡기 때문에 일자리를 빼앗기자 수확 돕기 일꾼들이 탈곡기를 공격한 기계파괴운동을 들 수 있다. 사회적 혁신의 확산은 전형적으로 기술적 혁신들의 융합과 마찬가지로 시간을 따

12 Cistercian Abbey, 가톨릭 베네딕토 회칙의 엄수에 뜻을 두고 원시 수도회 제도의 복귀를 목표로 창설된 혁신적인 수도회
13 sigmoid curve, 생물의 성장 곡선에 보이는 생명 주기 곡선

라 진행되는 특성을 지닌다. 수용자들adopter (개혁을 떠맡는 사람들)의 누가 백분율cumulative percentage을 제거하면 S자형 곡선[13]이 생겨난다(Rogers 2003). 평평한 시작 이후 곡선이 두드러질 때까지 한 동안 그 상태가 계속된 다음, 곡선은 가파른 성장 국면을 맞이한다. 그 단계에서는 행동이 급속히 확산된다. 발전이 끝나갈 때, 그러니까 혁신이 완전히 포화되기 전에는 시간 단위당 낙오자가 단 몇 명에 불과하며 곡선은 둔화된다.

또한 마찬가지로 기술적 혁신의 확산에 대한 묘사와 유사하게, 사회적 혁신의 긍정적인 특질들에 대한 목록을 작성할 수 있다(Mulgan 2007). 사회적 혁신은 긍정적인 이미지와 선두 주자 기능을 통해 행동 변화를 위한 사회적 자극을 설정한다. 사회적 혁신은 홍보용 행동이고, 현대적이라고 여겨지며, 여론 주도자들opinion leaders에 의해 선보여진다. 사회적 혁신의 다른 특질들로는 (기술적 혁신에서도 그런 것처럼) 개인들의 삶의 맥락에서 관계있는 장점, 즉 자기의 삶에 이롭다고 인지된 유용성을 들 수 있고, 그 다음으로는 지금까지의 행동 및 자신의 생활 방식과 양립할 수 있는 적합성을 거론할 수 있다. 즉 행동의 실행에 있어서 인지된 단순성, 틀에 박힌 새로운 행동 관례의 검증 가능성, 그 관찰 가능성(이것을 통해 행동을 정말로 실행하는 사람들의 성공 또는 실패를 알게 된다), 자발성 등이다. 사회적 혁신들이 심리적 및 제도적으로 올바른 맥락에 편입되어 있고, 또한 제대로 된 긍정적인 상황 이야기social story를 찾는다면, 그 혁신들은 성공한다. 이에 대한 좋은 예로 가령 **국제사면위원회**Amnesty International, **그린피스**Greenpeace, **세계자연보호기금**WWF: World Wide Fund for Nature,

옥스팜[14], 공정 무역Fair Trade, 소액 대출micro-credit, 리눅스[15]나 오픈 오피스[16] 같은 무료 소프트웨어[17], 위키피디아[18] 또는 사전 레오[19] 같은 무료 정보 지식free knowledge 등을 들 수 있지만, 또한 차량 공유[20]나 자전거 공유 같은 서비스, 민관협력public/private partnerships 도 거론될 수 있다. 또한 지역 에너지 공급자들도 그 예로 볼 수 있다. 지역 에너지 공급자들의 경우에는 시민들이 자기 주도 및 선행 급부로 나선다. 에너지 제공의 책임 일부를, 지역의 네트워크와 에너지 공급을 떠맡는 형태로 다시 되찾기 위해서 말이다. 여기에서는 위에서 기술된 동기적·인식적 어려움들이 성공적으로 극복된다.

이것은 두 번째 결론으로 이어진다. 그것은 염세주의적인 첫 번째 결론과 좀 다르다. 인간은 신속한 반응에 적합하게 만들어져 있어서, 전혀 변화할 필요가 없다는 것이다. 인간이 움직이면 그것으로 충분하다. 인간들은 뜻밖의 일surprises을 할 준비가 되어 있다. 사회는 통돌로 된 기둥monolith 같은 거대한 단일 조직이 아니다. 사회적 변화를 위해서는 사회의 주된 환경이 중요하다. 즉 남들이 지각하고 관찰하며 모방할 가치가 있다고 여기는 진보적인 환경이 중요한 것이다. 인간의 행동이 사회적·제도적 및 물질적 한정 조건에 편입되는 것은 그러니까 저주인 동시에 축복이다. 사안들을 표결에 붙여 바꾸고 책임을 개인에게만 맡기지 않는 것이 중요하다. 왜냐하면 그렇게 하면 개인에게 완전히 과도한 부담을 주기 때문이다. 이때 행동을 조장하는 것 못지않게 제한하는 한정 조건들의

14 Oxfam, Oxford Committee for Famine Relief, 1942년 영국에서 결성된 국제 빈민 구호 단체
15 Linux, 1991년 핀란드 헬싱키 대학 학생이던 리누스 토발즈Linus Torvalds가 대형 기종에서만 작동하던 운영 체계인 유닉스를 386 기종의 개인용 컴퓨터에서도 작동할 수 있게 만든 운영 체계
16 Open Office, 다양한 운영 체제에서 사용할 수 있는 오피스 제품군
17 free software, 원저작자가 금전적인 권리를 보류하여 누구나 무료로 사용하는 것을 허가하는 공개 소프트웨어
18 Wikipedia, 사용자 누구나 자유롭게 글을 쓸 수 있는 세계적인 온라인 백과사전
19 Leo, 뮌헨대학 전자정보학과에서 1992년에 시작하고 연구하여 서버 제공을 한 독영, 영독 사전
20 car sharing, 차량을 예약하고 자신의 위치와 가까운 주차장에서 차를 빌린 후 반납하는 제도

공진화가 개인을 돕지 않는다면 말이다. 그러니까 이런 관점들의 조화가 문제이다. 결국 집단에서는 혼자일 때와는 전혀 다른 행동 방식을 지닐 수 있다. 혁신은 전염성이 있으며 재미가 있다.

다양성

이로부터, 환경과 사회적 생활권biotope에 비옥한 토양을 마련하려면 사회적 다양함이 중요하다는 논증을 도출할 수 있다. 긍정적인 **잠금**lock-ins이 발휘될 때까지 개혁을 시험하고 자리잡게 하려면 말이다. 이런 잠금은 그 다음에 계속 사회와 다른 환경에 영향을 끼칠 수 있을 만큼 안정화된다. 여기에서는 사회가 다르게 존재하고 시험할 수 있는 가능성을 얼마나 용인하는가 하는 것이 사회적 혁신들의 발생과 강화를 위한 열쇠로 보인다. 생물학적으로 고찰할 때, 다양성은 성공적인 적응을 위한 기본 전제이다. 단식 재배는 유연성이 없고 저항력이 없다. 즉 환경의 변화에 약하다. 다양성이 있어야 튼튼해지고 회복력이 생기는 것이다. 적합한 적응 전략을 갖출 수 있는 개연성은 다원주의적인 사회에 훨씬 많다. 문화가 규범을 설정한다면 따라서 다양성의 메타 규범meta norm이 필요하다. 또한 이런 다양성은 완전히 영락하지 않으려면 적극적으로 보호되어야 한다. 다양성의 문화가 저항력을 갖추어야, 아직 신생인 행동의 혁신을 지킬 수 있다.

진화론 및 시스템 이론에서 고찰할 때 사회적인 적응은 이루어질 수밖에 없을 것이다. 그것은 새로운 일이 아니다. 새로운 것은 이처럼 필요한 적응을 실행하는 속도일 것이다. 역동적인 시대가 보인다. 본래 질문의 내용은 이것이다. 비선형성은 기다리고 아무것도 하지 않는 것을 통해 얼마나 많이 받아들여질까, 그리고 사회적 재조정은 언제 시작되고 용인되고 보호될까?

여기는 아닌, 지금은 아닌, 나는 아닌

대단히 심각한 문제의 상징적 처리에 관하여

여기는 아닌, 지금은 아닌, 나는 아닌
대단히 심각한 문제의 상징적 처리에 관하여

우도 쿠카르츠
UDO KUCKARTZ

인간들은 전 지구적인 기후 변화를 어떻게 알아차릴까? 기후 변화를 대체로 알아차리기는 할까? 만약 그렇다면, 기후 변화와 연결된 후속 문제들을 인간들이 진지하게 여길까? 기후 변화의 인지는 나라, 계급, 계층, 삶의 연관 등에 따라 다를까? 이런 물음들에 대해 사회학적 연구는 오늘날 적어도 어느 정도까지는 답변할 수 있다. 그러나 모든 새로운 연구 영역에서 그렇듯이, 모르는 것das Nicht-Wissen의 총량은 확인된 지식의 양보다 현저히 많다. 특히 개인들의 행동이 그들의 지식에 비해 훨씬 못 미치는 이유를 충분히 설명해주는 모델이 부족하다. 그것도 일상에서 행동 변화의 필요성에 관해 그들이 알고 있는 것에도 훨씬 못 미치는 이유를 말이다.

이 논점에서 기후 의식에 관한 연구는 말하자면 1990년 이래 이미 확립된 환경 의식 및 환경 행동에 관한 연구의 전통 속에 들어간다. 환경 의식 및 환경 행동에 관한 연구는 매번 이른바 의식과 행동 사이의 괴리를 한탄했지만, 그럼에도 이 괴리를 결코 이론적 및/또는 실천적으로 설명하고 극복할 수 없었다(Kuckartz/Heintze 2006; Kuckartz u. a. 2007b 참조). 그런 점에서 세계 기후의 보호는 훨씬 광범위한 주제인 "환경 보호"에 비하면 훨씬 구체적인 것이다. 한편으로는 기후에 해로운 가스의 감축이 단연 중요하고, 다른 한편으로는 이산화탄소 감소의 유지가 중요하기 때문이다. 개인 가정은 이산화탄소 배

출의 감소에 직접적으로, 그리고 측정 가능
하게 기여할 수 있다. 그리고 각 개인의 이

산화탄소 총계는 지자체, 산업체 공장 또는 전 지역의 총계와 마찬가지로 비교적 정확하게 계산해낼 수 있다. 그렇다면 더 이상은 떼를 지어 도로를 횡단하는 개구리, ICE[1]의 예정 노선에서 알을 품고 있는 대형 들기러기, 또는 (환경)윤리적 논쟁을 초래하는 병든 너도밤나무가 문제가 아니다. 또한 쓰레기를 분리수거하고, 날마다 장을 볼 때 비닐봉지의 사용을 포기하는 것이 더 중요한 것도 아니다. 더 이상 변명의 여지는 없다. 그리고 세 가지 차원이 균형을 이루는 지속 가능성(생태적, 사회적, 경제적 지속 가능성)의 3단 모델three pillars model도 기후 변화의 극복에 적합한지 의심스럽다. 무엇을 해야 하는지는 분명하고 아주 명확하다. 이로써 **환경에 적합한 행동**umweltgerechtes Handeln에 대한 요구에 그 전부터 내재하고 있는 상징주의도 그 끝에 이르렀다.

사회학자들이 1990년대 중반에 환경에 적합한 행동에 대한 지침들을 찾아보았을 때, 천으로 만든 시장바구니를 휴대하고 쓰레기를 분리수거하거나 재활용 화장지를 구입하는 것 같은 행동 방식을 생각하기에 이르렀다. 경험적인 연구들은 그 다음에 시민들에게 이런 행동 방식들을 최근에 실행에 옮겼는지 물었다. 물론 질문들에—미국 입국 시 질문을 받을 때와 비슷하게—"정확하게" 답변하는 것이 중요한 문제는 아니었다. 이 정도만으로도 "확고한 환경운동가들"consequent environmentalists의 우아한 세계에 착륙한 셈이었다. 그러나 이 정도 각오로는 기후 보호라는 사안에는 충분치 못하다. 기후 보호의 문제에서는 실질적인 변화 없이는, 즉 이산화탄소 총량의 뚜렷한 감축 없이는 일이 진행되지 않을 것이다. 하지만 우선은 시민들이 기후 변화에 대해 무엇을 알고 있고, 기후 변화를 얼마나 심각하게 생각하고 있으며, 시민들 스스로 일상에서 무엇을 하는지부터 살펴보자.

---

1 Inter City Express, 독일의 고속 철도

기후 변화의 인지: 많은 조사들의 긍정적인 모습

많은 여론조사의 결과들에 따르면, 독일인들과 유럽인들이 기후 변화를 의식하게 되었다는 것에는 거의 의심의 여지가 없다. 독일인들과 유럽인들이 기후 변화를 인지한 것이다. 그리고 그들 중 대다수는 기후 변화를 또한 기정사실이라고 자리매김한다. 유럽의 기준에서 보면 인구의 80퍼센트 이상이 기후 변화를 심각한 문제로 여기고 있다. 1("전혀 문제없음")에서 10("극히 심각한 문제임")까지 분류한 단계에서는 42퍼센트가 기후 변화를 9단계 또는 10단계로 분류한다.

기후 변화가 있음을 믿는다는 말이 곧 기후 변화가 또한 인간에 의해 (함께) 야기되었다고 본다는 의미는 물론 아니다. 또한 앞으로도 오랫동안 사람들이 기후 변화에 맞서 투쟁해야 하는 어떤 책임이 있음을 인지한다는 것을

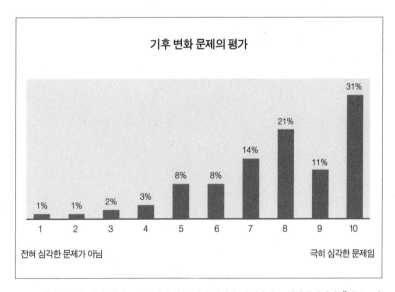

도표 1 | "현재 기후 변화 내지 지구온난화의 문제가 얼마나 심각하다고 생각하십니까?" 설문조사 대상은 유럽에 살고 있는 15세 이상의 주민 26,661명이고, 단계는 1에서 10까지 구분했다. (출전: 유럽위원회, 유로바로미터 300, 2008)

의미하지도 않을 것이다. 좀 더 자세히 살펴보면, 그럼에도 유럽의 인구 중 거의 1/4이 기후 변화 회의론자에 속할 수밖에 없다는 것을 확인할 수 있다.

문제의 인지와 관련하여 전반적으로 북-남 차이가 있음을 알 수 있다. 스칸디나비아 국가들에서는 기후 변화를 특히 심각하게 여긴다. 그러나 옛 동구권 국가들(특히 폴란드와 루마니아)에서는 물론이고, 포르투갈과 이탈리아와 스페인 같은 남쪽 나라들에서도 이 문제는 덜 심각하게 여겨진다. 물론 그리스와 사이프러스는 하나의 예외를 보여준다. 이 두 나라는 기후에 민감한 나라들의 선두에 자리하고 있다. 나라들 간의 차이는 상당하다. 스웨덴 국민의 82퍼센트는 기후 변화를 가장 큰 세계적인 문제에 포함시킨다. 그러나 터키 국민은 겨우 32퍼센트, 포르투갈 국민은 30퍼센트, 폴란드 국민은 33퍼센트만 그렇게 여긴다. 독일은 문제의 인지와 관련해서 유럽연합 국가들 중위에서 다섯 번째 자리를 차지한다.

금융위기 역시 결론적으로 말해서 입장의 본질적인 변화를 야기하지는 못했다. 2008년부터 2009년까지, 기후 변화를 세계 2대 문제에 포함시키는 사람들의 숫자가 62퍼센트에서 50퍼센트로 줄기는 했다. 그렇지만 기후 변화는 2009년에도 세계적인 문제 목록에서 여전히 세 번째 자리를 차지한다. 그러니까 금융위기가 말하자면 판단을 흐리게 했으며, 지금은 성장, 성장, 성장만이 중요하다고 가정할 이유가 없다. 오늘날에도 유럽인들이 기후 변화를 문제로 여긴다는 사실에는 의심의 여지가 없다. 하지만 자기 역할own role의 상황은 어떤가? 누구에게 기후 보호에 대한 책임을 물을 것이며, 사람들이 자신도 책임이 있다고 여길까?

지식의 제한

독일 국민의 89퍼센트는 "전 지구적 기후 변화"라는 개념에 대해 이미 들어 본 적이 있고, 그 중 2/3는 온실 효과와 지구온난화를 이 개념과 연결시키고, 22퍼센트는 기후의 아주 일반적인 변화를, 12퍼센트는 극지 빙원의 해빙을 연상한다.[16] 또한 기후 변화에 관한 지식은 예컨대 **지속 가능성**sustainability이 대체 무슨 의미인지에 관한 지식보다 널리 퍼져 있기는 하다. 그러나 기후 변화에 관한 지식이 대중매체들을 통해 생기는 것임을 똑똑히 인식해야 할 것이다. 매체들이 기후 변화의 맥락에서 언급하지 않거나 아주 드물게만 언급하는 현상들(가령 "생물학적 다양성" 같은 주제 영역)이 주민들의 의식에서 다시 발견되는 일은 또한 아주 드물다. 대중매체들을 통한 지식은 흔히 피상적인 데에 그친다. 그래서 34퍼센트가 배출권에 관해 이미 좀 들어보았다고 진술 하긴 하지만, 재차 묻는다면 배출권이라는 단어를 듣고 내용을 제대로 연상 시킬 수 있는 사람은 네 명 중 한 명도 채 되지 않을 것이다.

일반적으로 유럽인의 다수는 이 문제에 대해 주관적으로 아주 잘 알고 있 다고 느낀다. 주관적인 정보의 수준이 높을수록, 기후 변화의 문제 역시 그 만큼 중요하다고 평가된다. 그것은 단연 타당성이 있어 보이고, 유럽연합의 모든 국가들 전체를 고찰할 때 유효하다. 그러나 지식이 많을수록 위험의 평 가도 커진다는 이 규칙과는 다른 뜻밖의 예외들도 존재한다. 네덜란드 국민 들과 영국 국민들은 자신들이 유럽연합의 모든 시민들 중에서 기후 변화에 대해 가장 잘 알고 있다고 느끼지만, 기후 변화를 덜 심각한 문제로 치부하

---

16 이 기고문은 전반적으로 **유럽위원회**Europäische Kommission의 위임으로 수행되는 **유로바로미터 연구**Eurobarometer-Studien를 토대로 한다. 이 연구들은 믿을 만하고 전형적이며, 유럽연합 27개 회원국들 및 선발된 가입 후보국들 간의 비교를 허용 한다. 독일 연방 환경청의 위임을 받아 2년마다 실행되는 연구 "독일의 환경 의 식"의 재수용도 때때로 이루어진다.

고 있는 것이다. 이런 모습이 처음에는 의아해 보인다. 왜냐하면 이 두 나라
는 가령 예측되는 해수면 상승 같은 기후 변화의 영향을 특히 심하게 받을
것이기 때문이다. 기후 변화의 충격은 주민들을 특별히 민감하게 만들고 활
동하게 만든다는 것이 기후 담론에서 흔히 이야기되는 가정인데, 이것이 그
러니까 네덜란드와 영국에서는 맞는다고 판명되지 않는 것처럼 보인다. 어
쩌면 특히 네덜란드 사람들이 수백 년에 걸쳐 바다의 위력에 맞서 투쟁한 경
험들이 위험이 임박한 상황들을 오히려 어느 정도 태연하고도 노련하게 대
처하도록 영향을 끼치고 있는지도 모른다.

정보의 숙지 정도에 관한 한 물론 유럽인의 절반 가까이가 현재 잘 모른
다고 느끼고 있음을 주목해야 할 것이다. 그러니까 유럽에서도 여러 차원에
서 정보 및 계몽 작업이 많이 이루어져야 할 것이다. 특히 포르투갈, 불가리
아, 루마니아, 터키 같은 비교적 가난한 나라들의 주민들은 비교적 잘 모른
다고 느낀다. 반면에 스칸디나비아 국가들, 네덜란드와 영국 등에서는 기후
변화의 원인과 결과에 관해 스스로 잘 알고 있다고 인정하는 사람들이 시민
네 명 중 세 명이나 된다.

2008년 세계 금융위기 때 기후 변화의 문제에 대해 전반적으로 관심이 줄
었다 하더라도, 세부적인 입장들이 전부 다 부정적으로 발전한 것은 결코 아
니다. 그래서 오늘날에는 바이오 연료로의 변화가 가치 있다고 확신하는 개
인들이 2008년보다 많은 것은 물론이고, 심지어는 기후 변화에 맞서는 투쟁
이 경제에 미치는 긍정적인 영향을 기대하는 개인들도 그때보다 더 많다.

쓰레기 분리수거로 기후 변화와 싸운다

2009년 초에 설문에 응한 유럽인들 중 59퍼센트는 자신들이 기후 변화에 맞
선 투쟁에서 이미 뭔가를 해보았다고 말했다. 이 수치는 2008년보다 2퍼센

트 적은 것이다. "기후 변화에 맞선 투쟁에서 개인적으로 이미 뭔가를 시도했습니까?"라는 질문은 물론 전년도에 절전형 전등을 하나라도 구입했다면 이미 "네"라고 대답할 수 있게 대단히 부드럽게 표현된 질문이다. 다음의 목록은 개별적으로 무엇을 행했는지를 보여준다.

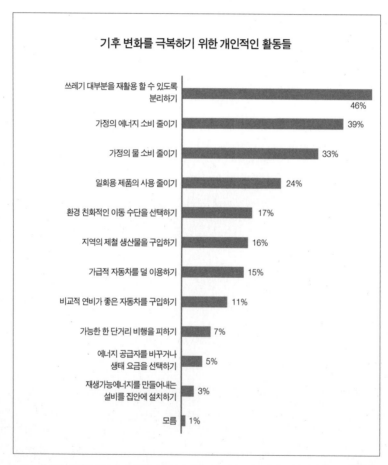

기후 변화를 극복하기 위한 개인적인 활동들

활동	비율
쓰레기 대부분을 재활용 할 수 있도록 분리하기	46%
가정의 에너지 소비 줄이기	39%
가정의 물 소비 줄이기	33%
일회용 제품의 사용 줄이기	24%
환경 친화적인 이동 수단을 선택하기	17%
지역의 제철 생산물을 구입하기	16%
가급적 자동차를 덜 이용하기	15%
비교적 연비가 좋은 자동차를 구입하기	11%
가능한 한 단거리 비행을 피하기	7%
에너지 공급자를 바꾸거나 생태 요금을 선택하기	5%
재생가능에너지를 만들어내는 설비를 집안에 설치하기	3%
모름	1%

도표 2| "기후 변화를 극복하기 위해 다음의 활동들 중 어떤 것을 개인적으로 시도했습니까?" 기후 변화를 극복하기 위해 개인적인 활동을 시도한 피설문자(26,661명의 피설문자); 여러 개 표시 가능. 백분율로 표시.
(출전: 유럽위원회, 유로바로미터 300, 2008)

제일 첫 번째 자리에 오른 것은 분명히 가정용 쓰레기의 분리수거이다. 이것은 온실가스를 줄이는 데 미치는 효과가 그다지 크지 않은 활동이다. 수치를 살펴볼 때에는 물론 어느 정도 신중을 기해야 할 것이다. 2006년 독일의 환경의식에 대한 연구에서는—내용적으로 좀 더 냉정하게—다음과 같은 공개적인 질문으로 개인적인 환경 행동에 관해 물었던 것이다. "환경 보호를 위해 개인적으로 뭔가를 하시나요? 만약 그렇다면, 관련되는 핵심어를 몇 개 말씀해주시기 바랍니다." 이런 질문을 받은 피설문자들은 자신들이 사적인 영역에서 대체 무엇을 하고 있는지 일단 한 번 곰곰이 생각해 본 다음에 그 자리에서 답변해야 했다. 그 결과는 답변의 항목들이 미리 정해져 있을 때 의도되는 결과와는 상당히 다르다. 공개적으로 제기된 질문에서도 쓰레기 분리수거는 분명히 우위를 차지했다(65퍼센트가 이것을 거명한다). 그것도 다른 행동 방식들과의 차이가 유로바로미터 연구에서보다 훨씬 크다. "에너지 절약"은 26퍼센트가, "자동차 이용 삼가기"는 24퍼센트가 거명한다.

기후 의식에 관한 한 독일인들이 문제를 지각할 때 보여주는 모습은 긍정적이다. 그러나 이런 긍정적인 모습은 개인적인 행동을 살펴보면 좀 달라진다. 도표 2에 열거된 모든 행동 방식이 독일에서 유럽의 평균보다 빈번히 실행되기는 하지만, 독일인들이 선두 자리를 차지하는 경우는 단 하나도 없다. 이것은 어느 정도의 자기만족과 결부되어 있는 것이 분명하다. 왜냐하면 거의 어떤 다른 나라에서도 이미 충분히 행동하고 있다고 생각하는 시민이 독일만큼 많지는 않기 때문이다.

실제로 행동하는 사람들은 너무 적다. 그나마도 대체로 상징적인 방식으로만 행동한다. 상징적인 방식으로 이런저런 행위를 때때로 실행하는 것이다. 일반적으로 표명된 각오와 일상에서 되풀이되는 반복적인 행동 사이에는 엄청난 틈이 벌어져 있다. 유로바로미터 연구에서는 예컨대 유럽인 75퍼센트가 환경 친화적인 제품을 구입한다고 말하지만, 전달에도 이것을 실천

한 사람은 그 중 17퍼센트에 불과했다. 각
각 답변 항목이 제시된 질문 형태 또는 답
변 항목이 없는 질문 형태에 따라 결과의 차
이가 나는 것에 대해서는 위에서 설명했다.
이와 마찬가지로 여기에서는 이런 종류의
설문조사가 상당 부분 사회적인 바람직함[2]

2 social desirability, 사회적으로 바람직하다고 생각되기 때문에 각 개인에게 권장되는 생각이나 행동
3 qualitative research, 연구자의 직접적인 경험과 직관적 통찰을 통하여 인간의 동기와 의도, 상호 관계를 이해하려는 문화 연구 방법

과 관계가 있다는 점이 드러난다. 유로바로미터 같은 연구들에서 처음에 좋아 보이는 결과들(유럽인 59퍼센트는 기후 변화에 맞서는 투쟁에서 개인적으로 뭔가를 행한다)은 잘못된 결론을 내리게 한다. 기후 변화에 맞서 개인적으로 이미 많이 행동하고 있다고 말이다. 기후 변화가 인지되어 중요한 문제로 자리매김되고, 시민에게서도 책임감이 보이며, 정말로 많은 사람들이 심지어 이미 뭔가를 행하고 있다는 것이다. 그 정도면 족하다는 것이다! 이제 더 해야 할 일은, 지금 알고 있는 것을 행동으로 더 잘 전환할 수 있게 하는 것뿐이다. 실제적인 행동의 통계(전력 소비, 자동차 주행 평균 킬로미터, 비행기 여행 및 장거리 여행의 숫자 등등)를 일별만 해도, 실제 행동이 일치하지 않는다는 것이 드러난다. 왜 그럴까? 질적 연구[3]에서는 질문과 대답이 미리 정해져 있는 고정된 체계 대신, 기후 변화라는 주제와 고유한 행동에 관해 열린 대화가 이루어진다. 질적 연구를 이용하면 한편으로는 행동의 동기와 행동이 원칙적인 가치와 관념 속에 들어가는 편입에 관해, 다른 한편으로는 일상적인 행동everyday routine에 관해 더 많이 알 수 있다. 어느 특별한 연구에서 우리는 (부)작위에 결정적으로 작용하는 것이 주로 다음의 세 차원임을 확인할 수 있었다.[17]

— 공간적 차원: "독일은 사실 위험의 정도가 그다지 심하지 않다."
— 시간적 차원: "현재는 다른 문제들이 더 긴급하다."
— 공공심/이기심 차원: "내가 왜? 다른 사람들이 먼저 뭔가를 해야지!"

열린 대화가 비교적 길게 진행되는 질적 연구에서는 이런 식의 사고유형을 잘 확인할 수 있다. 그러나 규격화된 많은 개별 질문들을 갖고 행하는 대형 설문조사들에서도, 실질적인 행동 변화의 요구에 저항하는 개별적인 "방어 전략"의 존재를 말해주는 수많은 언급과 증거가 발견된다. 다음 절에서는 이 세 가지 차원을 보다 상세히 다루겠다.

여기는 아닌

독일에서 대부분의 사람들이 기후 변화를 통한 위험의 의미에서 심각한 위협을 생각하는 것은 기껏해야 북독일 해안에 대해서이다. 그밖에는 심지어 다음과 같이 기대를 살짝 드러내는 표현마저 있다. 독일이 정말로 좀 더 따뜻해질 것이고, 그것도 전혀 그다지 나쁘지 않을 거라고 말이다('메클렌부르크-포어포메른 주[4]의 야자수'라는 표제어를 보라). 재앙의 장소를 어딘가 다른 곳에 두고 독일은 (아직) 상당히 안전하며 극소수 사람만 전지구적으로 부정적인 발전의 영향을 받는다고 느끼는 경향은 결코 새로운 것이 아니다. 이미 오래 전부터 환경 의식 연구는 환경의 질environmental quality에 대한 인지에서 특징적인 원근 차이near-far difference를 발견한다. 이곳 독일에서 세계는, 아니 좀 더 정확히 말하면 환경은 아주 좋다. 그리고 이 사실은 우선 직접적인 주거 환경에 상당히 중요하다. 모퉁이의 공원, 자기의 정원, 자기의 주거지 등, 이

---

17 이 연구에서 우리는 2008년 말에 16세부터 45세 사이의 개인 35명과 공개 인터뷰를 했다. 인터뷰 지침은 다음의 주제 영역들을 고려했다. 세계적 모델world model(가장 크고 시급한 세계적 문제들은 무엇인가? 그 문제들을 해결할 수 있을까?), 사회관(우리는 남들을 어떻게 인지하는가? 그들의 행동을 어떻게 판단하는가?), 자기 연관(전 지구화된 세계에서 자신의 위치를 어떻게 정하는가?) 등이 그것이다.

모든 것이 대체로 상당히 좋은 편이다. 그
리고 해안 지역에 살고 있거나 강에 바로
인접한 주민이 아닌 한 별로 걱정할 필요가
없다.

환경의 질에 대한 평가는 거리에 따라 달라진다. 거리가 멀어질수록, 환경의 질은 그만큼 나빠진다고 평가된다. 독일인 85퍼센트는 자기들의 동네/시가 환경의 질이 상당히 좋거나 제법 좋다고 여긴다. 그러나 82퍼센트는 전 세계를 볼 때 환경의 질이 매우 나쁘거나 나쁜 편이라고 평가한다. 독일 밖의 먼 세계에는 커다란 불행이 있다. 그 불행은 독일에 있는 우리를 전혀 위협하지 못한다. 설령 그 불행이 위협한다 하더라도, 가령 제방을 높이는 것처럼 우리는 또한 자신을 아주 잘 지킬 수 있다.

환경의 질에 대한 평가

백분율로 표시(행 백분율)	매우 좋음	좋은 편임	나쁜 편임	매우 나쁨
당신이 살고 있는 도시는, 당신의 동네는?	13	72	14	1
독일은?	4	60	34	3
전 세계는?	1	17	56	26

도표 3 | "환경의 질을 전체적으로 어떻게 … 판단하시나요?" 18세 이상의 피설문자 2,021명.
(출전: 독일의 환경 의식, 2008)

먼 곳의 위협적인 재앙에 대한 이런 의식은 어떻게 생기는 걸까, 그리고 그게 사실이라면 왜 그렇게 많은 사람들이 하필 휴가 때 그곳으로 갈까? 장거리 여행은 상당한 성장을 기록하지 않았던가? 다른 한편으로는 그 중에서도 아주 먼 곳(카리브해, 쿠바, 오스트레일리아, 모리셔스[5], 세이셸[6] 등)으로의 장거리 여행이 점점 더 인기가 많아지고 있지 않은가?

사람들이 휴가를 가는 먼 곳이 위험한 먼 곳과 다른 것은 분명하다. 한편

7 독일의 여행 전문 기업
8 영국의 여행사 브랜드
9 Aldous Huxley, 1894~1963, 《멋진 신세계Brave New World》를 쓴 영국 소설가
10 George Orwell, 1903~1950, 《동물농장Animal Farm》과 《1984》를 쓴 영국 소설가

으로 먼 곳은 TUI[7], Thomas Cook[8] 등의 세계이다. 그러면 다른 측면에서의 먼 곳은? 기후 변화의 영향이 완전히 나타나는 위험한 먼 곳은 매체들에서, 특히 텔레비전에서 볼 수 있는 먼 곳이라는 가정이 옳을지 모른다. 리모콘을 한 번 누르면, 그런 위험한 먼 곳은 다시 사라진다. 한편으로는 꿈같은 휴가, 다른 한편으로는 매체들에서 보여주는 재앙이라는 두 세계가 서로 맞닿는 일은 간혹 있을 뿐이다. (거의) 누구나 크리스마스를 인도네시아의 쓰나미 피해 지역에서 보냈거나 하마터면 보낼 뻔했던 누군가의 지인을 알게 되는 수가 있다. 그런 경우에는 쓰나미가 닥쳤던 2004년 크리스마스를 생각하는 사람이 많을 것이다.

지금은 아닌

모든 것이 점점 더 나빠진다. 예전에 미래는 긍정적인 변화와 연결되어 있었다. 기술적 진보, 복지 증대, 더 나은 양로 제도를 통한 사회보장 확대, 자연에 대한 인간의 지배력 증가, 자연 재해의 제어 가능성 등과 결부된 것이다. 사람들은 인류가 미래에 언젠가는 더 행복할 거라고 확신한다. 혁신적인 교통 및 통신 시스템, 생산의 자동화, 석탄과 철의 열과 찌꺼기를 봉하는 폐쇄 등을 확신하는 것이다. 유토피아적인 생각은 대부분의 경우—그러나 올더스 헉슬리[9]나 조지 오웰[10]이 그린 이상사회의 부정적인 모델인 디스토피아dystopia를 생각하면 항상 그런 것은 아니다—매력적일 정도로 긍정적이었다. "우리의 자식은 언젠가 더 행복해질 것이다", 이것은 모든 부모의 바람이었다. 그래서 부모는 일정 액수의 돈을 떼어 저축을 하고 더 나은 교육을 대비했다. 반면에 독일 정부는 예산의 잔액을 모아두었다.

이 낙관주의적인 미래관은 얼마 전부터 근본적으로 달라졌다. 오늘날에는 모두를 불안하게 만드는 것이 미래이다. 아직은 살기에 아주 좋을 수 있지만, 사람들은 점점 더 나빠지고 있다고 확신한다. 오늘날 독일과 같은 위도에서 지구온난화의 영향은 아직 거의 문제가 되지 않는다. 하지만 대부분의 사람들은 몇 년 후 또는 수십 년 후에는 사정이 근본적으로 달라질 거라고 확신하고 있다. 그런 점에서 정치를 철저히 변화시키고 스스로도 다르게 행동해야 할 이유는 사실상 충분하다. 그러나 **오늘은 아직 아니다.** 우리는 남아있는 날들을 즐겨야 한다. 우리는 겨울이 오리라는 것을 알고 있다. 하지만 마지막 가을날들은 우리의 것이다. 우리는 금연하기 전에 다시 한 번 담배 연기를 특별히 깊이 들이마시려 하는 흡연가와 같다.

얼마 전부터 미래의 사안에서는 염세주의가 단연 우세하다. 그래서 사람들은 자기 자신에 대해서보다 사회 전체에 대해 훨씬 자주 부정적인 미래를 예상한다. 독일인들은 다음 10년을 보더라도 거의 어디에서나 확실히 악화될 거라고 예상한다(삽화 4 참조).

후속 세대(들)의 관점에서 보면 이런 예상들은 물론 예전의 "우리의 자식은 언젠가 더 행복해질 것이다"라는 바람과는 정반대이다. 우리 후손들이 직면하게 될 것은 엄청난 빚더미만이 아니다. 후손들은 사람들이 체험하지 못했고 오늘을 결정하는 세대들의 시각에서도 체험하고 싶지 않을 세계와도 대결해야 할 것이다. 위에서 기술된 첫 번째 행동 원칙("여기는 아닌") 때문에, 이 모든 시나리오가 독일이 아니라 멀리 있는 먼 세계와 관련된다고 생각할 수 있을 것이다. 이것은 또한 몇몇 시나리오(가령 "원료를 둘러싼 전쟁")와 관련해서 확실히 들어맞지만, 일반적으로 적용되지는 않는다. 그래서 자기의 후손을 위해서라도 점점 더 환경의 제약을 받는 건강 문제를 고려하게 된다. 오늘날 환경 문제로 부담을 느끼는 사람이 다섯 명 중 한 명도 되지 않는 반면, 3/4은 자녀와 손자들이 25년 후에 상당한 짐을 져야 한다고 확신한다.

다음 10년 안에 생길 수 있는 사건들의 평가

백분율로 표시(행 백분율)	분명히 일어날 것이다	아마도 일어날 것이다	아마 일어나지 않을 것이다	일어나지 않을 것이다
에너지와 원료 가격이 많이 상승할 것이다.	59	35	5	0
중국과 인도처럼 발전을 추구하는 나라들에 의한 에너지 및 원료 소비가 극적으로 증가할 것이다.	53	39	8	1
가난한 나라와 부유한 나라 사이의 격차가 점점 더 커질 것이다.	53	41	6	1
석유와 천연가스의 매장량이 전 세계적으로 심하게 줄어들 것이다.	48	40	10	2
유전자 조작된 작물들의 재배가 증가할 것이다.	28	47	22	3
비행기를 이용하는 장거리 여행이 점점 더 증가할 것이다.	30	46	21	3
깨끗한 식수가 전 세계적으로 무척 부족해질 것이다.	26	47	24	2
원료(석유, 금속)를 둘러싼 전쟁의 위험이 상당히 증가할 것이다.	23	50	23	4
담수에의 접근을 둘러싼 갈등이 점점 더 잦아질 것이다.	20	48	27	4
기후에 해로운 가스의 배출이 뚜렷이 줄 것이다.	11	39	42	9

도표 4 | "다음의 사건들이─전 세계적으로─다음 10년 안에 발생할 가능성이 얼마나 있다고 여기십니까?" 18세 이상의 피설문자 2,021명.
(출전: 독일의 환경 의식, 2008)

이 모든 부정적인 예상들이 사실은 결정적인 변화에 좋은 동기가 될 것이다. 하지만 사정은 그렇지 않다. 사람들이 자기 말에

11 Wachstumsbeschleunigungsgesetz, 2009년 12월에 독일 연방의회가 가결한 경제 성장 촉진을 위한 법

자신이 없거나, 어쩌면 "마법의 탄환"magic bullet 같은 특효약이라도 기대하는 것처럼 보인다. 가령 발효만 되면 장차 우리에게 안심하고 행동할 기회를 준다는 "성장촉진법"[11]을 기대하는 것처럼 말이다. 그렇지만 예전에 연방 우체국의 소포 수령 메모지에 적혀 있었던 것처럼, "오늘은 아니다."

나는 아니고. 그럼 누가 우리인가?

그렇게 많은 사람이 자연보호와 관련된 사안에서 아무것도 하지 않는 이유는 무엇일까? 유로바로미터 연구에서, 전혀 아무것도 하지 않은 피설문자

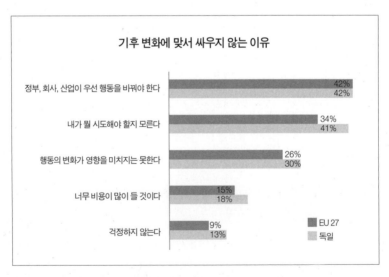

기후 변화에 맞서 싸우지 않는 이유

	EU 27	독일
정부, 회사, 산업이 우선 행동을 바꿔야 한다	42%	42%
내가 뭘 시도해야 할지 모른다	34%	41%
행동의 변화가 영향을 미치지는 못한다	26%	30%
너무 비용이 많이 들 것이다	15%	18%
걱정하지 않는다	9%	13%

도표 5 | "기후 변화에 맞서 싸우지 않는 어떤 이유가 당신에게 해당되나요?" 기후 변화에 맞서 싸우기 위한 개인적인 행동을 시도하지 않은 피설문자들.
(출전: 유럽위원회, 유로바로미터 313, 2009)

41퍼센트는 자신들이 행동하지 않는 것에 대해 다음과 같은 이유를 들고 있다(도표 5 참조).

우선은 일단 남들에게 책임을 미루는 것이다. 정부와 기업에게는 물론이고 다른 동료시민들에게도 말이다. 이들이 우선 일단 뭔가를 해야 한다는 것이다. 말과 다르게 행동하는 사람이 많은 이유를 묻자, 우리 연구의 피설문자 한 명은 유로바로미터 연구에서 피설문자들이 거명한 상위 세 가지 이유(남들이 행동해야 한다, 모른다, 영향력이 없다)와 완전히 일치하는 대답을 한다. 그리고 근본적으로 국가의 강제, 즉 모두에게 구속력이 있는 법률을 요구한다. 그렇지 않으면 자발적으로 행동할 사람들은 결단코 별로 없을 거라고 한다.

B 31: "이미 말한 것처럼, 인간은 행동의 측면에서 고찰해보면…. 그러니까 저는 누구나 현명하다고 생각합니다. 우리에게는 바로 이 세계 하나만 있다는 말입니다. 이제 이산화탄소 배출, 오존 구멍, 기후 변화의 주제에서 벗어나지 않는다면. 누구나 그 문제를 알 겁니다. 그러나 자신이 개인으로서 이 문제에 어떻게 관여할 수 있는지 누구나 아는 것은 아닙니다."

인터뷰어: "그런데 환경을 위해 진력하고 아주 많은 것을 행하겠다고 말하는 사람들이 꼭 있습니다. 하지만 결국 실제적인 행위와는 별로 많이 부합되지 않습니다. 말하는 것과 결국 행동하는 것 사이의 이런 괴리가 어디에서 생기는 거라고 생각합니까?"

B 31: "아마도 무슨 행동을 어떻게 할 수 있는 건지 모르는 데서 생길 겁니다. 제가 지금은 그 말이 무슨 뜻인지 모르는 것 같습니다. 하지만 아마도 자연을 위해 뭔가를 할 겁니다. 어쩌면 쓰레기 분리수거를 하겠죠. 그것 말고 또 무엇이 유익한지 제가 어떻게 알겠어요…. 그러나 만 명 중 5

백 명만 그렇게 한다면, 아무런 성과도 없을 겁니다. 정말로 뭔가를 해야 합니다. 그게 아니면…. 그래요. 정말로 법률을 공포할 필요는 없습니다. 하지만 누구나 자연을 위해 뭔가를 해야 한다는 정도는 되어야 합니다. 그래서 그렇게 하지 않는 사람들이 소외감을 느끼게 해야 합니다."

이 인터뷰의 인용은 우리의 설문에 응한 사람들의 의견을 단연 전형적으로 대변한다. 사람들은 기후 보호에 순전히 개인적으로 무슨 기여를 할 수 있는지 제대로 알지 못한다. 전적으로 책임은 모든 시민이 함께 진다. 이것은 분명하다. 그런데 사람들이 스스로 그렇게 할까? 우리는 설문조사 대상자들에게 행동과 입장 사이의 괴리에 대해 직접 묻지 않았다. 오히려 그들을 흡사 전문가처럼 대우하며, 그들에게 남들에게서 보이는 이런 괴리를 어떻게 이해하는지를 물었다. 맨 먼저 놀라운 것은, **동료 전문가**peer-experts 대접을 받는 이들이 이 괴리에 대해 **학계 전문가들**academic experts이 통상적으로 보이는 것과는 상당히 다른 시각을 갖고 있다는 점이었다. 학자들은 관점의 방향에서 행동을 주시하고, 긍정적인 관점이 행동으로 전환되는 것을 저지하는 어쩌면 있을지도 모를 차단물과 장애물을 찾아내려 한다. **동료 전문가** 같은 이들은 그 반대로 본다. 그들은 행동에서 출발하여, 행동과 입장의 괴리를 우선 "아첨하는 말"Schön-Reden 때문이라고 이해한다. 즉 그들은 환경 친화적인 인상을 주면서 우려를 표현해야 한다는 명백한 압박이 작금의 사회에 존재한다는 가정에서 출발하는 것이다. 그러니까 괴리는 실제적인 행동과 그것에 대해 미화하는 말 사이에 있는 셈이다.

우리의 설문조사 때 사람들은 왜 마치 자신들이 행동하고 있는 것처럼 구는 걸까? 설문에 응한 사람들은 그 질문에 대해 내적인 이유들, 즉 각각의 인격 속에 있는 이유들뿐만 아니라 외적인 요인들도 거명한다. 내적인 이유들, 그것은 우선 오랜 시간에 걸쳐 획득한 습관, 말 그대로의 편리함 또는 나태

12 political correctness, 소수자를 배
려하여 차별적인 언어 사용 및 행동
을 피하는 원칙

함 및 순전히 생각 없는 부주의, 그러니까
단순히 그것에 대해 숙고하지 않는(않으려 하
는) 것 등이다.

개인 자체에 직접 근거를 두지 않는 외적 요인들로서 맨 처음 거론되는
것은 이미 언급된 바 있는 사회적인 바람직함이다. 즉 사람들은 적극적이고
환경 친화적인 진술을 내놓아야 한다는 사회적 압박을 받고 있다고 느끼고,
일종의 "정치적 정당성"[12]을 실천한다. 그러나 단지 각각 행위의 결과가 없
는 말이 문제이다. 두 번째로 흔히 거론되는 이유는 부족한 지식이나 빨리
바뀌는 정보들 때문에 생기는 불안insecurity이다. 지역 식료품을 우대하는 소
비에 거의 적응하자마자, 기후가 따뜻한 스페인에서 수송하는 것이 브란덴
부르크의 지역 온실들에서 생산하는 것보다 에너지 경제적이라고 조목조목
따져주는 정보가 생기는 것이다(Kuckartz u.a. 2007c). 흥미롭게도 "환경 친화적
인 행동은 비용이 너무 많이 든다"라는 이유는 단지 "행동하지 않는 이유와
는 거리가 멀다"라고만 언급된다. 그런데 이런 사안들에서는 거의 전적으
로 유기농 식품organic food의 예가 이용된다.

공개 인터뷰를 읽다 보면, 지각되고 대다수가 수용한 사회적 규범("환경
친화적으로 행동하라! 기후 보호를 위해 뭔가를 해라!")과 자기 관점 사이에 독특한 차
이가 있다는 점이 눈에 띈다. 이것은 대표적인 연구들의 결과들과 일치한
다. 여기에서도 일반적인 형태로 "시민"에 대해 말하거나 "우리"라는 물
음으로 표명되는 모든 질문에는 상당한 동의를 표한다는 점이 이목을 끈
다. 2008년에 조사한 독일인들의 환경 의식 연구를 보면, 84퍼센트는 "우
리 시민들은 구매 행동을 통해 근본적으로 환경 보호에 기여할 수 있다"라
는 진술에 동감을 표시하고, 심지어 86퍼센트는 "시민들은 환경을 의식하
는 일상적인 행동을 통해 근본적으로 기후 보호에 기여할 수 있다"라는 진
술에 동의한다. 또 75퍼센트는 시민들의 압박을 통해 기후 보호를 위한 효

과적인 조처를 야기할 수 있다고 생각한다.
72퍼센트는 "시민들은 환경 단체 및 자연

보호 단체에 참여함으로써 본질적으로 기후 보호에 기여할 수 있다"라는
진술에 동의한다. 개인들의 생각 속에서 "우리"가 그러나 "나"를 포함하지
않는 것은 명백하다. 보통의 사고 모형들에 대한 좋은 예가, 우리가 질적 연
구의 틀에서 인터뷰한 어떤 대학생의 다음과 같은 진술이다.

> "그러나 그렇다고 해도 각각의 인간이 환경을 의식하고 살아야 한다는 것
> 에는 전혀 변함이 없습니다. 그리고 말하자면 지금 겨울인데 어디에서 온
> 버찌를 먹어야 하는 건지는 [⋯] 정말이지 알 필요가 없습니다(웃음). 전혀
> 모릅니다. 그러나 정말로 사람들이 '팀북투'[13]에서 오는 버찌를 먹기 때
> 문에 지금 세계가 2도 더 따듯해질까요. 저는 정말이지 그렇게 생각하지
> 않습니다. 저는 인간이 그렇게 큰 영향을 미칠 수 있다고는 생각하지 않
> 습니다. 그럼요."(B31: 17)

상징주의에서 현실적인 전체 계산으로

기후 전문가들의 진술에 따르면 이산화탄소 배출을 줄이라는 시대의 압박
이 있다. 이런 압박과 그 결과 생겨나는 행동 변화의 절박성을 고려할 때, 개
별적인 행동의 실제적인 결산을 보면 그다지 고무적이지 않다. 어디에서나
함께 공명하는 사회적인 바람직함을 근거로 할 때 유럽 전역에 걸친 조사에
서 오히려 확실히 상향 편차를 보이는 결과들은 41퍼센트가 기후 보호의 사
안에서 전혀 아무것도 하지 않으며, 그 어떤 형태로든 적극적인 59퍼센트
(2009년 초 기준)는 오히려 상징적으로 행동한다는 것을 보여준다. 근본적으로
는 사실상 누구나 자신의 개인적인 이산화탄소 결산을 머릿속에 갖고 있어

14 An Inconvenient Truth, 미국의 전직 부통령 앨 고어가 강연에서 사용했던 슬라이드 쇼를 바탕으로 지구온난화에 대해 다룬 데이비스 구겐하임 감독의 다큐멘터리 영화(2006)

야 하고, 그 결산을―누구나 전반적으로 그럴 생각이 있는 한―개선해야 할 것이다. 그러나 개인적인 행동이 논의되는 방식은 실제로 측정 가능한 효과 대신 행위의 상징적인 면을 강조한다. 그래서 앨 고어의 영화 〈불편한 진실〉[14]의 제작진 소개 자막에서 보이는 것처럼, 대단히 상이하게 작용하는 행위들은 같게 만드는 것 같은 구성 방식으로 나란히 놓여진다. 그리고 경험적인 사회 연구는 지표들의 선택에서 이런 구성 방식을 따른다. 그런 식으로 하면 천 장바구니의 휴대는 태양열 지붕과 비중이 같아진다. 추정컨대 주민의 99퍼센트는 자신들의 이산화탄소 결산에 대해 전혀 아무것도 모를 것이다. 그렇기 때문에 사람들이 이미 충분히 행하고 있다고 확신한다 해도 놀랄 일이 아니다. 절전형 전등을 사는가 하면 시장에서 유기농 빵을 구입하고, 주말에는 자전거를 타거나 국립 자연 공원을 산책하며, 쓰레기 분리수거를 하는 것 등등으로 말이다.

그림 | 앨 고어의 영화 〈불편한 진실〉 중에서

시민에게서 뿐만 아니라 경험적 연구들에서도 지금은 실제 행동보다는 체감되는 절약이 더 중요하다. 우리는 현실적이어야 할 것이다. 시민들은 상징적으로 행동하는 것과 또 동시에 미화하는 것에 익숙해 있어서, 짧은 시간 안에 어떤 결정적인 변화를 기대할 수는 없을 것이다. 가령 이산화탄소 40퍼센트 감축이라는 목표를 내건 도시 브레멘처럼 야심에 찬 감축 목표가 있다면, 시민에게 그 부담을 너무 많이 전가하지 말아야 할 것이다. 현재로서는 시민을 별로 믿을 수 없다. 지자체와 기후 보호 활동의 모든 주역들에게 있어서는 시민들의 사고방식과 잠재력을 제대로 평가하는 것이 그만큼 더 중요하다. 현실주의는 선언되었다. 그리고 사실상 개별적인 변화의 각오가 아주 대단하지는 않지만 또한 상당히 적절한 입장과 의도는 표현되고 있다고 받아들이는 것은 현실주의에 속한다. 이것은 정치적 행동을 위한 훌륭한 출발점이 아니다. 그렇지만 어쨌든 기후 보호의 정치적 행동을 호의적으로 용인하도록 조성하는 출발점이기는 하다.

기후문화적 특징과 사회경제적 발전이 상충하는 긴장 영역에 있는 건축 및 도시 계획

기후문화적 특징과 사회경제적 발전이
상충하는 긴장 영역에 있는 건축 및 도시 계획

베른트 훙어
BERND HUNGER

베르너 빌켄스
WERNER WILKENS

인간은 수천 년 동안 자연과 기후를 적대적으로 여겼다. 자연과 기후의 도발에 굴하지 않고 저항하는 것이 중요했다. 특히 기후에 대비해 발전한 가옥의 형태나 건축 등을 통해서라도 말이다. 산업화 이전의 사회에서도 기후와 자연을 이용하고 이를 건축 방식 및 생활 방식과 연결시킬 부득이한 필요성이 있었다면, 산업적인 방법을 이용하여 집을 짓고 거주하는 것은 구체적인 장소에 존재하는 자연적인 조건들로부터 완전히 벗어나는 것처럼 보였다.

기후를 인간의 상대로 인식한다면, 인간이 기후의 적이 되었다는 것은 이제 더 이상 부인할 수 없다. 인간이 야기한 기후 변화가 인간 자신에게 맞서고 있다. 그러나 냉소적이게도 기후 변화의 부담을 지는 것은 일찍 산업화된 나라들에서 이를 야기한 주요 장본인들이 아니다. 오히려 일차적으로 다른 지역들에 있는 인간들, 특히 개발도상국들의 곤란하고 취약한 상황에 처한 인간들이다.

기후 변화의 주된 원인을 따져본다면, 주로 온실 가스 배출과 자연 환경에의 개입이 결정적이다. 기후 변화를 야기하는 힘은 대체로 공업국들의 중심 도시들과 신흥공업국들에서 형성될 수 있다. 이런 곳들에서는 또한 기후 변화를 늦추고 저지하기 위한 움직임이 시작될 수도 있다. 그런데 부유한 나라들의 수요 때문에 전 지구화되는 통상 및 재화의 흐름을 통해, 지구의 전혀 다른 곳에서 이산화탄소 배출과 자연의 고갈이 시작되고 가속화된다는 점을 고려해야 할 것이다. 수요자와 생산자의 일부는 공간적으로 멀리 떨어져 있다.

생산이 이루어지는 지역들은 종종 그곳에서 살고 있는 현지인들에게 불리하게 이용되고 개발된다. 환경 파괴, 통제되지 않는 무분별한 도시화 또는 종 다양성이 없어질 정도로 천연자원에 대한 지나친 채굴 등의 예는 무수히 많다. 종종 시민사회가 제대로 발달하지 못한 곳에서는 의사 표현의 가능성이 적기 때문에, 이런 일들을 당한 주민들은 영향력을 행사할 수 있는 가능성이 극히 적다. 경제적·정치적 힘은 영향력 있는 계층들에 집중되어 있다. 이 계층들 역시 직접적인 당사자들로부터 멀리 떨어져서 벽을 치고 차단한 채 살아가고 있다.

다음의 상세한 설명은 한편으로는 유럽의 상황 및 추세를 주시하는 고찰과, 다른 한편으로는 또한 개발도상국들의 상황을 조명하는 고찰로 나누어진다. 개발도상국들에서 오랫동안 지배적인 근대화 만회 패러다임은—그 사이에 특히 생태계 및 기후와 관련되는 결과들을 통해—부조리하게 된다. 그럼에도 이 지구에 사는 모든 인간들이 인간답고 성취감을 느끼는 삶에 대해 공정하고 동등한 기회를 가질 수 있게 해야 한다는 우선적인 목표는 그대로 남아 있어야 한다. 건축, 도시 계획urban planning, 공간 이용 계획 등의 수단들도 활용해서 말이다.

유럽의 기후 보호: 발전과 함께…

철저한 책임자 원칙을 근거로 삼는다면, 행동의 효과적인 수단은 명백히 공업국들 자체에 있다. 그런데 부정적인 결과와 비용의 외부화externalization는, 즉 공업국들이 결과와 비용을 고의적이고 의도적으로 점차 없애나가는 것

은 오랜 이데올로기 전통이 있다. 산업사회
들뿐만 아니라, 지금 점점 더 두드러지는 전
지구화 조건 하에서 보더라도 그렇다.

유럽연합 내에서 기후 보호는 물론이고 지속적인 주택 건설 및 도시 계획
에 관한 요즘의 논쟁은, 유럽이 드디어 방향을 바꿔 지속 가능한 발전의 좁은
길에 들어서서 전 지구적인 책임을 떠맡기 시작한다는 희망을 갖게 한다.

여기에서 독일은 건축과 도시 계획의 영역에서 선도 주자 중 하나이다.
에너지론적인 건축에 대한 기준은 계속 높아지고 있어서, 패시브 하우스[1]
방식의 건축—그러니까 에너지가 적게 들기 때문에 종래 방식의 난방이 필
요치 않은 주택들의 건축—이 몇 년 후면 기준이 될 것이다. 그러면 10년 후
에는 이미 신축 건축물들의 에너지 소비에 대해 더 이상 언급할 필요가 없을
것이다. 건축물의 신축보다 문제가 되는 것은 기존 건축물의 에너지론적인
단련energetic fitness이다. 이 경우 소유주와 건축주들에게는 기술적인 해결책
보다는 오히려 경제적 부담이 문제이다.

건축물을 지을 때 이제는 점점 더 생활 주기lifecycle를 관찰하게 된다. 즉
계획을 수립할 때 신축을 위한 비용뿐만 아니라 건축물의 전체 사용 기간 및
수명 역시 고려하는 것이다. 건축 자재의 광범위한 재활용은 이제 기준이 되
다시피 했다. 쓰레기 폐기물의 경우도 마찬가지이다. 재활용할 수 없는 잔류
폐기물residual waste은 점점 더 효율적인 소각로incinerator를 통해 다시 에너지
가 되어 전력 및 난방 네트워크에 공급된다. 개인 가정의 물 소비는 보다 나
은 위생 기술과 보다 민감한 소비 행동 때문에 수년 전부터 줄어들고 있다.

유럽이 세계 지역들에 비해 기후 보호의 영역에서 선구자인 이유는 대체
무엇일까? 훼손되지 않은 온전한 환경에 대한 문화적인 평가가 유럽의 주민
들 내에서 엄청나게 높아진 것은 분명하다. 그것도 기후 보호에 있어서 유
럽 전역에 걸쳐 정당을 가리지 않고 펼쳐지는 정치적 노력들을 향한 결정적

2 cultural landscape, 사회·경제·교통·인구·취락, 지방의 전승·풍습·예술 등의 인문적 환경 조건으로 생기는 풍경 및 경관
3 Emscher-Park, 1989~1999, 엠셔강 유역에 있는 17개 폐광지 도시의 파괴된 환경을 복구하고 산업용 건축물의 새로운 용도 전환을 모색한 도시 재생 프로젝트
4 Katowice, 폴란드 남부의 탄광 도시

인 동력이 무척 많아진 것이다.

특히 북유럽과 중부유럽이 자연을 소중히 다루는 것에 호의적인 요인들로는 재생 행동reproduction behaviour, 변화된 과학기술 토대, 문화적 전통 등을 들 수 있다. 19세기와 20세기 전반에는 폭발적인 인구 증가를 보여주었지만, 지금은 인구가 점차적이지만 지속적으로 감소하는 추세에 있다. 인구 감소는 그 자체로 천연자원의 부담을 덜어준다. 환경에 부담을 주는 낡은 산업을 자원을 보호하는 과학기술과 확장되는 서비스 부문으로 교체하는 것도 이와 동일한 효과를 지닌다.

임업의 지속 가능성에 대한 이해는 광범위하게 벌목된 면적의 재조림을 야기했다. 전승된 인문 경관[2]에 대한 문화적 존중은 이러한 임업의 지속 가능성 이해와 결합되어 19세기에―낭만주의의 경관에 대한 상像을 통해 강화되어―이미 관철되었다. 인문 경관의 존중은 산업 발전으로 인해 가로막히기는 했다. 하지만 인문 경관의 인정은 적어도 극도의 남벌을 약화시켰다. 또한 그 덕분에 오늘날에는 주민들이 자연 경관의 복구를 위한 조처를 상당히 용인하게 되었다.

건축 기획building project에 대한 보상으로서 공지(空地, open space)의 보상 조치compensating- and compensatory measures라는 계획 기준은 이제 더 이상 문제시되지 않는다. 이전의 공업 지역을 다시 사용하는 재활성화는 루르 공업지역 Ruhrgebiet에서 **국제 건축 전시회** 〈엠셔 공원〉[3]이 시작되던 20년 전만 해도 비교적 새로운 일이었지만, 오늘날에는 유럽 전역에서 실행되고 있다. 대단히 넓은 라우지츠Lausitz 갈탄 노천 탄광의 경관을 큰 면적에 숲과 호수가 있는 경관으로 바꾼 개조는 비교적 최근에 이루어진 감명 깊은 사례이다. 이것은 카토비체[4] 주변의 오버슐레지엔Oberschlesien 채탄 광구뿐만 아니라 산업과 택

지 개발로 경관이 망가진 이탈리아 베네토Veneto에서 이루어진 재활성화 노력과 맞먹는다(Hunger 2005).

2004년 발효된 **유럽 경관 협약**European Landscape Convention(Europarat 2000)은 이런 구상의 단초들을 요약하고 있다. 이 협약은 다양한 유럽 인문 경관의 유지와 개선을 목표로 한다. 국제법상의 협정에서 더 이상 개별적인 생물 서식 공간biotope만이 아니라 유럽 경관의 정체성 확립 지침 전체와 그 발전의 역학 역시 관심의 초점이 된 것은 처음 있는 일이다. 이 협약은 인문 경관 및 자연 경관에 대한 종합적인 이해가 점점 더 많이 실천에 옮겨지고 있음을 말해주는 표현이다.

유럽의 도시들은 기후 변화를 비교적 잘 대비하고 있는 것처럼 보인다. 유럽 도시들은 대체로 녹지 및 공원들이 규모가 크고 서로 연결되어 있으며 보호를 잘 받고 있는데다, 확장 내지 개조가 가능한 기술적·사회적 기반시설을 갖추고 있기 때문이다. 19세기에 일궈낸 이 두 가지 성과는 20세기에 계속 확대되었다. 그래서 신흥공업국들이 많은 분야에서 선진 서구사회의 매력을 쫓으면서도, 지속 가능성을 지향하는 도시 개발 정책의 이 두 가지 중요한 전략적 장점들을 아직 넘겨받지 않았다는 것은 유감이다.

오래된 산업 지역에 있는 도시 내부의 유휴지를 단계적으로 재활성화시킴으로써, 유럽 도시들에서는 공지空地의 특성이 강화된다. 산업이 독차지했던 강가가 일부는 매력적인 주택가로, 또 다른 일부는 녹지로 다시 변모된다. 예견된 온난화를 주시하는 것과 함께 맑은 공기가 드나드는 길이 트이고 부분적으로는 더 확대된다. 인구수가 일반적으로 감소하는 조건 하에서 이루어지는 도시 개조는 그렇게 되기에 좋은 가능성을 제공한다.

기후 변화를 지역적으로 고찰하는 차원에서 보면 유럽의 주택단지 구조 특성상 발전이 더딘 배후지backward hinterland를 포함하는 초거대도시megacities 보다는, 도시 시스템이 구심성centrality에 따라 단계화되고 연결이 잘 이루어

5 Leipzig-Charta zur nachhaltigen europäischen Stadt, 유럽연합 소속 27개국 도시 개발 담당 장관들이 통합적 도시 개발, 낙후 지역에 대한 관심과 개발 등을 위한 유럽기금의 활용을 천명한 헌장

6 Territoriale Agenda der EU, 유럽연합 회원국들의 국토 공간 개발 의제

지며 도시와 농촌의 차이가 비교적 적은 것이 유리하다.

유럽연합 회원국들은 2007년에 **지속 가능한 유럽 도시를 위한 라이프치히 헌장**[5]과 **유럽연합 지역 의제**[6]로 도시 계획 및 공간 이용 계획의 모델에 합의했다. 이 모델은 사회 결속, 기후 보호, 경제 성장의 균형을 목표로 삼는다.[18] 라이프치히 헌장은 통합적인 도시 개발 개념에 근거한 전체적인 계획 수립의 필요성을 강조하고, 사회적 혜택을 받지 못하는 도시 구역의 개발에 특별한 관심을 기울이는 것을 지향한다. 그 배후에는 "유럽 전형적"이라고 말할 수 있는 중요한 사상이 자리하고 있다. 사회적 균형이 경제적 성장, 과학기술적 발전, 전체 사회적인 복지 등을 위한 전제라는 사상이다.

지역적인 차원에서도 유럽연합 회원국들이 지역 의제에서 합의한 구상 배후에는 똑같은 모델이 있다. 유럽연합 회원국들은 한편으로 전체 사회의 발전에 효과적인 성장 중심의 의미를 강조하는 동시에, 지역적으로 불공평한 차이들disparities의 해소를 위해 상당한 보조금을 지원한다. 라이프치히 헌장을 보면 회원국들은 "유럽의 다중심적인 도시 시스템에 근거한 균형 잡힌 개발을 장려하고, 통합적인 도시 개발의 수단을 촉진시킬" 의무를 진다.

요약하자면, 유럽은 세계의 다른 지역들에 비해 기후 변화에 상당히 잘 대비하는 것처럼 보인다. 그것은 수백 년에 걸친 싸움과 전쟁을 통해 무르익은 인식 때문이다. 공동체가 표결한 행동이 결국 모두에게 유용하다는 인

---

18 〈지속 가능한 유럽 도시를 위한 라이프치히 헌장〉에서 도시 개발을 관할하는 유럽연합 회원국 주무 장관들은 2007년 5월에 도시 개발 정책의 공동 원칙 및 전략에 합의했다. 〈지역 의제〉는 이와 동시에 독일 시의회 기간 동안 국토 이용 계획을 관할하는 주무 장관들이 서명한 지역적인 대응물이다.

식이다. 그것도 회원국들의 정치적 차원에 서만이 아니다. 지자체 및 인근의 일상문화 적 차원에서도 그렇다. 여기에서는 공적 혹

은 공동체적 공동 영역 및 재화("공유지")의 가치를 인정하는 것과 협력에 동 의하는 것이 문화적 기준으로서 공고히 자리잡은 것처럼 보인다. 물론 당연 함으로서가 아니라 꾸준히 새로 협상해야 하고 형성해야 하는 주제로서 말 이다. 예컨대 브란덴부르크 주에서 강가의 자유로운 접근 가능성을 둘러싸 고 벌어지는 현재의 논쟁은 이것을 잘 보여준다.

새로운 도시 및 사회 운동은 "도시를 되찾아라"Reclaim the cities라는 정치 적 선언을 통해 "아래로부터의 재개발"Sanierung von unten과 현장 당사자들의 광범위한 발언권을 강력히 요구한다. 따라서 이런 운동들에 더 많이 주목해 야 할 것이다. 이 운동들은 도시와 공간의 개조 및 재개발이 자본의 이용에 지배당하거나, 국가적 지원이 잘못 배당됨으로써 도가 지나쳤을 때 이를 지 적하는 본보기가 된다.

여기에서 소통communication-이동성mobility 관점이 또 다른 주제가 되는 것 을 알 수 있다. 예를 들면 소통-이동성 덕분에 인간들 상호간의 연결이 가능 해지거나, 필요한 재화의 흐름이 기후에 맞게 진행된다. 항공 화물을 통한 일상적인 재화의 장거리 무역과 과도한 장거리 여행은 일정이 들쑥날쑥하 기 때문에 기후에 맞춰 이루어질 수 없다. 그럼에도 지금 형태의 민영 교통 기관 역시 시험대에 오르는 것은 당연하다. 반면에 승객용 공공 근거리 교통 은 지자체의 공공 서비스 부문으로서 수익성 관점에 희생되어서는 안 된다 (베를린 도시 고속 전철 S-Bahn의 고장은 그것에 대한 현실성 있는 증거이다).

또한 도시 계획과 건축은 사전 과정 및 후속 과정에 대한 관점, 즉 일종의 "생태적 배낭"[7]을 지금까지보다 더 많이 고려해야 할 것이다. 여기에서는 공업국들과 개발도상국들의 전 지구화된 연결이 함께 시야에 들어올 수 있

다. 많은 원료가 명성에 해를 입을 것이다. 자연과 인간을 극히 착취하는 방법을 통해 값싸게 수입되기 때문이다. 시민운동의 압박 때문에라도 공정한 조달을 위해 진력하면서 생산자인 인간은 물론이고 자연 역시 똑같이 고려하는 지자체들이 이제 처음으로 생겨나고 있다.

… 그리고 장애물들

이산화탄소의 배출을 줄이고 오래된 산업사회의 피해를 복구하는 데로 나아가는 발전에 대해서는 앞에서 개략적으로 살펴보았다. 유럽의 주택단지에서 심각하게 볼 수 있는 장애물들이 이런 발전을 가로막는다. 한편으로 지자체 내부와 지역 내부의 경쟁 때문에 입지 결정은 부지 이용의 진척과 결부되어 비효율적이 된다. 그런 식으로는 독일이 예컨대 국가의 지속 가능성 전략이라는 중심 목표에 결코 도달하지 못한다. 즉 2020년에는 새로운 건축 면적 용도로 하루에 30헥타르 이상 사용하지 못한다(지속가능발전협의회 2004)는 목표에 말이다. 다른 한편으로 지역 공동체들의 사회적 결속은—강령을 제시하는 문서가 선언하는 목표와 달리(상기 참조)—실천에서 위기에 봉착해 있다. 공공 과제의 민영화와 연결된 사회적 양극화, 국가의 재정난, 사회적 급부social benefit의 축소 등으로 나아가는 경향은 대체로 유럽의 거의 모든 나라들에서 상당히 두드러진다. 이 경향은 사회정치적으로 신자유주의 모델을 고수하는 것을 가리킨다. 역설적이게도 누구에게나 시장 급진적인 구상이 실패한 것으로 보이는 전 세계적인 위기의 와중에 말이다. 이것을 보면 지난 10년간의 **세뇌**brainwashing는 아직 영향을 끼치고 있는 게 분명하다. 여기에는 금융 부문의 경영진들만 해당되는 것 같지는 않다. 위기에서 배운 것이 아무것도 없는 것이다.

약한 경제력, 사회적 소원함, 기후 보호 등의 문제들이 팽팽하게 대립하는 **동유럽** 국가들은 매우 갈등이 많아 보인다. 동유럽 국가들이 한편으로는 유럽연합에 들어가려고 애태우거나 이미 회원국이 되었긴 하지만, 다른 한 편으로는 오히려 국가와 경제에 대한 시장 급진적인 이해에 따라 건축, 주택 및 사회 정책을 맞추고 있기 때문이다. 몰락한 국가사회주의에 대해 이런 반 응을 보이는 것은 심리적으로 납득이 간다. 이런 반응의 공간적 결과가 부 자들을 위한 **폐쇄적 공동체**gated communities인 셈이다. 그것은 주택 건설을 거 의 표 나지 않게 도와주는 공적 지원과 투자자 우호적인 입지 결정을 말한 다. 이런 결정은 공간 이용 계획 및 도시 계획에서 지속 가능성을 위한 노력 에 위배된다. 미래의 문제들이 미리 정해진 것이다.

북유럽과 비교할 때 지난 10년 동안 만회하고 있는 복지의 발전은 **남유럽** 에서 국토 이용 계획과 관련하여 거의 규제를 받지 않는 택지 조성 과정을 사례로는 인구와 공장이 도시 외곽으로 무질서하게 뻗어나가는 스페인의 밀집 지역과 관광 중심지 또는 뚜렷한 공간 이용 계획 없이 인구밀도가 빽빽 해지는 이탈리아 포 강 주변을 들 수 있다.

온난화가 예상되는 기후는 에너지 결산의 차원에서 볼 때 오히려 북유럽 에 부합된다. 반면에 남유럽은 냉방을 위한 에너지를 더 많이 생산해야 할 것이다. 안타깝게도 지역의 건축 전통을 잃어버린 것 때문에 문제가 더 심 각해진다. 건축물의 통풍과 자연 냉방을 위해 연마된 건축 기술들이, 경제 적으로는 효율적이지만 냉난방 기술에서는 덜 똑똑한 건축물로 대체되는 것이다. 비용이 많이 드는 냉난방 시설이 필요한 건축물로 말이다. 대략 일 반화시키면 이렇다고 볼 수 있다. 북유럽이 난방용 에너지를 절약하면, 그 것을 남유럽이 냉방을 위해 다시 소비한다고 말이다. 요컨대, 유럽이 기로 에 서 있는 것이다.

유럽이 기후 변화의 극복을 준비할 수 있을지 여부는, 다음 몇 년 안에 사 회적 균형과 지역적 통합을 염두에 두는 세력이 유럽연합 내에서 다시 확고

한 지반을 얻을 수 있을지 또는 유럽의 경관 및 주택단지 시스템의 지속 가능성에 치명적인 영향을 끼칠 수 있는 민족국가적인 이기주의로의 복귀가 이루어질지에 좌우될 것이다.

개발도상국들의 상황

개발도상국들에서는 인간들의 절박한 욕구를 고려하는 동시에 기후 변화에 가급적 일조하지 않는 것이 중요할 수밖에 없다. 비교적 가난한 빈곤층 주민들을 위한 대책들은 필요하다. 특히 농촌에서 인간답게 거주하고 생활하는 것을 가능하게 하는 동시에 환경을 보호하는 대책들이 말이다.

좋은 소식은, 불가능해 보이는 이 과제가 과학기술적으로 가능하다는 것이다. 인류는 풀 수 없는 문제 앞에 직면해 있는 게 아니다. 나쁜 소식은, 과학기술만으로는 아무것도 야기하지 못한다는 것이다. 과학기술의 적용은 적합한 문화적 행동 방식과 정치적 상황을 전제로 한다(Radermacher/Beyers 2007). 또 유감이지만 몇 세대 전부터는 기술적 혁신보다 문화적 적응에 시간이 더 많이 필요하다.

한때 공업국들에서 그랬던 것처럼, 개발도상국들의 경우에도 경제와 사회의 변화가 관철되는 과정은 행위자들이 그 결과에서 단지 부분적으로만 의식하는 형태와 주기를 보여준다. 그래서 개발도상국들의 전문가, 정치가, 시민단체 등은 적합한 해결책들을 암중모색할 뿐이다. 특히 여러 가지 문제가 동시에 제기되기 때문이다. 예를 들어 DESWOS 같은 구호기관들도 필연적으로 제한을 받을 수밖에 없다.[19]

---

19 1969년에 설립된 DESWOS는 특히 개발도상국들에서 주택 공급, 지역의 기반 시설, 수익을 창출하는 대책 등에 참여하고 있다. 그런데 이 단체의 활동이 집중되는 대상은, 기후 변화를 야기한 장본인에는 거의 속하지 않지만 경제적·사회적

도시에 대한 압박을 완화하다

하나의 전략은 도시의 주민 증가라는 부담을 줄이는 데 있다. 그렇게 해야 빈곤의 조건 하에 있는 도시 공간에도 기후 친화적이고 인간 친화적인 새로운 주거 형태를 발전시킬 시간을 벌 수 있다. 수도 및 대도시들에서 무단 거주 주민과 빈민가 주민의 비율이 30퍼센트 내지 50퍼센트에 달할 때에는 진척과 해결이 증대될 수 있는 작은 대책들이 도움이 된다. 그것은 단지 건축가, 엔지니어, 도시 계획자 등이 자주 맨 처음에 생각하게 되는 공간기술적인 해결책만은 아닐 것이다. 기후 친화적으로 살 수 있으려면, 인간들 스스로 관계와 상호 연대를 새로 조직해야 할 것이다.

저에너지 건축

개발도상국들은 저에너지 건축자재를 투입하여 주거 형태를 확립하는 건축 방식에 전념해야 할 것이다. 이것은 건축자재의 생산에서도 에너지가 적게 들고 이산화탄소를 줄이는 주거 형태이자, 매우 합리적으로 차단되어 주택의 에너지 관리가 마찬가지로 최소의 에너지 소모로 가능한 형태이다.

그렇다면 건축자재로서 사용될 수 있는 재생 가능한 원료들에 특별히 관심이 쏠릴 것이다. 유휴지를 이용하고 토양 침식을 막는 조림 프로그램들

변화는 물론이고 결국 기후 관련 변화에서도 고통을 다양하게 짊어지는 사람들이다. 개발도상국들의 주택난과 빈곤을 극복해야 하는 DESWOS의 사명은 현장의 협력 단체, 지역적 이니셔티브, NGO 등과 긴밀한 협력을 통해 전달된다. 프로젝트의 예를 들면 다음과 같다. 남아프리카의 빈민가 주민들을 위한 아파트 단지(공간적으로 밀집하게 거주함으로써 면적 소비를 줄임), 탄자니아의 중등학교를 위한 물(조림을 통한 물 공급과 집수 구역의 보호), 우간다의 촌락 개발(점토 이용 건축을 위한 미장이 훈련), 인도의 쓰나미 회복 프로그램(해안림의 시설 및 조림) 등. http://www.deswos.de 참조.

은 재생 가능한 건축자재의 미래를 가리킨다. 그러나 짚, 갈대, 여타의 풀들과 같은 장섬유 천연원료들도 새로운 역할을 할 수 있다. 건축자재인 점토는 새로 발견되어야 한다. 점토의 다양성은 결코 탐구도 되지 않았고 실제에 적용되지도 않았다. 오늘날 구운 점토기와가 사용되는 곳에서 과연 바람에 말린 점토기와를 동일하게 쓸 수 없는 것인지 시험해 보아야 한다.

다양한 건축자재들의 재활용 가능성에 훨씬 더 주목해야 할 것이다. 에너지를 절약하는 또 다른 밑천은 기존 건축물의 손질 강화, 확장 및 개조를 통해 신축을 줄이는 것이다.

주택을 "소유하는" 대신 "이용하는" 주거 형태에 문화적으로 그리고 조직적으로 연결시킬 수 있다. 가령 이것은 주택조합에서 가능하다. 이 경우 농촌 공동체의 전통적인 공공심에 연계되는 것은 명백하다.

전반적으로 공동체의 전래 형태를 이용하는 것은, 복지의 이익과 기후 보호를 서로 연결하기 위한 문화적 전략일 수 있다. 개발도상국들에는 주거 공간의 효율적인 이용을 보증할 수 있는 대가족 제도가 있다. 대가족 제도는 예컨대 아이를 돌보거나 병자와 노인을 간호해야 하는 여타 걱정들로부터도 가족들을 해방시킨다. 작은 공간에 거주하면서 모든 이용자들의 욕구를 고려하는 이런 해결책은 널리 퍼져야 할 것이다.

따라서 주거 형태의 경우, 함께 유기적으로 발전하고 변경하기 쉬운 기본 원칙이 필요하다. 부지의 사용을 줄이기 위해서는 농촌의 주택단지에서조차 여러 층으로 확장할 수 있는 가능성이 고려되어야 할 것이다. 그러면 막간 이용intermediate use과 나중에 추가 건축이 가능하다. 정역학적 이유 때문에 철근 콘크리트를 다시 사용해야 할 때는 최적의 계측dimensioning에 유의해야 할 것이다. 이산화탄소 대차대조표에 근거해서 보면 포촐라나 시멘트[8]가

포틀랜드 시멘트[9]에 비해 몇 갑절 유리할 수 있다. 기후 대차대조표의 정확한 관찰과 응용의 기술적 전제가 결정적이다.

9 portland cement, 석회질과 점토를 연소시켜 만든 인조 시멘트
10 adivasi, 남인도 타밀나두 주의 원주민이자 카스트 최하위 계층

DESWOS 지원 프로젝트의 첫 번째 사례: 인도 타밀나두 주 구달루르 탈루카Gudalur Taluka에 거주하는 하층민 집단들의 농촌 가옥 건축과 적절한 생계비 마련

이 프로젝트의 목표 집단은 우다가만달람Udagamandalam 서쪽의 외진 산악 지역에 살고 있는 하층민 파니야paniya 부족 중 소득이 적은 162개 가정으로, 가족 구성원은 무려 800명이 넘는다. 이 집단은 아디바시[10]에 속한다. 인도 정부는 이 집단을 특히 낙후된 상태에 있고 따라서 도움이 필요한 계층으로 분류했다. 이 프로젝트를 추진하는 기관은 개발기구 **부족 및 농촌 개발 신탁 센터**(CTRD, Centre for Tribals and Rural Development Trust)이다. 프로젝트를 구성하는 요소는 가정들과 함께 계획되고, 그 가정들의 욕구에 따라 가정 및 경제의 상황에 맞춰 조율된다.

이 프로젝트는 인간답게 살 수 있는 거주 공간을 마련하고, 해당 가정의 소득 상태를 개선시킨다. 마을의 공동 건축물들을 통해 부족 구성원들의 소속감과 정체성이 강화된다. 아이들의 첫 기초 교육은 공립학교에서 아이들의 입지를 유리하게 해준다. 정기적인 건강 관리는 마을 주민들의 상당히 많은 환자수를 줄여줄 것이다.

여러 마을의 162개 가정은 자력으로 전통적인 점토 이용 건축 방법을 고려하면서 견고한 주택을 짓는다. 지역에 현존하는 건축 문화는 수용되고, 튼튼한 기초 구조와 고밀도 점토 블록을 통해 기술적으로 개선된다. 자재의 재활용 가능성이 있어서 에너지 투입은 최소화된다. 벽돌 형태를 만드는 프레

사진 1 | 바람에 말린 점토블록으로 집짓기 ─ 이것은 구운 벽돌에 비해 에너지를 절약하고, 기후
에 보다 유리하며, 자력으로 간단히 실행할 수 있다.

스기는 수동으로 작동되고, 점토 블록은 바람에 말려진다.

　　건축 관련 조치에는 자격을 갖춘 전문 인력을 통한 비공식 교육이 있다.
이를 통해 특히 젊은이들에게 수리와 추후 건축에 필요한 집짓기 지식이 전
달되어야 한다. 미장이 및 목수의 일에 대한 지식은 또한 마을 밖에서 일자
리를 찾을 수 있는 가능성도 열어준다.

　　주로 규모가 작은 원예업, 농업, 목축업으로 수익을 창출하게 만드는 조
치들은 프로젝트 기한을 넘어서까지 경제적 생산력과 필요한 재투자를 보
장해야 한다.

저에너지 가계 운영

가정살림의 에너지 이용에서는 특히 재생 가능 에너지를 보다 효율적인 기
술을 통해 투입함으로써, 편리함을 줄이지 않고도 절약할 수 있는 가능성이
열린다.

DESWOS 지원 프로젝트의 두 번째 사례: 인도 안드라 프라데시Andhra Pradesh
주의 에너지 절약형 가마의 설치와 해안림의 조림

이 프로젝트의 목표 집단은 인도 안드라 프라데시 주의 촌락 베타팔렘Veta-
palem 주변 해안 지역에 있는 여러 마을의 주민들이다. 이들은 2004년의 쓰
나미 이후 지역의 구호단체 ASSIST의 보호를 받았다.

재건의 성과 외에도, 관리 대상 가정들의 협력으로 가장 간단한 형태의
콘크리트 에너지 절약형 가마가 개발되었다. 이것은 세 개의 돌에 올려놓고
요리하는 전래 형태를 에너지 절약형으로 교체하는 양식이다. 연료로 공급
되는 목재의 에너지 효율은 세 배가 되었다. 이것은 특히 여성들과 아이들
이 땔감을 모으는 데 시간을 덜 들인다는 것과 지역 녹지를 더 많이 보호한
다는 것을 의미한다. 한편 방풍이 잘 되는 에너지 절약형 가마들에서는 목
화 또는 아주까리의 줄기 같은 손쉬운 연료들을 지금도 사용할 수 있다.

다음 몇 년 동안 연료 공급을 보장하기 위해, 소나무의 일종인 카수아리
나casuarina를 재배함으로써 모래투성이 연해 지역에 넓은 면적의 조림이 실
시되었다. 마을 주민들이 떠맡은 식목 캠페인은 한편으로 큰 폭풍이 발생하
는 시기에 바람의 방향을 바꾸는 데 도움이 되고, 다른 한편으로는 토양의
침식을 줄여준다. 나무의 비교적 빠른 생장은 주기적인 간벌을 가능하게 해
준다. 신선한 잎들은 염소들을 위한 생풀사료로 유용하다. 잎들이 점차 지
면을 덮으면 부식토가 형성되어, 장기적으로는 조림된 농경지대의 또 다른
이용이 가능해진다. 삼림 면적은 마을의 공동소유로 설정되었다.

DESWOS의 다른 지역 협력단체들 역시 에너지 절약형 가마의 설치를
선전한다. 에너지 절약형 가마들은 현장 상황에 적용되어 이동식 또는 고
정식으로 설치될 수 있고, 일부는 고물 철판이나 점토 또는 벽돌로도 만들
어진다. 고정 설치된 가마들은 굴뚝을 갖추게 된다. 이로써 오두막과 집에
자욱한 연기로 인해 평소 자주 발생하는 건강 손상이 방지된다. 여기에 덧

11 forced ventilation, 송풍기에 의
해서 실내공기를 강제적으로 내보내
고 외부공기를 끌어들이는 환기방법

붙여, 에너지 절약형 가마는 특히 아이들에
게 위험한 개방형 화열 기구보다 화재에 안
전하다. 에너지 절약형 가마는 적은 비용의
단기 교육만 받으면 직접 만들 수 있다.

주택의 합리적인 냉난방 조절은 훨씬 더 중요해질 것이다. 에너지를 많
이 소모하는 냉난방 시설은 북쪽의 비교적 시원하고 부유한 나라들의 건축
및 주거 형태를 무비판적으로 받아들일 때 필연적으로 수반되는 사항이다.
그런데 냉방용 강제 환기[11]는 실행 가능하며, 많은 열대 지역 나라들의 전통
적인 건축물에서 숙달된 실천이다. 베란다, 평지붕 또는 발코니 등을 통해
반공개적인 공간을 이용하는 건축 형태들은 기후에 좋고 사회적으로 소통
적인 해결책이다.

적도 근처에 있는 많은 개발도상국들에서 저녁은 일찍 시작된다. 광원
light source에 대한 열망은 납득이 간다. 집안일을 하거나 저녁에 편안한 휴식
을 누리려면 말이다. 전력망에 의존적인 전기화electrification는 한계가 있다.
멀리 떨어져 있는 가정들을 위한 배선 매립은 수지타산이 맞지 않기 때문이
다. 태양광 조명 시스템은 조달할 수 있고 직접 정비와 조작이 가능하며, 심
지어 이동식으로도 사용할 수 있다. LED 기술은 불빛이 대단히 밝은데도 소
비되는 전력의 절약이 가능하다. 어쨌든 태양 에너지원은 가정살림의 다른
목적들을 위해서도 중요하다. 예를 들면 이동통신기기, 소형 컴퓨터의 작동
또는 라디오 및 텔레비전의 방송 수신 등을 위해서도 가치가 있는 것이다.
이런 설비들은 농촌의 가정살림에 꼭 필요하다. 농촌의 발전에 매우 중요한
자원이 정보의 유포이기 때문이다.

농촌 공간의 전기화는 점점 더 진전되고 있다. 식량 생산을 위해 종종 관
개용 펌프가 작동되어야 하기 때문이다. 에너지 소비의 측정과 공정한 정산

사진 2 | 바람의 방향을 바꾸고 연료를 공급하는 조처로서의 안드라 프라데시 해안림 조림

은 가끔씩 이루어진다. 어쨌든 계량기를 통제할 수 없을 때, 전선에서 몰래 전기를 끌어 쓰는 일은 용인된다. 이제는 농촌의 많은 가정들이 전기를 쓰고 있다. 그러나 전구와 형광등과 텔레비전을 많이 사용할수록 전압은 떨어진다. 사람들은 일찍부터 소형 형광등(CFL, compact fluorescent light bulb)을 믿었다. 그럼에도 전력망의 효율이 낮고 생산이 적기 때문에 생기는 극심한 전력 부족은 딜레마이다. 그래서 전선은 한 번은 산업을 위해서, 또 한 번은 농업을 위해 이리저리 연결된다. 전기가 필요한 사람은 발전기를 마련한다. 다만, 그렇게 함으로써 모든 것이 몇 갑절 비용이 많이 들고 비효율적이며 기후에 해롭게 될 뿐이다.

농업의 새로운 길 — 에너지 수익과 유해물질 방지

식량 생산자로서의 농업은 새로운 길을 가야 할 것이다. 왜냐하면 농업 자체가 극심한 이산화탄소 방출자이기 때문이다. 또한 농업이 에너지를 전력

12 biomass, 에너지원으로 이용되는
식물, 미생물 등의 생물체
13 process heat, 화학적인 제조나 변
환 등의 과정에 필요한 열
14 waste heat, 생산이나 소비의 장에
서 주위의 환경에 버려지는 열
15 irrigation farming, 인공적으로
물 관리시설을 만들어 물을 작물 생
육에 맞게 공급하는 농업방식

망으로 유도할 수 있다면 에너지 생산자로서의 의미도 커질 것이다. 태양에너지 생산, 가스 시설의 바이오매스[12] 이용, 농업 생산물의 건조를 위해서나 공정열[13]로서 폐열[14]의 온실 투입 등이 연결된 결합은 개발도상국들의 경우에도 생각해볼 수 있다.

희망적인 것은 생태계 붕괴를 방지하는 데 필요한 많은 새로운 과학기술이 전래 농업 및 건축 문화와 모순되지 않는다는 점이다. 산업화 이전의 농업사회는 자연과 그 자원의 이용에 있어서 감수성을 갖고 대하는 경험이 있다. 이런 경험이 산업적인 농업에서는 사라졌다.

물론 농촌의 전통 과학기술의 신속한 변화 역시 여러 곳에서 필요하다. 그래서 건축 영역을 볼 때 탁 트인 옥외 벽돌 공장에서의 비효율적인 벽돌 굽기는 비판받을 수 있다. 이런 식의 벽돌 제조는 엄청난 목재 자원을 소모하고, 점토를 종종 경쟁적으로 논밭 경작지로부터 구하기 때문이다.

수자원 경영의 안정화를 위해서는 지표면의 개봉unsealing이 이루어져야 한다. 농촌 공간의 개간과 농지의 잘못된 경작(배수 방향으로의 밀집화 및 쟁기질)으로 인해 빗물은 극히 빨리 흘러가며 귀중한 토양을 함께 실어가고, 침식으로 형성된 깊은 고랑을 쓸어간다. 지하수위ground water level가 계속 내려가고 있다. 부적당한 관개농업[15]은 토양을 망치게 한다. 대규모 공장 및 경작에 의한 지하수의 과도한 사용, 농약 및 화학비료의 투입에 의한 지하수 오염 등은 마을의 물 공급을 위태롭게 한다.

주거 환경에서 미기후[16]의 개선

도시 공간의 지표면 포장surface sealing으로 인해, 비용이 많이 드는 배수 조절

기후문화적 특징과 사회경제적 발전이 상충하는 긴장 영역에 있는 건축 및 도시 계획 | 239

장치를 갖춘 빗물 저수조가 필요하게 된다. 도시의 밀집화를 위해서는 물론이고 농촌 지역의 주택단지를 위해서도 미기후를 개

16 microclimate, 지구 표면에 근접하며 소기후보다 더 작은 범위 대기의 물리적 상태

선할 조처가 필요하다. 주거 환경에서 먼지 흡수, 냉각, 토양 침식 저지 등을 위한 증거, 즉 옥상 녹화가 가능한 녹색 지붕, 덩굴식물, 그늘을 만드는 초목 등이 주택단지 프로젝트에 삽입된다. 빈터, 가로수, 수풀, 개울 등도 여기에 속한다.

특히 자급의 요소이기도 한 텃밭 가꾸기는 노동력이 시장에서 통용되는 공정에 수용될 수 없을 때 의미를 지닐 것이다. 자급자족 경제는 여기에서 보충적으로 부가 소득의 역할을 할 수 있고, 주택과 주거 환경에 적합한 활동 가능성을 필요로 한다.

이런 구상들이 토지 소유자들의 현금화 전략과 상반된다는 것은 문제가 되지 않는다. 토지 소유자들은 빽빽하게 증축된 빈민가에서 임대료로 꿈같은 수익을 올리려 한다. 여기에서도 마찬가지로 적용되는 것이 있다. 기술적으로 실행 가능한 것, 그리고 인간의 행동과 관련하여 전래되는 문화적 성향이 존재하는 목적은 경제 상황 및 권력 상황과 대립될 때 결코 실행에 옮겨질 수 없다는 사실이다.

에너지를 절약하는 수송과 지역 경제

기후에 해로운 에너지 투입의 상당 부분은 운송의 몫이 된다. 아무리 간단한 소비재일지라도 적시에 운송하는 항공 교통, 식료품을 일정한 온도로 냉각 유지하고 다시 녹이는 것 등은 화석연료 자원을 먹어치운다.

그렇지 않아도 농촌 공간에 준비되어 있는 노동력을 시장경제적인 생산 과정에 편입시키는 문제가 있는 개발도상국들에서는 자기 조직적인 일self-

organized occupation의 가능성이 열린다. 자급
자족 경제로서 뿐만 아니라, 간단한 상품 및
서비스로 이루어지는 소규모 지역 경제에
서도 말이다. 먼 수송로를 더 이상 고려하지 않아도 되기에, 지역 경제는 새
로운 자극들을 얻을 것이다.

이런 형태의 생산이 국토 이용 계획 및 건축과 관련하여 요구하는 답변
은 전통적인 본보기에 초점이 맞추어질 수 있다. 주거와 노동의 결합은, 즉
동네 주민들의 필요에 맞춘 공동 작업장의 설치는 주민과 생산자에게 경제
적·사회적 통합의 가능성을 제공한다. 지역의 생산자와 소비자를 겨냥하는
지역 경제와 교환 순환은 세계화에 대응하는 운동으로서 새로운 위상을 얻
게 될 것이다. 순전히 가격에 초점을 맞추는 것 외에, 소비자들의 변화된 가
치 역시 장차 중요한 역할을 할 것이다. 여타의 새로운 가치 모형들을 야기
할 수 있는 "로하스"[17]가 이미 그 첫 번째 인상을 전해준다.

요약

유럽 및 개발도상국들이 건축과 주택단지 개발의 영역에서 기후 변화에 대
해 보이는 반응들은 무엇을 말해주는가?

첫째, 문화가 자연에 적응하는 것이 필요하다는 것이다. 자연과 함께 하
는 게 아니라 자연에 위배되게 작업하는 건축과 도시 형태는 이미 중기적으
로 가망이 없다. 낡은 산업사회 방식의 과학기술적 과대망상 대신 겸손이 선
언되었다.

둘째, 환경 오염과 자원 소모를, 그것도 복지 수준의 희생 없이 본격적으
로 줄일 수 있는 과학기술의 가능성이 주어졌다는 것은 기쁜 일이다. 오늘
날 이미 존재하는 가능성들은 조만간 더욱 현저히 개선될 것이다. 자연과 문
화의 화해가 이루어지지 않는다 해도 기술자들과 자연과학자들 탓은 아니

다. 건축 및 도시 계획에서 환경을 보호하고 기후와 관련하여 합리적인 전통에 대한 재고와 연결된 신기술, 이것이 건축의 미래이다.

18 good governance, 책임성, 투명성, 형평성, 이해관계인의 참여 및 관료들의 윤리적 행태가 확보되는 이상적인 통치

셋째, 사회적 상황의 변화 없이는 기후 변화에 대해 지속적으로 적합한 사회적 반응이란 생각할 수 없다. 세계사회라는 큰 차원에서뿐만 아니라 이웃이라는 작은 차원에서도, 결속을 장려하고 협력하는 행동을 위한 토대를 형성하는 어느 정도의 사회적 균형은 중요하다. 협력과 사회적 결속은 공동체가 지속 가능성이 있는 도시 및 공간 구조를 만들 수 있는 기회를 높여주고, 갈등 조장과 사회적 양극화는 반대로 그 가능성을 줄인다.

물, 공기, 토양, 경관 등은 자연-자원nature-resources으로서 사회 전체의 생활 기반을 이루는 공동자산이다. 특권을 누리는 소수가 이것들을 사적으로 선점하는 것은 대단히 문제가 있고, 이것에 대해 적어도 사회적 정당성 및 감시가 필요하다. **선정**[18]의 윤리적 규칙 없이는, 기후 변화를 진정시키고 오늘날 이미 피할 수 없는 그 영향에 적응하는 것이 불가능할 것이다.

넷째, 희망적으로 마무리하자면, 기후 변화에 대한 문화적 반응은 이제까지의 역사에서 전혀 몰랐던 근본적으로 새로운 행동 유형을 필요로 하지 않는다. 인간이 수천 년 동안 습득한 자연에 대한 행동 성향의 많은 것이 산업사회의 짧은 단계를 통해 억압되고 봉쇄되었다. 대단히 강한 자연에 경외심을 갖고 대하던 산업화 이전의 경험과 대단히 수고하여 얻은 자원들의 귀중함을 다시 생각해보자. 그러면 기후 변화의 압박을 많이 받을수록, 이런 생각은 인간들의 일상적인 의식에 빨리 영향을 끼칠 것이다.

도시 거버넌스를 통한 기후 보호

도시 거버넌스를 통한 기후 보호

울리히 바티스
ULRICH BATTIS

기후 보호에 대한 말이 나오면 맨 먼저 국제법, 그러니까 리우, 교토, 코펜하겐 등의 정상회의에서 나온 협약 같은 국제법상의 협정을 생각하게 된다. 독일의 법률가들만 그러는 것은 아니다. 행위자들은 국가들이거나, 유럽연합 같은 국가들의 동맹이다.

유럽연합은 또한 회원국들을 위한 유럽법적 규정들을 결정하는 중요한 행위자이다. 이것은 환경법에서 명확히 드러난다. 독일 공법의 어떤 분야도 환경법만큼 강력하게 유럽법적인 특징을 띠고 있지는 않다. 유럽연합이 경제적 경쟁과 규제 완화를 노리고 일단 경제 공동체로서 출발했다는 점을 고려한다면, 이런 상태는 당연한 게 아니다.

기후 변화가 21세기의 세계 위험 사회world risk society에서 환경정책과 관련하여 중요한 도전을 나타낸다면(Beck 2007: 155), 기후 보호는 국가들 및 국제연합UN, 유럽연합 또는 아시아태평양경제협력체APEC 같은 초국가적인 동맹들만의 사안일 수 없다. 그린피스나 아탁[1]처럼 전 지구적으로 활동하는 비정부기구들 외에도, 국가관료주의에 반대하며 시민이 떠받치고 있는 지역 세력으로 이해될 수 있는 또 하나의 행위자를 주목해야 할 것이다. 이를테면 특히 독일에서 헌

---

1 ATTAC, Association for a Taxation of financial Transactions in Assistance to the Citizens, 범지구적 반세계화 운동단체인 국제금융과세연대

법상 보장된 지자체 자치 행정이 그것이다.

독일 헌법 제28조 제2항 제1문은 기초 자치단체Gemeinde에 "지역 공동체의 모든 사안을 법률의 범위 내에서 규제할" 권리를 부여하고 있다. 그런데 당연히 전 지구적으로 고찰해야 하는 기후 보호가 도대체 지역 공동체의 사안일 수 있을까? 기후 보호를 효과적으로 실행할 수 있기 위한 관할권 및 권한이 도대체 기초 자치단체에 있을까? 기후 보호는 기초 자치단체의 경계선 앞에서 멈출 수 없다. 즉 좁은 기초 자치단체 구역 내의 장소적 공동체에 국한될 수 없는 것이다. 따라서 기후 보호에서는 지자체 자치 행정에 본질적인 장소 연관성이 부족한 걸까?

독일 헌법 제28조 제2항 제1문에 따라 지자체 자치 행정권을 형성하는 범위를 정하는 법에는 주법Landesgesetz 외에도 연방법Bundesgesetz이 속한다. 지자체 건설 관리 계획Bauleitplanung의 근거, 그러니까 토지 이용 계획F-Plan, Flächennutzungsplan 및 지구 단위 계획B-Plan, Bebauungsplan의 법령은 내용적으로 그리고 전반적으로 소송법상으로도 연방법, 이를테면 연방건축법전Baugesetzbuch을 통해 정해진다는 것이 독일 건설계획법Bauplanungsrecht의 특징이다. 이것에 근거를 두고 지자체는 계획과 관련하여 설계의 자유를 행사한다. 연방법과 지자체 건설 관리 계획의 긴밀한 협력은 연방주들에서 때때로 비판의 계기가 되었지만, 연방제도 개혁 I[2]에서도 포기되지 않았다.

또한 독일의 주들이 공간 이용 계획 및 지역 계획에 따라서는 물론이고 주 건축 법규Landesbauordnung를 통해서라도 지자체의 기후 보호를 위한 한정 조건을 마련하는 것을 오해해서는 안 된다. 가령 포어포메른, 헤센 중남부 같은 시범 지역들과 엘프탈 상부Oberes Elbtal/에르츠 산맥 동부Osterzgebirge에서 주택단지 및 교통, 강 유역, 해안, 항해를 위한 공간 이용 계획에 해당되는 시범 사업이나, 건축물의 단열, 지붕 또는 벽의 녹화綠化, 회랑의 차양 설

2 Föderalismusreform I, 2006년에 독일에서 이루어진 연방과 주들의 관계에 관한 헌법 개정

치 등을 위한 건축법Bauordnungsrecht에 근거하는 규정들에 대해서만 주의를 환기시켜 보자.

I.

다음에서는 시민사회에 수반되는 기후 친화적 도시 재생의 관철을 위한 연 방법과 지자체 건설 관리 계획 간의 긴밀한 협력이 소개될 것이다(Battis/Kersten/Mitschang 2009).

《프랑크푸르터 알게마이네 차이퉁Frankfurter Allgemeine Zeitung》(FAZ v. 12.9. 2009: 11)의 경제면에 "도시와 지자체들의 새로운 생태운동"Die neue Ökobewegung der Städte und Kommunen이라는 제목의 기사가 실렸다. 뮌헨 시와 시영기업SMW이 2015년까지 전기를 100퍼센트 재생 가능 에너지로 생산하겠다는 계획에 관한 기사였다. 뮌헨의 예가 독일에서 특수한 경우는 아니다. 뒤셀도르프, 카셀, 프라이부르크 등은 물론이고 바이에른의 도시 가르힝Garching, 켈하임 Kehlheim, 빌스비부르크Vilsbiburg 등도 재생 가능하고 대체로 분산된 에너지 시설을 이용하는 에너지 자급자족 지자체라는 목표를 추구한다. 독일 도시 협 의회 집행위원회 위원 슈테판 아르티쿠스Stephan Articus가 볼 때, 재생 가능 에너지는 지역의 기후 보호를 위한 핵심 도구이다. 그래서 **독일 도시 협의회** Deutscher Städtetag는 이미 2008년 5월에 〈도시들의 환경 보호에 대한 성명서 Positionspapier zum Umweltschutz in den Städten〉(Deutscher Städteta 2008)를 내놓았다.

지자체들의 선도자 역할은 시민들이 현장에서 지자체의 새로운 기후 정 책과 연결되는 부담을 함께 조성하고 함께 짊어질 때에만 성공할 수 있다. 본질적으로 중요한 것은 독일과 유럽연합의 정치적인 다층적 통치 체제multilevel governance system에서 지자체 자치행정의 정당성이다. 지자체의 발의는 국가적 입법과 비교할 때 특유의 장점이 있다. 시민들이 결정 과정에 더 강력하게 영향을 끼칠 수 있고, 모든 당사자들이 그 결과를 오히려 조망하고 감독할 수 있으며 선거 행동을 통해 제재 조치를 취할 수 있기 때문이다 (Faßbender 2009: 623).

지역 차원에서 보면, 기후 보호를 둘러싼 여론 및 관심의 경쟁은 매우 활기차다. "시청의 생태적 독재"Ökodiktatur im Rathaus는 마르부르크 시 참사회가 결의한 태양에너지 규약Solarsatzung에 대한 혹독한 비판의 내용을 말한다 (FAZ v. 23.06.2008: 11 참조). 〈토지 소유자들의 독립신문Unabhängige Zeitung der Grund-stückseigentümer〉(VDGN-Nachrichten v. 18.09.2009: 1 참조)은 계획된 기후 보호 법안을 통해 "자가 소유자들의 주머니를 반사회적으로 파렴치하게 털 것"이라고 베를린 시정부를 비난했다. **독일연방 주택 건설 및 부동산 기업 협회**Bundesverband Deutscher Wohnungsbau- und Immobilienunternehmen(GdW)는 최근의 연례회의에서 가령 **에너지 절약 규정 2009** Energieeinsparverordnung 2009 (EnEV) 같은 지자체의 행동에 대한 국가의 범위 설정을 심하게 비난한다. 주택 신축에 투자할 용의를 없애는 끔찍한 짓이라고 말이다(FAZ v. 25.09.2009: 39 참조). 쾰른대학의 저명한 경제정책과 정교수이자 주택법 및 주택산업 연구소 소장인 요한 에크호프(Johann Eekhoff, 1941~)는 EnEV도, 보다 나은 단열을 위해 국가가 지원하는 주택 조치도 시민들을 불필요하게 가르치려 드는 행동이라고 거부한다(FAZ v. 19.06.2009: 41 참조).

주택산업 로비스트들의 저항은 17대 입법기legislative period를 위한 기민련 CDU, 기사련CSU, 자민당FDP의 연정 합의에서 그 답을 발견한다. "기후 보호"라는 제목 하에, 유럽법상 발의된 EnEV의 부분적 철회가 상당히 노골적으로 예고된다. "우리는 통합된 에너지 및 기후 프로그램 2010의 조처들을 그 효과를 고려하여 자세히 살피고, 경우에 따라서는 재조정할 것이다." 에너지 효율성이라는 표제어 아래 또 다른 진술이 같은 방향으로 이어진다. "전 세계적인 에너지 소비는 다음 몇 년 동안 급격하게 증가할 것이다. 시장 지향적이고 과학기술 개방적인 한정 조건은 장려책incentive과 소비자 정보 consumer information에 많은 기대를 걸고 강제를 별로 신뢰하지 않는다. 그래서 우리는 이런 한정 조건을 통해 에너지 효율성 영역에서 엄청난 잠재력을 증진시키고자 한다."

그러나 연정은 자발성만을 믿으려 하지는 않는다. "건축물 개조와 열 영역에의 재생 가능 에너지 투입"이라는 제목 하에서 말하고 있는 바는 매우 분명하다. "우리는 현재의 개량율을 올리기 위해 이산화탄소 건축물 개조 프로그램에 대해 효과가 뚜렷하게 계획을 세워 준비할 것이다. 소유자와 세입자 둘 다에게 유리한 에너지 개조를 위한 임대차법의 장애물은 줄어들고, 공동 주택 영역에서 기업이 열을 제공하는 현존하는 가능성EnergieContracting 은 커진다. 이런 목적에 도움이 되는 건축 대책들은 용인될 수 있고, 이로 인해 임대료가 감소해서는 안 된다."(CDU/CSU/FDP 2009: insb. 26 u. 28)

II.

지자체가 도대체 기후를 보호하는 친환경 도시 재생을 할 권한이 있는가를 두고 법률가들 사이에서 단연 논란이 많다. 특히 그 결과, 주택 소유자뿐만 아니라 세입자에 있어서도 기본권상 보호되는 소유권에의 심각한 개입이 의도되기 때문이다.

독일 헌법 제28조 제2항의 권한 규정은 또한 권한 제한적이다. 이런 식으로 예전에 이미 법원들은 지자체들이 자기들의 지역을 핵무기가 배치되지 않은 **비핵지대**nuclear weapon-free zone로 공표하겠다는 결정을 불허한다고 선언했다. 이와 연관하여 부분적으로는, 전 지구적인 기후 보호가 지역 공동체의 사안일 수 없고 따라서 지자체의 권한 밖에 있다는 결론이 나온다. 이 문제는 법학 관련 저자들 사이에서만 논란의 여지가 많은 게 아니다. 심지어 관할 최고 법원, 이를테면 연방행정법원 내에서도 마찬가지다.

개인 가정들이 지자체의 지역 난방 열 공급 시스템district heating supply system 에 접속하고 이용해야 하는 의무에 대한 2006년 1월 25일자 연방행정법원의 판결은 일반적인 기후 보호를 지자체 자치 행정과 관련하여 대단히 양면적으로 분류한다(BVerwG, NVwZ 2006:690). 이 결정 때문에 자치단체의 법령을 만드는 입법자는 한편으로는 기후 보호를 미리 대비한다는 이유로 공공 지역 난방 열 공급 시스템에 접속하고 이를 이용할 것을 강제할 수 있다. 전적으로 기후 보호의 전 지구적 차원을 인정하는 것이다(BVerwG, NVwZ 2006: 690(690, 693)). 다른 한편으로 법원은 도시 계획의 전제(건축법전BauGB 제1조 제3항 제1호) 혹은 도시 계획의 근거(건축법전 제9조 제1항 의미에서의 근거)가 단지 "제한된 장소적 상황과 관련해서"만 지구 단위 계획의 결정을 정당화할 수 있다고 주장한다(BVerwG, NVwZ 2006: 690(693)).

지방자치법을 관할하는 연방행정법원 8부의 이 판결은 "제한된 장소적 상황"이라는 개념을 한편으로는 기후 보호 조처들을 위해서는 토지법Boden-recht과의 연계로 충분하다는 취지로 이해한다. 그런 다음에 이 조처들이 전 지구적인 기후도 함께 보호해야 한다 하더라도 말이다. 그러나 이 판결은 다른 한편으로 전 지구적인 기후 보호를 통해 동기 부여된 지역 난방 열 공급 시스템에의 접속 및 이용 의무와는 다르다. 또한 이로부터, "제한된 장소적 상황과 관련하여" 도시 계획의 결정이 일반적인 기후 보호를 통해서가 아니라 단지 국부적이고 기껏해야 지역적인 기후 보호를 통해 동기 부여가 된다고도 추론할 수 있을 것이다.

그러나 장소적 사안(독일 헌법 제28조 제2항 제1문)과 도시 계획의 전제(건축법전 제1조 제3항 제1문) 내지 도시 계획의 근거(건축법전 제9조 제1항)의 이런 제한 규정은 연방행정법원 4부가 내린 판결의 선상에 있지 않다. 이 재판부는 이미 1998년의 건축법전이 적용되고 있는 가운데 풍력 시설의 소재지 결정과 관런하여 다음과 같이 지적했다.

> "교토의정서 같은 국제적 협정들에 들어 있는 목표들은 고려해야 하는 기
> 준들로서 계획 수립에 포함해서 생각할 수 있다. 전체 공간 및 도시 계획
> 의 발전과 원칙의 틀 내에서 계획법planning law 관련 도구를 이용하여 기후
> 보호 정책을 추진하는 것은, 국토 개발 계획 및 지역 계획의 추진자는 물
> 론이고 또한 지자체의 재량에 맡겨져 있다."(BVerwG, NVwZ 2003: 738(740);
> 여기에 덧붙여 Schmidt, NVwZ 2006: 1354(1357) 참조)

최근에 베를린 행정법원은 심지어 독일 헌법 제28조 제2항의 의미에서
기초 자치단체가 아닌 베를린 행정구역들에, 권한의 한계 내에서 독자적인
기후 정책을 추진하지 못한다는 자격을 승인했다. 예를 들면 인도에 가열 맨
틀heating mantle을 금지한다는 조항을 통해서 말이다. 음식점 주인이 음식점
에 가열 맨틀을 설치해도 기후에 미치는 효과가 감지될 만큼은 아니라며 소
송을 제기했는데, 법원은 음식점 주인의 논거를 기각했다.

> "왜냐하면 대기권에서 온실가스의 상승은 늦어도 19세기 이래 오랜
> 기간에 걸쳐 일어나고 있고, 온실가스는 각각 그 자체로는 오염물질
> 배출에 미미한 몫의 역할만 행하는 수십억 개의 오염원들로부터 공급
> 되기 때문이다. 온실가스를 줄이기 위한 전체 노력이 이런 식의 논증
> 으로 문제시되었다."(Berlin, Zeitschrift für Umwelrecht 2009: 556 참조)

도시 계획법urban planning law이 국부적이고 지역적인 기후 보호뿐만 아니
라 특히 일반적인 기후 보호를 위해서도 계획과 관련하여 지속적인 기여를
행할 수 있다는 인식이 점점 더 관철되고 있다. 도시 계획에 따른 기후 보호

의 강령적 출발점은 유럽법적 지침을 다시 끄집어내는 건축법전 제1조 제5
항 제2문의 규정이다. 이 규정은 2004년에 이미 연방 입법기관에 의해 삽입
되었다. 그 다음에 건설 관리 계획은 "일반적인 기후 보호에 대한 책임에서
도" 인간에게 어울리는 환경을 보장하고 자연적인 생활 기반을 보호하고 발
전시키는 데 기여해야 한다. 그러니까 일반적으로는 건설 관리 계획이, 특
수하게는 기후를 보호하는 친환경 도시 재생이 자치 단체의 자치 행정이 해
야 할 과제인 셈이다.

그런데 1차 연방제도 개혁Föderalismusreform I 이래로 헌법학자들 사이에서
대단히 논란이 되고 있는 것이 있다. 지자체의 기후 보호에 대한 전권이 독
일 헌법 제84조 제1항 제7문에 따라 2006년 7월 연방제도 개혁법이 첨가한
연방에 대한 개입 금지를 통해 과연 원칙적으로 제외되었는가를 두고 말이
다. 다르게 바꿔 말하면, 연방 입법기관이 연방법의 건축법전을 통해서 지
자체에 기후 보호의 전권을 위임하고, 지자체가 상응하는 도구들을 재량껏
사용해도 되는지를 두고 이론이 분분한 것이다. 여기에서는, 정식 견해로는
독일 헌법 제28조 제2항에 의거하여 헌법이 지자체에 직접 할당하는 과제가
바로 연방의 개입 금지에 해당되지는 않는다는 점을 간단히 확인하는 정도
로 그치겠다. 이것이 바로 건설 관리 계획과 기후를 보호하는 친환경 도시
재생의 구상에 적용된다.

이해관계자들이 당연히 끌어들이는 독일 헌법 제14조의 소유권 보장은
기후를 보호하는 도시 계획의 계약 형태 및 다른 협력 형태를 일반적으로 허
용한다. 지구 단위 계획은 새로운 주택단지 지역 또는 훨씬 더 중요하기로
는 건축이 된 지역, 그러니까 지구 정비 존속 지역을 위한 기후 보호를 새로
운 도구들을 통해 극대화할 것이다. 이 지구 단위 계획은 규정대로 적용하
면, 독일 헌법 제14조 제1항 제2문의 의미에서 소유권의 법적 내용 및 한계
규정으로 허가되고 실행될 수 있다. 이런 내용 및 한계 규정은 환경 보호라

는 국가적 목표(독일 헌법 제20a조)와 독일 헌법 제14조 제1항 제2문에서 정한 소유권의 사회적 책임social responsibility을 실현한다. 이런 사법적 운동의 근저에는 다음과 같은 가정이 있다. 건축물 현황에서 볼 때 도시 계획의 폐해들이 기후 변화의 결과로서 발생할 수 있을 텐데, 새로운 종류의 폐해들을 제거하거나 최소화하는 데 도시 계획의 기후 보호 조처들이 적합하다는 것이다. 이때 기억해야 할 점이 있다. 건축물 현황에서 볼 때 가령 주택 밖의 화장실과 그 밖의 위생시설들 같은 전승된 합법적 상태는 1960년대와 1970년대에 그것들을 바라보는 견해가 바뀌었기 때문에 도시 계획의 폐해로 평가되었고, 새로운 종류의 도구들—예컨대 근대화 및 복구 규정—을 통해 극복되었다는 것이다. 그러나 이런 실천은 또한 건축 규정, 위생 의무 또는 몰수처럼 직접 의무를 지우는 일방적인 조처들이 단지 최후 수단ultima ratio으로서만 가능하며, 실제로 국가의 진흥책 없이는 대체로 재정 지원이 가능하지 않다는 점도 보여주었다.

III.

기민련, 기사련, 자민당의 연정 협정은 지자체의 건설 관리 계획을 통해 기후 보호를 허용할 수 있다는 논쟁을 정치적으로 결정했다. "건축과 거주"Bauen und Wohnen 장에는 "건축 계획법"이라는 표제어 하에 이런 내용이 있다. "우리는 계획법과 계획의 목적을 개선할 것이다. 기후 보호를 확고히 하고, 국내 발전의 우위를 강화하며, 인가 절차를 간소화하는 것이 중요하다. 우리는 건축법전을 그것에 맞추고 개선할 것이다."(ebd.: 42)

이것으로도 지자체의 건설 관리 계획이 어떻게 개선되고 어떤 조처들에 의해 보완될지는 결정되지 않았다. 그러나 개연성이 별로 없는 일이지만, 예컨대 교통, 경제, 주택건설 등 경쟁적인 관심사들과 함께 건설 관리 계획을 고려할 때 기후 보호에 법적 우위가 인정될 것이라고 생각할 수 있다. 지역적 기후 정책에 대한 권한이 확대될 가능성은 있다. 특히 현존하는 권한들의 확대, 가령 현존하는 건축물의 개조 및 증축에 관한 규정 같은 새로운 도구들의 첨가, 재생 가능 에너지의 투입 또는 대기 오염 물질에 대한 사용 제한이나 금지 등을 통해 말이다. 그것도 연료에 대해서—이것은 오늘날 이미 가능하다—뿐만 아니라, 산업체 공장이나 태양 에너지 시설의 투입을 위한 기술적 안전 대책 또는 단열 규정 등에 대해서도—이것은 이론이 분분하다—마찬가지다. 이론적으로 가능하지만 실제로는 배제해도 되는 것이 있다. 예를 들어 어떤 지역에 대한 제로 에너지 건축물zero-energy building의 금지를 공포하는 것이 그렇다. 지자체 조례가 또한 건축 계획법에 따라, 재생 가능 에너지의 이용을 위해 지자체 시설에 대한 접속 및 이용 의무를 규정한 지역의 경우에 말이다.

지구 단위 계획에 대한 현존하는 확정 가능성을 확대하는 것보다 더 중요하다고 할 수 있는 것이 있다. 도시 계획법을 에너지 전문법이라는 새롭고도 부분적으로 상당히 엄격한 도구들과 보다 긴밀히 연결하는 것이 그것이다. 에너지 전문법 도구들이란 에너지 절약법, 에너지 보존 규정(EnEV, En-ergiesparverordnung), 열 공급 부문의 재생 가능 에너지 장려법 같은 것을 말한다. 바로 이것, 재생 가능 에너지 장려법은 부분적으로 접속 및 이용 의무를 동원해서라도 태양 복사 에너지solar radiant energy, 환경열environmental heat, 지열geothermal heat, 바이오매스 등의 투입을 통해 공공 열 공급망을 지원해야 한다.

지금까지는 도시 계획법과 유럽법의 영향을 받은 에너지 전문법의 공동 작용이 불충분하다. 법률의 도입과 지자체의 실행에 맞서 정치적 저항이 있을 수 있다. 예컨대 에너지 전문법에 대한 연정 협정의 문구나 마르부르크 태양 에너지 조례Marburger Solarsatzung를 둘러싼 논쟁 역시 이를 증명한다. 연방 입법기관이 (강화된) 에너지 전문법을 건설 관리 계획법에 통합한다면, 마

3 Aarhus Convention, 환경 문제에
관한 공공의 참여와 정보의 접근성을
보장하는 국제법
4 BUND, Bund für Umwelt und Na-
turschutz Deutschland, 독일 환경 및
자연보호 연맹

르부르크 태양에너지 조례 같은 규정들은
관할권의 이유로 허용되지 않을 것이다. 건
축법규상 미심쩍은 것은 건축 계획법상 허
용될 것이다.

　　건축 계획법적 결정의 실행은 항상 대결
속에서 강제될 수 있는 것이 아니라, 개인들과의 협력으로만 이루어질 수 있
다. 기초 자치단체는 계획의 실행을 위해 전반적으로 해당 소유주들의 투자
용의나 그밖의 판매 호기에 의존하고 있다. 이것은 사적 자치private autonomy
와 소유권에 근거하는 시장경제에서 놀랄 일이 아니다.

　　건축법전 제171조 f의 소재지 관련 조처들은 또 다른 **도시 거버넌스**urban
governance 도구일 수 있다. 그러나 이 조처들은 국가 및 지자체의 도움을 받아
사적 책임 하에 지역사회센터, 도심, 주거 구역, 산업 중심지 등의 발전을 지
원해야 한다. 이처럼 소위 상업 활동 촉진 지구business improvement district를 기
후 향상 지구climate improvement district를 통해 개선하는 것은, 시민의 참여를 기
후 보호를 위해 이용할 수 있는 기대할 만한 단초로 여겨진다(Ingold: 2009 참조).

　　참여 민주주의의 유럽법 원칙과 오르후스 협약[3]의 기후를 보호하는 국제
법 협정에도 근거를 두는 건설 관리 계획에의 공공 참여public participation는
2004년 건축법전의 수정을 통해 가치를 인정받았다. 공공 참여에 관한 규정
들의 열린 구조는 시민사회의 프로젝트들을 포함해서 생각할 수 있게 한다.
베를린 시 기후 보호 협약 Berliner Stadtvertrag Klimaschutz을 언급해 보겠다. 이것은
지역 기후 보호라는 주제를 위해 분트[4], 베를린 수공업자 회의소, 공업 및 상
업 회의소, 독일 노동조합 연맹 베를린 지부 등이 함께한 공동 발의를 말한
다. 유럽연합의 **도시 프로그램**urban programme으로부터도 지원을 받는 시민사
회의 발의들은 오래 전부터 국부적인 도시 계획 정책의 불가결한 요소이다.
이 도시 계획 정책은 **도시 거버넌스**로 이해되고, 공적 및 사적 행위자들을 포

함해서 생각한다.

공공 참여는 결코 성장하는 기초 자치단체들의 개조 계획replanning 문제에 국한되지 않는다. 유휴지 및 녹지 계획을 포함해서 생각하는 도시 계획상의 기후 계획은 여론

5 quarter management, 협력 관계 구성을 통한 도시 빈곤 지역의 관리와 개선
6 social city, 1999년 연방정부와 주정부의 공동정책으로 발표된 독일 재생도시 프로그램

형성의 대상이 될 수 있다. 그러나 예를 들면 프랑크푸르트 암 마인이나 쾰른이 독일 기상관측소에 위임한 것 같은 기후 연구를 근거로 할 때, 바로 축소되고 있는 도시들shrinking cities에서만 그런 것은 아니다. 도시 계획의 기후 보호는 의도적으로 지역적 환경 정의local environmental justice 정책의 도구로서 사회적으로 불리하게 된 지구에 투입될 수 있다. 구역 관리[5] 같은 사회적 공간 관련 계획의 도구 또는 사회도시[6] 조처들의 특수한 협력 형태(건축법전 제171조 e)만 언급하겠다. 이 조처들은 기초 자치단체와 개인들이 공동으로 기획한 개발 구상, 즉 학교 및 학교를 제어하는 학교 회의의 고려가 결정적인 역할을 하는 구상에 근거하여 투입되는 것이다.

1997년부터 건축법전에는 "개인들과의 협력"Zusammenarbeit mit Privaten에 관한 특별한 장이 있다. 이 장에서 도시 계획에 따른 계약 외에 규정된 시범 계획 및 개발 계획은 개인에게 처음으로 거부권 지위veto position를 정식으로 인정하지만, 지금까지 몰랐던 의무들도 넘겨준다. 예전에 기초 자치단체와 투자자 사이에 비공식적으로 있었던 협력적인 태도를 법적으로 인가하고 유도하면 부분적인 처치 민영화treatment privatization를 야기한다. 뮌스터 같은 도시들은 이런 규정을 지금 이미 효과적으로 이용하여, 시범 계획 및 개발 계획에 관한 계약을 시가 원하는 기후 보호 목적이 관철될 때에만 체결한다.

기후를 보호하는 도시 재생 도구들의 투입을 둘러싼 논쟁의 여지가 있는 토론들에서는 또한 건축법전 제4조 b에 명백히 규정된 것처럼 사적 중재인을 통한 부분적 처치 민영화가 유용할 수 있다. 예를 들면 단열과 건축물 형

태 또는 사적 문화재 보호, 기후를 보호하고 재생 가능한 지자체 에너지 시설과 제로 에너지 건축물에 대한 접속 및 이용 의무 사이에서 갈등을 조정하는 데 있어서 말이다.

법률 외에, 금융혜택financial incentives의 투입이 정치적 목표를 관철하기 위한 가장 중요한 국가적 수단이 되는 것은 기후 보호에서만이 아니다. 독일에서 20년 전만 해도 지지자들조차 가능하다고 여기지 않았던 재생 가능 에너지의 승리가 그것에 대한 대단히 인상적인 증거이다. 이것과 연관하여 기민련, 기사련, 자민당의 연정 협정은 재생 가능 에너지의 지원을 위한 방대한 대책꾸러미를 예고한다(CDU/CSU/FDP 2009: 25-30). 이런 예고의 실행은 투자자이든 임대인이든 세입자이든 시민들을 기후를 보호하는 도시 재생 정책에 끌어들이기 위한 가장 중요한 "윤활제"Schmiermittel일 것이다.

정치는 운명이다

BC 50년 지구온난화에 관한
철학적 도서관 대화

정치는 운명이다
─ BC 50년 지구온난화에 관한 철학적 도서관 대화

토마스 쉬렌
THOMAS SCHIRREN

세계 대화재 소멸론[1]
: 완전히 규정된 세계 종말 그리고 새로운 시작의 형이상학

자연과학의 프로젝트는 오늘날 세계 기후의 전반적인 온난화를 예견한다. 온난화는 재앙이 나타나고 있는 **현재 상태**status quo를 말해주는 끔찍한 소식이다. 이것은 서양 지성사history of mentality의 과정에서 결코 완전히 새로운 것은 아니다. 중세 말 그리스도교의 종말 시나리오는 하느님 나라가 온다는 신약성경의 신학적 구상에 대한 반영이자 해석이다. 하느님 나라가 오기 전에는 항상 우주의 재앙들이 나타난다.[20] 이 시나리오를 뛰어넘는다면, 소크라테스 이전의 철학에서 세계의 현재 상태가 영원할 수 없다는 주장들을 보게 된다. 현재의 상태가 또한 늘 그대로 있었던 게 아니기 때문이다. 전승된 이런 진술들의 해석은 개별적으로 여전히 상당한 불확실성과 관계가 있기는 하다.[21] 그렇지만 소크라테스 이전의 철학자들이 우리를 둘러싸는 현상 세

---

20 마르코 13, 24-27, 마태오 24-25, 히브리서 12, 26; 요한계시록 6, 12-14 참조; Gerwing (1996; 1997) 참조.
21 이런 불확실성은 소크라테스 이전의 철학적 유산들이 거의 전적으로 간접적인 짧은 논평을 통해서만 전승되었고, 따라서 재구성되어야 하는 사상은 항상 그 사상을 전해주는 것의 의도와 구별되어야 한다는 데서 유래한 것이다.

계가 많고 다양하다는 것을, 대단히 제한된 수의 실체entity가 작용하는 것을 통해 존재론적으로 설명했다는 것은 전반적으로 확인할 수 있다. 아크라가스 출신의 엠페도클레스[2]는 가령 그가 뿌리rhizomata라고 부르는 네 가지를 가정한다. 이 네 가지로부터 조합과 분리("사랑"philia과 "불화"neikos)를 통

1 ekpyrosis, 헤라클레이토스와 스토아학파의 철학
2 Empedokles, 약 BC 495-435, 만물의 근원을 물, 불, 흙, 공기 등 네 원소라고 생각한 원소론자
3 Heracleitos, BC 500, 탈레스의 학설에 반대하여 만물의 근원은 영원히 사는 불이며, 모든 것은 영원히 생멸하며 변화하는 것이라고 역설한 고대 그리스 철학자

해 세계의 사물들이 섞인다. 마치 화가가 세계를 묘사하기 위해 물감을 섞는 것처럼 말이다.[22] 통일체unity의 존재론적인 **확고부동한 토대**fundamentum inconcussum로부터 이처럼 다양성multiplicity이 나오는 출현에, 다양성이 그것을 가능케 하는 통일체 속으로 돌아가는 귀환이 상응한다. 여러 가지로 분리되기 전에 현상의 다채로운 세계가 생성되고 소멸하는 연극을 상연한 모든 것이 언젠가는 다시 (거의) 차이 없이 함께 있다는 것이다. 엠페도클레스가 심지어 진화론을 통일체에서 다양성으로 나아가는 과정에 편입시켰다는 것은 주목할 만하다. 왜냐하면 그는 나중에야 비로소 발휘되는 온전한 기능성을 아직은 갖추지 못한 결합들이 어느 시점에 이루어졌다고 말하고 있기 때문이다. 그리고 왜냐하면 개별 부분들이 혼자 헤매면서, 이제 막 달성했던 것보다 나은 통일체를 추구했기 때문이다.[23]

헤라클레이토스[3]는 이해하기 어려운 경구 문체 때문에 수상한 사람이라 불렸다. 그러나 특히 불을 일반적인 변화의 원리로 공식화한 그는 "세계 대

---

22 소크라테스 이전 철학자들의 권위 있는 전집은 Diels/Kranz(1951-1952와 ND)의 것이다. 그때그때마다 "우정"과 "불화"로도 지칭되는 네 가지 뿌리의 조합 내지 분리에 관한 엠페도클레스의 학설에 대해서는, 예를 들어 Empedokles, DK(Diels/Kranz 1951), Frr. 6; 8; 17; 20-23; 26; 35 참조. 엠페도클레스의 우주론에 대해서는 O'Brian의 상세한 논의 참조.
23 Empedokles, DK, Fr. 61 참조.

토마스 쉬렐 | 262

화재 소멸론"ekpyrosis도 가르친 장본인이라고 간주된다. 즉 세계가 전부 다 불이 된다는 것, 그러니까 세계적 대화재를 가르쳤다고 말이다. 하지만 여기에서는 세계의 파괴가 문제라는 것과 상관이 없다. 그것은 오히려 사실상 **만유회복설**apokatastasis이다. 즉 세계를 완벽한 존재론적인 통일체의 최초 상태로 "복귀시키는 것"resetting이다. 그런데 문헌학적 비평은 헤라클레이토스의 불에 대한 이런 해석이 스토아학파의 주석이라고 밝혔다(Reinhardt 1916, 21959; 163-183; Dilcher 1995; 177-200). 스토아학파 철학자들은 존재론적 방정식ontological equation을 통해 이 학설에 이른다. 일원론자인 스토아주의자들은 세계 구조로서의 로고스logos를, 우주를 창조하는 **창조적인 불**pyr technikon과 동일시한다. 일원론적으로 해석할 때 세계가 사실상 불이라면 또한 이런 세계의 구조에는 모든 것이 언젠가 한 번은 만물이 원래 유래하는 불의 현상 형태로 다시 바뀐다는 논리가 들어 있다. 그리고 이런 상태로부터 세계 생성의 다음 순환이 시작된다. 다음의 순환은 구조화하는 내재적인 합리성에 의거하여, 지금의 순환과 똑같이 진행될 것이다. 새로운 소크라테스, 플라톤, 제논과 함께, 오늘날의 우리에게 이르기까지 말이다.[24] 우주적인 순환이 우주의 구조에서 생겨난다고 주장한다면, 아마도 설명이 필요할 것이다. 스토아주의자들이 볼 때 이런 주장은 자명하고 합리적이었다. 생성의 근원Woraus이 또한 소멸의 방향Wohin일 수밖에 없다는 존재론적인 생각의 비유가 소크라테스 이전에 형성되었기 때문이다. 따라서 **세계 대화재 소멸론**은 또한 정죄의 불길Fegefeuer에 의한 세계 멸망 드라마가 아니라 객관적인 행동 방정식

---

24 스토아학파의 사유에 관해서는 가령 Pohlenz(31964), Steinmetz(1994: 495-517) 참조. 위에서 묘사된 불의 우주적 역할에 대해서는 예를 들어 SVF(=Stoicorum veterum fragmenta, Arnim, 1905-1924) 1, 98; 2, 596; 2, 605 참조. 또한 Alexander Lycopolis, Contra Manichaeorum opiniones, 19, 2-4; Philon, De aetermitate mundi, 76-77, 90 참조. 그 외에 Long/Sedley(2000: 327-333) 참조.

4 white dwarf, 밀도가 높고 흰빛을
내는 작은 별

이다. 생성된 것das Entstandene은 존재를 그
근원이 되는 것에 빚지고 있고, 근원이 되
는 것에 되돌려지는 것으로 비로소 죄를 속죄한다. 그래서 세계 상태는 최
고 형태의 존재론적인 통일체가 다시 만들어질 때 비로소 자유롭다. **창조적
인 불**이 전반적으로 펼쳐지기 시작하는 이유를 형이상학적인 근본 문제로
보면, 현상들이 많다는 것은 **창조적인 불**, 그러니까 로고스의 능력을 말해주
는 표현이라고만 답할 수 있다고 한다. 이런 작용으로부터, 불 속에서 존재
의 최고 축적과 함께 다시 사물 생성의 다음 윤무가 시작된다.

그런데 스토아주의자는 이런 유한성을, 존재가 아니라 아마도 자신이 살
고 있는 세계를, 또한 자기 자신의 실존을 어떻게 바라보고 싶었을까? 어쩌
면 오늘날 이런 말을 듣는 우리와 비슷했을 것이다. 태양이 이전에 수차례
팽창되고(초신성Supernova) 지구의 모든 생명이 불에 타 죽은 후, 태양이 **언젠가**
한 번은 백색 왜성4으로 돌연변이를 할 것이라고 말이다. 이것으로는 계시
록적인 시나리오를 상상하며 기분 좋은 전율을 느끼기에 그다지 충분치 않
다. 수백만 년의 거리가 우리가 사유하고 상상할 수 있는 지평 밖에 있기 때

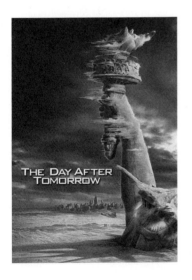

문이다. 스토아주의자에게도 물론 약간의 구원
의 희망은 있었다. 왜냐하면 로고스가 우선 일단
자신의 영역에 있게 되면 온전한 **지혜**sapientia도
생겨날 것이기 때문이다. 설령 **현자들**sapientes이
없다 하더라도 말이다. 그러나 이런 장면들이
기획된다면 몰락 특유의 매력이 섞인다. 이것은
당연히 슈바벤 출신의 감독 롤란트 엠머리히
(Roland Emmerich, 1955~)의 〈투모로우The Day after To-
morrow〉와 최근의 〈2012〉 같은 이목을 끈 영화
들이 대히트를 기록한 이유가 된다. 무서운 것

에 대한 쾌감은 고대에도 미학적으로 표현
되었다.**25** 이런 쾌감 외에, 스토아주의자가
자신을 자극하는 영향들로부터 자신을 지

5 Lucretius, 로마의 시인이자 철학자
6 Marcus Tullius Cicero, BC 106~BC
43, 로마의 웅변가이자 철학자

킬 수 있는 수단으로는 특히 **만물의 멸시**contemptus rerum가 있다. 왜냐하면 인
간들이 귀중하게 여기고, 자기 가치의 근거로 삼으려는 모든 것이 우주 전체
와 마찬가지로 멸망에 내맡겨졌기 때문이다. 다만 훨씬 빨리 말이다. 즉 **만물
의 멸시**는 외부 세계로부터의 독립을 연습하는 것이다. 독립은 외부 세계의
멸망을 원칙에 입각하여principled, 그러니까 원리principles로부터 선취하고 날마
다 염두에 둘 때 성공한다. 이로부터 **현자**는 평정을 얻는다. 이 평정이야말
로 스토아주의자의 목적을, 이를테면 행복eudaimonia을 위한 전제이다. 스
토아주의의 행복은 자족적인 미덕을 소유한 데서 생겨난다. 로마 황제 마르
쿠스 아우렐리우스 안토니우스(Marcus Aurelius Antonius, 121~180)는 이런 차분
함coolness을 주목할 만한 형태로 표현했다. "자의紫衣의 가장자리 장식은 달
팽이의 피에 적셔진 양털이다. 그리고 성생활에 관한 한, 안간힘을 다해 점
액을 분비하면서 여성의 성기를 문지르는 것임을 똑똑히 깨달아라."**26**

키케로의 도서관 철학 기초 과정

키케로[6]가 철학적 저널리즘에 열중했을 때, 그것은 일차적으로 이런 대상에

---

25 Seneca, Ad Marciam de consolatione, 26, 6, Rosenbach(41989)의 라틴어/독일어
판 참조; 한스 블루멘베르크Hans Blumenberg(1979)는 이런 현상을 관객이 있는
난파에 대한 루크레티우스[5]의 비유(De rerum natura 2, 1-61)로 소급하고, 현존의 은
유로 해석했다. 임박한 기후 변화를 감안할 때, 이 영화제작자는 이른바 안전한
자기 자리로 물러날 수 없는 것이다. 그는 오히려 곧 자기 자신에게 무엇이 닥칠
수 있는지를 본다. 공간적으로 멀리 떨어진 거리는 시간적인 거리로 변화한다.
26 Marcus Aurelius Antonius, Ad se ipsum libri, 6, 13(독일어 번역 Theiler 31984).

7 Censor, 로마제국에서 재산 및 호
구 조사, 풍기 단속 등의 일을 맡아 본
감찰관
8 Marcus Porcius Cato Censorius, BC
234~BC 149, BC 184년에 켄소르가 된
로마의 정치가

대한 관심이 아니라 오히려 정치적 무기력
이었다. 로마의 운명이 남들의 수중에 들어
간 이래, 그는 자신이 정치적 활동을 할 수
없음을 알았다. 그러나 그와 같은 명석한
사람이라면 정치적인 열차를 그냥 몰지는

않았을 것이다. 그는 원칙적인 것을 해명함으로써 오히려 이 정치적 열차보
다 앞서 나간다. 저서 《국가론 De re public》(BC 54년-51년에 씌어졌다)은 철학적인
여가 otium와 정치적인 일 negotium 사이에서 선택해야 하는 딜레마를 증언한
다. 켄소르[7] 대大 카토[8]는 정녕 훌륭한 덕의 본보기 exemplum virtutis를 제공했다
고 한다. 설령 그가 투스쿨룸 Tusculum의 영지에서 여가에 전념하지 않고, 공
공의 이익을 위해 다시 한 번 정치적인 일들에 뛰어들었다 하더라도 말이
다.[27] 왜냐하면 바로 대 카토는 BC 156년/155년 아테네에서 로마로 파견된
철학자들로부터 비롯되는 적지 않은 영향이 너무 커지지 않도록 예전에 이
미 대비했기 때문이다. 그는 수사학적으로 탁월한 그리스인들 Graeculi을 도시
밖으로 추방했다. 로마의 젊은이들이 이 그리스 철학자들이 달변으로 토론
하는 정의에 대한 질문에 현혹되어 행군, 군대식 훈련, 야영 등과 같은 로마
의 미덕을 잊지 않도록 말이다. 키케로는 처음에 문학적인 여가를 정치적인
길의 모색으로 추천하고 싶었을 테지만, 그의 글쓰기에서는 로마에서 철학
의 객연客演을 연장할 수 있을 거라는 생각이 나타난다. 로마에서 철학을 친
숙하게 만들면 어떨까? 그래서 무직의 이 철학자는 저술 활동을 계속한다.
BC 45년 4월 카이사르가 최고 사령관으로 공포될 때, 키케로는 철학을 위
한 선전용 책자 《철학의 권유 Hortensius》에 전념한다. 이 선전용 책자는 부유한

---

27 Cicero, De re publica/Über das Gemeinwesen 1,1, Büchner(1979)의 라틴어/독일어 판
참조.

루쿨루스[9]의 도서관에서 이루어진 교양인 들 간의 대화로 형성되었다. 정확한 소식통 에 따르면, 아우구스티누스가 고대에는 유 명했지만 안타깝게도 사라져버린 이 저작 을 통해—철학을 통해—결국 신에게 귀의

9 Lucius Licinius Lucullus, BC 118 년경~BC 56년, 로마 공화정의 군인 이자 정치가
10 protreptikos, 아리스토텔레스가 BC 353~BC 351년에 키프리토스의 왕 테미손을 위해 쓴 초기 대화편

했다고 한다.[28] 이것은 사소한 일이 아니다. 오히려 그것은 키케로가 우연 히 이루어진 것처럼 보이는 대화를 원칙적인 논쟁으로 만드는 데 얼마나 노 련했는지 입증해준다. 이 논쟁은 결국 언어 행위speech act로서 듣는 이에게서 키케로가 의도했던 성공을 거두었다. 그러나 키케로의 위대한 본보기인 아 리스토텔레스는《철학에 대한 권유》[10]만 해도 철학에 전념해야 하는 타당 한 이유들을 전공 논문처럼 전개하는 소책자로 작성할 수 있었다.[29] 반면에 키케로는 더 파란만장한 시대를 살았고, 로마에서 추방된(BC 58~BC 57) 시기 에는 사안을 원칙적으로 여러 측면에서 조명하는 형태, 즉 문학적 대화에 몰 두했다. 그렇게 된 것은 어쩌면 아카데미 학파의 회의론academic scepticism의 신봉자인 키케로 자신의 탓이었을 것이다. 왜냐하면 이런 저런 입장에 유리 하게 확정하는 것을 기피하지만 그럼에도 경향과 중점은 두드러짐으로써, 대화의 결말이 미결정인 채로 끝나는 게 전형적이기 때문이다.

　《인간 행동의 목적에 관하여》《《최고 선악론De finibus bonorum et malorum》)[30]의 3, 4권 역시 허구적인 도서관 대화이다. 이 도서관 대화는 BC 52년에 같은 장소에서, 말하자면 그 사이에 고인이 된 루쿨루스의 도서관에서 이루어진 다. 여기에서도 키케로는 스스로 인터뷰어로 등장한다. 그 사이에 이 도서 관은 루쿨루스와 이름이 같고 아직 미성년자인 아들의 이름으로 명의가 변

---

28 Augustinus, Confessiones 3,4,7, Bernhart(1955)의 라틴어/독일어 판 참조.
29 이 작품의 나머지는 Düring(1969)이 수집했다.
30 Gigon(1988)의 라틴어/독일어 판 참조.

11 Marcus Porcius Cato Uticensis, BC
95~BC 46, 공화정의 전통을 무시하
는 카이사르 일파와 항쟁을 계속한
고대 로마 공화정 말기의 정치가
12 Utica, 튀니지 북동부에 있는 고
대 도시의 유적

경되었다. 키케로는 이 도서관에서 책을 몇 권 대출받으려 하다가, 책 속에 파묻혀 있는 소小 카토[11] [31]를 우연히 만난다. 소 카토는 아버지를 잃은 소년 루쿨루스를 돌봐주던 중이었다. 키케로는 이 저작을 쓰기 1년 전인 BC 46년에 카이사르에 맞선 싸움에서 패배한 것 때문에 자살하는[32] 유명한 스토아주의자 소 카토를 위해 이 저작으로 기념비를 세운다. 자살의 선택은 이 도서관 대화에서 철학자 키케로도 곱씹어 보는 문제이다.[33] 키케로는 소 카토가 억제할 수 없는 지식욕을 갖고 있어서 심지어 원로원 회의 때조차 책을 읽으면서도—일부러 주의를 끄는 것처럼—국가에 자신의 유용성을 숨기지 않는다고 이야기한다. 이렇게 함으로써 소 카토는, **여가**otium와 **일**nogotium을 로마 **귀족**nobiles의 일종의 이중적 실존으로 만든 분리를 극복하려고 진력한다. 사람들은 영지에서 철학적 사색을 하고 그리스 문화의 연구에 몰두한 반면, 로마에서는 로마식으로 정치적 업무에 전념했다. 그리스의 문서 두루마리를 로마의 행정 구역roman curia 안으로 옮긴다는 것은 처음에 **공화국**res publica에 대한 거부로 여겨질 수밖에 없었다. 또한 키케로가 루쿨루스의 도서관을 오가는 용무를 위해 집안의 노예를 보내지 않고 직접 간다는 것 역시 주목할 만하다. 즉각 철학적 사안이 되는 소 카토와의 대화는 교육 열의의 직접성에 부합된다. 이렇게 볼 때 고대 로마의 **별장들**villae에 있는 도서관들은, 전통의 원전들을 로마의 생활 세계로 가져가는 대화 문화의 장소가

31 소 카토가 도시 우티카[12]를 지키기 위해 진력했기 때문에, 이미 언급된 조부 대 카토와 구별하기 위해 훗날 우티켄시스Uticensis라 불렸다.
32 플루타르크의 인상적인 묘사 참조. Cato minor, 69-70(Ziegler의 독일어 번역본 1980).
33 De finibus 3, 60-61(Gigon 1988).

된다. 키케로는 그리스 철학에 로마의 토
가[13]를 입혔다. 이처럼 외래 문화를 수용한

키케로의 업적은 정당하게 강조되고 찬양되었다. 키케로의 업적은 바로 문서 두루마리에서 높은 학식을 끄집어내었고, 현재의 문제들을 검토한다는 데 있다. 루쿨루스는 어마어마한 장서만이 아니라 양어지養魚池와 미술관까지 갖춘 화려한 별장들도 소유했다. 말 그대로 루쿨루스의 부유함은 이런 대화를 통해 그 본래의 목적과 통하게 된다. 말하자면 한가하게otium 전승된 철학에 열중하고, 이로부터 현재의 행동에 대한 관점을 얻게 되는 것이다.[34]

로마의 독자는 개별 학파들의 철학적 토대를 전문적인 그리스인에게서가 아니라, 과거와 현재의 로마 위인들로부터 배운다. 로마의 위인들은 이런 지혜를 이미 자신들의 삶에 통합시키고 옮겨놓은 사람들을 말한다. 예컨대 소 카토처럼 말이다. 로마의 위인들은 서로 토론하면서, 자신들이 각각 속하는 개별 학파들의 입장을 부각시킨다. 키케로의 도서관 대화에서도 마찬가지다. 키케로는 아리스토텔레스에 대한 몇몇 주석만 빌리려 했다고 한다. 그런데 소 카토는 차라리 스토아주의자들에게 전념할 거라고 주장한다. 반면에 키케로는 차이가 교의들dogmas에 있는 게 아니라 단지 공식화에 있을 뿐이라고 생각한다. 그래서 사람들이 신속하게 의견의 일치를 볼 수 있는 거라고 한다. 소 카토는 키케로의 생각에 반론을 제기한다. 일단 고결한 것만이 선한 것이라는 게 스토아주의자들의 중심적인 교의라고 말이다. 그리고 이 절대적인 방정식을 흔드는 사람은 온전한 덕virtus을 파괴하는 거라고 한다. 이 논리를 전개하기 위해, 소 카토는 스토아학파의 윤리를 설명하기 시작한다. 그는 로마의 위대함에 공헌했을 인간들로부터 출발한다. 그들이 그

---

34 일찍이 스승 카토에 의해 이 세계에 입문하게 되는 젊은 루쿨루스에 대한 언급은, 그가 나중에 공화국의 일에 헌신하고 공화국을 위해 BC 42년에 필리피Philippi 전투에서 목숨을 잃는 이유에 대한 해명처럼 읽힌다.

렇게 할 수 있었던 것은 철학적인 가르침 때문이 아니라고 한다. 그보다는 오히려 자연 자체가 그렇게 만들었다고 한다. 여기에서 말하는 자연은 물론 스토아학파의 의미에서의 **자연**natura이다. 이 자연이 우주의 합리적인 설비에 책임이 있다고 한다.

세계 내 자기 전유 및 자기 내재 과정으로서의 자의식

이것은 스토아주의자의 주된 명제이기도 하다. 우주는 합리적으로 설비되었고, 각각의 생물이 본능적으로든 자신의 이성을 사용해서든 우주에서 제자리를 찾을 수 있는 것처럼 인간은 이성의 선물을 자신을 위해 받아들이고 행동할 때 이성의 규정에 따라야 한다. 왜냐하면 각각의 생물은 이미 출생과 함께 자신에게 유익한 것과 자신에게 해로운 것을 구별할 수 있기 때문이다. 자기애amour propre(conciliatio sui)는 해로운 것보다 선행한다. 이 자기애를 통해 생물은 우선 자신과 하나가 되고 자신의 존속을 지향하는 목표를 갖는다. 그리스인들은 이 과정을 말 그대로 "자기 전유"self-appropriation, 즉 **오이케이오시스**oikeiosis라고 불렀다. 즉 자기 자신에 대한 이 감각sensus sui은 생물 각각의 기본 구성에 속한다. 인간의 경우, 이로부터 자의식, 즉 자신에 대한 앎(라틴어 conscientia, 그리스어 syneidesis)이 생긴다. 이 자의식은 그리스도교 교리의 영향으로 심문받아야 하는 양심으로서 자리를 잡았다. 이것이 세계와의 만남에 있어서 첫 번째 제어 장치이다. 이 감각이 자신의 존재에 "유익한"beneficial 것과 "방해가 되는"obstructive 것 사이를 구별할 수 있기 때문이다. 이것은 쾌락주의자들(에피쿠로스학파의 철학자들)의 철학적 경쟁과는 엄격히 구분된다. 왜냐하면 이 감각sensus은 쾌감 및 불쾌감과 전혀 관계가 없기 때문이다. 그런 느낌들은 말하자면 시간적으로 하위 개념이고, 유익한 것das Zuträgliche과 해로운 것das Unzuträgliche을 처음에 지각하는 것에 수반되는 부수

현상epiphenomenon이다. 하지만 도덕적인 논증이 추가된다. 자연이 쾌감을 **감각**sensus으

14 catalepsis, 擬死反應, 건드리면 갑자기 죽은 척하는 반사 작용

로서 심어 놓는다고 가정한다면, 이로부터 많은 "파렴치한" 결과들turpia이 나타날 거라는 것이다. 이 **감각**sensus이 이미 보다 높은 이성의 활동을 예시한다는 것이 스토아주의자에게는 분명히 문제가 되는 것처럼 보인다. 말하자면 사물들의 지각(의사 반응),[14] 이해comprehensio를 통해 감각적인 명백함을 추구하는 것도 자기 자신을 위한 것이기 때문이다. 이것으로써 감각적 능력의 사다리가 분명히 세워진다. 결국 합리적인 세계 인식으로 이어지는 사다리 말이다. 인식에 대한 이런 추구 역시 어느 정도의 쾌락과 연결되어 있다는 연관은 아리스토텔레스에게서 유래한다.[35] 이런 연관을 스토아주의자들이 체계적인 이유들 때문에 수용할 수가 없는 것은 분명하다. 쾌감은 항상 잘못된 길로 나아간다. 스토아주의자는 쾌감을 부수 현상으로서 물리칠 수 있다.[36] 고통에도 똑같은 것이 적용된다. "세계 내 인간의 자리" Platz des Menschen in der Welt[37]에 있어서, 경험적 접근이라고도 말할 수 있는 감각적-이성적 접근에 대한 이런 강조는 대단히 중요하다. 감각적 능력에 의거하여 인간은 우주의 부분이고, 합리적인 능력에 의거하여 인간은 우주와 의식적인 일치를 이룰 수 있다. 따라서 이로부터 파생되는 윤리적 준칙은 이렇다. "자연과 조화를 이루어 살라"convenienter natura vivere. "삶"은 인간이 실행하는 모든 과정의 합을 두고 한 말이다. 삶은 사물을 느끼고 인식하는 것과 마찬가지로 행동하는 것을 포함한다는 것이다. 인간이 자신의 지각 기관per-

---

35 Aristoteles, Metaphysik 1,1.

36 그 대신 SVF 3, 76에서는 epigennema라는 개념이 사용된다.

37 막스 셸러Max Scheler의 제목 "우주 내 인간의 위치"Die Stellung des Menschen im Kosmos(1928)를 약간 변화시킨 빌트베르거Wildberger(2006)의 부제가 그렇다. 두 표현은 물론 명시적인 연관은 없다.

ception sensorium을 사물의 진정한 인상들을 위해 열어 놓는다면, 이 모든 실행에 있어서 인간을 항상 올바른 길에 있게 해주는 길잡이가 자연으로부터 인간에게 주어져 있다고 한다. 왜냐하면 이런 인상들을 통해, 우주를 창조한 이성적인 구조들이 인간의 지성에도 들어가고 지성을 구축하기(그리스어 ennoiai개념) 때문이다. 이렇게 스토아주의자들은 개념적인 체계의 발전도 구상한다. 따라서 그들 자신의 철학은 본래 자연의 산물이다. 이 체계들은—무엇보다도 당연히 스토아 철학의 체계는— 바로 이성적인 세계 구조 자체에 의해 세워지기 때문에 현실과 일치한다. 그러므로 우주가 가르치면서 스스로 철학한다고 말할 수 있을 것이다.

이로부터 스토아주의자들은 이제 사물의 분류학taxonomy을 도출한다. (생물의) 본성에 맞는 사물들은 가치가 크고(aestimabilia), 자신의 본성에 위배되는 사물들은 가치가 없다(inaestimabilia). 올바른 행동의 서열은, 우선 자신의 존재를 유지하고, 그 다음에 자신의 존재에 유익한 것만을 추구하는 것에 근거한다. 이처럼 사물들에 대한 선택은 각각의 인간에게 의무officium로서 맡겨졌다. 그러나 자신의 보존에 도움이 되는 이 사물들이 목적 자체는 아니다. 이 사물들은 오히려 그 자체로서는 최고선summum bonum을 위한 일종의 복무에 근거를 두고 있다. 최고선 홀로, 어떤 다른 것 때문이 아니라 그 자체를 위해서만 추구된다. 이런 선(善, bonum)은 이제 모든 행동의 본래 목적이다. 최고선은 스토아 철학의 체계에서 격리 구역이다. 이 구역을 향해 정진하는 사람도 언젠가 도달할지 여부는 불확실하다. 이 최고선은 그럼에도 불구하고 행동의 목표점으로서 특히 도덕적인 가치를 지닌다. 그렇기 때문에 스토아주의자들은 이것을 'honestum', 즉 존경할 만한 것, 도덕적으로 가치가 큰 것이라고 부른다. 스토아주의의 시각에서 볼 때 이 선은 심지어 전반적으로 절대적 가치이기까지 하다. 왜냐하면 스토아주의자들이 이 가치를 덕성virtus과 동일시하기 때문이다. 스토아주의자들은 실제로 물질적 가치들의 개념성에 포착된 "가치 윤리학"[15]
의 윤곽 속에서,[38] 이 최고선의 소유가 동시
에 모든 행동의 목표, 말하자면 **행복**(라틴어

15 Weltethik, 윤리 문제의 중심을 가치라고 보고, 윤리학을 철학적 가치론에 입각하여 수립하려는 윤리학

beatitudo, 그리스어 eudaimonia)을 실현한다고 계속 주장한다. 최고선이 덕성이라면 덕성은 행복하게 만든다. 그러나 처음에 간단한 이 방정식은 광범위한 결과를 갖는다. 왜냐하면 스토아주의자들은 덕성이 외적 조건들에 좌우되지 않으며, 왕궁에서나 감옥에서나 같을 수 있다는 견해를 대변하기 때문이다. 최고선은 물론 직접 인식될 수 있는 형태가 아니다. 그보다는 오히려 본성을 끄집어내는 길잡이에서 사물들을 인식하고 관찰하는 사람에게 일종의 상승을 통해 비로소 열리는 형태이다. **덕성**virtus은 따라서 맨 먼저 습득되어야 한다. 그곳으로 가는 길을 내는 것은, 본성 자체가 우리에게 주는 **개념들**ennoiai 이다.

다음 세대 사람들에 대한 책임: 걱정의 시간적 구조

스토아주의자들은 덕성의 절대적 가치를 이렇게 도입함으로써, 생활 세계적인 상황들로부터 자신들의 독립을 보장해 줄 이상을 위해 애썼다. 그것이 바로 자족이다. **자족**autarkes은 스스로 얻어 낼 수 있는 것만을 원한다. 그것으로 만족하는 것이다. 왜냐하면 자족으로 마련할 수 있는 최고의 것은 덕성이고, 덕성은 원칙적으로 항상 자족의 세력 범위 안에 놓여 있기 때문이다. **흥분**affects은 이런 자족을 위태롭게 하는 것을 나타낸다. 흥분은 어떤 사태에 관해 성급하게 형성되는 생각에서 생겨나고, 본래 지적인 추론 오류이

---

38 스토아학파의 개념 **가치**axia는 원래 물질적인 가치를 지칭한다. SVF 3, 124-126 참조. 또한 Kuhn(1975); Forschner(1998: 31-49); Scheler(1913-1916); Hartmann (1926; 31949); Schaber(2004: 568-571) 참조.

다. 우리는 어떤 인간이 고통스런 병에 걸리면 안됐다고 불쌍히 여기지만, 고통에 의미를 부여하기도 한다. 이성의 법정 앞에서는 고통이 전혀 갖지 못하는 의미를 말이다. 왜냐하면 쾌감과 고통은 부수 현상일 뿐이고, 현실에 대한 권리를 가질 수 없기 때문이다. 에피쿠로스학파 철학자들이 재화의 선택에 대한 확실한 징후로 여긴 쾌감은 스토아학파의 시각에서 보면 이성을 동요하게 만든다. 쾌감은 특히 감각들을 통해 환기되는 부수 현상으로서 사실은 소통될 수 없다. 쾌감은 쾌감을 느끼는 사람을 다른 개인들로부터 따로 떼어놓고 분리한다. 이성은 다르다. 이성은 로고스로서 어쨌든 소통com-munication의 습성이 강하다. 사람들은 서로 이성적 근거reason를 교환하면서 소통적 과정에 들어설 수 있다. 루쿨루스의 도서관에서 대화를 나누는 두 명의 말상대처럼 말이다. 바로 소 카토가 스토아학파를 선전하는 것은 우연이 아닐 것이다. 그가 볼 때 스토아학파의 철학적 이상이 삶을 극복하는 전략으로서 상당한 의미도 있으니까. 왜냐하면 소 카토는 공화주의적 희망의 실제적인 실현과는 상관없이, 스토아학파의 덕성을 숙달한 전문가로서 자신이 이미 행복하다고 말할 수 있기 때문이다. 설령 그가 그 덕성에 도달하지 못한다 할지라도 말이다. 이런 목표를 향한 노력 역시 이미 행복과 결부되어 있다는 것이다. 이것은 현자sapiens의 완전한 행복을 선취하는 기대에 찬 행복이다. 덕이 있는 행위들이 "가치가 크기"valuable 때문이다. 아마도 그 행위들이 덕성에 숙달된 전문가를 목표에 좀 더 가까이 데려가기 때문일 것이다. 이렇게 노력하는 사람들은 세계주의자cosmopolitan로서 한데 모인다. 세계주의자들을 하나로 묶는 것은 국가적 정체성이 아니라 덕성의 공동 목표이다. 그리고 그런 일이 실제로도 일어났던 것처럼, 여기에서 적절한 항변이 표현되어야 할 것이다.

스토아 철학의 체계는 절대적 규정들에서 출발한다. 그리고 절대적 규정들은 결국 개인이 좋든 싫든 적응해야 하는, 세계의 전적으로 이성적인 구조에서 생겨난다. 그렇기 때문에 가치 피라미드의 꼭대기를 지향하는 노력은 제도의 강제적인 영향 하에 놓인다. 어쩌면 아직 아무도 그곳에 이르러 진짜 **현자**가 되는 데 성공하지 못했을 것이다. 그러나 그곳으로 가는 길은 우리에게 주어진 이성의 발전으로 나아갈 것이다. 그리고 자연을 따르는 행동은, 설령 완전한 행복은 아닐지라도 이미 행복을 만들어낸다.

소 카토는 이런 항변에 대응하기 위해 다시 가치 분류학value taxonomy의 생각을 수용한다. 덕성은 절대적 선absolute good이다. 하지만 왕을 둘러싸고 궁정의 구성원들이 존재하는 것과 같다. 궁정의 구성원들은 왕 가까이 있으면서, 왕에 대한 자신들의 위치를 근거로 지위를 유지한다. 그러니까 가치 할당은 중심에서부터 한 방향으로만 이루어지고, 중심에서 보면 누가 그 빛을 누리는지는 중요하지 않다. 이렇게 볼 때 최고선에 가까우면서도 물론 그 어떤 식으로든 최고선에 영향을 미칠 수 없는 가치들도 있다고 한다. 카토는 **가치 있는 것**aestimabilia의 영역에서 나온 무엇인가가 절대적인 의미에서 선으로 나타날 수 있을 때에는 이런 영향이 명백히 주어진다고 본다. 말하자면 이런 경우에 **선**bonum은 더 이상 불가분일 수 없고, 어느 정도까지 그 자체의 분소分所에 분배되고 없어질 것이다. 또는 그 반대라 하더라도, 그런 일들을 마음대로 처리하고 못하고는 **덕성**virtus에서 볼 때 하찮은 문제이다. 그래서 이런 일들을 **무차별**indifferentia이라고 부른다. 즉 덕성의 소유에서 볼 때 차이가 없는 일들을 말이다. 이런 일들은 물론 유익한 것의 관점에서 평가될 수 있고, 그것에 따라서 훌륭한 것과 훌륭하지 못한 것으로 구분될 수 있다. 스토아주의자들은 이를 위해 이런 좋은 점들excellences을 추린 학설을 발전시켰다. 훌륭함은 도덕적 의미에서 이성의 행위를 통해 "선택되는" 게 아니라, 가령 물리적 존재에 유익하기 때문에 지니고 다니는 것이다.

키케로와 소 카토가 도서관에서 벌이는 토론은 원칙적인 해명을 추구하고, 스토아학파 윤리학의 복잡한 관점들도 피하지 않는다. 하지만 논쟁은 스

16 Lucius Annaeus Seneca, BC 4~AD 65, 로마제정 초기의 스토아학파 철학자, 극작가, 정치가

토아학파에서 때때로 미세하게 갈라지는 철학적 학설들을 통해 노선을 분명하게 해 주는 영역에 머문다. 마지막으로 소 카토는 자신의 우주론적인 신조를 이렇게 표명한다. 세계는 신들의 조종으로 결정되고, 모든 인간은 이 세계 사회의 세계주의자라고 말이다. 따라서 현자는 자기 자신의 이익보다 사회의 유지를 더 많이 걱정한다고 한다. 하지만 사욕을 공동체보다 뒤에 놓는 것은 미래에도 적용된다고 한다. "자신들이 일단 죽었다면 지상의 화재도 전혀 상관없다고 솔직히 인정하는 사람들의 목소리는 정말이지 비인간적이고 범죄적이라고 여겨진다. 그렇기 때문에 현자들은 심지어 미래에 비로소 태어날 사람들의 안녕을 걱정해야 한다"(De finibus 3, 64). 살아 있는 사람들이 후속 세대들의 삶을 당연히 걱정해야 하는 책임에 대한 증거를 소 카토는 유언의 풍습에서 발견한다. 유언장을 보면, 인간이 외롭게 연명하려 하지는 않는다는 것이 정말로 분명해진다고 한다. 설령 그 대신 무제한적으로 많은 온갖 오락거리를 마음대로 누려도 된다 할지라도 말이다. 인간은 사회적 존재로서 인간들과 자연이 그렇게 설계한 공동체와의 연결을 위해 태어났다. 왜냐하면 인간은 자기 재산을 스스로 완전히 탕진하는 것보다는 자기의 후손들을 배려하는 것을 더 좋아하기 때문이다.

스토아학파의 우주론, 즉 **세계 대화재 소멸론**의 이 철학적 상투어topos에 대해 세네카[16]는 어떻게 다른 식으로 말할까! 일반적으로 미리 결정된 세계 멸망은, 인간의 영혼이 드디어 순수한 이성에 잠겨 통일체에 도달할 기회라고 한다. 인간들이 그 통일체를 찾으려 해도 여기에서는 대부분—당연히 현자들을 제외하고—소용없다. 대변동(대홍수)과 주기적으로 번갈아 발생하는 세계적 대화재는 황제 시대의 철학자 세네카에게 도식scheme을 건네준다. 그 도식 앞에서는 동료 인간들의 잃어버린 돈과 잃어버린 명성에 대한 한탄

이 그칠 수밖에 없다고 한다. 영속하는 것
은 없고, 많은 부호들이 축적한 물질적 가
치가 가장 적다고 한다. 소 카토는 세계적 대화재의 교의를 문제시하는 것
을 꺼리지만, 이로부터 전혀 예기치 않은 결론을 끌어낸다. 몇몇 사람들이
그리스 비극의 시구를 갖고 'Après moi le déluge'[17]을 칭송한다면,[39] 이
런 태도는 적어도 일반 여론의 단죄를 받는다. 이로부터 더구나 a fortiori 현자
는 동시대 사람들을 걱정하는 것으로 끝낼 수 없게 된다. 오히려 후세의 인
간들도 현자에게 맡겨진 것이다. 소 카토는 이처럼 진력을 다해 헤라클레스
같은 신화적 인물을 불러내고, 마지막에는 구원자 주피터 Jupiter Salutaris인 최
고의 신도 불러낸다. 주피터의 힘은 민간 신앙에 의해 인간 질서의 보증으
로 숭배된다.

재앙의 실제 가능성으로서의 지구온난화
: 있을 수 있는 종말에 직면해 있는 삶

소 카토가 그리는 것처럼 스토아주의자는 언제나 있을 수 있는 세계 종말을
기다리며 살아가지만, 그렇다고 해도 배려 care의 짐을 벗지는 못한다. 배려
는 스토아주의자를 다른 사람들, 즉 보통의 동료 인간들과 구분해 준다. 우
주가 정해 놓은 모든 것에 순응하는 운명론자보다 배려의 의무 officium가 강
하다. 위에서 요약 기술된 재화의 이론을 배경으로 하고서야 비로소 이 의무
의 도덕적 의미가 분명해진다. 이 의무는 선 bonum 자체를 요구할 수 없지만,
올바른 태도를 준비시키고 그럼으로써 윤리적 발전을 가능케 해준다는 점
에서 매개하는 역할을 한다.[40]

---

39 Kannicht/Snell(1981: fr. 513): "내가 죽으면 지구는 화염에 소실될지어다. 그것은
  나와는 아무 상관이 없다. 내 일들은 잘 되어 있으니까."

그런데 오늘날 이런 입장으로부터 무엇을 얻을 수 있을까? 스토아주의적 **의무**의 의무 윤리학duty ethics은 이미 오래 전에 보았듯이, 임마누엘 칸트의 정언적 명령을 간명하게 표현할 때 영향을 주었다. 칸트는 "우리 위에 있는 별이 반짝이는 하늘"과 "우리 안에 있는 도덕적 법칙"이 일치한다는 생각 역시 세네카로부터 배웠다.[41] 그에게 있어서 우주론적인 의문에 대한 보증인은 아이작 뉴턴(Isaac Newton, 1642~1727)이었다. 올바른 삶good life에 대한 스토아학파의 행복 윤리학happiness ethics(이미 살펴보았듯이, 행복 윤리학에서 **의무**는 단독으로 행복하게 만들 수 있는 **선**에 복무해야만 했다)의 자리를 선의good will의 행복 윤리학이 물려받는다. 반면에 행복은 통속 윤리학popular ethics, 관계 지도서, 유행가 가사 등의 주제가 되고, 때로는 문학적인 주제도 되었다. 오늘날 젊은 사람들에게 행복에 대한 생각을 묻는 사람은 복권 당첨, 사랑이나 직업의 성공, 어쩌면 가정의 목가적 풍경 등에 대해 듣게 되겠지만, 의미의 체험과 만족에 대한 말을 듣는 일은 오히려 드물 것이다.

20세기 초에는 물질적인 가치 윤리학을 고안하여 고대의 행복 윤리학에 담긴 기본 구상을 되찾으려는 시도들이 있었다(Scheler 1913-1916; Hartmann 1926). 철학적으로 볼 때 딱히 성공이다 할 만한 가시적인 것은 없었다. 하지만 그 것을 위한 노력은 물론이고 생활 세계의 대단히 상이한 영역들에서 행복에 대한 갈망의 현존 역시 개인적인 행복을 거의 포기할 수 없다는 것을 알려 준다. 특히 철학적 입장을 선전하려 할 때는 더욱 그렇다.[42] 카토에 대한 키

---

40 발전prokope에 관한 스토아학파의 견해에 대해서는 Pohlenz (31964:154), Hengelbrock (2000) 참조.

41 Brandt(2003).

42 현대적인 행복 윤리학을 고안해 내려는 주목할 만한 시도를 로베르트 슈페만 Robert Spaemann(1989)이 제시한다. 그가 규정한 문제를 여기에 인용해 보겠다(S. 9-10) "행복론 유형의 모든 윤리학에 대한 어려움은 다른 사람들의 행복에 대한

케로의 주된 반론은 스토아주의적 **행복**beautitudo의 상태에 관한 물음이기도 하다. 가령 아리스토텔레스학파peripatos가 가르친 것처럼 성공한 삶의 다른 모든 관점들과 무관하게, **덕성**virtus을 이렇게 고집하는 것은 세상사에 어두운 게 아닐까? 우리에게 있는 피조물 특유의 측면은 **덕성**의 고지식한 영역에서 손해를 보지 않을까?

스토아주의자들은 극단적인 상황을 가지고 논증하길 좋아한다. 그들은 생명이 여전히 경각에 달려 있는 것 같은 위급한 경우를 대비해 무장을 하고 있으려 한다. 현자가 감옥에 있으면 삶의 목표를 잃어버리게 될까? 현자가 덕을 버리지 않는 한, 그러니까 가령 자기 처지에 대한 잘못된 판단에 빠지지 않는 한은 아니라며, 이 엄격한 학설은 기뻐한다. 오늘날 우리는 이런 계산이 맞아 떨어지지 않는다는 것을 안다고 생각한다. 인간의 정신이 외적 조건과 폭력적인 작용으로 인해 꺾여서 근본적인 생활 기능들vital functions이 더 이상 주어지지 않을 수 있기 때문이다. 사람들은 스토아주의자들이 고대에 그런 강제력을 날마다 눈으로 직접 보았다고 생각할 것이다. 그럼에도 스토아주의자들은 동요되지 않고 **덕성**의 기치를 높이 올렸다. 사람들은 관점을 바꿔서, 극단적인 상황에 처한 인간들이 무엇을 필요로 할까 자문해 볼 수 있을 것이다. 이렇게 살펴볼 때, 단연 분명해지는 점이 있다. 극단적인 상황에 처한 인간들에게 그들이 방치되지 않았고 결국은 항상 그런 상황의 주인이라는 느낌을 전달해 주려는 시도는 안정적으로 만들고 힘이 되는 요인을 지닐 수 있다는 것이다. 저승에서야 비로소 채워질 수 있는 약속과 달리, 고유한 도덕적 능력에 대한 이런 성찰은 어쨌든 현세 자체에 대한 거부할 수

근본적인 관심을 설명하고, 또한 자기 자신 앞에서뿐만 아니라 자기 자신을 위해서도 책임의 개념에서 의미를 얻어내는 데 있다. 반면에 모든 보편주의적 당위 윤리학의 어려움은, 개인으로 하여금 스스로 원하게 만드는 관심을 설명하는 것이다. 모두가 원하면 좋다는 것을 어떻게 알아차리는지를 말이다."

정치는 운명이다 | 281

없는 증거를 갖고 있다. 스토아학파의 학설은 그러니까 절망적으로 보이는 상황에서 우리에게 버팀목을 마련해 주는 심리훈련mental training의 한 형태로 이해될 수 있을 것이다.

이런 성찰은 오늘날 오히려 매력적이지 못하고 다루기 힘든 스토아 윤리학의 측면들을 보다 쓸모 있게 보이게 하는 데 도움이 될 것이다. 요컨대 그렇게 조명하면서 행복을 추구하는 사람이 후세를 배려해야 하는 **의무**가 오늘날 과연 실천적 의미를 획득할 수 있는지, 또 정말 가능하다면 어떻게 획득할 수 있는지 관찰해야 할 것이다. 구체적으로 말한다면, 이를 위해 오늘날 포기의 윤리학이 도출될 수 있을까? 사람들은 **오이케이오시스**oikeiosis(자기전유self-appropriation)를 환경의 맥락에서 자기 자신의 의식이라고 보는 학설이 바로 생태적 의미를 취할 수 있다는 것을 이미 깨달았다(Brandt 2003). 어문학자는 이와 연관하여 'oikos'—"집"house—에서 두 개념이 유래한다는 점을 환기시킬 것이다. "거주"indwelling 또는 "집안 살림하기"는 뜻밖에, 우리가 **거주하는** 세계가 어떤 형태여야 하는지(생태학)에 관한 숙고와 관련이 없을 것이다. "유럽의 집"european house에 대한 언급은 따라서 대단히 귀한 전통을 가리킨다.

스토아학파의 오이케이오시스는 저절로, 우주에 살고 있는 생물들의 연대감 때문에 개인에게서 멈추지 않고 계속 영향력을 확대하는 습성이 강하다. 꾸준히 진행되는 세계주의cosmopolitianism가 내부와 외부, 자아와 세계 사이의 경계 역시 없앨 때까지 말이다. 우리의 생활권이 이웃의 집이 시작되는 곳에서 끝나지 않는다는 것은 누구나 쉽게 이해할 수 있다. 고대 이래로 유럽의 생활 형식으로서 발전한 도시 문화는 이런 정치적 생활 형식을, 아리스토텔레스가 **정치적 및 이성적 동물**zoon politikon and logon echon(사회생활을 하는 이성적인 생물로서의 인간)이라고 인류학적으로 정의한 의미에서 실천했다. 물론 도시들은 도시의 삶을 어떻게 조성할지에 대해 항상 엄격한 규정들을 마련

18 Hippodamos, BC 5세기경의 그리스 철학자이자 건축가 했다. 밀레토스의 히포다모스[18]는 도시풍의 집(라틴어 insula)을 바둑판 모양의 도시 계획

유형에 맞추어 넣었다. 이 유형은 뉴욕의 도로 건설 계획에서도 중요한 역할을 했다.[43] 여기에서는 항상 도시 전체가 생활 공간을 부여하고 천차만별의 개인들을 보다 규모가 큰 틀 안에 통합시켜야 한다는 생각이 중요했다. 그러므로 도시 생활 공간의 조성은 가령 보다 규모가 큰 삶의 맥락이 또한 어떻게 구조화되고 거주가 가능할 수 있는지에 대한 본보기 같은 것을 제시한다.

세계주의적 현존을 보여주는 전형으로서의 오이케이오시스
: 환경을 자기의 일부로 지각함으로써 이루어지는 자아의 확대

향유를 금지시키는 도덕을 암시하면서 인간을 특정한 사물이나 활동을 직접 즐기는 것에서 떼어 놓기란 항상 어렵다. 바로 도덕적 금지 규정들이 특별한 매력을 발휘하여 한계를 넘어서게 된다는 것이 일반적인 의식에 들어선 지 오래되었다. 이것은 성생활 및 조세법의 문제에서와 마찬가지로 공공도로의 속도 제한에도 똑같이 적용된다. 개인은 항상 자신이 속아서 뭔가를, 말하자면 자기의 개인적인 재미를 빼앗겼다고 여긴다. 고대에 벌써 사람들은 이 모든 규제가 단지 위대한 개인을, 즉 니체의 "금발의 야수"blonde Bestie를 다른 사람들의 평범함에 맞춰 누르기 위해 고안된 것이라고 생각했다. 어쨌든 자연은 보다 수준 높은 모든 것, 즉 군주다운 모든 것을 평범한 사람들에게는 허용하지 않았는데 말이다.[44] 이런 일반적인 의심은 개별적으로

---

43 히포다모스는 BC 5세기 말 페르시아에 의해 파괴된 밀레토스를 재건하면서, 간선도로 및 지선도로의 장방형 체계를 기초로 삼았다. 이것은 고대에 이미 널리 유포된 체계였다. 《국가론》Politeia에서 보이는 플라톤의 국가 유토피아적인 생각은 재차 이런 도시 계획 방안을 평등한 원리로 받아들인다.

잠재해 있으면서 성향과 교육에 따라 때때로 끄집어내진다. 아마도 가지고 있고 소유하고 있다have and possess는 느낌이 아니라 취한다take는 느낌만을 위해서 말이다.

여기에서도 스토아 윤리학은 사전에 대비하고, 우주의 관념으로 하나의 개념을 만들었다. 이 개념에서는 모든 것이 항상 내게 속한다. 내가 전체의 부분으로서 전체와 항상 연결되어 있기 때문이다. 내 권한에 속하지 않는 전유appropriation 및 융합incorporation은 처음에는 그러니까 전체를 볼 때 손해가 아니다. 오히려 내가 나 자신에게 불리한 짓을 하는 것이다. 그렇게 함으로써 내가 전체의 맥락으로부터—어쨌든 내 의식에서는—"조금" 분리되기 때문이다. 말하자면, 바로 내가 남들에게 숨기고 싶어하는 만큼 말이다. 1980년대의 생태 운동은 우주 속 과정들의 상관성을 암시하고 이 우주에서 사물들을 다룰 때 정치적 책임을 강력히 요구했다. 여기에서 책임은 구체적으로, 내가 내 행동에 대한 합리적인 근거들을 가지고 나의 정당함을 밝힐 수 있다는 뜻이어야 한다. 제한적인 금지 도덕을 변호하지 않고 오히려 삶 전체의 의식에서 행동을 적극적으로 증명하기 위해서는, 우선 진정한 세계주의의 의미에서 안팎의 경계가 없어져야 할 것이다. 우주 전체의 삶과 동일화가 이루어진다면, 개인적인 재미가 합리적인 규범을 더 이상 무효로 만들려 하지 않을 것이다. 스토아주의자들이 에피쿠로스학파의 쾌락주의자들을 너무 심하게 공격한 이유는 이해할 수 있다. 스토아주의자들이 쾌락주의자들의 정당한 쾌감 극대화를 비난한다면, 그들은 물론 이 쾌락주의자들을 부당하게 평가하는 것이다. 왜냐하면 에피쿠로스주의자들은 이 쾌감을 영리하게 계산했기 때문이다. 지나친 쾌감의 부정적인 결과 역시 항상 고려했던 것이다. 이리하여 방종한 향연에는 다음날 아침에 숙취가 있는 것

---

44 Platon, Gorgias 482-484.

19 히포케이메논, 형상을 받아들이는 질료로, 기체基體를 가리키는 아리스토텔레스의 용어

으로 생각되었다. 그 결과는 대부분 큰 진폭 없는 삶을 의도하는 보통 정도의 쾌감이었다.

그런데 성공한 행동에 대한 지표로 쾌감을 용인함으로써, 까다로운 측정이 필요하게 된다. 왜냐하면 이렇게 물을 수 있기 때문이다. 저녁에 연회에 참가하는 사람의 쾌감이 다음날 아침의 숙취보다 별로 크지 않은지 누가 결정할 것인가? 이런 예측을 언제든지 다시 하고 싶을 만큼 숙취가 크지 않다고 말이다. 이렇게 신중하게 검토하는 것은 분류학을 필요로 한다. 특정한 평가를 필요로 하는 것이다. 그렇지 않으면 결과가 임의적이 된다. 말하자면 검토자가 중요하다고 생각하는 대로 되는 것이다. 쾌감과 고통은 객관화시키기 어렵다. 스토아주의자들이 쾌감을 부수 현상으로서 주관성에 옮겨 놓고 기준으로는 허용하지 않았을 때, 그들은 바로 이 점을 인식했던 것이다. 이러한 주체의 성과를 인정하는 대신, 스토아주의자들은 말하자면 주체를 확대하여 세계의 객체가 되게 한다. 이 역설적인 표현으로 이미 드러나는 것은, 고대에 알지 못했던 주체와 객체라는 개념을 잘 다룰 수 없다는 것이다.[45] 오히려 우주를 인간이 그 일부인 **일반적으로 근간이 되는 것**(hypokeimenon[19], subiectum)으로 인식해야 한다고 말해야 할 것이다. 인간이 우주에서 행하는 것, 그런 행위를 인간은 "자기 자신에게"sich selbst 한다. 그렇다면 이런 의미에서 덕을 훈련한다는 것은 "자신에 대한 걱정"Sorge um sich과 전혀 다르지 않다. "자신에 대한 걱정"은 1980년대에 전문적인 철학사가들이 다시 발견했고 미셸 푸코Michel Foucault에 의해 이론의 선봉에 서게 된 개념이다.[46] 이웃의 차량 소유자에게 차량의 상당한 이산화탄소 배출로 피해를 보는 게 그 자신이라

---

45 주관성의 주제에 대해서는 Arweiler/Möller의 모음집(2008: 특히 359-380) 참조.
46 Hadot(1991: 특히 177-181, 푸코와의 대화에 나오는 메모); Foucault(2007).

고 설명할 수 있는 가능성이 많을 것 같은가? 비교적 오래 걸리는 기차 여행의 불편함이 비교적 짧게 걸리는 비행기 여행에 비해 이익이고 실제로 유리하다고 여겨질까? 보다 오래 걸리는 기차 여행이 기후 결산에서는 더 낫다는 것을 보여주고, 따라서 우리가 "우리를 걱정한" 게 되기 때문에 말이다. 스토아학파의 관점에서 볼 때 이 모든 것은 **무관심**indifferentia일 뿐이겠지만, 무관심은 완전한 **덕성**에 비해 우리를 상이하게 자리매김할 것이다.

다시 덕성의 규정으로 돌아가자. **도덕적으로 옳은 것**honestum만이 선이고, 덕만이 행복하게 만든다는 규정으로 말이다. 만족할 만하고 익숙해진 행동 유형을 버리려는 노력은 대단하게 보이지만, 장기적인 행동 변화만이 일반적인 생활 양식의 방향 전환을 야기할 수 있을 것이다. 많은 기후학자들은 이런 방향 전환을 불가피하다고 여긴다. 우리가 다른 "방향 전환"을, 말하자면 기후의 방향 전환을 피하고자 한다면 말이다. 그런데 옛 윤리학자들은, 덕은 배워 익혀야 하고 지속과 반복이 필요하다는 것을 이미 알고 있었다. 그러나 덕이 있는 실천은 또한 견고해진다. 즉 우리를 계속 목표를 향해 이끄는 훈련인 것이다. 스토아학파는 숙련자들에게, 수면 바로 아래에서 익사하든 열 길 깊이에서 익사하든 근본적으로는 차이가 있을 수 없다는 비유를 들었다. 완전한 **덕성**의 목표는 많은 사람들의 경우에 도달할 수 없을지 모른다. 그러나 이 목표를 향해 길을 나서는 사람, 즉 앞으로 나아가고 멈춰 서지 않는 사람은 이런 지향과 접근을 통해 이미 얻는 것이 있다는 게 이 단언의 내용이다. 개인과 개인의 행동이 전 지구적 기후에 대해 갖는 미미한 의미를 고려할 때, 바로 이처럼 유사한 사고 형태는 스토아학파의 확신을 동원하는 데 적합할지 모른다. 이 확신은 자칭 빠져나갈 길 없는 절망적인 상태에서 사람을 절망하지 않게 한다. 가급적 자기 자신과의 일치 속에 있음을 알고 체험하기 때문이다. 스토아주의자들의 신념은 이런 일치가 인간에게 가능한 행복의 총체라는 것이었다. 점진적인 세계주의를 선전하고 싶다면 다음의 약속은 유혹적일 수 있을 것이다. 자신과의 일치에 대한 추구는 또한 우리 "자신"의 확대를 결과로 갖게 한다는 약속이 말이다. "갖기를 원한다"Haben Wollen[47]라는 소비 계명을 세계의 차분한 소유를 통해 어떻게 능가할 수 있을지 일단은 숙고해볼 만 했을 것이다. 좀 극단적으로 표현한다면, 남들이 아직 추구해야 하지만 사실은 도달하지 못하는 것을 항상 소유할 수 있을 것이다.

운명으로서의 정치

키케로는 도서관 대화를 쓸 때, 자신 또한 **현재 상태**status quo의 파국catastrophe, 물론 정치적 파국 앞에 있음을 알았다.[48] 키케로는 소 카토와 함께 한 남자를 등장시켰다. 대단히 일관된 형태로 이상을 위해 자기의 삶을 희생해야 한다고 생각하는 남자였다. 키케로는 **공화국**의 이 옹호자에게 자신의 추도문을 바쳤다. 이 추도문에 대해 위대한 적수 카이사르가 즉시 〈안티카토Anticato〉로 대답했다. 이제 대화하는 인물 키케로는 소 카토가 진술하는 스토아주의에 무조건 찬동하지는 않는다. 오히려 다음 권에서 네 가지 중요한 반론을 전개한다. 이 반론들은 무엇보다도 합성된 존재인 인간의 피조물적-육체적 측면을 강조한다. 이런 측면이 스토아학파의 이상에서는 거의 고려되지 않는다고 한다.[49] 키케로는 덕으로 표현되는 철학이 유일하게 참된 철학

---

47 Ulrich의 유익한 연구서(2006)의 제목이다.

48 파국catastrophe은 말 그대로 "전복, 방향 전환"을 의미한다. 고대 고전주의 시대에 이미 이것은 "삶의 종말"katastrophe tou biou을 의미할 수 있다. 이 말은 원래 "삶의 방향 전환"을 뜻했고, 그 다음에는 드라마의 대단원에도 사용되었다. 세계 극장theatrum munid에 대한 은유의 의미에서 보면, 격변설catastrophism은 그러니까 "우리가 세계를 알았던 것처럼, 세계의 종말"을 지칭했다.

49 예컨대 De finibus 4, 20. 37-38. 41-42.

임을 말해주는 명확한 증거가 소 카토의 **덕의 본보기**exemplum virtutis라고 여기는데, 억지로 그러는 게 아니다. 키케로는 공화국에

20 Marcus Licinius Crassus, BC115~BC53, 삼두정치를 한 로마의 장군이자 정치가로, 부호로서도 유명함

대한 온갖 애정에도 불구하고 스토아주의자 소 카토의 엄숙주의에 의혹을 품었던 모양이다. 소 카토는 카이사르와 어쩔 수 없이 친구 관계를 맺느니 차라리 죽을 작정이었다. 있을 수 있는 생사의 선택에 관한 소 카토의 상론(De finibuis 3, 60-61)에서 이런 역사적 배경은 숨겨지지 않았지만 이론적인 거리가 그대로 있다. 그래서 키케로가 시간을 다시 한 번 되돌리려 하는 것처럼 보인다. 의무들의 선택에 대한 조건들은 정말로 스토아주의자 소 카토가 삶의 끝을 생각할 정도로 받아들일 수 없었을까? 대화에서 소 카토는 자기의 설명을 현자에 대한 일련의 술어로 끝맺는다.

현자는 진정한 왕이다. 현자만이 자신과 자신에게 맡겨진 사람들을 이끌 수 있기 때문이다. 현자는 **백성의 스승**magister populi이자 진정한 **지도자**dictator이다. 현자만이 최악의 악덕, 말하자면 사치욕, 탐욕, 무자비를 통제하기 때문이다. 현자는 크라수스[20] 보다 부유하다. 현자에게는 아무것도 부족하지 않기 때문이다. 모든 것이 현자의 것이다. 현자만이 모든 것을 사용할 줄 알기 때문이다. 그러니까 사실은 소 카토가 간단히 삶을 끝내면 안 되었던 것이다. 그보다는 오히려 그 자신의 철학적 지혜를 기억해 내야 했을 것이다. 영웅적인 종말 대신, 어쩌면 도서관으로의 퇴각도 하나의 선택이었을 것이다. 어쨌든 소 카토는 플루타르크의 보고에 따르면, 피투성이의 자살 직전에 플라톤의《파이돈Phaidon》을 두 번이나 읽었다.[50] 그러니까 철학자 소크라테스의 죽음을 그의 현존재의 완성으로 찬미하는 플라톤의 대화편을 말이다. 멋진 죽음임에 확실하다. 카이사르와 폼페이우스의 내전을 기록한 시

50 Plutarch, Cato minor 68.

그림 | 소크라테스의 죽음_자크 루이 다비드Jacques Louis David 작

21 decisionism, 입법 시에 정의로 선 언된 것을 정의로 보는 법철학

인이자 세네카의 조카인 루카누스(Marcus Annaeus Lucanus, 39~65)는 간결하게 이렇게 적고 있다(De bello civili/내전기 1, 128). causa victrix diis placuit, sed vita Catoni. "신은 승자(즉 카이사르의 추종자)를 위해 존재하고, 카토는 패자를 위해 존재한다."

키케로는 이런 비극적인 결정론[21]을 피한다. 그는 자기의 이성을 사용하고 싶어한다. 대안들에 대해 자신을 열어두기 위해서 말이다. 사람들은 종종 서로 모순되는 많은 의견들을 발견할 수 있는 곳에서 이런 것을 연습한다. 왜냐하면 고려해야 하는 또 다른 선택이 항상 있기 때문이다. 회의론자 키케로는 항상 오류를 예상하고, 예컨대 더 나은 논증을 도서관에서 찾는다. 사람들은 키케로를 이런 형태의 지적인 존재라고 비난하길 좋아했다. 키케로의 회의적인 모습에서 정치적 이상들의 배반을 찾아내려 했기 때문이다. 그런데 소 카토의 자살이 사건의 진행을 막을 수 있었을까? 그렇다. 카이사르에게 있어서 위대한 적수의 이런 "도주"는 기분 나쁜 일이었다. 소 카토는 저항의 인물이 되었다. 키케로는 이런 파국적인 상황에서, 우리의 인생목표를 어떻게 정할 것인가 하는 물음에 대해 곰곰이 생각한다. 그의 도서관 대화라는 허구는 제반 상황에 대해 토론할 수 있으며 종종 여러 관점이 드러난다는 점을 상기시킨다. 처세술은—스토아학파 현자의 수준에 못 미친다 하더라도—의무officia의 선택에 대해 자신에게 해명할 수 있다는 데 있다. 이를 위해 행해진 대화들은 일을 해명하는 역할을 하고, 우리가 할 수 있는 행동의 여지를 보여준다. 모든 사회적 과정들에 있어서 다가오는 파국에 직면하여, 도덕적이기도 한 의무를 제시하는 것이다.

파리의 복숭아

프랑스 남서부 지역의 기후 문화에 관한 에세이

파리의 복숭아
프랑스 남서부 지역의 기후 문화에 관한 에세이

닐스 밍크마르
NILS MINKMAR

프랑스가 감탄을 자아냈다. 콩코르드 광장에 있는 "크리용 호텔"Hotel Crillon 의 연회실에 그야말로 성대한 뷔페가 차려진 것이다. 전 세계에서 모인 언론인들에게 영광이 되는 것 못지않게 그들을 기죽이기에 딱 좋은 뷔페였다. 발굽이 있는 유제동물의 구운 고기, 가금류로 가득 찬 새 고기, 해산물, 종류가 수천 가지나 되는 치즈 등이 있었다. 바로 이 네 가지 요소로 된 최고급 뷔페였다. 이것은 지속적으로 국가의 지원을 받는 대외 문화 장려 기구인 프랑스 영화 배급사Unifrance가 매년 초에 외국의 비평가들을 초대할 때 있을 법한 일이다.

이날 저녁에는 매년 영화인 특별전을 시작할 때 영화인 동료들의 소통을 지원하는 것보다 중요한 게 많았다. 음식은 이미 프랑스의 문화적 카리스마를 보여주는 증거이자 확인이었다. 이런 먹거리가 있는 나라가 어떻게 나쁜 영화를 만들겠는가?

나는 영화 작업과 먹는 것을 연결시키기가 어렵지만, 그럼에도 풍요의 뿔cornucopia처럼 배열된 과일 바구니 앞에 멈춰 섰다. 그리고 복숭아를 하나 집었다. 지금도 그 복숭아를 그릴 수 있을 것이다. 그것은 단지 빼어나거나 훌륭한 복숭아에 불과한 게 아니었다. 그것은 복숭아의 플라톤적인 이념이었다.

나와 복숭아의 관계는 사르트르와 향정 신약의 관계와 같았다. 복숭아가 "내 머릿속에 햇살을 비추게 했던" 것이다. 고통스러움에 대한 두려움에서 완전히 자유로운

1 Bad Sex Award, 영국 문학잡지 Literary Review가 과다한 성 묘사 작품에 수여하는 상
2 Agnès Varda, 1928~, 프랑스의 영화감독

사람만이 감히 감각적인 체험들을 언어로 재현하려 할 것이다. 영국의 정통 문학잡지 《그랜타Granta》가 **배드섹스상**[1]을 얼마나 빨리 받을 수 있을까. 하지만 이 복숭아와의 만남이라면 그런 시도를 할 만한 가치가 있을 것이다. 이상적인 복숭아를 상상하며, 게다가 과일의 완벽함에 점점 더 놀라는 동시에 위로를 받고 파렴치한 짓을 하도록 자극받는 느낌을 떠올려 보자. 그러면 그런 방향으로 가게 된다.

호텔 밖은 지독하게 추웠다. 파리는 잿빛이었고 바람이 스며들었다. 게다가 나는 발이 부러졌다. 이제 며칠간 꼼짝없이 미니 스크린 앞에 앉아 평범한 프랑스 상업 영화를 볼 수밖에 없을 것이다. 그 사이사이에 나는 호텔 방으로 불려 다니며 배우들에게 질문을 던질 것이다. 그것은 언론 분야에서 가장 재미없는 일 중 하나일 것이다. 나는 잠시 자유주의 대형 주간지의 영화 비평가로 활동 중이었다. 그런데 그곳에서 본 어떤 영화에 관한 글도 쓰지 않고, 그곳에서 한 어떤 인터뷰도 써먹지 않으리라는 것을 이미 예감했다. 어떻게 말해야 할지 모르겠지만 위대한 아그네스 바르다[2]의 인생 경험이 풍부한 보고를 제외하고는 말이다. 나는 그녀의 진술을 자주 들었다. 아침마다 부엌에서 말이다. 부드러운 잡담조로, 도덕적이고 인류학적인 판단의 상태를 **의식의 흐름**stream of consciousness처럼 다룬 내용이었다.

"그러니까 신문에서 예컨대 역겨운 기사를 읽을 때면 난 이미 낙담하면서 생각해요. 사람들은 정말로 전부 다 범죄자라고 말이에요. 그 다음에

우편물이 와요. 그림엽서예요. 누군가가 나를 생각한 거예요. 그러면 나는 인류를 다시 매우 친절하다고 여겨요. 실제로 말이에요. 그리고 나면 추억이 여름비처럼 내게 쏟아진다는 것을 그들은 알고 있어요."

위대한 아그네스는 1월의 이 모임에서 이상적인 생활 방식을 구상했다. 그녀는 출세할 수 있는 경력도 능력도 없다고 한다. 그런 건 그녀에게 상관없었다. "나는 날씨가 따뜻하면 언젠가 커다란 천막을 치고, 온종일 베개를 베고 누워 로쿰³을 먹고 아이를 밸 거예요." 날씨가 따뜻한 곳에서는 살기가 더 쉽다. 온난한 날씨는 기후 문화 상수들 중 하나이다. 나는 날씨가 온난한 프랑스 남서부에 있는 외가에서 성장했다. 그리고 이와 반대되는 명제에 따르면, 북쪽의 사람들은 부지런하다. 브레멘 출신인 친가의 구체적인 예가 이 완고한 원칙을 즉시 반박했다 할지라도 말이다. 하지만 예외들도 모든 가족 철학적 규칙을 확인해준다. 이런 인간 조건conditio humana의 균형을 맞추기 위해, 즉 북쪽 인간들의 근면과 중앙 인간들의 향유 역량 사이에 균형을 이루기 위해 국가, 즉 공화국이 존재한다. 공화국은 북쪽 인간들에게 유급 휴가를 주고, 중앙의 인간들을 교육을 위해 북쪽으로 보낸다. 그리고 예술은 어차피 모든 것 위에 부유한다. 이제 다시 복숭아 얘기로 돌아가자.

내게 불리한 말을 덧붙이자면, 나는 이 복숭아를 2000년 1월에 먹어 치웠다. 그러니까 나는 내가 무엇을 했고 그 물건이 어디에서 왔는지를 알고 있었던 것이다. 그들은 비행기 편으로—시간이 부족할 때에는 가급적 프랑스 군용 비행기 편으로—그런 물건 몇 상자를 프랑스 해외 위성국가들 중 한 나라로부터 공수해왔다. 비행기가 그곳으로 날아갈 때에는 화물칸을 카망베르 치즈와 본마망 잼으로 가득 채웠을 것이다. 왜냐하면 프랑스 삼색기가 펄럭이는 곳 어디에서나 프랑스식 저녁을 먹을 수 있기 때문이다. 그리고 파

리에서 햇빛에 잘 익은 복숭아는 수도를 방
문하여 깜짝 놀라고 추워하는 남쪽 사람이

4 Max Goldt, 1958~, 독일의 풍자작
가이자 음악가

언제나 먹을 수 있는 게 아니다. 요리사가 제공할 계획이 있을 때에나 그럴
수 있다.

그런데 앨 고어의 영화를 보기 오래 전에도 내게 납득이 간 몇몇 문장이
있다. 가령 막스 골트[4]가 한 말이 그렇다. 그의 말에 따르면, 하늘에 비행기
가 떠 있는 것을 볼 때 사람들은 세계를 구할 외교관이나 재난 지역으로 갈
의사들이 타고 있다고 가정하고 싶어한다. 비행기가 실어 나르는 게 사과 상
자라고 여기고 싶어하지는 않는다. 그것도 내 나름으로 골트의 문장을 해석
하자면, 1월에 먹는 복숭아는 확실히 아닐 것이다.

오늘날에는 물론 모든 것이 완전히 다르고, 늦어도 코펜하겐 기후변화회
의(2009. 12.) 이후로는 포기 및 분별에 대한 고백들이 입에서 아주 술술 나오
고 있다. 전 프랑스 수상 알랭 쥐페(Alain Marie Juppé, 1945~)는 심지어 어느 베
스트셀러의 제목에 다음과 같은 약속을 달았다. **나는 겨울에 더 이상 버찌를
먹지 않을래요.**

그러나 변화는 힘겹다. 왜냐하면 기후와 문화가 프랑스에서는 밀접하게
유사한 것이기 때문이다. 그래서 기후와 문화 사이의 연관성을 현대적인 주
제라고 한다면 틀린 것이다. 실제로 춥고 따뜻한 지역들, 이와 결부된 생활
방식 및 생산 방식, 이런 상황들에 대한 법률과 도덕의 예속에 대한 이야기
는 근대만큼이나 오래 되었다. 또 여기에서 기인하는 사고 및 행동 유형도
마찬가지로 오래 되었다.

특히 그렇기 때문에, 기후 변화의 현실이 인정되기는 하지만 기후 변화
의 차원 및 실천적 함의가 매우 사소한 자극만 있어도 선뜻 밀려나는 일이
생긴다. 그래서 아주 사소한 정보 불일치인데도 전체 기후 변화의 중단으로
이어질 수밖에 없는 근본적인 프로그램 오류로 평가 절상하려는 강력한 용

의도 생긴다. 종국에는 전문가들조차 의견
이 일치하지 않는 것이다. 거의 어느 모임
에서나 자연과의 일상적인 접촉과 거리가 멀수록 좋다는 작은 암시만으로
도 족하다. 그 정도로도 교양 있는 시민들은 명철한 기후 회의론자가 된다.

이것은 프랑스에서 누구나 일반적인 여론에 반기를 드는 반항아인 척하
고 교활한 경거망동이 인기 있는 자기 묘사self-description일 때 더욱 뚜렷해진
다. 어떤 관점을 로마의 관점이라고 주장할 수만 있으면, 누구에게서나 퇴
행적인 아스테릭스⁵가 깨어나는 것이다. 또한 프랑스에서는 자연 및 기후에
대한 관계가 거의 비정상적일 정도로 궤변적이다. 그것도 절대주의 시대에
프랑스 중앙집권국가가 시작된 이래로 말이다.

여기에서도 혁명은 단절을 암시하지 못했다. 크리용 호텔의 뷔페가 연상
시킨 것인데, 공화국의 문화는 시민을 지역 및 계절에 따라 얻을 수 있는 생
산품에 길들이는 소박함의 학교가 아니다. 즉 공화국의 문화는 그냥 절대주
의 전통을 넘겨 받아, 자연을 자기 생각대로 이용하며 경우에 따라서는 미화
시킨다.

반면에 생태학은 주지하다시피 북쪽이 고향인 이성의 변이형으로 등장
한다. 그러나 복숭아를 즐기는 것은 문화의 찬란함을 말해주는 증거였다.
인간의 창작력 및 창조력, 즉 창조Création의 탁월한 지위를 증명해 주는 것
이었다. 또한 복숭아의 향유는 그 자체로 아주 심한 희생도 감수할 만했다.
영향력이 있는 거장 감독에게 작품에서 눈 내리는 장면을 찍을 때 과연 새하
얀 거위 깃털을 대신 떨어지게 하면 안 된다고 지시할 것인가? 대통령의 어
린 딸은 수시로 아버지 없이 지내고 있는데, 남서부로 주말 소풍을 가면서
새끼고양이를 데리고 가는 것을 잊었다는 이유로 주말을 새끼고양이 없이
지내야 한단 말인가? 그 애완동물의 헬리콥터 역수송에 거액이 들었다고 어
떤 금융감독관이 냉혹하게 비난하겠는가? 사람들이 삶의 질을 상황, 자연,

지리 등의 명령에 따르게 두겠는가?

동물과 식물은 무엇인가에 유익하다고

6 ephedrine, 자극제 또는 욕구 억제제
7 mescaline, 환각 물질이 들어 있는 약물
8 cortisone, 부신피질호르몬제

한다. 그리고 이것들의 향유는 대단히 많

은 위반을 정당화한다. 왜냐하면 인간의 삶이 유한한 것처럼 환경도 그렇게
존재하기 때문이다. 존중받고 향유되는 것, 즉 종종 충분히 먹히는 것이기
때문이다. 해수면 상승으로 수몰 위기에 처한 몰디브나 투발루가 성문화한
게 아니라면, 동식물의 향유는 또한 완전히 적법했다. 그랬다면 이 복숭아는
방사능이 있는 탈레반의 헤로인보다 더 해로웠을 것이고, 크리용 호텔 뷔페
의 장면은 미국 드라마 〈매드맨Mad Men〉의 시대착오적인 모습, 즉 처음으로
필터 없는 담배를 피우며 숨을 깊이 쉬었던 시대와 같을 것이다.

복숭아는 천연 향정신약이었다. 프랑스인들이 무척이나 좋아하는 모든
의학적 산물과 유사한 것이었던 셈이다. 향정신약은 장 폴 사르트르 덕분에
좌파 지식인들에게서 자리를 잡았다. 그는 차라리 에페드린,[6] 메스칼린,[7]
코카인 등을 이용하여 뇌를 작동시키고, 그 대신 실명 같은 몇몇 부작용을
감수했던 것이다. 자연의 흐름에 맡기고 베개를 벤 채 우두커니 천장만 응
시하기보다는 에세이 한 권을 더 끝내기 위해서였다. 어느 유명한 프랑스
지식인의 집에서 필자는 몇 년 후 부작용을 더욱 뚜렷하게 관찰할 수 있었
다. 여러 차례에 걸쳐 수술이 잘 된 그의 아내는 노래 공연을 마쳐야 했지만,
목의 가벼운 통증과 탁한 목소리 때문에 고생했다. 그녀는 샐비어 차로 목
을 가셔내고, 저녁 공연을 생각해 몸을 아끼려고 낮 동안 내내 말을 하지 않
으려 했다. 내가 막 인터뷰를 했던 남편은 그녀를 비웃을 따름이었다. "여
보, 그들은 그런 방법들을 써서 오늘 저녁에 노래를 부르지 않을 게 확실하
오." 예술을 사랑하는 사람이라면 성대에 직접 코르티손[8]을 뿌릴 것이다,
다른 모든 것은 아마추어에게나 맞는 것이다, 그의 웃음은 이렇게 말하려는
것 같았다.

예술Kunst과 신체Körper는 서로 도구적 관

9 Roland Barthes, 1915~1980, 프랑스 비평가

계에 있다. 자연이 예술 다음이라고 여기고

예술의 과도한 형성을 문명이라고 보는 태도는 프랑스 세계관의 중요한 요소이다. 나는 일부분 프랑스 세계관 속에서 성장했다. 이런 태도는 우리에게 기후 변화에 대한 통찰만으로는 행동의 변화에 이르지 못한다는 것을 상기시킨다. 그보다는 오히려 행동의 상징적인 관련성이, 그러니까 명백한 것을 또한 반사실적counterfactual으로 해석할 용의가 매우 많다는 것을 생각하게 한다. 근대가 시작된 이래, 우리가 누구이며 어떤 상태인가 하는 것은 우리가 알고 있는 기후를 통해서도 설명되었다. 그리고 그것은 항상 적절하지도 않았다.

나는 파리의 복숭아를 암만해도 몰랐을 거라고 말할 수 없다. "Français par les Fruits." 과일을 통해 프랑스인이 된다고 롤랑 바르트[9]가 자서전에서 쓰고 있다. 가령 프랑스인들은 여름철에만 존재하는 걸까?

자연이 순환적이고 융통성이 없다면, 즉 자연이 인간에게 인간이 원하는 것을 내주지 않는다면, 예술가이자 정치가인 인간은 이런 한계를 극복한다. 태양은 어디에서인가 항상 빛나고 있고, 다방면에 통달한 전문가는 그것을 이용한다. 좀스러운 사람들만 이런 식량의 비용에 숫자를 붙인다. 그렇지 않아도 자크 시라크(Jaques Chirac, 1932~)가 파리 시장(1977~1995)일 때 시청의 주방에서, 그것도 단지 차, 커피, 과자 등의 항목으로 매년 쓴 비용이 무려 수십만 프랑에 달한다는 사실이 알려진 시기가 있었다. 이 예산 항목들은 다른 많은 것들처럼 단순히 당의 비밀자금 지원 명목으로 탈바꿈되었다. 적절한 가정을 해보자. 음식의 경우 재계산을 한다면 폭로자들은 매우 비호감적으로 될 것이다. 그러므로 비판이 거의 정치적 손해를 야기해서는 안 될 것이다. 식도락의 요구를 충족시켜 줄 목적으로 심지어 불법적으로 행동하는 무분별이 모든 프랑스인에게는 명예가 된다. 프랑수아 미테랑(François Mitter-

rand, 1916~1996)은 유럽 전역에 걸친 엄격한
사냥 금지에도 불구하고, 코냑잔 속에서 마

10 black bloc, 검정색 차림으로 시위하는 집단

비된 오털런ortolan, 즉 참새목 멧새과의 새를 냅킨으로 가리고 맛을 보았다.
실언으로 이 사실이 알려졌을 때, 이런 비밀 누설은 중병에 걸린 남자가 처
세에 능한 사람으로서 마지막 귀환을 시작하는 데 도움이 되었다.

  행복한 삶에 대한 의지를 따르는 것은 가축, 농작물, 기후뿐만이 아니다.
고유한 신체적 온전함 또한 그렇다. 거의 어떤 조처도 도로 교통에서의 음
주 단속 강화만큼 격한 저항과 시민 불복종 및 무정부 찬양에 대한 절망적인
호소를 많이 야기하지는 못했다. 남서부 전체와 특히 보르도 유역을 지배하
는 확신이 있다. 엄격한 단속과 운전 면허증 취소에 대한 두려움 때문에 점
심식사 때 레드와인을 포기하는 것이야말로 로마시대 이래 중앙 권력의 가
장 귀찮은 간섭 중 하나라는 것이다. 완전히 서민적인 사람들은 경영자 단
체와 교회가 추천한 정책 브랜드policy brand 외에는 어떤 다른 것도 결코 선택
하지 않을 것이다. 하지만 프랑스의 지방 경관들과 도로 교통 사망자 수의
감소에 대한 객관적으로 너무도 당연한 그들의 염려에 관해서는, 이 서민들
조차 함부르크 샨첸피어텔Hamburger Schanzenviertel의 블랙 블록[10]처럼 말한다.

  그래서 거의 어떤 것도 나의 프랑스 가족과 우리의 친구들 및 이웃들에
게서 그런 생각을 비판한 녹색당의 상승만큼 지속적인 혼란을 야기하지는
못했다. 생태 운동은 히피들에게나 어울리는 일이었다. 또 독일인들이 때때
로 먹는 일에서 특정한 규칙을 따르려 했을 때, 그것은 오히려 웃음거리가
되었다. 아주 북쪽에서 무엇을 먹든, 먹거리를 포기할 것은 별로 많지 않을
거라며 말이다. 나는 사냥꾼과 지저귀는 새 사이에서 매우 감상적인 태도를
보이는 새 보호 활동가들을 데리고 무슨 짓을 꾸밀 수 있는지에 대한 말들을
몇 번 들은 적이 있다. 귀족들에게 적용되는 사냥 특권의 폐지는 많은 지역
에서 보편적인 시민권 및 인권의 선언에 맞먹는 프랑스혁명의 성과로 간주

11 Baron de secondat Montesquieu, 1689~1755, 프랑스의 법리학자이자 계몽사상가
12 맛을 느끼는 미세포가 분포되어 있는 곳

된다. 이를테면 그야말로 남쪽의 구조적 약점 때문에 사냥 외에는 거의 의미 있는 활동이 허용되지 않는 곳에서 말이다.

프랑스 남서부 출신의 몽테스키외 남작[11]은 기후, 정체성, 문화 간의 연관을 가장 명확하고도 확실히 가장 잊히지 않게 표현했다. 그는 기후 이론을 확실히 혼자 생각해 낸 게 아니라 그림 형제 Gebrüder Grimm처럼 일반적으로 퍼져 있는 지식을 수집했다. 설령 그렇다 하더라도 그가 서술한 형태는 국가 민속학의 일부가 된 지 이미 오래이다. 그것은 집단의식에서 적어도 그의 삼권분립만큼 영향력이 있다. 주지하는 바와 같이 몽테스키외는 어느 날 양의 혀를 앞으로 잡아당겨 얼게 했다. 그는 미뢰[12]가 추위에 수축되고 면적이 축소되는 것을 똑똑히 볼 수 있었다. 그 다음에 혀를 다시 가열하자, 이 감지기들sensors이 다시 이완되었다. 이렇게 하여 그는 자기의 이론이 증명되었다고 여겼다. 추운 나라들에서는 신경조직이 수축되고 심지어 외피를 통해 보호되어 있어서, 느낌이 그다지 강하지 않다는 것이다. 그러면 이성과 근면이 우세한데, 이는 단순히 신경조직이 덜 심하게 자극 받기 때문이다.

남쪽에서는 정반대이다. 남쪽 사람들은 민감하며 신경질적이기도 하다. 몽테스키외에 따르면, 바로 그래서 남쪽에서는 명예가 관심의 초점이 된다고 한다. 사람들이 계속 신경질적이고 과민하기 때문에 그것 외에는 다른 어떤 것에도 마음을 쓰지 않는다는 것이다. 그리고 도덕에 관한 한, 자기 행위와 거리를 두는 북쪽에서는 도덕을 지키는 것이 자연히 더 쉽다. 반면에 정반대로, "남프랑스에 가까워지면 사람들은 도덕 자체로부터 멀어진다고 생각한다." 그리고 용기는 햇빛을 너무 오래 받고 있는 사람들에게서도 없어진다.

몽테스키외 자신은 두 가지 생활 양식을 잘 알고 있었다. 그는 겨울에는

여행을 떠나 파리에 체류했다. 그리고 뜨거
운 긴 여름 동안에만 가문의 성城 라브레드
La Brède로 돌아와, 그곳에서 아무것도 해내

13 François Mauriac, 1885~1970, 프
랑스의 소설가
14 L'Express, 프랑스의 시사 주간지

지 못하고 한 가지만, 말하자면 사랑만 생각한 이유에 대한 온갖 변명을 준
비했다. 북쪽의 인간은 사랑에 대해 기능적인 관계만 갖는다고 말이다.

　나는 이런 숙고의 변형들을 지난 여름 휴가에서도 들을 수 있었다. 2009
년에도 어느 정도 고령의 프랑스인들에게서는 차가운 수영장이 독일인들에
게 전혀 방해가 되지 않을 거라는 확신이 우세했다. 결국 독일인들은 그런
것에 정말로 익숙하고, 아주 일반적으로 볼 때 덜 민감하다는 것이다. 이것
은 전적으로 칭찬의 의미였다. 프랑스 국내에서 계속되는 불평불만, 즉 공
공 생활을 마비시키는 것 만큼이나 골치 아프게 만드는 파업과 수많은 반목
및 스캔들 등은 현실적인 효율성 및 시의적절한 유용함에 대립되는 부담으
로 느껴진다.

　노벨문학상 수상자인 프랑수아 모리아크[13]는 거의 임종에 이를 때까지
《렉스프레스》[14]를 위해 썼던 비판적 칼럼 **메모장**Bloc-Note에서 교실에서 보
낸 긴 낮들을 기억한다. 그 낮에 학생들은 너무 더운 나머지 "날아다니는 파
리들만 우두커니 바라볼" 수 있을 뿐이었다. 하물며 학생들이 그 어떤 수업
을 따라갈 수 있었겠는가. 그래서 그는 그렇게 뜨거운 지역에서 온 누군가
가 어떤 선발시험에 성공적으로 합격할 수 있다는 것을 의심한다. 더위는 운
명인 것이다.

　그런데 이 작가는 또한 기후 환경을 초월하는 자신의 인생 행로를 확대
한다. 고향의 기후에서 빠져나와 이런 의지력을 동원하는 사람만이, 부지런
하고 객관적으로 일이 진행되는 시원한 북쪽에서 무엇인가 성취하는 데 필
요한 창조력도 발전시킨다는 것이다. 그 북쪽은 당연히 파리였다.

　이런 변증법은 합슴으로 끝나지 않았다. 남쪽에서 온 사람은 북쪽에서 자

신의 존재를 증명해야 했지만, 그럼으로써
위험을 무릅쓴 것이다.

프랑스의 가정들을 보면, 대도시에서 가
난하고 외롭고 아프게 되는 사람들에 대한
보고가 무수히 많다. 모리아크의 경우에도
그런 일이 있었다. 술, 방탕, 경제적 파탄, 아주 일반적인 결핍 등의 위기에
처한 영원한 대학생 모리아크는 가족의 개입으로 농장 말라가르Malagar로 다
시 돌아가 휴양을 했다. 오늘날 알려져 있는 바대로 그는 그곳에서 훨씬 방
자한 짓을 벌였다. 그런데 가스코뉴Gascogne와 귀엔Guyenne에서 수공업과 농
업에 종사하는 벌이가 신통치 않은 사람들은 한가한 것과는 완전히 다른 삶
을 영위했다. 이것은 부담이 되는 현실이지만, 그 현실이 편리하고 강력한
신화에는 손을 댈 수가 없다.

가령 독일의 라인탈15 역시 더운 지역이 될 지경이면, 즉 가령 그곳의 포
도가 메독Médoc에서와 마찬가지로 햇빛을 많이 받고 이웃나라 스페인이 낙
후된 과일 및 야채 저장실에서 사하라의 전초대로 된다면, 이것은 프랑스의
세계상 및 자아상이 완전히 바뀌는 것을 의미한다. 특히 그래서 모든 활동
에서, 그러니까 이 활동에서도 상석에 앉기를 좋아하는 프랑스 대통령 사르
코지의 경고들은 깊이가 부족하다는 증거로 평가된다. 즉 그의 경쟁자 도미
니크 드 빌팽16이 표현하곤 하는 것처럼 "내적 미로"inner labyrinth가 없다는
증거가 되는 것이다. 실제로 사르코지는 헝가리 유대인의 이주 가정 출신이
고, 파리의 교외 뇌이Neuilly에서만 살았다. 그곳은 그가 테루아17에 대한 육
감을 특별히 많이 얻을 수 없는 지역이었다. 그에게는 길고 복잡한 혈통의
역사와 식품에 대한 예민함이 부족하다. 다른 보통 프랑스인들은 식품에 대
한 예민함 때문에 골치를 썩는데 말이다.

우리 집안에서는 멜론이 중요했다. 여름 휴가 중에는 점심식사 때마다

전채로 멜론이 식탁에 올랐다. 각각의 멜론은 증조부의 멜론에 견주어 평가되었다. 증조부는 제르Gers의 오슈Auch 근처에서 큰 과수원을 경작했다. 우리가 찾을 수 있는 최고의 멜론이라 하더라도 증조부의 멜론에 비하면 보통 수준에 불과했다는 게 지배적인 견해였다. 그리고 우리가 보기에는 상태가 괜찮은 멜론이지만 건장한 가장이자 사냥꾼인 증조부라면 산처럼 높이 쌓인 퇴비 더미에 쏟아버렸을 거라고 했다. 팔려고 내놓는 과일들을 피라미드 모양으로 쌓아올린 데서 제대로 된 것을 골라내는 능력은 특별한 재능이었다. 많은 사람들이 그것을 할 수 있다고 주장했지만, 그 말을 믿는 사람은 소수에 불과했다. 멜론 평가에서는 합리적 요소들—재배 지역에 대한 정보, 가격, 청과업자 조직—과 최대한 즐기는 것에 대한 묘한 태곳적 느낌이 동시에 작용했다. 북쪽과 남쪽, 이 실천에서는 프랑스가 하나로 합쳤다.

물론 날씨 또한 좋지 못했다. 왜냐하면 남서부의 날씨가 항상 좋고 덥다는 말은 전혀 맞지 않기 때문이다. 심지어 비도 꽤나 많이 온다. 그러나 날씨의 이런 변덕은 즉각 프랑스 공화국에 하나의 사건이 되었다. 완전히 몽테스키외의 권고대로, 문화와 국가가 개입하게 되었다. 몽테스키외의 권고에 따르면, 국가는 기후에 따른 특성들과 균형을 맞추는 조처를 준비할 임무가 있다고 한다. 가령 결과가 좋은 농업적 성과에 대해서는 포상을 해야 한다는 것이다. 그러면 나태함이 명예심으로 극복된다고 한다. 그럼 휴가 때 날씨가 나쁘면 국가는 무엇을 할까? 서부 영화를 방송하는 것이다. 우리 할머니는 여름에 호우가 내릴 때마다 약간 기대에 찬 기쁨을 내비치곤 했다. 서부 영화의 시청을 그 어떤 다른 활동보다 상당히 좋아했기 때문이다. 할머니는 또한 프랑스인들이 흥미진진하고 속도가 빠른 영화를 만들어 내지 못한다고 확신했다. 이것 또한 몽테스키외의 자기혐오self-hate의 먼 지류이다. 프랑스 배우들은 너무 게으르고 너무 나이가 많고, 텔레비전의 수사반장들은 "항상 코감기에 걸려" 있다는 것이다. 그러니까 프랑스의 날씨가 뜻대로

18 Bienvenue chez les Ch'tis, 2008년
프랑스 최고 흥행작 영화
19 Hans Olaf Henkel, 독일의 경제
학자

되지 않는 경우에도 "비가 오면, 우리는 서
부 영화를 보게 돼"Il pleut, il vont nous mettre un
Western라는 문장은 효과가 있었다. 파리에
있는 프랑스의 주요 텔레비전 프로그램 간부가 청소년 휴가 지역에도 먹구
름이 끼었음을 인지하고 오후 프로그램을 영화 도서관으로 대체할 거라는
신뢰가 있었다. 필자의 기억에 따르더라도, 그런 기대가 어긋나서 실망했
던 적은 드물었다. 설령 그랬다 하더라도, 대도시와 지방, 교육학과 텔레비
전 프로그램 및 안과 밖 사이의 공동 작용을 지배하는 철칙들은 경험에 의
해 정말로 침해될 수 있는 게 아니었다.

환경 문제와 천연재natural goods의 제지 없는 소비의 문제에 대해 우리의
프랑스 이웃들 및 친구들이 갖는 입장 역시 물론 서서히 변하고 있다. 〈웰컴
투 슈티〉[18]처럼 오래된 북-남 상투어를 거리낌 없이 놀리는 영화가 일반적
으로 가장 많이 관람한 프랑스 영화 중 하나가 되었다는 것은 이런 변화의

징후이다. 〈웰컴 투 슈티〉는 다른 관점에서
보더라도 고무적이다. 두 주연 배우 중 한
명은 건장한 북쪽 프랑스인 역할이고, 다른
한 명은 남쪽에서 온 보통 프랑스인의 역할
을 한다. 두 배우 모두 다 아랍계 가문 출신
이다. 이것이 영화에서는 어떻게든 주제가
되지는 않을 것이다. 따라서 기후, 출신, 지
리 등은 프랑스에서도 해석이 많이 달라질
수 있다. 그리고 어떤 식으로든 그럴 때도
되었다.

지난여름에 이웃에 사는 까다로우면서
도 매우 상냥한 중년 여성이 내게 과수원에

서 딴 멜론이 든 상자 하나를 건네주었다. 그녀는 "무농약으로 재배했어요"라는 말을 덧붙이며, 남프랑스의 농업에서 연간 사용되는 농약에 대해 뜻밖의 한탄을 늘어놓기 시작했다. 한스 올라프 헹켈[19]이 노동조합의 임금 요구가 너무 신중하다고 비판하는 소리를 들었다면, 나는 덜 놀랐을 것이다. 이웃집 여자는 남편의 질병 때문에 암 통계를 파고들었다. 그러다가 전원적이고 인기 있고 자칭 영원히 스트레스가 없는 남서부가 암 발병률이 매우 높은 원인을 알아냈다. 바로 감칠맛 나는 과일을 생산하기 위해 농약을 제지 없이 투입한 상품들에 원인이 있다는 것이었다. 폐암은 도로 표면 물질을 생산하는 기업가로 살아온 그녀 남편의 이력과 타르 기계에서 일한 생활과도 관련이 있을 수 있다. 하지만 필자는 그렇게 말대꾸하지 않았다. 일반적으로 말하면, 그녀의 말이 확실히 옳았기 때문이다.

기후는 점점 더 걱정하며 관찰하게 되는 어떤 것이다. 오래된 확신들이 바뀌고 있다. 그러나 이것에도 프랑스의 오래된 유쾌한 조롱 버릇과 거만함이 수반된다는 것에서 가정을 시작할 수 있다. 보르도에서 완전히 말도 안 되는 일이 벌어진 어느 날 오후를 필자는 잊을 수 없다. 눈이 내린 것이다. 내리는 눈은 거의 땅을 덮는 정도가 아니고, 그저 하얀 막에 불과했다. 그러나 놀라움은 완전히 경악에 가까웠다. 극장의 영화가 시작되기를 기다리며 할머니와 나는 어느 카페에 들어가 바로 창가에 앉았다. 얇게 깔린 눈에 미끄러지는 보르도 사람들을 보았을 때 할머니는 어쩔 줄 모르며 웃음을 참지 못하고 터뜨렸다. 나는 할머니가 그때처럼 웃은 모습을 그 전에도 그 후에도 본 적이 없다. 보르도 사람들은 눈길을 걷기에 전혀 적합하지 않은 신발을 신었는데도 자세를 유지하려고 애썼다. 이날 오후에 날씨가 완전히 달라진다는 것을 예상했음에도 불구하고 세상 사람들 앞에서 명예를 지키려고 말이다.

낱말을 문제로 여기다
— '패자' 개념에 관하여

낱말을 문제로 여기다
—'패자'개념에 관하여

잉고 슐체
INGO SCHULZE

"패자의 편에 서 주셔서 감사합니다." 내 나이 또래의 여성이 강의가 끝난 뒤에 내게 와서 말했다.

"저는 실제로 그렇게 생각하지 않는데요." 나는 잠깐 머뭇거린 후에 이렇게 말했다. 그녀는 내가 패자라는 뜻은 아니라고 서둘러 말을 덧붙였다.

"저 역시 말씀을 잘 이해하지 못했습니다." 나는 이렇게 말하고, "패자"라는 개념에 불쾌감을 느끼는 이유를 설명하려 했다. "하지만 패자와 승자는 항상 있었잖아요. 그리고 앞으로도 그럴 거고요." 그녀가 한 말이었다.

나는 "행복한 패자"와 "패자의 행복"에 대해 이야기하기 시작했다. 그러나 나 스스로 정말로 확신이 있다고 느껴지는 못했다. 그 이야기는 결국 패자의 옹호로 끝났다. 그리고 그녀의 말에는 이것 외에 다른 어떤 뜻도 없었다. 나는 그녀에게 "패자"에 관해 다시 한 번 깊이 생각해 봐야겠다고 말했다.

"패자"라는 개념은 오늘날 아주 흔하다. 이 개념이 사회에서 용인될 수 없는 영역은 거의 없다. 사람들은 교정에서도 집의 거실에서도 패자에 대해 말한다. 인문학자들은 정치가들과 마찬가지로 이 개념을 사용한다. 그리고 문학에는 패자들이 많지 않은가?

우선 그림 형제의 동화 〈행복한 한스Hans im Glück〉가 떠올랐다. 나는 1819년 판을 다시 한 번 읽었다. 한스는 7년간 일한 대가로 자기 머리 크기만 한 금덩이를 받는다. 그런데 금은 그에게 골칫덩어리가 된다. "이 금을 지면 고개를 똑바로 들 수가 없어. 어깨도 눌려 아프고." 그래서 그는 이 금덩이를 말과 바꾼다. 그러나 말이 그를 내동댕이치자, 말을 소와 교환한다. 소는 젖이 나오지 않고 그에게 발길질을 해댄다. 그래서 소를 돼지와 바꾸고, 돼지를 거위와 바꾼다. 그리고 마지막으로 거위를 흠이 있는 숫돌과 못을 박을 수 있는 돌멩이와 교환한다. "난 행운의 모자를 쓰고 태어난 게 틀림없어." 그는 외친다. "행운아처럼 내게는 원하는 모든 일이 일어나고 있어." 지금은 금덩이 대신 돌멩이가 그를 괴롭힌다. 그러다가 그가 어느 우물가에서 목을 축이려고 할 때였다.

> "그는 물을 마실 준비를 하고 우물에 몸이 약간 닿았다. 그러자 돌멩이 두 개가 풍덩하고 떨어졌다. 돌멩이가 우물 깊이 내려가는 것을 두 눈으로 직접 보았을 때, 한스는 기쁨에 겨워 펄쩍 뛰었다. 그러고는 무릎을 꿇고, 이런 자비를 그에게도 베풀어주신 것에 대해 하느님에게 감사하며 눈물을 흘렸다. (…) '태양 아래 나처럼 행복한 인간은' 하고 그가 외쳤다. '없을 거야.' 그는 모든 짐을 벗고 가벼운 마음으로 계속 내달려 마침내 어머니가 있는 집에 도착했다."

이 한스는 패자, 행복한 패자일까?

이런 바보가 7년 동안 금덩이를 어떻게 벌 수 있었는지 궁금할 것이다. 한스는 교환을 할 때마다 손해를 더 많이 본다. 그는 자기가 갖고 있는 물건의 가치를 알지 못한다. 그는 돈을 전혀 모른다. 우리에게는 이런 한스가 너무 바보같이 보인다. 바로 금덩이 하나가 말 한 필보다 얼마나 많은 돈을 가져다줄 수 있고, 말 한 필이 소 한 마리보다 돈이 얼마나 더 되는지 등등을 우리가 알고 있기 때문이다. 더 덧붙여 말한다면, 우리는 지난 수십 년 동안 안정적이고 안전한 상황이 지배했던 곳에서 살아가고 있기 때문이다.

전쟁과 전쟁 이후를 몸소 겪은 사람들은 금 브로치나 비단 식탁보를 감자 한 자루와 교환하는 것이 이상한 일이 아니었다고 이의를 제기할 수 있을 것이다. 또한 금 때문에 맞아 죽거나 소 한 마리를 소유하고 있다는 것 때문에 부농으로 낙인찍혀 살해될 수도 있었다. 그러나 이것으로 한스의 행동이 설명되지는 않는다.

7년 동안 혹사를 당한 후 한스는 만족했다. 그는 끝까지 견뎌냈고, 지금은 순간을 만끽하려 한다. 그는 행복하려고 한다. 그는 금을 바로 짐일 수도 있는 것으로 인식했다. 말하자면, 등에 얹혀 있는 돌처럼 불편한 짐으로 인식한 것이다. 그래서 이 귀찮은 짐을 떨어낸 것이다.

이 동화의 대단한 점은 두 개의 진실이 명백히 서로 방해가 되면서도 갈등이 풀리지 않는다는 것이다.

우리가 살아가는 일상의 논리를 따른다면, 나는 한스에 대해 의아해하며 머리를 흔들 것이다. 한스가 단지 금을 집으로 가져가서 말, 소, 돼지, 거위, 숫돌을 많이 사는 노력을 회피했기 때문에, 7년 동안 헛되이 일한 게 되었으니 말이다.

이와 동시에 나는 이런 한스에 경탄한다. 한스가 금에 정신이 팔리지 않기 때문이다. 그에게서 나는 모든 소유가 또한 짐이기도 하다는 것을 배울 수 있다. 한스는 심지어 예수와 붓다를 근거로 내세울 수도 있을 것이다. 심리학자들은 어쩌면 그의 행동을 건강에 유익하다고 칭찬할지 모른다.

그럼, 한스의 어머니는? 아마도 비슷한 갈등을 느낄 것이다. 그런데 결국은 아들 한스가 돌아와 그냥 행복할 것이다.

한스를 행복한 인간, 바보, 멍청이, 또는 익명의 현자라고 부를 수 있다.

나는 그를 패자라고 부르고 싶지 않다. 또 한 행복한 패자라고도 하고 싶지 않다. 그

1 Heinrich Böll, 1917~1985, 독일의 소설가

림 동화에서 "패자" 개념은 방울져 흘러내린다. 이 개념이 부적합하고, 정 말이지 틀렸다는 인상을 주는 것이다.

이 동화와 유사한 현대적인 사례에는 하인리히 뵐[1]이 1964년에 쓴 〈노동 윤리의 감소에 대한 일화Anekdote von der Senkung der Arbeitsmoral〉가 속한다. 뵐 은 "유럽의 서쪽 해안에서" 독일 관광객과 어부의 만남을 이야기한다. 어부 는 자기 보트에 누워 졸고 있고, 관광객은 사진을 찍는다. 두 사람이 대화를 시작하고, 관광객은 어부가 한 번 더 고기를 잡으러 나가지 않는 것을 의아 하게 생각한다. 왜냐하면 어부가 고기를 훨씬 더 많이 잡을 수 있을 것이기 때문이다. 아마도 아침에 잡은 어획량의 몇 배는 될 터이고, 그러면 곧 모터 를 살 수 있을 테고, 금세 배도 한 척 더 사고 냉동 창고도 지을 수 있을 것이 기 때문이다. 관광객의 상상 속에서 어부는 몇 년 후 고기잡이 선단 전체를 소유한 선주가 된다.

"그 다음에는 뭘 하나요?" 어부가 나직이 물었다.

"그 다음에는" 하고 이방인이 조용히 감격하며 말한다. "그 다음에는 안 심하고 이곳 항구에 앉아, 햇빛 속에서 졸 수 있을 겁니다. 그리고 멋진 바 다를 바라보실 수 있을 겁니다."

"하지만 난 지금 벌써 그렇게 하고 있는데요." 어부가 말했다.

이 어부는 행복한 패자일까?

뵐의 단편에 나오는 이 어부가 일종의 행복한 한스라면, 그리고―예전에 "어느 날 더 이상 일하지 않아도 되기 위해 일을 한다"고 생각했었던―이 관 광객이 성장에 대한 생각에 철저히 사로잡힌 사회를 위해 참을 수 있다면,

우리의 세계가 지난 수십 년 동안 얼마나 달라졌는지 느낄 것이다. 오늘날에는 어획물 할당이 중요하다. 대양의 물고기가 "남획되고" 있기 때문이다. 문제는 지속 가능성이다. 왜냐하면—전 환경부장관 지그마르 가브리엘Sigmar Gabriel의 말을 빌리자면—"우리에겐 두 번째 행성이 없기" 때문이다. 이것은 어부를 위한 또 다른 논증일 될 것이다.

바로 그 시기에 어부들이 일자리를 얻기 위해 그 관광객의 나라로 떠났다고 이의를 제기할 수 있을 것이다. 어부들이 고기잡이로는 생계를 더 이상 꾸려나갈 수 없거나, 돈을 더 많이 벌고 다른 삶을 영위하고자 하기 때문에 말이다. 그런데 이 일화의 일관된 분위기는 그런 것에 관심이 없다.

나는 친구와 동료와 가족들에게 "패자"가 나오는 이야기, 소설, 영화를 알려달라고 부탁했다. 사례들이 금세 언급될 것 같았다. 그러나 우리가 인물들을 생각해 내고 그 인물들에 대해 이야기를 하자마자, "패자" 개념이 사라져버렸다. 그것은 매번 똑같았다. "패자"는 유령처럼 사라졌다. 그대신 그 인물은 영웅이 되었다. 적어도 연대감을 느끼는 누군가가 되고, 때로는 용기가 있는 유일한 인간이 되었다. 그것은 "패자" 개념이 우리가 누군가의 일상에 친숙해지자마자 사라져버리는 추상 개념인 탓이었을까?

그것은 입장의 문제일까? 그러니까 어떤 사람들은 어디에서나 패자를 알아보고, 또 어떤 사람들은 무슨 수를 써도 패자를 발견할 수 없는 알아맞히기 퀴즈란 말인가?

나는 이런 식으로 "패자"에 접근하기 위해 사전을 몇 권 펼쳐놓았다.

아델룽(Johann Christoph Adelung, 1732~1806)의 《표준 독일어 방언의 문법 비평 사전Grammatisch-kritisches Wörterbuch der Hochdeutschen Mundart》은 1811년 판도 디지털화 되어 있다. 명사 "Verlierer"를 입력하면 기재된 사항이 나오지 않는다. 반면에 승자의 뜻을 지닌 명사 'Gewinner, Gewinnerin'은 "게임에서만 통

상 있는 것으로, 이기는 편을 가리키는 것"
이라고 나온다.

2 Kaspar Stieler, 1632~1707, 독일의
작가이자 언어학자

　반면에 동사 "verlieren"(잃다, 지다)의 대상 목록은 195개의 기재 사항을 보여준다.

　"verlieren"은 무엇보다도 두 가지 의미로 나온다. 첫째는 "어떤 물건의 소유를 잃다"라는 의미이다. 그렇다면 그 반대는 잃은 것을 찾아내는 것이리라. 둘째는 일반적인 표현으로서, "생명, 이성, 재산, 건강을 잃다[…]. 재판을 지다[…]. 게임에서 지다[…]. 독일어 성서와 신학에서는 사라지다, 보다 좁은 의미에서는 죄를 받다, 영원히 불행해지다"라는 의미이다.

　많지는 않다 하더라도 이보다는 좀 더 많은 것이 《그림 사전Grimmsches Wörterbuch》에서 발견된다.

　"v부터 verzwunzen까지" 포함하고 1956년에 완성된 25권에서는 표제어 "verlieren" 아래 19개의 난 이상에 걸쳐 이 동사의 상이한 사용에 대한 증거가 나온다. 이것에 이어서 "verlieren"은 중성명사 "das Verlieren"로서 나온다. 이것은 동사를 명사화한 부정형이다. 첫 번째 예는 루터에게서 유래한다. "ein Interesse des Verlierens"(지는 것의 이익)가 그것이다. 이것의 기재 사항은 어쨌든 11줄이나 된다. 이제 드디어 "Verlierer, m. mas perdens, amittens, jacturam faciens Stieler 1109"와 "Verlierer, f. foemina perdens Stieler 1109"에 이른다.

　단어의 설명은 라틴어에서도 동사나 현재분사의 도움을 받는다. "mas perdens"는 말 그대로 번역하면 "패하는 남자"verlierender Mann이지만, 파멸을 가져오는 남자ein Zerstörung bringende Mann라고도 말할 수 있을 것이다. "amitto"는 마찬가지로 '잃다'verlieren의 의미 속에 있고, "Iacturam faciens"는 '손해를 야기하는'Verlust machend이라는 것을 뜻한다.

　슈틸러Stieler에 대한 힌트는 에어루프트 사람 카스파르 슈틸러[2]가 1691년

에 출판한 저서 《독일어의 계보와 번성*Der teutschen Sprache Stammbaum und Fortwachs*》과 관련된다. 이 책은 17세기에 가장 방대한 독일어 사전으로, 물론 일부 기상천외한 유래들을 보여준다.

명사 "Gewinner"에 대해서는 그림 사전에서 어쨌든 4개의 난에 걸쳐 증거가 제시된다.

브란덴부르크 아카데미*Brandenburgische Akademie*가 2003년에 편찬한 《현대어 디지털 사전*Digitales Wörterbuch der Gegenwartssprache*》에서 명사 "Verlierer"는 또한 동사 "verlieren"을 통해서만 찾을 수 있다. 이 동사의 처음 두 가지 의미를 가리키는 것이다. 이 두 가지 의미는 아델룽 사전과 그림 사전과 일치한다. "1. jmd. verliert etw., jmdm. kommt etw. unwillkürlich, ungewollt abhanden: Geld, d. Schirm, Brieftasche, Kugelschreiber. […] 2. etw. v. bei etw. unterliegen, besiegt werden: e. Krieg, Prozeß, sportlichen Wettkampf v.; ein Sportler muß mit Anstand v. können; eine verlorene Schlacht, Wette, Schachpartie."(1. 누구에게서 무엇이 사라지다, 누구에게서 무엇이 자기도 모르게, 뜻하지 않게 없어지다: 돈, 우산, 지갑, 볼펜. […] 2. 무엇이 무엇에 지다, 패하다: 전쟁, 재판, 운동경기 등에서 지다; 운동선수는 예의를 갖추고 패할 수 있어야 한다; 패한 전투, 경기, 체스 시합)

잠정적인 결론으로 이렇게 말할 수 있을 것이다. 패자와 승자가 항상 있었다는 주장은 틀렸다. 독일어에는 "패자"*Verlierer*라는 명사가 오랫동안 없었던 게 분명하다.

동사를 보면 즉각 묻게 된다. 누가 무엇을 잃는가? 그리고 어쩌면 이런 물음도 생긴다. 언제? 어디에서? 왜? 사람들은 결과를 묻고, 손실을 다시 만회할 가능성을 묻는다. 구체적인 상황들과 공통점들이 생겨난다. 행위로부터 결과가 될 수 있는 명사화된 동사는 일상적이지 않다. 따라서 게임이나 전쟁에서 진 사람이 즉시 "패자"*Verlierer*가 되지는 않았다.

1989년에 나온《독일어 어원 사전Etymolo-
gisches Wörterbuch des Deutschen》은 다른 평가들을

부인하는 것처럼 보인다. 여기에서는 명사가 존재한다. "Verlierer m. 'wer etw.
verloren hat, wer im Krieg, Spiel, Wettkampf unterlegen ist'(17세기)." (패자, 남성명사,
무엇인가를 잃어버린 사람, 전쟁과 게임과 시합 등에서 패한 사람) 17세기에 대한 언급은
물론 슈틸러 사전과 연관된다는 것을 암시한다.

또한 디지털화되어 열람 가능한 브란덴부르크 예술 아카데미Brandenbur-
gische Akademie der Künste의 현대어 자료에 이르러서야 비로소 정말로 많은 것
이 발견된다. 이 자료에서는 20세기에 "Verlierer"에 대한 예가 171개나 목록
으로 작성되고 연도에 따라 배열된다.

20세기 전반부에는 위에서 기술된 의미에서의 "Verlierer"가 '발견자'Finder
와는 반대 의미로 존재한다. 또는 이 개념은 게임, 스포츠, 전쟁, 재판 등에
사용되는 언어에 속한다. 이 규칙의 예외는 한스 그림[3]이 1926년에 쓴《영토
없는 민족Volk ohne Raum》에서만 발견된다. 네 가지 증거 중에서 두 가지는 Ver-
lierer를 경제적/사회적으로 설명한다. "잃은 사람들 모두가 꽥꽥거리기 시
작할 것이다. '광산은 다시 열려야 한다. 우리는 광산에서의 노동으로 돈을
벌었다. 우리의 돈벌이는 끝났다.' 그리고 잃은 사람들과 함께 정부는 요구
할 것이다. '광산은 채굴해야 한다. 그것이 전반적으로 중요하다!'"("Alle Ver-
lierer sollen zu quieken anfangen: 'Die Gruben müssen wieder auf, wir haben an der Arbeit der
Gruben verdient, unser Verdienst ist tot.' Und mit den Verlierern soll die Regierung verlangen:
'Die Gruben müssen fördern, das ist von allgemeiner Bedeutung!'")

제2차 세계대전 후, 특히 1970년대에 "Verlierer"는 종종 영어에서 번역되
어 등장한다. 이 낱말의 사용은 특히 선거 운동과 냉전을 배경으로 하여 정
치적 영역에까지 적용된다.

1965년에 서독 정부의 선언에 관한 논쟁에서 "동독 정권의 인질들"은 위

4 Hans Jonas, 1903~1993, 독일의 생
태철학자

험 속에 그대로 방치되어서는 안 되는 "Ver-
lierer"로 지칭된다. 경제에서도 이제 점점
더 자주 "Verlierer"와 "Gewinner"라는 용어가 발견된다. "그때그때마다 가격
수준을 날조하는 카르텔과 반카르텔의 확전에서는 결국 승자Gewinner가 존재
하지 않고, 세계 무역의 모든 파트너가 패자Verlierer가 될 것이다."

1979년에 출판된 한스 요나스[4]의 책《책임의 원칙Das Prinzip der Verantwortung》
에는 이런 말이 있다. "자본주의에 대한 마르크스주의적 비판의 표제어를 취
한다면, 착취 상황은 그 자체로 부도덕하고 또한 그 영향으로 풍기를 문란하
게 만든다. 그것도 여기에서 다시 승자뿐만 아니라 패자의 경우에도 말이다."

힘겨루기의 행위가 점차 지루한 싸움이 되고, 그 끝은 예측할 수가 없다.
시기가 짧다는 특성은 상태에 대한 설명이 된다. 이것은 "Verlierer"의 의미
가 1990년대에 근본적으로 달라지는 것에 대한 전제인 것처럼 보인다.

베를린 장벽이 무너지기 며칠 전인 1989년 11월 6일 독일 총리 헬무트 콜
(Helmut Koh, 1930~)과 폴란드 총리 타데우시 마조비에츠키(Tadeusz Mazowiecki,
1927~)가 통화한 기록에서 다음과 같은 사실이 확인되었다.

"종국에는—그[콜]는 이것을 공개 전화를 통해 명백히 말하고자 한다고 했
다—여기[독일]뿐만 아니라 아마도 폴란드에서도 사람들이 폴란드 총리에
게도 그—독일 총리—에게도 이 여정에서 성공을 허락하지 않을 것이다.
바로 그들에게는—그들이 대화를 엿듣는다면—다음과 같은 그의 의견을
아는 것이 중요하다. 그들은 Verlierer(패자들)의 길에 있소. 그들은 그곳에
그대로 있을 거요! 독일 총리와 마조비에츠키 총리가 작별 인사를 한다."

콜은 잘못된 길, 즉 그릇된 길 및 오류에 대해 말하지 않고, "패자들의 길"
에 대해 말한다. 그의 표현을 명확히 확인할 수는 없다. 그는 자기 말을 엿듣

는 사람들에게서 단순히 잘못된 길을 가고 잘못된 방향을 선택한 사람들을 보는 걸까, 아니면 그들이 어떤 방향으로 나아가든 전혀 상관없이 그들에게서 패자를 보고 있는 걸까? 왜냐하면 그들이 현재 있는 그곳에 그대로 있을 거라면 사람들은 그들이 달라지는 것에 관심이 없을 테고, 그러면 그들은 'Verlierer'(패자)이고 그대로 패자로 머물기 때문이다.

언어상의 발전들은 오늘날 한 언어만 가지고는 설명될 수 없고, 유일한 역사적 사건 탓으로 되돌릴 수도 없다. 그럼에도 불구하고 나로서는 1989년/1990년의 독일 통일이라는 변화가 더욱 승자-패자 관계에서 생각하게 만들었다고 주장하는 게 타당한 것 같다. 1990년대에는 관계가 곧 특성이 되는 변화가 실행된다.

"이 소수의 용감한 사람들, 즉 혁명의 진정한 영웅들은 본래의 패자들이다. '운명이야' 하고 헤라가 확인한다."(Kerstin Jentzsch, Seit die Götter ratlos sind, 1994)

1995년에 나온 옌스 슈파르슈(Jens Sparschuh, 1955~)의 소설《실내 분수Der Zimmerspringbrunnen》에서 주인공은 아내의 비난에 대해 깊이 생각한다. "처음부터 패자의 편에 선다면 항상 유리할 거예요. 도덕적 승자로서 말이에요! 난 이 문장을 무척 오랫동안 곱씹었다."

어떤 배우는 "독일 극장의 우울한 패자"라고 칭송된다. 사람들은 일종의 "실업자들과 패자들을 위한 고향"에 대해 말한다. 또 경쟁을 위해 잘 만들어진다. "그러나 어떤 경우에도 패자처럼 보이시면 안 됩니다. 그것은 항상 출세에 지장을 줍니다."

관계를 더 이상 전혀 언급하지 않는다 하더라도, 패자에 대해 말하는 사람들은 자기 자신을 암암리에 승자로 보는 것 같다. "휴가요? 그것은 패자들을 위한 것이라고 많은 젊은 기업가들이 생각하고 있어요."

그런데 자신을 승자로 여기는 곳에서만 사람들이 이런 사고 도식을 신봉하는 것은 아니다. 1999년의 자본주의 블랙북[5]에는 이렇게 적혀 있다. "왜

5 Schwarzbuch, 작가나 편집자의 시
각에서 부정적인 사례들을 수집한 책

냐하면 자본주의는 잔인한 승자-패자 게
임이기 때문이다. 자본주의의 전체주의적
특성은 순수한 사회적 존재와 심지어 물리적 존재를 담보물처럼 간수하지
않는다. 또한 자본주의는 처음부터 승자보다 패자를 많이 양산했다.”

패자를 경멸적으로 외면하든 패자의 편을 들든, 20세기 말에는 우리의 행
성에 새로운 종이 존재하는 것처럼 보인다. 이 종은 남성으로서만 또한 다
수로 존재한다. 즉 남성명사와 복수 형태 “der Verlierer, die Verlierer”(패자, 패
자들)로 말이다.

사전은 새로운 종들의 묘사에 훨씬 더 긴 설명을 필요로 한다. ‘Verlierer’
가 1980년대와 1990년대에 이미 잘 알려진 언어 사용—잃은 사람/습득자,
게임의 패자/승자 등—으로 설명된 후에, 2006년 판 바리히Wahrig 사전은 이
단어에 마침내 세 번째 의미를 덧붙인다. “(부정적으로) 실패자.” 패자loser에
대한 언급도 함께 말이다.

1984년 판 《일상 독일어 삽화 사전Illustriertes Lexikon der deutschen Umgangssprache》
에는 “Verlierer”가 없지만, 설령 설명(못된 사람, 동성애자)이 약간 특이하다 할
지라도 ‘Loser’는 있다.

“Verlierer”와 유사한 영어는 존재한 지 비교적 오래 되었다. 《웹스터 온
라인 사전Webster's Online-Dictionary》에 따르면, “loser”라는 개념은 늦어도 1321년
부터 존재를 증명할 수 있다. 이 개념은 주로 세 가지 영역에 적용된다. 1. 시
합에서 지는 참가자A contestant who loses the contest. 2. 실패의 기록을 갖고 있는
사람; 계속해서 잃는 사람A person with a record of failing; someone who loses consistently.
3. 내기에서 지는 도박꾼A gambler who loses a bet.

“무엇인가를 잃었다”etwas verloren haben는 의미가 영어에는 존재하지 않거
나 더 이상 없다는 점이 눈에 띈다. 맨 먼저 나오는 것은 시합이다. “loser”는
“이기지 못한 누군가”somebody who has not won이다(Bloomsbury, 2004). “loser”를 계

속해서 잃는 누군가로 보는 두 번째 의미, 6 Jane Austen, 1775~1817, 영국의 소설가
7 Urban Dictionary, 인터넷 유행어 등을 소개하는 은어 사전
즉 "실패자"는 영어에 훨씬 일찍부터 있다.
1813년에 나온 제인 오스틴[6]의 《엠마Emma》
에서 그 한 증거를 찾을 수 있다. "She would be a loser in every way"(그녀는 모든
점에서 실패자일 것이다).

이런 의미가 독일어에서도 통용되는 데 얼마나 오래 걸렸는지 알면 정말
로 놀랄 수밖에 없을 것이다. 그러나 "Verlierer"보다는 차라리 덜 딱딱하게
들리는 영어 "loser"를 사용했을 게 분명하다. "loser"와의 결속이 일찍이 존
재한다는 것을 〈행운의 실패자A Lucky Loser〉(1920), 〈지는 사람이 이긴다The
Loser Wins〉(1925), 〈훌륭한 패자The Good Loser〉(1953) 등과 같은 영화 제목들이
보여준다.

"아내와 딸 둘 다 내가 이 거인 같은 패자라고 생각한다. 그리고 그들의
말이 맞다. 나는 뭔가를 잃었다." 샘 멘데스Sam Mendes의 〈아메리칸 뷰티Amer-
ican Beauty〉(1999)에 나오는 주인공이 자기 자신에 대해 하는 말이다. 이 영화
감독은 그를 거인 같은 패자라고 여기는 아내와 딸의 말을 옳다고 본다. 그
런데 그 다음에 그는 이 표현의 의미를 거꾸로 뒤집는다. 그는 자신을 무엇
인가를 잃어버린 누군가로 보는 것이다. 그리고 밥 딜런(Bob Dylan, 1941~)은
〈시대는 변한다The Times They Are A-Changin〉(1964)에서 이렇게 노래한다. "지
금의 패자들은 훗날 승자가 되리니"For the loser now will be later to win. 지금 패자
인 사람이 나중에 이길 것이다. 꼴찌가 첫째가 될 것이다.

"Verlierer"와 비교해보면 "loser"는 오히려 개체로 보인다. 실패의 책임
은 "loser"에게 개인적으로 전가될 수 있다. 독일어에서는 사회적 관점이 중
심에 놓인다.

백 개가 넘는 정의들의 순위를 분명히 동의와 거부를 표현한 숫자대로 배
열하는 〈어반 딕셔너리〉[7]에서는 틀린 손, 그러니까 왼손으로 L—Loser의 표

시—을 만드는 젊은 여성의 사진에 대한 논평을 맨 처음에 보게 된다. 두 번째 정의는 이렇다. "사회계층이 떨어진 사람, 사회적 지위가 내려간 사람, 사회계층의 사다리에서 뛰어내린 사람 [...]. 패자들을 모욕하는 것은 완전히 용인된다. 왜냐하면 그들은 떨어질 곳이 없기에, 그렇게 해도 많이 다치지 않을 것이기 때문이다"(A person who has fallen off the social ladder, climbed down the social ladder, jumped off the social ladder [...]. It is perfectly acceptable to insult losers, because they have nowhere to fall to and it won't hurt much).

그 뜻을 보자면, 패자Loser는 사회적 등급이 떨어지거나 내려오거나 뛰어내린 누군가를 말한다. 패자를 모욕하는 것은 지극히 당연하다. 왜냐하면 그들은 절대로 더 깊이 떨어질 수 없기 때문이다. 그렇기에 더 이상 특별히 아프지도 않을 것이다.

이런 냉소적인 태도는 분명히 사회적으로 용인된다. 패자Loser는 사람들이 당장에라도 인간 존엄을 박탈 선고할 수 있는 누군가이다.

"Verlierer"는 1980년대부터 점점 더 "loser"의 의미를 갖게 되었다. "loser"를 보고서 "Verlierer"의 목전에 닥쳐 있는 게 무엇인지 알기는 어렵지 않다.

〈어반 딕셔너리〉에 실린 "loser"에 대한 세 번째 정의는 물론 희망을 불러일으킨다.

"Loser는 수많은 멍청이들이 수많은 사람들의 불행을 놀림으로써 자기들의 기분을 좋게 하려고 사용하는 단어이다. 놀림을 당하는 사람들은 흔히 다음과 같은 사람들을 말한다. 1. 우울하거나 의기소침한 사람들, 2. 자신들의 사회적 상태를 개선할 수 없는 처지의 사람들, 3. 몇 번의 운명의 타격을 극복했어야 하는 사람들, 4. 어쩌면 더 오랫동안 때 묻지 않은 채 있을 사람들, 5. 평생 패자로 여겨질 것 때문에 괴로운 사람들, 그리고 더 이상 이렇게 보잘것없다는 인상을 줄 필요가 없는 사람들."(A word used by many idiots to make them feel better about themselves while laughing at the misfortunes of many people who are many times 1. depressed 2. unable to raise their social status 3. have gone through many hardships 4. will probably be virgins for a LONG time 5. have been tormented about being losers for all their life and don't need to hear any more bullshit.)

"loser"에 대한 이 정의에서 놀라운 것은, 여기에서 "loser"의 옹호가 전혀 시도되지 않고 이런 설명의 시도가 loser라는 개념 자체를 겨냥한다는 점이다. "loser"는 "많은 멍청이들이 사용하는 단어"a word used by many idiots이다. 남들의 불행을 기뻐하기 위해서 말이다. "loser"라는 단어가 헛소리 "bullshit"이다!

그렇다면 새로운 종은 존재하지 않는단 말인가?

19세기에 들어서까지 동사 "verlieren"의 명사 형태가 명백히 존재하지 않았거나 드물게만 사용된 후, 명사 'Verlierer'는 20세기에 빠르게 퍼져나간다. 그런데 이 명사의 유행과 함께 여전히 하나의 관계가 정의된다. 'Verlierer'를 밝혀내는 규칙들—놀이 지침, 규정, 법칙—은 있다.

시합에서 나는 이기려 하고, 다른 사람이 지기를 바란다. 나는 불리하게 되어 질 수 있다 하더라도 간단히 규칙을 바꿀 수 없다. 내가 규칙을 깬다면 게임을 망치는 사람이 된다. 그러나 시합에 대해서는 숙고해도 된다. 계속 아이스하키나 주사위 놀이를 하는 대신, 차라리 체스클럽이나 축구클럽으로 장소를 옮기지 않을지에 대해 말이다. 그리고 여기에서도 저기에서도 챔피언이 되지 않는다 해도 나는 행복해질 수 있다. 그것은 정말로 게임이고, 그러니까 삶의 부분일 뿐이고, 심지어 오히려 중요하지 않은 부분이기 때문이다. 또 전쟁과 관련해서도 "Verlierer"는 낙인이 되지 않는다. 다음 전쟁은 벌써 다시 전혀 다르게 시작될 수 있다. 20세기에 들어서까지 "Verlierer"는 힘겨루기의 행위와 결부되어 있다.

그런데 "Verlierer"가 속성, 본질적인 특징, 새로운 종이 되는 이유는 무엇일까? 다른 식으로 묻는다면, 어디에서나 계속해서 "Verlierer"를 보려면 나는 세계를 어떻게 관찰해야 하나?

지난 이삼십 년 동안 거의 모든 생활 영역이 점점 더 경제화에 종속되었다. 이와 결부되어 우리의 일상은 끊임없는 경쟁으로 해석이 바뀐다. 경쟁의 특성이 지배하지 않는 곳은 거의 존재하지 않는다. 경쟁의 정신이 영향을 미치지 않는 상황은 거의 없다. 전시 같은 행동으로의 이행("적대적 인수")은 뚜렷하지 않고, 실제적인 전쟁의 기간은 거의 평가할 수 없다("테러와의 전쟁"). 여기에 세계의 상당히 안전하고 부유한 지역에서는 투기, 카지노 자본주의, 큰 도박이 덧붙여진다.

싸움과 게임은 더 이상 특정한 장소와 특정한 시간에 발생하는 특별한 경우로 간주되지 않고, 보편타당하고 영속하는 상태로, 심지어는 자연 그대로의 상태로 여겨진다. 게임은 결코 끝나지 않는다. 삶이야말로 유일한 시합이다.

효율과 수익성은 곁에 다른 신들을 용인하지 않는 기준이 되었다. 그것은 디르크 쿠르뷰바이트(Dirk Kurbjuweit, 1962~)가 책《우리의 효과적인 삶Unser effizientes Leben》에서 표현한 것처럼, 우리의 생각과 느낌을 장악하는 "맥킨지 원칙"[8]이다.

최대 이윤 추구는 전체의 스포츠, 즉 전 지구적인 시합이 되었다. 개인, 집단, 민족, 국가, 전체 대륙을 평가하기 위한 지배적인 기준을 효율, 성장, 이익의 척도에서 본다. 시합의 범주에서 생각하는 것을 세바스티안 하프너(Sebastian Haffner, 1907~1999)는 전쟁이 결정하는 특징으로 파악한다. 그는 책《어느 독일인의 역사Geschichte eines Deutschen》에서 이것을 "결코 끝나지 않는 방탕한 자극"으로 묘사한다. "그것[자극]은 모든 것을 지워 없애고, 현실적인 삶을 폐기하며, 룰렛이나 아편 중독처럼 마비시킨다." 문제가 되는 것은 경쟁이 아니다. 그보다는 오히려 경쟁이 경계가 없어지고 그럼으로써 합산이 된다는 사실이다. 즉 규칙들이 보편 타당성을 요구한다는 것이다. 모든 다른 고찰 방식은 비현실적인 것으로 처리된다. 즉 감상적이라고, 크리스마스 동화나 주일 설교에나 어울리는 소재라고 무시되는 것이다. 그런데 주일 설교자마저 이미 항복했다. 목사가 "난 성직의 의미에서 서비스 제공자이고, 의미 공급을 위한 시장에서 다른 서비스 제공자들과 경쟁한다"라고 말한다면, 그는 쿠르뷔바이트가 확인하고 있는 것처럼 마음에 예수보다는 맥킨지를 품고 있으며, 의미 공급을 위한 시장에서의 경쟁이 어떻게 끝나는가에 따라 자신을 승자로도 패자로도 느낄 수 있을 것이다.

이 맥킨지 원칙에 동화의 한스가 대립하고 있다. 한스는 믿기지 않을 정도로 자기의 금덩이를 제대로 사용하지 못한다. 뵐의 일화에 나오는 어부는 맥킨지 원칙과 반대이다. 어부는 성장을 추구하는 대신 향유한다.

오해받지 않기 위해 나는 문제는 효율성과 싸우는 것이 아니라는 말을 덧붙이고자 한다. 중요한 것은 오히려 효율성 사상의 상반된 양면을 파악하고 그에 상응하게 행동하는 것이다. 그리고 효율성을 다른 기준들과 비교하는 것이 중요하다. 동화의 경우에 그 다른 기준은 행복이고, 어부의 경우에는 예컨대 시간이 될 것이다. 그런데 특히 우리는 보다시피 두 번째 행성을 마음대로 사용할 수 없다. 이 지구를 위협하는 것은 그야말로 이른바 "승자 세계"Gewinner-Welt이다.

"우리의 언어는 우리의 역사이기도 하다." 야콥 그림(Jacob Grimm, 1785~1863)이 1851년에 학술협회 강연 원고 〈언어의 기원에 관하여Über den Ursprung der Sprache〉에 적은 말이다.

꼭 백 년 후에 빅토르 클렘페러(Victor Klemperer, 1881~1960)는 직접 야콥 그림을 예로 인용하는 것처럼 보인다. 그는 《제3제국[9]의 언어LTI, Lingua Tertii Imperii》

9 das Dritte Reich, 1933~1945, 히틀러가 권력을 장악한 시기의 독일제국

의 서문에서 이렇게 확인한다. "왜냐하면 보통 어느 시대, 어느 나라의 관점에서 말하는 것과 마찬가지로, 어느 시기의 표현은 그 언어로 지칭되기 때문이다." 클렘페러는 "제3제국의 언어"를 알아보고 그 언질을 받는다. 왜냐하면 언어 사용에서 개별 인간은 물론이고 전체 사회도 드러나기 때문이다.

"사람들은 실러의 2행시 '그대를 위해 시를 짓고 생각하는 교양어'를 순전히 미학적이고 말하자면 악의 없게 해석하곤 한다." 클렘페러는 계속 상술한다. "그러나 언어는 나를 위해 시를 짓고 생각할 뿐만이 아니다. 언어는 나의 감정도 이끈다. 언어는 나의 영적인 존재 전체를 조종한다. 내가 당연히, 그러니까 무의식적으로 언어에 몰두하면 할수록 말이다."

내가 사용하는 낱말들과 함께, 즉 내가 말하고 쓰는 언어와 함께, 내가 느끼고 생각하고 행동하는 것에서 일차적인 결정이 내려진다. 내가 나 자신과 세상에 대해 그리는 상은 또한 내가 어떤 낱말들을 선택하고, 내가 개인으로서 이 낱말들에 어떤 의미를 부여하고, 사회가 전체로서 이 낱말들에 어떤 의미를 부여하는가에도 달려 있다.

내 자신이 "승자"와 "패자"에 대해 말함으로써 나는 의식적으로든 무의식적으로든, 삶이 경쟁이라는 견해를 받아들인다. 내가 어느 편에 서는가와는 전혀 상관없이 말이다. 내가 이런 시각을 내면화하는 것만이 아니다. 그런 시각을 바이러스처럼 계속 지니고 있는 것이다.

"패자"를 싸잡아 말하는 사람은 자기 자신을 위해 받아들인 척도, 규준, 기준 등을 일반적으로 구속력 있고 포괄적이라고 선언한다. 즉 어떤 게임이 중요하고, 무엇이 할 만한 가치고 있고 무엇이 그렇지 않은지를 내가 알고 있다는 말이다. 또 행복해지기 위해서 너희가 무엇을 해야 하는지 내가 알고 있다는 뜻이다. 다른 척도들은 배제되거나, 무효라고 선언된다. 설마 내가 삶을 전혀 경쟁으로 보려 하지 않는 걸까? 설마 내가 그냥 친구들이나 가

족과 함께 가급적 많은 시간을 보내고 산책
을 하고 우표를 수집하려는 걸까? 고기잡이

선단을 꾸리는 것보다 해변에 누워있는 것이 설마 더 멋질까?

　"패자"란 어떤 개념이 특정한 영역에서 다른 영역으로 옮겨진 것이라는
말이 일상에서는 전혀 더 이상 들리지 않는다. 지금까지 게임, 경쟁 또는 전
쟁의 세계에만 통했던 것이 이제는 삶 전체에 적용될 것이다.

　"은유는 그 자체로 분리된 두 영역을 합선하는 동력 전달이다"라고 우베
피르크젠[10]이 《플라스틱워즈—어느 국제적 독재의 언어*Plastikwörter -Die Sprache
einer internationalen Diktatur*》에서 쓰고 있다. "긴장감 넘치게 축소된 비유가 생겨
난다. 이 비유가 아직 새롭고 의외인 한 전의(轉義, transfer) 그 자체가 지각된
다." 처음에 사람들은 "패자"가 "긴장감 넘치게 축소된 비유"라는 것을 매
우 분명히 알아챈다. "패자" 은유를 자주 사용할수록, 이 은유는 더욱 낡게
되고 색이 바래지며 더 이상 비유로 이해되지도 않는다. "긴장은 존재하지
않는다. 영역들 사이에서 더 이상 불꽃이 튀지 않는다. 영역들은 이은 자리
없이 연결된다. 영역들 본래의 분리separateness는 더 이상 거의 지각되지 않는
다. 결론은 낱말을 문제로 여기는 것이다."

　처음에는 모든 것이 승자-패자 관계로 표현되고, 그 다음에는 승리와 패
배가 인간의 속성이 된다. 이것은 승자 또는 패자 유전자라는 관용적인 표
현으로 요약된다. 낱말과 사실의 혼동이 완벽하게 이루어지는 것이다.

　처음에 나는 "Verlierer"라는 말을 1990년대 중반에 친구의 입을 통해
"loser"라는 의미로 들었다. 우리는 대학에서 함께 공부했고, 둘 다 극단에
들어갔다. 베를린에서 일자리를 얻는 게 그에게는 극단보다 훨씬 중요했다.
그는 그것에도 성공했다. 내가 대학 졸업 후 6년이 지난 뒤에 그를 베를린에
서 다시 만났을 때, 그는 알코올 중독에다 실직한 상태였다. 그가 자신을

"Verlierer"라고 불렀을 때, 나는 그렇지 않

다고 부정하며 격분했다. 그는 벡 송[11]의 한

구절을 인용했다. "I'm a loser baby, why don't you kill me"(난 패자야. 나를 왜 죽이

지 않는 거야). 나는 그를 그런 자아상에서 떼어 내고, 그에게 바로 "나를 왜 죽

이지 않는 거야"라는 가사가 이런 'loser' 사고의 부조리성을 명백히 보여주

었다는 확신을 갖게 해줄 수 없었다. 그는 뜻을 굽히지 않고, 자신이 더 이상

일이 없는 이유를 설명했다. 적어도 어느 정도 관심 있는 일자리를 얻지 못

하는 이유를 말이다. 그가 그냥 별로 우수하지 않다는 것이었다. 그는 건설

노동자가 되기에는 너무 허약하다고 했다. 그곳 사람들이 자기 같은 사람을

못 견디게 괴롭힐 거라고 했다. 그는 그런 경험이 있다고 했다.

1996년 말에 그는 안전장치가 허술한 공사장에서 술에 취해 아래층으로

추락했다. 그의 집이 주택 재개발로 인해 공사장이 되어버린 것이었다. 그

는 그곳에서 의식을 잃고 얼어 죽었다.

그가 정말로 'Verlierer'(패자)였을까? 있어서는 안 되는 일은 있을 리 없기

때문에 내가 그의 말을 반박했을까?

그가 자책하는 것을 따라 그를 'Verlierer'(패자)라고 부르는 것은, 쓰레기를

처리하는 것과 같다고 할 수 있을 것이다. 각자 자기 자신에 책임이 있는 것

은 당연하다. 또한 아무도 억지로 알코올 중독자가 되지는 않을 것이다. 그

러나 "Verlierer"(패자)라는 명칭으로 우리는 남과 연결되는 모든 인연을 쳐낸

다. 그렇게 함으로써 우리는 책임을 모면한다. 왜냐하면 나는 패자에 대해

책임이 없기 때문이다. 그것은 내가 누군가를 패자로 선언할까, 아니면 그

를 아프고 외롭고 게으르고 의지가 약하고 몽상적이고 알코올 중독이나 버

림받은 자ein Verlorener라고 부를까 하는 것과는 다른 것이다.

독일의 학교 교정에서 "Verlierer"는 비교적 오래 전부터 욕설이 되었다.

물론 젊은 사람들의 귀에는 그 말이 이미 구식으로 들린다. "Verlierer"의 비

교급이나 최상급(또는 "업데이트e"Update)은 "제물"sacrifice이다. 이것은 단어의 의미를 뒤죽박죽으로 만든다. 고통을 당했고 그래서 직접적이고 법적인 도움을 마땅히 받아야 할 누군가가 오히려 고통을 당한 것 때문에 비난받는 것이다. 언어적인 측면에서 부당함이 반복된다. "제물"을 충분히 오랫동안 부정적인 진술로만 사용하는 학생들은 자신들이 얼마나 무시무시한 은유들을 입에 올리고 있는지 금세 더 이상 지각하지 못할 것이다. 그러나 이 단어의 의미가 바뀐다면 무슨 일이 일어날까? 이 단어가 장차 전혀 다른 것을 의미하고, 예전의 의미가 사라졌다면 말이다.

"제물"이라는 단어를 욕설로 사용할 때 나타나는 태도는 남들을 "Verlierer"라고 비난하는 태도와 같지 않을까? 다만 이것은 오늘날 많은 사람들의 눈에, 어쩌면 심지어 다수의 눈에 더 이상 띄지 않는다. 그 속에 담긴 무시무시함을 전혀 더 이상 듣지 못할 정도이다.

"패자"의 개념을 진지하게 숙고하게 만들려고 할 때 어떤 특별한 세계관에 이르는가를 한스 마크누스 엔첸스베르거(Hans Magnus Enzensberger, 1929~)가 2006년에 쓴 에세이 〈공포의 남성들. 극단적인 패자에 관한 시도Schreckens Männer. Versuch über den radikalen Verlierer〉가 보여준다.

"패자에 대해 말하는 것은 어렵고, 패자에 대해 침묵하는 것은 어리석다"라고 엔첸스베르거는 시작한다. 그에게는 "극단적인 패자"의 정치적 차원이 중요하다. "패자의 천 가지 관점들에서 읽는 대신, 사회학자들은 자기들의 통계에 의지한다. [...] 인류가―'자본주의', '경쟁', '제국', '세계화' 등을―갖추게 된 것처럼, 날이 갈수록 패자의 수만 증가하는 게 아니라는 것만큼은 자명하다. 양이 많을 때마다 그런 것처럼 금세 세분화fractionization된다."

엔첸스베르거는 패자를 현재 명백히 존재하는 것으로 전제한다. 그는 극단적인 패자가 열등한 사람, 패배자, 희생자, 실패자 등과 구별되는 특유의 특질을 독자에게 암시한다. "그러나 극단적인 패자는 분리되고, 눈에 띄지 않게 되고, 자기의 망상을 지키고, 자기의 에너지를 모으며, 자기의 때를 기다린다."

극단적인 패자는 "사회적으로 완전히 격리되어 있고, 예외 없이 망상에 사로잡히고, 단지 안전 때문에 현실성 상실로 괴로워하고, 자신이 오해받고 위협당하고 있다고 느낀다. [⋯] 객관적인 기준, 물질적인 기준으로 [⋯] 만족하는 사람은 극단적인 패자의 실제 드라마를 전혀 이해하지 못할 것이다. 거의 항상 문제가 되는 것은 남성이다." 엔첸스베르거는 객관적이고 물질적인 기준들 외에 다른 어떤 기준들을 적용하려는 것인지 말하지 않는다. 그러나 이미 말한 것을 보면, 그가 감정 이입과 심리학을 이용하고 있다고 추정할 수 있다.

패자와 극단적인 패자를 구별하는 다른 구분이 이어진다. "남들이 패자에 대해 어떻게 생각하든, 그것이 패자를 극단적으로 만들기에는 물론 충분하지 못하다. 그 남들이 경쟁자 또는 같은 종족, 전문가 또는 이웃, 동급생, 우두머리, 적 또는 친구, 또한 특히 아내라 하더라도 말이다. 패자 자신이 그렇게 되도록 자기의 몫을 해야 한다. 패자 스스로 난 패자이고 그밖에 아무것도 아니라고 생각해야 하는 것이다."

엔첸스베르거가 이것을 어떻게 알았는지 우리는 모른다. 그러나 패자가 "그것을 확신하지 못하는 한 그의 상태는 좋지 않을 것이다. 그는 가난하고 무력할 것이다. 그는 비참한 처지와 패배를 알 것이다. 그러나 그는 승자라고 여기는 다른 사람들의 표결을 받아들였을 때 비로소 극단적인 패자가 되었다. 그 다음에야 비로소 '그는 갑자기 폭발한다'."

여기에서 나올 수 있는 결론은 다음과 같을 것이다. 누군가가 패자로 간주되지 않는다면, 그가 극단적인 패자가 되고 갑자기 폭발할 위험도 존재하지 않는다. 이때 특별한 역할이 여성들에게 주어진다. 논증에 따르면, 여성의 해방이 없으면 패자가 더 적을 거라고 한다. 패자를 만드는 다른 죄인들

은 자본주의, 경쟁, 제국, 세계화 등이라고
한다.

12 Maghreb. 리비아, 튀니지, 알제
리를 포함하는 아프리카 서북부 지역
을 이르는 말

　"극단적인 패자"라는 나침반을 손에 들
고서 엔첸스베르거는 "히틀러와 그의 추종자들에게 중요한 것은 승리하는
것이 아니라 자신의 패자 상태를 극단화하고 영원하게 하는 것"이라는 명제
를 내세운다. 그는 확실히 표현한다. "그들 본래의 목표는 승리가 아니라, 절
멸, 몰락, 집단적 자살, 경악스러운 종말이었다." 이런 논증에 따르면, 히틀
러가 원자폭탄을 소유할 수 있었다면 특히 독일에 맞서 그 폭탄을 투입했을
거라고 생각할 수 있을 것이다.

　엔첸스베르거는 8장에서 본래의 주제에 이른다. 소비에트 연방이 해체
된 이래 "전 지구적으로 일어날 수 있는 폭력적인 운동은 단 하나뿐이다. 그
것은 이슬람주의이다."

　그런데 여기에서 눈을 비비게 된다. 결국 이라크에 진군하여 점령한 것
은 이슬람교도들의 군대가 아니었던 것이다. 엔첸스베르거에 따르면 이슬
람주의의 이데올로기는 "극단적인 패자들을 동원하기 위한 이상적인 수단"
을 나타낸다.

　이제 이슬람 테러리스트들이 영감을 받는 원천에 대한 숙고가 이어진다.
여기에서부터 에세이는 엔첸스베르거가 꼬박 20쪽에 걸쳐 극단적인 패자라
는 개념을 단 한 번도 사용하지 않지만 유익한 정보를 준다. 그러다가 마침
내 "패자"라는 개념이 다시 끼어든다. "마그레브[12]와 근동에서 일상적인 삶
은 모든 냉장고, 모든 전화, 모든 콘센트, 모든 드라이버 등에 의존하고 있다.
첨단기술의 생산품에 의존하고 있다는 것은 더 말할 나위조차 없다. 따라서
이 모든 것은 어떤 생각을 품을 수 있는 모든 아랍사람들에게 있어서 무언의
굴욕을 나타낸다."

　이 주장은 오만하고 모호한 점이 있다. 그런 점을 차치하고 반대로 뒤집

어서 보면, 이것은 냉장고, 전화, 콘센트, 드라이버 등을 보고도 굴욕감을 느끼지 않는 아랍사람은 모두 다 어떤 생각도 지닐 수 없다는 것을 의미했다.

엔첸스베르거는 다음과 같은 결론을 내린다. 이슬람교도들이 모집한 테러범들의 사고방식을 "정확히 주시하면 할수록, 극단적인 패자들의 집단과 관련이 있다는 점이 더욱 분명히 두드러진다. 다른 연관들 때문에 충분히 알려진 모든 특성들이 여기에서 반복된다."

곧 이어서 엔첸스베르거는 다른 연관들 때문에 충분히 알려진 특성들을 갖는 사람들이 그가 이전에 그 특성들을 발견했다고 생각하는 사람들과 전혀 일치하지 않는다는 점을 물론 인정한다. 격리된 살인 광란자나 마약 중독의 에이즈 환자와 달리, "400명의 유명한 알카에다 중에서 63퍼센트가 고등학교 졸업장을 가지고 있고, 4분의 3이 상층 또는 중류층 출신이었으며, 마찬가지로 많은 이들이 대학 교육을 받은 사람들이었다. 그 중에는 교수와 엔지니어와 건축가와 기타 전문가들이 있었다. 극단적인 패자는 그러니까 결코 이 지구에서 권리를 박탈당한 사람들에 속할 필요가 없다." 또한 "테러리스트들의 경건함이 그렇게 중요하지는 않다는 것"을 암시하는 것들은 많다고 한다.

사정이 그렇다면, 왜 이 사람들은 다른 사람들에 의해 'Verlierer'(패자)라고 지칭되고 그런 비난을 내면화시키며, 스스로 '나는 패자 외에 아무것도 아니야'라고 생각해야 할까. 그들이 서구의 성과에 굴욕감을 느끼지 않기 때문에? 그들이 죽음의 숭배를 신봉하기 때문에? 그게 아니면 그것이 여자들 탓일까? 엔첸스베르거의 결론은 이렇다.

"극단적인 패자의 프로젝트는 현재 이라크와 아프가니스탄에서 보듯이 전체 문명의 자살을 조직하는 데 본질이 있다. 그들이 죽음의 숭배를 무한히 일반화시키고 영원하게 만들 수 있다는 것은 개연성이 없다. 그들의

습격은 영속적인 배후 위험을 말해준
다. 우리가 익숙한 일상적인 길거리 사

13 Jürgen Roth, 1945~, 독일의 언론인

고사처럼 말이다. 화석연료에 의존적이고 끊임없이 새로운 패자를 만들
어내는 세계 사회는 이런 위험과 함께 살아야 할 것이다."

이 책의 맨 마지막 문장에 하나의 맥락이 슬쩍 끼어들었다. 그것은 내내
찾아보았지만 소용없었던 맥락으로, 말하자면 처음에 약속한 정치적 차원
이다. 그 표현이 의도한 것은 "화석연료에 의존적인 세계 사회"라는 것이
다. 지금까지 엔첸스베르거의 해석을 보면, 서양이 발명을 차례차례 하는 것
처럼 보였다. 그것 때문에 세계의 나머지는 'Verlierer'가 되거나 적어도 그렇
게 느낄 수밖에 없는 것이다. 그런데 갑자기 이 모든 것이 다시 우리와 관계
가 있게 된다. 왜냐하면 우리에겐 화석연료가 필요하기 때문이다.

엔첸스베르거가 "패자" 개념이 인간의 특정한 집단을 잘 말해주는 설명
이라고 생각한다면, 그 숫자가 날마다 증가하는 이유를 묻는 것은 지당할 것
이다. 또 과연 그 이유를 "세계가 설비된 모습"에서 찾을 수 있는지, 또 그것
에 따라서 무엇이 달라져야 하는지를 묻는 것도 당연할 것이다. 뿐만 아니
라 이런 "배후 위험"이 항상 있었는지 의문을 가질 수 있을 것이다. 만약 아
니라면, 대체 언제부터일까? 혹시 매장된 "화석연료"가 없었다면, 이라크에
서 전혀 전쟁이 벌어지지 않았을까? 그리고 아프가니스탄은 어떨까?

소비에트 연방이 아프가니스탄에 진군한 것은 정당화될 수 없었고, 그것
은 지금도 마찬가지다. 위르겐 로트[13]의 분석 〈테러의 네트워크Netzwerke des
Terrors〉에는 이것에 대해 다음과 같이 적혀 있다.

"그것은 더 이상 반복하고 싶지 않을 정도로 진부하다. 예전에 미국의
CIA가 무기와 돈으로 이슬람 근본주의자들을—그리고 또한 탈레반을—오
늘날과 같은 존재로 만들었다. 1979년 12월 24일에 소비에트 연방 군대가 아

프가니스탄에 진군한 것을 두고 여론에는 그럴만한 정당성이 있다고 말했다. 그 다음에 1980년 중반이 되어서야 CIA는 소비에트 연방 점령군에 맞서 싸우는 무자헤딘[14]을 지원하기 시작했다고 한다. 이것은 진실의 일부이다.

실제로는 1979년 7월 3일에 이미 미국 대통령 지미 카터Jimmy Carter가 지령에 서명했다. 그 지령에 따르면, 카불에 있는 친소비에트 정권의 반대자를 지원하기로 되어 있었다. '그리고 같은 날에 나는 대통령에게 보내는 문서를 작성했다. 그 문서에서 나는 이런 지원이 소비에트 연방의 군사 개입을 유발할 것으로 생각된다고 설명했다.' 이것은 카터 정부의 국가안보 담당 보좌관 즈비그뉴 브레진스키(Zbigniew Kazimierz Brzezinski, 1928~)가 프랑스 신문 《르누벨옵세르바퇴르Le Nouvel Observateur》와의 인터뷰에서 밝힌 내용이다.

이 인터뷰의 저널리스트는 재차 질문했다. '소비에트 연방이 자기들의 개입을 미국이 아프가니스탄에 은밀하게 개입하는 것과 함께 정당화했을 때, 그 당시 아무도 소비에트 연방의 말을 믿지 않았습니다. 그 어떤 무엇이든지 오늘날 후회되는 게 있나요?'

'후회되는 것이요? 비밀작전은 탁월한 아이디어였어요. 그것은 러시아 사람들을 아프가니스탄의 함정에 걸려들게 했어요. 그런데 내게 그것을 후회하느냐고요?'"

이 대화는 1998년 1월에 공개되었다. 탈레반은 이미 1996년에 카불을 점령했고, 늦어도 1997년부터 이 나라의 4분의 3을 통제했다. 브레진스키로서는 그 어떤 것을 후회할 이유가 없었다.

엔첸스베르거는 예컨대—식민지 시대부터 오늘날까지—서구의 공동 책임과 관련된 연관을 주목하게 만들거나 군대 투입의 경험을 분석하지 않는다. 그 대신 그는 "Verlierer"의 개념에 속지 않고, 그 낱말을 문제로 여긴다. "극단적인 패자"는 언어적인 연막탄이 된다.

따라서 또한 이런 결론이 나온다. 우리에게 남아 있는 것은, 일상적인 길거리 사고사와 마찬가지로 음모의 "영속적인 배후 위험"에 익숙해지는 것뿐이라고 말이다. 나는 이것에도 저것에도 익숙해지고 싶지 않다. 그리고 우리는 불가피한 자연의 위력처럼 그것을 감수할 필요도 없다.

우리 사회에서 책임을 지는 사람들 중 대부분은 우리를 정치적·사회적·경제적·역사적 맥락과 문제로부터 꾀어내는 방식으로 언어를 사용한다. 그들의 언어 사용이 이루어지는 분야에서는 영원한 가치가 지배하고, 현재 상태Status quo에 대한 문제 제기가 없으며, 모든 강제가 상황에 의한 제한이고 대립적인 이해관계는 표면에만 존재한다. 이런 언어 사용 때문에 역사는 자연이 된다. 우리의 힘으로는 바꿀 수 없고, 우리가 화해하고 익숙해져야 하는 자연 말이다.

공자는 위나라의 임금이 정사를 맡기면 맨 먼저 무엇을 할 것이냐는 질문을 받았을 때 이렇게 대답했다. "반드시 명분을 바르게 할 것이다."[必也正名乎]
제자 지로가 깜짝 놀라 묻는다. "그렇군요. 선생님께서는 세상물정을 모르시는군요. 어떻게 그것을 바로잡습니까?"[有是哉 子之迂也 奚其正]
자로가 그것을 아직 배우지 못한 것처럼 보이자, 공자가 설명한다.

"명분이 바르지 않으면 말이 순리에 맞지 않게 된다. 말이 순리에 맞지 않는다면 일을 이룰 수 없다. 일을 이룰 수 없다면 예법과 음악이 흥하지 않게 되고, 예법과 음악이 흥하지 않는다면 형벌이 공정해질 수 없다. 형벌이 공정하지 않는다면 백성들은 손발조차 둘 곳이 없게 된다. 그래서 군자는 명분이 있으면 그에 대한 말이 반드시 있게 되고, 말이 있으면 반드시 실천하게 된다."[名不正 則言不順 言不順 則事不成 事不成 則禮樂不興 禮樂不

興 則刑罰不中 刑罰不中 則民無所措手足 故君子名之必可言也 言之必可行也] (논어 자로

편 3장)

아마도 태초에 정말로 말씀이 있었을 것이다. 또는 역사가 있었을 것이다.

기후에서 사회로: 21세기 기후 역사

기후에서 사회로: 21세기 기후 역사

프란츠 마우엘스하겐
FRANZ MAUELSHAGEN

크리스티안 피스터
CHRISTIAN PFISTER

기후는 역사학에 있어서 새로운 주제가 아니다. 허버트 호레이스 램[1], 엠마누엘 르 루아 라뒤리[2], 다른 몇몇 사람들의 작업을 통해 50년이 흐르는 동안 새로운 학문 분과가, 즉 **역사 기후학**historical climatology이 생겨났다. 그 학문의 윤곽은 이제 분명히 묘사될 수 있다. 오늘날에는 전 지구적 기후온난화의 사회문화적 관점을 묻는 질문에 떠밀려 다학제간 기후 연구의 대열에 뛰어들기 마련인데, 역사학은 사회학, 문화학 및 정신과학[3]을 통틀어 유일하게 그 대열에 들어서지 않는 분과일 것이다. 역사 기후학에 대해 선구자 역할을 운운할 수 있다. 이 말이 역사 기후학이 이로써 일종의 본보기 기능으로 옮겨간다는 것을 암시하지 않는 한 말이다. 왜냐하면 본보기 기능이 역사 기후학을 충족시킬 수 없기 때문이다. 과거의—가령 소빙하기(little ice age, 약 1300년~1900년) 국면에서—기후 변화가 초래할 수 있는 사회적 영향의 역사적 이해에 관한 한, 역사 기후학은 사회학, 문화학, 정신과학 등의 넓은 범위에서 볼 때 다른 분과들에 비해 기껏해야 조금 우위에 있다. 하지만 그 이상은 아니다.

램, 르 루아 라뒤리 등이 새로운 경계 부문을 위한 초석을 놓았을 때 기후 연구의 관점은 오늘날과는 달랐다. 그러니까 1988년

---

1 Hubert Horace Lamb, 1913~1991, 영국의 기후학자
2 Emmanuel Le Roy Ladurie, 1929~, 프랑스의 역사가
3 Geisteswissenschaft, 인간의 정신적 작용이나 그것으로부터 발생하는 문화 현상을 이론적으로 연구하는 학문

기후 변화에 관한 정부간 전문가 패널이 창설된 후에야 비로소 다학제간 기후 연구는 인간에 의한 기후 변화와 그 영향 주위를 점

4 paleoclimatology, 지질시대를 포함하여 장기간에 걸쳐 나타나는 기후를 연구하는 학문 분야

점 더 맴돌게 되었다. 반면에 역사 기후학이 형성된 1950년대와 그 다음의 20년 동안에는 역사적 과거와 더 오래 전의 지질학적인 과거에 있었던 기후 변동이 관심의 중심에 놓였다. 역사 기후학은 소빙하기와 중세 온난기(Medival Warm Period, 900년~1300년)에 관심이 있었다. 그래서 20세기를 비교하며 바라보는 시선을 오랫동안 포기했다. 인간에 의한 기후 변화의 핵심 문제를 주시했던 시선을 말이다. 이런 상황은 1990년대 이후 근본적으로 달라졌다.

역사 기후학은 그 연구 영역 중 하나인 역사적 기후 상황의 재구성 때문에 고기후학⁴과의 경계 영역에 위치하는 동시에 자연과학과의 경계 영역에 위치한다. 따라서 이런 점이 또한 장차 다른 학문 분야들과 비교할 때 역사 기후학에 예외적 위치를 부여할 거라고 예상할 수 있다. 연구의 실제에서 이 것은 과거의 기후 변화가 끼친 사회적 영향들을 조사할 때, 그러니까 적응 및 극복의 전략에 대해 질문할 때 역사 기후학이 자기 나름의 기후 자료를 가지고 작업할 수 있다는 것을 의미한다. 기후사가들은 자연과학자들과 교류하는 경험을 갖고 있다. 그래서 그들은 기후학의 변화에 대해 보고할 수 있다. 관계자로서 말이다. 그것도 과학사가의 관찰자 시점으로만 보는 것이 아니다. 역사 기후학이 처음부터 **지구온난화**global warming의 징후 속에서 발전한 것은 아니다. 이런 정황은 다른 한편으로 연구가 기후 변화의 사회문화적 영향들을 묻는 실제적인 물음에 접근하는 것이 비자연과학적인 다른 학문 분야들의 경우 못지않게 역사 기후학의 경우에도 어려운 이유를 설명해 준다. 우리는 다음에서 역사 기후학이 오늘날까지 거의 벗어날 수 없는 "연구의 좁은 길"에 들어선 상황에서 시작함으로써, 역사적인 기후 영향 연구의 문제들을 근본적으로 규명하고자 한다. 여기에서는 인간에 의한 기후

변화에서 생길 것으로 예상되는 영향, 세계 사회의 필요한 적응, 기후 연구에 대한 사회학과 문화학과 정신과학의 기여 등을 둘러싼 논쟁에서도 중심적인 의미를 갖는 근본 문제들이 나타날 것이다. 본고에서는 역사 기후학의 역사를 되돌아보는 회고를 이미 접어든 길에 대한 과학적 비판으로 이해하면서도 그 정도로 만족하지는 않을 것이다. 본고의 끝에는 21세기 역사 기후학의 미래를 개략적으로 그리는 시도가 이루어질 것이다. 본고는 역사 기후학의 연구 작업이 어떤 종류이고 또 오늘날 어떤 상태에 있는지에 관한 간략한 요약으로 시작하겠다.

역사 기후학이란 무엇인가?

역사 기후학은 정신과학과 기후학 사이의 경계 영역에서 움직인다. 역사 기후학은 문자와 그림 같은 증거들의 해석을 통해, 과거의 기후 상황에 관한 진술 및 사회와 기후의 상호 작용에 관한 진술에 도달하려 한다. 문자와 그림 같은 증거 자료들의 전승 때문에 최대의 시간적 길이가 생겨난다. 시간적 길이는 원칙적으로 문자의 발명을 통해 제한되었고, 지리적으로 물론 매우 차이가 나게 된다(Pfister u.a. 2008). 연구 영역은 세 부분으로 이루어진다(Pfister 2001: 7; Brazdil u.a. 2005: 365f; Mauelshagen 2010b: 19f. 참조). 첫째 영역은 문자와 그림의 증거들을 분석함으로써 **과거의 기후 상황을 재구성**하는 분야이다. 둘째 영역은 **역사적 기후 영향 연구** 분야이다. 이 연구는 예전에는 주로 기후 변동과 기후 변화의 장기적이고 거시경제적인 영향들에 대해 물었지만, 1990년대에 들어서서는 극단적인 기후-기상학적 현상 및 자연재해로 말미암아 새롭게 시작되었다. 마지막으로 셋째 영역은 **기후의 지식사**Wissensgeschichte des Klimas 분야이다. 이 연구 영역은 문화적으로 각인된 날씨 인지와 기후 및 기상에 대한 사회적 관념을 포함한다. 날씨 인지는 역사 기후학의 방법들을 통해 기후의 장기적 시계열[5]로 구성된다. 역사 기후학은 첫 번째 작업 영역, 그러니까 기후 재구성climate reconstruction 영역에서 자연과학과 접촉한다. 이로써 역사 기후학의 대표자들 중 다수가 지리학 분야의 종사자들이고 그 중 소수만 정신과학에 종사하고 있는 이유가 밝혀진다. 여기에서는, 그러니까 기후 재구성에서는 역사 기후학이 고기

후학의 하위 분야로 간주될 수 있다. 고기구학의 틀 내에서 역사 기후학은 다른 하위 분야들과 함께 예컨대 선형 회귀 분석[6] 같은 방법은 물론이고 다른 통계학적 방법들도 공유한다(Bradley 1999; Dobrovolny u.a. 2009; Brazdil u.a. 2010; Mauelshagen 2010b: 18, 36-40).

위에 거론된 세 영역은 지난 50년 동안 상이하게 발전했다. 이 영역들이 오늘날까지 서로 다르게 다듬어진 만큼, 그 내적 연관도 그만큼 모호했다. 역사 기후학은 거의 전체 인력을 과거의 기후 상황을 재구성하는 데 투입했고, 이때 우선 문자의 증거들로 증명이 잘 되는 시기를 조명했다. 이 시기는 19세기에 국가적인 기상학 관찰 네트워크가 확립되기 직전이다. 그 결과는 소빙하기 기후의 평균값을 겨냥하는 거시사[7]였다. 극단적인 기후-기상학적 현상 및 자연재해는 여기에서 오랜 기간 동안 아무런 역할을 하지 못했거나 하위 역할만 했다. 이런 상황이 1990년대에 처음으로 달라지기 시작했다. **국제자연재해경감 10개년 계획**(International Decade for Natural Disaster Reduction, IDNDR) 이래로 말이다. 이 계획으로 지리학, 사회학, 마지막으로 역사학 등의 새로운 다학제간 재해 연구가 역사 기후학의 관여 하에 조직되었다.

기후 재구성은 기온, 강수, 기압 등에 대한 5백 년 이상 된 자료들을 제시했다. 유럽에는 오늘날 기온과 지면 기압 자료가 1500년부터는 계절별 분석

8 ice core, 빙하에 구멍을 뚫어 시추
한 원통 모양의 얼음기둥

으로, 1659년부터는 월별 분석으로 존재한
다(Luterbacher u.a. 2002; Luterbacher u.a. 2004; Xo-
plaki u.a. 2005). 강수량치는 1500년부터 모든 계절에 대해 존재한다(Pauling u.a.
2006). 이런 자료들은 이제 상당히 입체적으로 시각화될 수 있다. 전체적으로
5천 개의 측정점data point을 담고 있는 0.5×0.5 크기(약 60×60 킬로미터)의 바둑
눈금으로 말이다. 유럽에 대한 시계열은 바로 유럽연합 통합 프로젝트 "밀
레니엄"Mille-nnium을 통해 시간을 중세로까지 연장한다. 현존하는 데이터뱅
크data bank의 공간적 확장을 위한 잠재력은 예나 지금이나 크다. 식민지 시
대가 시작된 이래로 유럽인들은 자신들이 여행한 세계의 지역들과 대양들
에 대해서도 직간접적인 기상 관측들을 하고 기록을 했다. 그 기상 관측들
을 토대로 기후 자료들을 재구성할 수 있다(Wheeler 2009). 중국, 일본, 이슬람
국가 등의 자료는 작업의 지속을 위한 좋은 전제를 제공한다.

역사 기후학은 기후 재구성 방법을 수십 년에 걸쳐 개선했다. 그 자료들
은 (나이테, 빙하 코어[8] 등 같은) "자연의 자료실"Archive der Natur에서 얻은 정보들보
다 상당한 시간-공간적 분석을 제공한다. 이런 상황은 지난 몇 년 동안 고기
구학의 범위 내에 있는 역사적 자료들이 자연과학자들 속에서도 어느 정도
인정받는 데 도움이 되었다. 그 길이와 관련하여 역사적 시계열은 예나 지
금이나 자연과학적으로 조사되는 계열로는 거의 측정될 수 없기는 하다(예
컨대 빙하 코어의 경우에는 수십만 년에 달한다). 그러나 자료의 밀도는 훨씬 크다.

역사적 재구성으로 생긴 기후 자료들의 비교적 상당한 분석은 믿을만한
기후 영향 연구를 위한 중요한 전제를 형성한다. 이와 연관되는 문제들은 나
중에 나오는 절에서 보다 상세히 논의될 것이다. 일반적으로 기후 영향 연
구는 불충분하게 다듬어진 기후사 분야라고 말할 수 있다. 그 이유는 여러
가지로 볼 수 있다. 역사 기후학자 집단은 대다수가 지리학자들이다. 이들
은 대체로 문자 증거로 된 기후 자료의 "획득"에 필요한 만큼만 정신과학의

자료 비평source criticism 방법에 정통할 뿐이다. 그런데 진지한 기후 영향 연구에는 "온전한 역사가"whole historian가 필요하다. 온전한 역사가란 특정한 연구 시기의 사회와 경제와 문화 등의 역사에 정통하고, 필요한 경우에는 이 역사를 직접 탐구할 줄 아는 역사가를 말한다.

그럼에도 불구하고 다름 아닌 역사가가 기후사에 커다란 회의를 내비쳤다. 그래서 예나 지금이나 기후사와 인간사가 따로 씌어지는 일이 벌어진다. 대부분의 역사가에게 있어서 역사는 인간들이 다른 인간들에게 행하는 것을 일종의 회계장부처럼 기록하는 일에 국한된다. 환경사는 이런 초점의 자명함을 의심했다. 처음에는—1980년대 이래—미국에서, 그 다음에는 유럽과 다른 곳에서도 말이다. 자연 환경은 인간에 의해 점차 달라지긴 했지만, 오늘날에는 볼프람 지만(Wolfram Siemann 2003: 10)이 언급한 것처럼 정치와 경제와 문화 외에 정신과학의 네 번째 기본 범주로 점점 더 인정받는다. 기후 및 환경의 변화는 그 사이에 보다 빈번히 역사적 서술의 부분으로 받아들여지고 있다. 그럼에도 불구하고 전반적으로는 이런 변화에 대해 모르는 무지가 지배적이다. 가령 근대 초기를 개관하는 주목할 만한 많은 설명들에서 "기후"라는 표제어를 찾아보았자 소용이 없는 일이다.

여기에 지난 20년 동안 역사가들의 **주류**mainstream가 물질적 삶의 사실들로부터 멀리 떨어졌다는 점이 덧붙여진다. 문화사라는 전도유망한 새로운 분야를 발견하기 위해서 말이다. 이것은 역사적 인구 통계학demography과 농업사 같은 영역들에도 적용된다. 이 영역들에서는 이전에 기후 변화에 대해 적어도 어느 정도 관심을 보였다. 많은 역사가들은 예나 지금이나 1970년대와 1980년대에 발전한 논증을 고수한다. 이를테면 경제적 또는 인구 통계학적 자료들의 세분화된 분석에 꼭 필요한 기후 자료가 아직 존재하지 않는다는 논리를 줄곧 펴는 것이다. 이것이 그 시대에 적절했다 하더라도, 자료 상황은 그 이후 근본적으로 개선되었다. 역사 기후학은 1990년대에 언급할 만한 발전을 이루었다. 그러나 역사가들은 이런 사실을 거의 깨닫지 못했다. 추정컨대 특히 그 성과들이 역사학 잡지들이 아니라 자연과학 잡지들에 발표되었기 때문으로 보인다.

대부분의 역사가들이 기후를 산업화 이전 사회의 어쩌면 중요한 요인으로 고려하고 싶어하지 않는 타당한 이유들은 있다. 산업사회에 대해서는 더 말할 나위조차 없다. 기후 변동이 "역사의 흐름"에 끼치는 영향들은 평가하기 어렵다. 그 영향들이 불리한 기상 상황을 부분적으로 보완할 수 있는 다수의 사회 내적 실천들에 깊이 들어가 있었기 때문이다. 기후와 역사의 관계에 대한 질문에서는, "기후"와 "역사"가 높은 추상화 단계의 일반 개념이라는 사실이 매번 간과된다. 기후와 역사 사이의 연결이 거의 적절하게, 그러니까 과학성scientificity의 원칙들과 일치되게 묘사될 수 없을 만큼 일반적이다. 대단히 일반적인 차원에서는 다만 유리한 기후 상황이 인간 행동의 범위를 확대할 수 있는 반면, 기후로 인한 충격은 그 범위를 제한하는 경향이 있다고 추측할 수 있을 뿐이다. 그렇지만 기후 상황의 어떤 연속적인 사건들이 중요한가 하는 것은 각각 해당되는 사회적 "단위"unit와 그때그때마다의 역사적 맥락에 달려있다(Pfister 2001). 그리고 "기후 충격"climatic shock의 개념은, 주지하다시피 항상 몇몇 인간이나 집단이 경제적으로뿐만 아니라 정치적으로도 스트레스 상황으로부터 이익을 볼 수 있다는 점에서 그 자체로 여전히 양면적이다.

사람을 잡아먹는 거인으로서의 역사가

《아날》[9]의 공동 창설자 중 한 명인 마르크 블로크[10]는 유작《역사를 위한 변명Apologie pour l'histoire ou Mètier d'historien》(Bloch 1974)에서 정신과학에 종사하는 사

람이면 누구나 알 만한 역사가의 특징을 묘
사했다. 블로크의 책에 나오는 해당 구절은
환경사가들에게 매우 유익하다. 이 구절이

11 Flandre, 벨기에 서부를 중심으로
네덜란드 서부와 프랑스 북부에 걸쳐
있는 지방

놀랍게도 인간과 자연의 상호 작용에 대한 문제의 핵심을 분명히 건드리고
있기 때문이다. 문제는 역사의 주제 범위이다. 다시 말하면 역사의 주제 범
위를 시공간적으로 제한하는 것이다. 블로크는 시간의 변화만을 척도로 하
여 평가할 때 모든 자연적인 것이—심지어는 우주조차—역사를 가지고 있
나는 점을 우선 시인한다. 태양계의 역사를 운운할 수 있을 것이다. 하지만
그것을 관할하는 것은 천문학이라고 한다. "지구물리학이 볼 때 확실히 더
흥미로운 화산폭발의 역사가 있다. 화산 폭발의 역사는 역사가들이 다루는
역사와는 하등 관계가 없다." 그런데 블로크는 이런 범주적 진술을 곧바로
다시 제한한다. 화산 폭발의 역사가 역사가들의 역사에 속하게 되는 것은 적
어도 "그 인식이 우리가 역사를 기술하는 특수한 목표들과 어떤 식으로든
결부될 수 있는" 한에서만 그렇다고 말이다(Bloch 2002: 28). 이런 목표들을 보
다 명백히 포착하기 위해, 블로크는 자연과학과 역사의 경계 영역에 있는 다
른 예를 논구한다. "서기 10세기에 만gulf이 하나 솟아났다. 플랑드르[11] 해
안 깊이 있는 즈윈Zwin 만이었다. 나중에 이 만은 모래에 파묻혔다." 이런 현
상의 연구는 그 변화의 원인들을 물을 때 지질학만의 사안이 아니라고 한
다. 저지대bottomland의 생성은 제방 축조물, 운하 우회로canal detour, 배수시
설drainage 등에 의해 촉진되었다고 한다. "인간이 손수 만든 작품들에 의해
서 말이다. 이 작품들은 공동의 필요성 때문에 생겨났고, 특정한 사회구조
의 틀 내에서만 실현될 수 있었다."

즈윈 만이 모래에 파묻힌 원인뿐만 아니라 그 영향 역시 인류 역사에까
지 미친다. 만의 육지화는 바다와 브뤼헤Brügge 시의 짧은 용수 연결water con-
nection에 영향을 끼쳤다. 항구시설은 점점 더 하구 방향으로 옮겨져야 했고,

12 siltation, 물에 쓸려온 가는 모래
와 진흙 등이 강어귀나 항구에 쌓이
는 현상
13 Jules Michelet, 1798~1874, 프랑
스의 역사가
14 Fustel de Coulanges, 1830~1889,
프랑스의 역사가

부두는 점차적으로 고립되었다. 블로크는 그러나 이것이 브뤼헤 시의 경제적 몰락에 대한 유일한 원인은 아니었다고 생각한다. "이미 인간에게서 비롯되는 다른 요인들이 이런 작용을 준비하고 지원하고 가능케 하지 않는데도, 자연력이 언젠가 사회적인 것에 영향을 끼칠 수 있을까? 그런데 이 원인이 일련의 인과 관계에서 적어도 가장 영향력이 큰 것에 속하는 것은 확실했다."(Bloch 2002: 28-30) 땅의 경작뿐만 아니라 상업도시의 운명 역시 블로크가 볼 때는 "매우 '역사적인' 사건"zutiefst 'historisches' Geschehen이다. 그러나 이런 사건의 연구에는 상이한 학문 분야들이 연루될 수 있다. 블로크는 여러 학문 분야가 관련된 장에서 중첩과 협력의 영역(블로크가 든 예에서는 펄질화[12]에 대한 원인 분석)을, 하나의 현상이 단 하나의 학문 분야에 넘겨지는 이행 영역(예를 들면 영향의 분석)과 구분한다. 그러나 블로크가 볼 때 두 영역에서는 정신과학이 관여해야 할 필요성이 단 하나의 이유에서만 나온다. 이를테면 인간이 관련되어 있다는 사실에서만 나오는 것이다.

"실제로 우리의 위대한 선구자들—쥘 미슐레[13], 퓌스텔 드 쿨랑주[14]—은 이미 오래 전부터, **정신과학의 자연적인 대상이 인간**(역사학의 대상은 본래 인간이다, l'objet de l'histoire est par nature l'homme)이라고 우리에게 가르쳤다. 또는 더 정확하게 말해서 복수형으로 인간들이라고 말이다. 다양성에 대한 학문에는 추상화 경향이 있는 단수보다 복수, 즉 **상대성의 문법적 양식** le mode grammatical de la relativité이 더 적합하다. 어떤 광경의 특성 배후에, 완전히 비개인적으로 보이는 문서 배후에, 그리고 그 창시자들로부터 완전히 떨어진 것처럼 보이는 제도 배후에는 인간들이 있다. 그리고 정신과학은 인간들을 이해하려 애쓴다. 이것을 해낼 수 없는 사람은 결코 더 이상

학문의 조력자가 되지 못할 것이다. 그에 반해 훌륭한 역사가는 동화에 나오는 **식인 도깨비**l'ogre와 같다. 식인 도깨비는 인육의 냄새가 나는 곳에 자신의 먹잇감이 있음을 안다."(Bloch 2002: 30)

역사가에 대한 이런 묘사는 무섭도록 생생하고 대체로 인정된다. 그 덕분에 기후사를 20세기 정신과학의 규범 속에 받아들일 수 있는 틀이 형성되었다. 역사가들의 어떤 다른 집단보다도 바로 《아날》의 이름으로 발언권을 신청한 역사가 집단이 이 규범을 가장 강력하게 새로 정리하고 특징지었다. 오늘날 역사가들이 이 규범에 계속 매달려 작업하지 않고서 관여하는 기후사는 없을 것이다.

채식주의자를 위한 기후사

1967년 프랑스의 역사가 엠마누엘 르 루아 라뒤리(Emmanuel Le Roy Ladurie, 1929~)의 펜에서 《천년 이후 기후의 역사Histoire du climat depuis l'an mil》라는 책이 나왔다. 그의 핵심 관심사는 기후 영향 연구의 보류에 있었다. 인류 역사와 기후사의 모든 연결을 당분간 고려하지 말아야 한다는 것이었다. 즉 르루아 라뒤리 식의 역사 기후학은 자발적으로 기후 재구성에 국한했다. 이것은 장기적인 연구 계획을 포함했다. 사회에서 기후 영향의 문제로, 즉 소빙하기나 중세 온난기 같은 예전의 기후 변동에 적응하는 지나온 과정들의 문제로 되돌아가게 될 것이겠지만, 그것은 자료들이 기후 발전에 대한 믿을 만한 진술들을 할 수 있을 때 비로소 가능했다.

그런데 이런 종류의 기후사는 블로크가 복수형 "인간들"로 고쳐 쓴 역사의 과제 영역에서 현격하게 벗어난 게 분명했다. 이 점에 대해 르 루아 라뒤리는 《천년 이후 기후의 역사》에서 블로크에 대해 매우 경탄하면서도 그의

15 2세기 중엽에 알렉산드리아에서
활동한 그리스의 천문학자이자 천동
설 주창자
16 Lucien Febvre, 1878~1956, 《사회
경제사 연보》를 공동 창간한 프랑스
역사가

정의가 항상 너무 편협하고 과학의 정신에
부적당해 보인다고 썼다. **인간이 모든 것의
척도**homo mensura인 시대는 지나갔다고 한
다. "소크라테스 이전의 철학자들과 프톨
레마이오스[15] 이래로 코페르니쿠스적 혁명

들은 많이 있었다." 논증은 무장을 해제하듯 부드러웠다.

> "식인 도깨비와 인육에 대한 블로크의 은유를 글자 그대로 취한다면, 그
> 것은 전문적인 역사가가 순차적이거나 질적인 증거자료documents의 온전
> 한 분류에 계획적으로 무관심하다는 것을 인정한다는 뜻일 것이다. 옛 기
> 상학적 관측들, 기후학적 또는 빙하학적 텍스트들, 기후 사건들에 대한 논
> 평들 등에 무관심하다는 것을 뜻할 것이다."(Le Roy Ladurie 1967: 21)

실제로 르 루아 라뒤리의 기후사는 순수한 의미에서 코페르니쿠스적인
혁명이었다. 인간을 역사적인 우주의 중심에서 추방하는 것이었다. 인간 중
심이 없는 기후사를 요구함으로써 그는 역사학 분야의 토대를 흔들어놓았
다. 정신과학을 인문학humanities의 범주에 넣는 것은 오늘날까지 자명한 일
인데, 그는 또한 이런 식의 분류를 결국 의심하게 만들었다. 이것은 근본적
으로 스캔들이었다…. 기후사가 전공 분야 내에서 얼마나 부차적으로 되었
고 또 주변에 머물렀는지는, 이 전대미문의 사건이 결코 스캔들이 되지 않았
다는 것을 보면 알 수 있다. 역사가 논쟁이 아주 흔히 있는 일이었음에도 불
구하고, 정신과학의 경계에 대한 역사가 논쟁은 뒤따르지 않았다.

다른 한편으로 르 루아 라뒤리는 뤼시엥 페브르[16]와 마르크 블로크와 함
께 시작한 원전 읽기 혁명을—급진적인 걸음이라 하더라도—한 걸음 더 내
딛었을 뿐이다. 《아날》의 역사가들은 새로운 질문을 제기하고 이 질문에

답변하기 위해 새로운 방법을 선택한 것만
이 아니었다. 그들은 또한 각각 주제와 방
법에 따라, 가령 순차적인 출전 같은 문자

17 Alfred North Whitehead, 1861~
1947, 영국의 철학자이자 수학자
18 clio, 역사의 여신

적 증거의 특정한 유형을 발견하고 그 장점을 이용할 줄도 알았다(Burke 2004
참조). 르 루아 라뒤리는 가정을 정신과학의 주제와 방법으로부터 출발하기
보다는, 문서화된documented 사실과 기록문서의 사실fact로부터 출발했다. 과
거의 기후에 대한 대용 자료proxy data는 문헌으로 충분히 존재했다. 그리고
대용 자료가 있었기 때문에—그밖에도 대용 자료에 대한 시선을 날카롭게
하는 기상학과 기후학이 있었기 때문에—기후 재구성을 위해서는 사회의
자료실들을 조준하고 파고들어 대용 자료를 꺼내야 했다. 그런데 역사적인
원전 강독을 확대하는 이 조치는 매우 극단적이어서, 확립된 분류법에서 벗
어날 정도였다. 인간에 대한 학문인 정신과학에서뿐만 아니라, 정신과학과
자연과학의 체계적인 구별짓기에서도 벗어날 정도였다.

이와 같이 사실들—철학자 앨프리드 노스 화이트헤드[17]라면 "고질적이
고 다루기 힘들고 한정된 사실들"이라고 말했을 것이다(Whitehead 1984: 115)—
의 순진해 보이는 논증과 함께,《아날》이 예전에 행한 모든 혁명의 사회학
적 기본 체계도 태업sabotage의 행위로 깨졌다. 순차적인 역사와 지성사history
of mentality처럼 여전히 매우 상이한 분야들이《아날》의 혁명으로 분류될 수
있었는데 말이다. 르 루아 라뒤리 자신은 이런 행위를 숨길 줄 알았다. **비와
청명한 날씨의 역사**L'histoire de la pluie et du beau temps에 대한 강령적인 논문에서
그는 기후사가를 기상학자와 기후학자의 조교로 선언했고, 기상 및 기후의
역사 자체를 자연과학 분야들의 보조 과학으로 선언했다(La Roy Ladurie 1973b).
그러니까 실제로 르 루아 라뒤리가 말하는 기후사가는 블로크의 의미에서
"학문의 조력자"였다. 그것도 게다가 인육이 금기인 "채식주의적" 조력자
였다. 르 루아 라뒤리는 정신과학의 영역에 대해 보다 광범위하게 책임을 지

는 것을 피했다. 그가 이와 관련하여 시도한 것은《아날》의 논문〈환경의 역사를 위하여Pour une histoire de l'environnement〉에 국한되었다(Le Roy Ladurie 1970). 비교적 최근의 역사 기술이 담긴 그의 두 권짜리 개요서에서 기후사는 '인간 없는 역사: 기후, 클레이오[18]의 새로운 분야'(l'Histoire sans les hommes: le climat, nouveau domaine de clio)라는 제목 하에 모습을 드러낸다(Le Roy Ladurie 1973a: 417ff.).

코페르니쿠스적으로 방향을 바꾼 르 루아 라뒤리의 기후사에서 역사와 자연과학의 다학제간 협력은 블로크의 인간 중심적인 역사상에서와는 완전히 다르게 확증되고 조직되었다. 블로크는 인간과 자연 환경 사이의 인과율적인 연결에서 가정을 출발시켰다. 다학제성의 필요성을 증명하는 동시에, 정신과학의 영역을 다른 학문 분야들과 경계짓기 위해서였다. 반면에 르 루아 라뒤리에게 있어서 인간은 기후에 대해 단지 자신이 관측한 잔존물을 기록된 문서로 남기고 자료실에 넘겨준 관찰자로만 여겨졌다. 그렇지만 인간은 유발 요인causal factor으로서 아무런 역할을 하지 못했다. 기후가 인간사회의 영역에서 유발 요인으로서 거의 아무런 역할도 하지 못한 것처럼 말이다. 오늘날의 관점에서 볼 때 예전보다 더 분명히 알 수 있는 것이 있다. 기후 영향 연구의 이런 보류가 사실은 단지 "인간"과 "기후"의 모든 상호 작용에 대한 훨씬 광범위한 배제의 부분일 뿐이었다는 점이다. 그 자리에 등장한 것이—인간에 의해—일방적으로 확립되는 관찰자 관계observer relation였다. 이 관찰자 관계에서 다학제간 기후 연구에 대한 역사가의 기여가 설명된다. 그러나 르 루아 라뒤리에게 있어서 관찰자 관계는 구성주의적 연관이 없었다. 그에게는 인간이나 "사회의 기후"가 중요하지 않았다. 르 루아 라뒤리는 이런 역사에 속하는 많은 것을 흡사 덧붙여서en passant 썼다 하더라도, 인간의 관찰자 역할에 대한 이유들을 해명할 수 있었을 기후의 문화사조차 알려주지 않았다. 르 루아 라뒤리에게는 틀림없이 문자로 문서화되고 자료화된 사실들이 중요했다. 이 사실들이 기후학의 방법을 통해 기후사적인 자료로 변모될 수 있었던 것이다. 그의 단초는 철저히 **실증주의적**positivistic이었다. 그리고 실제로 사실들은 뜻밖에도 고질적이고 탐탁지 않고 한정적이라고 입증되었다.

19 climatic determinism, 기후가 인간 생활에 미치는 영향을 절대적으로 보는 환경론적 견해
20 Ellsworth Huntington, 1876~1947, 미국의 지질학자이자 기상학자

결정론의 유령

기후사를 기후로 축소하는 것은 당연한 일이 아니다. "인육"에 대한 르 루아 라뒤리의 혐오는 어디에서 연유하고, 채식주의 기후사에 대한 그의 변론은 어디에서 연유하는 걸까? 그 답은 호황의 국면conjunctures에 있는 유럽의 기후 결정론[19] 전통에서 찾을 수 있다. 르 루아 라뒤리는 엘즈워스 헌팅턴[20]의 《문명과 기후Civilization and Climate》(Huntington 1915) 같은 작품에 주목했다. 그러나 특히 스웨덴 경제사학자 구스타프 우테르스트룀(Gustav Utterström, 1911~1985)의 논문(1955)도 주시했다. 우테르스트룀은 논문에서, 16세기와 17세기에 스칸디나비아 주민들에게서 나타난 특정한 경제적·인구 통계적 위기 징후를 소빙기에 있었던 기후 변동의 결과로 돌리려는 시도를 했다. 그의 논문이 기후학자들에게 알려졌다. 영국 기상학자 고든 맨리(Gordon Manley, 1902~1980)(1958)는 어느 비평에서 도발적으로 그의 논문을 "기후 결정론의 부활"이라고 칭송했다.

르 루아 라뒤리가 처음에는 몇몇 논설(Le Roy Ladurie 1959, 1960, 1961)로, 그리고 마지막으로 자신의 책으로 대응한 이런 직접적인 토론의 맥락을 더 상세히 설명하지는 않겠다. 기후 연구의 다학제간 맥락에서는 기후 결정론적인 사고 유형의 체계적인 의미가 보다 중요하다. 그렇기에 우선 "기후 결정론"이라는 말을 어떻게 이해해야 하는지 분명히 하는 것이 중요하다. 우리는 특정한 논증 방식들에 따라 입장을 취하는 폭넓은 정의를 지지한다. 이

21 neuron, 신경계를 이루는 기본적인 단위
22 Nico Stehr, 1942~, 독일의 문화학자
23 Hans von Storch, 1949~, 독일의 기후학자이자 기상학자

런 논증 방식들은 또한 결정론적인 생각을 광적으로 확신하는 대표자들과 무관하게 관찰될 수 있다. 기후 결정론은 자연 결정론nature determinism 특유의 표현이다. 자연 결정론의 가장 최근의 귀환은 뉴런[21]의 결정성determinedness 대 의지의 자유를 둘러싼 논쟁에서 볼 수 있었다. 결정론적인 사고 유형들은 자연과 인간, 즉 환경과 사회의 경계 영역 어디에서나 접하게 된다. 이런 경계 영역에 있는 문제들은 보편적이고 기초가 되는 특성을 지닌다. 이것은 특히 환경학 같은 경계 분야들에서 자연 결정론적인 사고의 상시 분석이 불가피한 이유를 설명해준다. 인간(개인/사회)과 기후의 관계에 대한 모든 해석과 모형은 **기후 결정론적**이다. 이런 해석과 모형들에서 영향 관계들은 기후에서 출발점을 선택하는 선적인 인과사슬에 제한된다. 이런 모델에서는 인간의 생물학적 진화나 "문명"이 기후와 그 역사적인 변화에 대한 생물학적 또는 사회적인 체계들의 반응으로 이해된다. 자연환경과의 상호 작용에서 인간의 능동적 역할은 여전히 가려져 있다. 다른 환경요인들도 흔히 감추어져 있다.

　기후 결정론의 역사적인 뿌리는 동일한 기후대의 고전적인 관념에서 찾을 수 있다. 그러니까 과학적으로 낡은 게 된 지 오래지만 오늘날 특히 비과학적인 담론 맥락에서 명맥을 이어가는 기후 개념에서 말이다(Mauelshagen 2010b: 21-23; Stehr/von Storch 2000, 2010: 64f. 참조). 니코 슈테어[22]와 한스 폰 슈토르히[23]는 "기후와 사회적 행동의 안정성 및 소위 기후의 '평등주의'"die Stabilität von Klima und sozialem Verhalten sowie der angebliche 'Eaglitarismus' des Klimas를 기후 결정론의 정리theorem에 포함시킨다(Stehr/von Storch 2000: 191). 평등주의 특질의 영역에는 또한 사유의 상(figure of thought)이 있다. 그것에 따르면 기후는 전쟁, 이주 또는 경제 위기처럼 지리적으로 넓은 공간에 걸쳐 동시에 관찰 가능한

사회적 현상들을 설명할 수 있다. 이것을
동시성의 논증 Argument der Gleichzeitigkeit이라

24 Fernand Braudel, 1902~1985, 프
랑스의 아날학파 역사가

고 부르자. 바로 역사적인 작업들에서는 매번 이런 것에 부딪친다. 예컨대
페르낭 브로델[24]의 《문명의 역사*A History of Civilizations*》에서처럼 말이다. 브로
델은 이 책의 어느 대목에서 우선 중국, 인도, 유럽, 북아메리카, 러시아, 브
라질 등에서 동시적으로 이루어지는 인구 통계학적인 발전을 언급한다. 이
것에 이어서 그는 이런 동시성synchronism에 대해서는 "일반적으로 통용되는
단 하나의" 설명만 존재한다고 진술한다. 이를테면 "기후의 변화"가 있다
는 것이다. 이것에 속하는 것으로 그는 14세기에 있었던 북반구의 기온 저
하, 빙하와 얼음덩어리의 증가, 마지막으로 16세기 말과 17세기에 고조에 달
했던 소빙하기 등을 들었다. 브로델은 이렇게 말했다. "이 모든 것은 함께
지구 어디에서나 물질적 삶의 영역에서 발생하는 변동들을 설명하고, 물리
학적 사실과 생물학적 사실에 의해 규정된 인류의 발전에 대한 추측을 암시
한다."(1971: 36ff.)

기후 결정론은 동질적인 현상이 아니다. 기후 결정론은 오히려 시간 속
에서 변화했고, 그 자체로 기후에 대한 항상 새로운 표상과 이론은 물론이고
다른 시대 조류들과도 연결된 역사를 가지고 있다. 기후 결정론적인 사유는
특정한 논증 방식들에 고착될 수 있다. 이 논증 방식들은 또한 각각 독자적
으로, 그러니까 결정론적인 이론들의 이데올로기적인 상부구조 없이 나타
날 수 있다. 사회적 현상들의 원인을 기후로 축소하는 **단일 인과율적 환원**
monocausal reduction은 이런 논증 방식들 중 하나일 뿐이다. 그것도 가장 쉽게
반박될 수 있는 논증방식인 것이다. **선형성**linearity은 훨씬 자주 관찰되고 결
정론 밖에서일지라도 대체로 수용되는 사유 방법이다. 이것은 인과 관계를
한 방향으로만, 즉 A에서 B로, 기후에서 역사 또는 문화로 관찰하는 방식을
논증한다는 것을 뜻한다. 이런 선적인 인과 관계는 복합적일 수 있다. 즉 복

25 historism, 모든 사회 현상은 역사적 생성 과정에 있으며, 가치와 진리도 역사의 발전 과정 속에 나타난다고 하는 사상
26 Jacob Burckhardt, 1818~1897, 스위스의 역사가
27 《펠리페 2세 시대의 지중해와 지중해 세계 La Méditerranée et le Mon- de Méditerranéen a l'époque de Philippe II》(1949)

합 원인론적multicausal일 수 있다. 오늘날 대부분의 선적인 기후 영향 모델은 전적으로 다양한 원인 관계와 마찬가지로 다양한 영향을 고려한다.

역사가들은 기후 결정론을 거부했다. 기후 결정론이 20세기에 부흥을 경험하기 오래 전에 말이다. 이런 거부는 19세기에 있었던 정신과학과 자연과학의 완전 분리에, 그리고 역사주의[25]의 역사 기술에 깊이 뿌리박고 있다. 역사주의는 근대 정신과학이 오늘날까지 자신을 만든 행동이라고 기념하는 운동이다. 야코프 부르크하르트[26]만 예로 들어보자. 그는 국가, 종교, 문화 세 가지 "세력"Potenz에 국한함으로써 동시에 "땅과 기후의 작용"을 역사에서 명백히 추방했다. 그것을 역사주의의 성립기에 심하게 공격당한 역사철학Geschichts philosophie에 맡기기 위해서 말이다(Burckhardt 1982: 170). 그가 보기에 역사Historie를 역사 기술Geschichte의 철학적-목적론적 해석으로부터 근본적으로 선을 긋는 경계 설정(분리)에 있어서, 기후는 역사가들이 사의를 표하며 상대편에 넘겨준 보편 개념이었다.

프랑스《아날》의 신사학nouvelle historie도 나중에 인간과 환경milieu의 상호작용에 대한 정적인 이해를 거의 넘어서지 못했다. 페르낭 브로델은 지중해 관련서[27]에서 기후 또한 환경에 포함시켰다. 이것은 당연히 사회학자 에밀 뒤르켐(Emile Durkheim, 1858~1917)의 의미로 설명될 것이다(Stehr/von Storch 2000: 187; Behringer 2007). 뒤르켐은 자살에 관한 책에서, 유럽의 특정한 나라들에서 날씨 및 기후와 자살률의 연관에 반대하는 논리를 효과적으로 폈다. 자살의 지리적 분포, 즉 작센Sachsen과 프로이센Preußen에서와 마찬가지로 프랑스 수도권Ile de France과 인근 지역에 자살의 분포가 밀집되는 것 때문에 뒤르켐은 이 현상이 "특정한 기후대가 아니라 유럽 문명의 두 중심지"와 관련 있

다는 판단을 내리게 되었다. 그러니까 "국민들의 자살 경향이 다른 원인은 여러 나라들에서 문명과 그 확산의 특성에서 찾아야지, 기후의 그 어떤 불가사의한 속성에서 찾아서는 안 된다"는 것이다(Durkheim 1983: 101f.). 다른 말로 하면, 사회적인 것은 사회적인 것으로 설명될 수 있었다는 것이다. 이것은 그대로 사회학의 요구로 남았다(Durkheim 2007; Kraemer 2008: 11).

기후를 인류 역사에서 역사주의적으로 추방하는 것과 비교할 때 르 루아라뒤리의 채식주의 기후사는 환경사에 계속 기여하는 것으로 여겨진다. 채식수의 기후사의 강령이 보여준 길은 기후와 사회를 인과율적으로 결부시키는 문제를 비결정론적으로 해결케 했다. 이 길이 목표에 이르지 못한 이유는 다음 절에서 그려보겠다. 기후 영향 연구의 보류는 그러나 결정론의 문제 앞에서 잠정적으로 항복하는 것 또한 의미했다. 결정론이 부흥을 경험하고 있는 오늘날 그것은 예전만큼이나 절박하다. 니코 슈테어와 한스 폰 슈토르히는 당연히, 이념사적으로 볼 때 "오늘날 기후 영향 연구의 대부분이 진짜 결정론"이라고 지적했다. 이 결정론은 자연과학자들 속에서 "잠재된 채 명맥을 유지하고 있다"(Stehr/von Storch 2000: 187, 1997; z.B. Hsü 2000). 그렇지만 두 사람은 예나 지금이나 존재하는 두 학문 문화로의 분리가 결정적이라고 평가한다. 한편에는 자연과학, 다른 한편에는 정신과학 및 사회학으로의 분리가 말이다. 이런 분리는 오늘날 "사회와 자연의 관계를 문제 지향적으로 포괄적으로 연구하는 것"을 방해한다(Stehr/von Storch 2000: 188). 이런 진단이 얼마나 적확한지 증명해 주는 것이 있다. 그것은 기후를 일단 숙고에 포함시킬 때 역사가들 스스로 때때로 결정주의적인 사고 유형에 휩쓸려 들어간다는 사실이다(z.B. Landes 1998b, 1998a: 14, 16).

기후사적인 시공간

28 Christian Pfister, 1944~, 스위스
의 역사가
29 John Dexter Post, 1926~2012, 미
국의 역사가

역사 기후학의 초기 발전과 그 특징을 단지
르 루아 라뒤리의 이름하고만 연관 짓는다

면, 당연히 너무 단순할 것이다. 가령 허버트 호레이스 램은 적어도 마찬가지로 큰 영향력을 지녔다. 특히 영어권에서, 그리고 역사학의 가장 중요한 협력 상대가 된 지리학 분야에서 말이다. 기후사와 인류 역사를 서로 연결하고 이로써 르 루아 라뒤리의 강령에서 벗어나려는 예전의 시도들도 이런 방향에서 영감을 받았다(Lamb 1989). 크리스티안 피스터[28]의 논문(1975)과 존 덱스터 포스트[29]의 논문(1977)은 1970년대 말엽에 기후 영향 연구에 대한 집중적이고 격렬한 논쟁을 야기했다. 이 논쟁은 특히 경제사적인 문제 제기라는 특징을 지녔다(Rotberg/Rabb 1981; Wigley u.a. 1981). 그렇지만 대부분의 역사가들은 르 루아 라뒤리의 저서를 통해 기후사는 물론이고 기후의 특정한 개념 또한 알게 되었다. 르 루아 라뒤리는 위대한 페르낭 브로델의 옛 제자로서 세 가지 역사적 시기의 도식을 염두에 두었다. 브로델은 지중해 관련 삼부작에서 역사기술의 세 가지 시간 차원을 구분했었다. 사건, 개인적인 행동 및 정치적 결정의 신속한 차원, 경제적 국면과 사회적 구조의 중간 차원, 다른 차원들에서 발생한 모든 일의 바탕이 되는 것 같은 **장기 지속**longue durée의 차원으로 말이다. 브로델은 자연환경에 의해 결정되는 사회적 삶의 조건들도 이 마지막 차원에 포함시켰다(Braudel 1990).

르 루아 라뒤리의 소빙하기에 대한 역사기술적인 구상은 브로델의 장기 지속 도식에 완벽하게 들어맞는다. 빙하의 변화에 관한 정보들 및 포도의 수확 자료들을 통해 그는 16세기 후반부터는 모든 계절이 대체로 동시에 기온 저하를 겪는다고 추론했다. 그는 그밖에도 19세기 말 이후의 온난화 역시 모든 계절에 대체로 동시에 해당되었다고 가정했다(Le Roy Ladurie 1972: 237). 그의 책은 마치 명확히 구별되고 특히 춥고 비가 많이 오는 소빙하기 기후가 있었

던 것 같은 인상을 준다. 이 프랑스 역사가
는 역사적인 빙하 그림을 집어넣어 자기의
설명을 인상 깊게 했다. 스위스 남부 발리

30 Rhone Glacier, 론 강의 발원지가
되는 스위스 알프스의 빙하

스 주Kanton Wallis의 빙하와 거리상 가까운 론 빙하[30]는 이와 관련하여 확실히 가장 떠들썩한 예이다. 론 빙하가 가장 크게 확장되던 시점에(1600년 직후와 그 다음에 다시 1856년에) 계곡은 어마어마한 얼음덩어리로 가득 찼었다. 오늘날에는 론 빙하가 아주 많이 녹아서 계곡에서는 더 이상 보이지 않을 정도이다. 기후가 이렇게 심하게 변하고 있으므로, 기후 변화가 인간들의 삶에 끼치는 영향을 묻는 것은 당연했다. 그런데 르 루아 라뒤리는 다음과 같이 말하며, 자신이 요청한 채식주의를 끝까지 바꾸지 않았다. "장기적인 관점에서 보면 기후가 인간에게 끼치는 영향은 미미해 보여서 어쩌면 등한시될 수 있겠지만, 어쨌든 밝혀내기란 어렵다."(Le Roy Ladurie 1972: 119) 영향력이 큰 이 선구자의 의견은 수십 년 동안, 과거의 기후 변화를 인간의 탓으로 돌리려는 모든 시도에 맞서는 핵심 논거로 쓰였다(Pfister 2005).

실증주의적인 기후 거시사는 국가적인 기상학 관측 네트워크가 세워지기 오래 전의 기온과 강수에 대한 시계열 및 공간 유형을 재구성하는 것을 추구한다. 그러나 인류 역사를 다루는 역사가들의 필요에 맞추어진 기후사는 일차적으로 이런 기후 유형의 빈도에서 나타나는 변화들을 연구를 통해 알아내야 했다. 이런 변화들이 근대 이전의 일상생활에 영향을 끼쳤다는 사실은 잘 알려져 있다. 이것은 특히 기온 및 강수의 상태에 해당된다. 당대인들은 기온 및 강수의 상태에 날씨로 인한 흉작의 위험이 도사리고 있음을 알았다. 미시적 차원에서의 보고들은 각각의 기상 이변climatic abnormality을 중심에 놓으며, 역사기술의 문헌들에 가깝다. 기상 관측을 보여주는 증거 문헌들은 충분하다. 기상 관측은 극단적인 사건들이 어떤 식으로 인간들과 인간들의 결정에 영향을 끼치는지를 보여준다. 이런 묘사들은 기후 재구성을 위한 원료를 제공한다. 평균값의 거시사보다는 기후 재구성이 "인간들과 함께 하는" 기후사의 필요에 더 잘 맞았을 것이다.

다른 한편으로 이런 종류의 에피소드들은 이로부터 장기간에 걸친 기후변화의 서술을 발전시키기에는 너무 단편적으로 보인다. 비교적 가까운 시간대time scale에 자주 발생하는 극단적인 이변들은 월별 평균이나 계절별 평균에서는 사라져 보이지 않게 된다. 이와 함께 나타나는 것은 두 종류의 기후사 사이의 의미있는 균열이다. 이제 이용 가능하게 된 기후 역사의 장기적인 평균값 덕분에, 소빙하기의 기후 변화를 인상적으로 개관할 수 있게 된 것은 확실하다. 그러나 흔히 기후의 역사는 인류 역사와의 복잡한 관계를 해명할 수 있는 자료들을 제공하지 못한다. 이와 관련하여 수십 년과 수백 년에 걸친 평균 기온 및 강수의 변동들은 흔히 성과가 없기 때문이다. 시공간적 평균값의 거시 기후사는 개별적인 기상 이변들의 의미를 정확히 평가하기 위해 단 하나의 해석의 틀을 제공할 수 있을 뿐이다. 그리고 인간의 지각, 취해진 조처들 및 역사적 평가를 위해서도 다음과 같은 물음들을 아는 것은 중요하다. 이런 에피소드들이 수십 년 동안 계속되는 중단 후에 뜻밖에 나타났는가, 개별적인 지류들이 문제였는가, 또는 그 에피소드들이 반복해서 나타났는가 등을 말이다. 기후-기상학적 변동들은 근대 초기에 농업이 우위를 점하는 경제 및 사회 시스템에 가장 강력하게 작용한다. 기후-기상학적 변동들의 시공간space-time은 많은 영역들에서 다른 시공간이다. 달리 말하면, 재구성된 기후—거시사의 기후—의 시공간과 기후 영향 연구의 시공간은 어떤 영역에서는 일치하지 않는다.

두 가지 예에서 이것을 구체적으로 설명해보겠다. 기근의 위기를 첫 번째 예로 들어보겠다. 이 유형의 위기는 근대 초기, 예컨대 1570년대 초(Behringer 2003)와 1770년경에 유럽을 지배했다(Pfister/Brazdil 2006). 공간적으로 광범위한 기근의 위기는 기온과 강수에 대한 현존하는 계절별 및 월별 평균을 이용하여 다음과 같은 문제를 상당히 잘 연구할 수 있게 한다. 기상 이변은 과연 그리고 어떤 방식으로 수확 감소로 이어졌으며 기근을 함께 유발했는가? 비교적 큰 공간에 걸쳐 평균을 낸 계절별 또는 월별 자료들이 여기에서 계속 쓰이는 것은, 가장 중요한 작물들, 특히 곡물의 생장기가 여러 달에 걸치기 때문이다. 그러나 지역 또는 지방의 기근 위기가 연구의 대상이 되어야 한다면 벌써 어려움을 예상할 수 있다. 이런 경우에 역사가들은 곳곳에서 부득이 자료실들을 방문하여 필요한 기후 자료를 우선 조사하지 않을 수 없을 것이다. 그러나 그 다음에 우선은 그대로 다시 미결인 채로 남는 문제가 있다. 자료 조사에서 차츰 모습을 드러내는 지역적 기후 변동의 역사는 어떤 관계에서 소빙하기의 기후 변화로 분류될 수 있는가?

두 번째 예는 도시 화재들과 관련된다. 뇌우가 명백히 화재의 원인으로 확인되지 않는다면, 도시 화재는 거의 전적으로 인간에 의해 야기된 재앙으로 분류된다. 화재 유발 원인의 평가에서 간과되는 것이 있다. 불길의 확산과 또한 불길을 잡을 수 있는 가능성이 흔히 가뭄과 더위와 특히 바람 같은 자연적인 요인들에 달려 있다는 점이다. 이 요인들은 특히 도시의 주택들이 주로 나무로 지어졌을 때 피해의 규모와 직접 연관된다. 목조 건축물이 많은 도시의 화재는 숲이 불타는 상황과 상당히 똑같다. 그런 도시는 "숲의 생활을 영위한다."(van Leeuwen 2001: 393; Pyne 2001 참조) 19세기 후반에 이루어진 화재보험에 대한 연구도 이것을 보여주었다. 이는 **스위스 재보험회사**Swiss Re의 결산 보고들에서 언급된 사항들을 조사한 연구였다(Rohland 2010). 재보험회사들은 기후에 따른 상황과 불리한 광역 기상 상황의 의미를 잘 알고 있었다. 이런 상황들 때문에 각각 여름이 되면, 지리적으로 큰 공간에 걸친 재보험회사들의 위험 분산risk spreading은 거의 엉망이 되다시피 했다. 10일 내지 12일에 걸쳐 따뜻하고 건조한 심한 기상 이변이 계속되면 화재의 위험은 충분히 높아진다. 푄[31]이 작용하면 그 기간은 심지어 훨씬 짧아질 수 있다. 순스

31 Föhn, 산을 넘어서 불어 내리는 고온 건조한 공기
32 Sundsvall, 1621년 도시 지위를 부여받은 이후 역사상 4차례의 화재와 재건을 거친 스웨덴 도시

발[32]에는 도시 화재가 수차례 있었고, 1888년 6월 말에는 스웨덴 전역에서 다른 도시 및 산림의 화재들이 발생했다. 앞서 언급한 화재보험 연구는 이 화재들을 예로 들어서, 그 시대의 수많은 문서 증거들에 묘사되는 상황을 반영하는 데 월별 분석으로는 불충분하다는 것을 보여줄 수 있었다. 기온 및 강수의 이상은 월 평균값에서 사라지는 반면, 1666년 런던의 대화재를 조장한 기상 이변은 여기에서 똑똑히 알 수 있다. 기상 이변이 여름 몇 달에 걸쳐 계속되었기 때문이다(Mauelshagen 2010b: 128). 차이점은 19세기 말에는 일일 측정 자료들이 존재한다는 것이다. 따라서 기후 영향 연구의 영역에서—**최상의 실천**best practice이라는 이념과 유사하게—**최적의 자료**best data 연구를 시작하여, 화재 재난들에 있어서 자연적인 환경과 조성된 환경의 상호 작용이 이루어지는 시공간 유형을 탐구하는 것은 전략적으로 적절하다. 이것을 모르면 특정한 영향은 기후 자료들 사이로 빠져나간다.

여기에서 개괄된 전략은 기후 영향 연구의 다른 중요한 영역들로 옮겨질 수 있다. 어떤 현상(홍수, 도시 또는 산림의 화재, 이주 등)인가에 따라서 강수, 기온 및 지면 기압에 대한 기존의 장기적 시계열의 분석보다 상당한 분석이 필요하다. 그래야 기후의 영향을 결정할 수 있다. 그런데 기후의 거시사에 대한 자료의 선택은 기후 영향 연구의 필요에 맞추어지지 않고, 평가하는 기상학의 자료 실증주의라는 전형에 따라 이루어진다. 바로 이런 방향은 앞서 묘사된 시공간적인 부적합성으로 이어졌다. 자료 계열data series의 분석에 관한 한, 역사 기후학에는 통계학에 방법론적인 경계가 정해져 있었다. 그 경계는 경제적·사회적·문화적 현상들이라는 "인간의 척도"Menschenmaß에 의해서가 아니라 통계학에 의해 규정되었다. 그러나 그것은 명백히 문화 특유의 방식이다. 이 방식으로 사회는 기후에 특정한 역할을 부여하는 자연 환

경과—천연자원들의 이용을 통해—상호

작용한다. 이런 사회문화적인 틀은 **영향의**

33 anthropocene, 인류로 인한 지구 온난화 및 생태계 침범을 특징으로 하는 현재의 지질학적 시기

시공간Raum-Zeit der Impacts이 **통계학적으로 조**

사된 기후의 시공간 Raum-Zeit des statistisch ermittelten Klimas과 다른 이유이다. 그러나 결론적으로 여기에서 르 루아 라뒤리의 연구 전략과 정반대되는 연구 전략이 나온다. 기후 영향 연구는 기후에서가 아니라 "영향"Folgen에서 시작되어야 한다는 것이다. 그러므로—사회학적 재난 연구와 비교적 최근의 재난 연구에서와 마찬가지로—**사회문화적인 것의 우선성**Primat des Soziokulturellen이 중요하다. 왜냐하면 문제가 되는 "영향"은 자연적인 인과성natural causality의 틀을 부수기 때문이다. 반면에 기후에서 시작하는 사람은 결국 여전히 결정론적 사고의 선형성linearity모델에 사로잡혀 있다. 그것은 용어상으로 볼 때 "기후 **영향** 연구"Klima**folgen** forschung라는 개념에서와 마찬가지로 심지어 "영향"이라는 개념에도 들어있다. 도시 화재의 예에서 보았듯이, 연대순으로 생각한 원인-결과 관계는 유발 원인과는 역할이 다른 기상 이변들을 보이지 않도록 가린다. 그것은 상황이나 강화 요인으로서 더 이상 고려되지 않는다. 이 정도의 언급에 한하고, 용어와 관련된 대안은 제안하지 않겠다.

"인류세"[33] – 인간에서 사회로

채식주의 기후사의 구상이 이해되지 않는 이유는 앞의 절에서 살펴 보았다. 여기에서 나온 "인간 없는" 기후의 역사는 성공적인 역사적 기후 영향 연구에 필요했을 법한 것과는 다른 기후사였다. 기후의 역사적 영향에 대한 물음을 **잠정적으로**vorläufig 보류한다는 계획은 그러니까 성과가 없거나—부분적으로만—적절했다. 인간 없는 기후사라는 이념은 그러나 이제 전혀 다른

측면에서도 근본적으로 문제시된다. 산업화 이후로 인간은 점점 더 기후의 추동력climatic impetus이 되었다. 20세기의 **지구온난화**는 전반적으로 인간에 의한 것이다. 이로써 기후가 그 자체로 영원히 인간과 인간의 역사적 발전과 무관한 크기가 아니라는 점이 입증되었다. 기후사는 기후의 역사이자 기후만의 역사로 이해된다 하더라도 더 이상 "인간 없는 역사"histoire sans les hommes로 기술될 수는 없다. 기후사의 "코페르니쿠스적 전환"은 인간에 의한 온실가스 기후라는 사실을 통해 교정되었다. 이것은 기후와 그 변화에 대한 과학적 시각의 결과였다. 그 시각은 그 사이에 낡은 게 되었다.

인간은 기후에 영향을 미친다. 인간은 기후 시스템climate system의 주역이다. 인간은 가령 기후 활동의 수동적인 객체에 불과한 게 아니다. 기후 활동은 기후 시스템에서 일어나고, 생물, 생물권biosphere의 부분 또는 사회적 존재로서의 인간과 관련된다. 인간은 관찰자이지만, 관찰자이기만 한 것은 아니다. 인간에 의한 기후 영향의 역사가 19세기 이래의 산업화 시기를 넘어 과거로 얼마나 멀리 거슬러 올라갈 수 있는가 하는 것은 논란의 여지가 많은 미해결된 문제이다. 그리고 인간이 예전 시기들에도 특히 크고 조밀한 산림 면적의 개간을 통해 지역 기후의 변화에 어느 정도 일조했으며, 이로써 복잡한 생태적 인과사슬을 통해 지역 주민들에게 다시 작용하는 연속적 결과들에 얼마나 함께 영향을 끼쳤는지는 미지수이다. 이런 영향들에 관한 논쟁은 어쨌든 19세기에 이미 있었다(Weigl 2004). 그러나 이런 물음에 대한 궁극적인 해명이 없어도, 모든 것이 산업화에서 획기적인 의미를 지니는 환경사 및 기후사적 분기점을 인식하는 진단이 타당하다는 것을 말해준다. 이런 사실을 고려하고 산업혁명 이후의 "인간"을 지질학적인 힘으로 인정하자는 제안은 네덜란드의 대기화학자이자 노벨상 수상자인 파울 크루첸(Paul Crutzen, 1933~)에게서 나온다. 산업화와 함께 새로운 지질학 시기, 즉 인류세anthropocene가 시작되기 때문이다(Crutzen/Stoermer 2000; Crutzen 2002).

34 IGY, International Geophysical
Year, 1957. 7. 15.~1958. 12. 31. 세계
적 규모로 지구물리학계의 연구 및
관측 계획을 실시한 기간
35 Svante Arrhenius, 1859~1927, 스
웨덴의 화학자
36 sedimentary rock, 광물질 및 생물
의 유해가 수중에서 침적 고결된 암석
37 extrapolation, 둘 이상의 변수값
과 함수값을 알고, 관찰된 변수값의
연장선에 있는 변수값 또는 그 근사
값을 구하는 계산 방법

1957년/1958년에 열린 국제 지구물리학의 해[34] 기간 동안 오스트리아 지구물리학자 한스 쥐스(Hans Suess, 1909~1993)와 앨 고어 Al Gore의 스승인 해양학자 로저 르벨(Roger Revelle, 1909~1991)은 스반테 아레니우스[35]가 1890년대 중반에 처음으로 측정한 이래, 대기의 이산화탄소량이 증가했다는 것을 밝혀냈다. 두 과학자는 이렇게 생각했다.

"이렇게 인간은 오늘날 과거에도 가능하지 않았고 미래에도 반복될 수 없는 종류의 지구물리학적인 큰 실험을 수행하고 있다. 수억 년에 걸쳐 수성암[36]에 저장된 밀도 높은 유기탄소organic carbon는 수십 년 내에 다시 대기와 대양에 반환된다. 이 실험이 적절히 자료화되면, 날씨와 기후를 결정하는 과정들을 광범위하게 통찰할 수 있게 될 것이다."(Revelle/Suess 1957)

쥐스와 르벨은 화석연료를 에너지원으로서 연소시킴으로써 시작된 "실험"의 획기적인 특성에 대해 확실한 직감력을 갖고 있었다. 그렇지만 그들은 기후 변화가 기껏해야 비교적 먼 미래에 생길 거라고 예상했다. 실제로 1900년과 1957년 사이에 대기의 이산화탄소 농도는 297ppm에서 316ppm으로 비교적 서서히 증가했다. 현재의 이산화탄소 농도는 395ppm 근처이다. 20세기 전반에 대한 숫자를 보외법[37]으로 구한다면, 395라는 수치는 2212년 이전에 도달해서는 안 되었을 것이다. 이것은 제2차 세계대전 이후까지만 해도 전 지구적 기후 변화가 지속 가능성의 좁은 길에서 전혀 그렇게 멀리 벗어나 있지 않았다는 것을 말해준다(Pfister 2010a).

대부분의 교과서는 온실가스 문제가 산업화의 시작과 함께 생긴 것으로

보고 있다. 그런데 1950년 이전과 이후의
이산화탄소 배출 증가율 비교는, 온실가스
기후의 직접적인 뿌리를 약 1950년 이후 사
반세기에 찾을 수 있다는 것을 암시한다.

38 Karl Polanyi, 1886~1964, 오스트
리아 출신의 미국 사회철학자
39 1950er Syndrom, 1950년대에 전
세계적으로 에너지 소비가 매우 빠
르게 증가한 것에 대한 표현

오스트레일리아의 지구과학자 윌 스테펜(Will Steffen, 1947~), 이미 언급된 파
울 크루첸, 미국의 역사가 존 맥닐John R. McNeill 등 3인조 저명한 학자들은 따
라서 인류세를 지금까지 두 단계로 분류할 것을 제안했다. 느리게 증가하는
1950년 이전의 첫 번째 국면과 그 이후 지수가 증가하는 두 번째 국면으로
말이다(Steffen u.a. 2007). 1950년대부터 많은 원료의 생산과 재가공에서 보이
는 지수 증가율을 근거로 이 저자들은 두 번째 국면을 **거대한 가속**Great Accel-
eration이라고 부른다. 이 말로써 칼 폴라니[38]의 **거대한 변환**Great Transformation
이라는 구상을 넌지시 암시하고 있는 게 틀림없다(Polanyi 1944). 그들은 경제
성장 외에 과학기술의 빠른 변화와 인구 증가를 **거대한 가속**의 구동력으로
확인했다. 20세기에 세계 인구는 16억 명에서 60억 명으로 늘어났다. 이런
인구 증가의 80퍼센트는 20세기 후반부에 해당된다. 1960년대에는 연간 2.2
퍼센트까지의 증가율을 보였다.

산업화를 두 가지 국면으로 분류하고, 경제적-사회적으로 많은 성장 지
표들이 1950년대부터 다른 속도를 보였음을 관찰하는 것은 새로운 일이 아
니다. 스테펜, 크루첸, 맥닐 등이 **거대한 가속**이라고 부르는 것을 두고 경제
사학자들은 이미 오래 전부터 **1950년대 신드롬**[39]이라는 개념 하에서 논쟁을
벌이고 있다. 본고의 두 필진 중 한 명인 크리스티안 피스터는 1992년에 이
개념을 토론에 붙였다(Pfister 1992). 1950년대 신드롬이라는 명제는 그 이후로
집중적으로 논의되고 계속 확장되었다(Pfister 1994; Pfister/Bär 1996; Pfister 2003). 이
명제는 20세기 후반부의 거대한 가속을 야기한 과정들에 대해 보다 깊은 이
해를 제공한다. 처음에 서구의 공업국들과 일본에서는 지금까지 경제사에

서 유일무이한 호황boom이 있었다. 이 호황은 1973년부터 속도가 현저하게 느려졌다.

---
40 peak oil, 석유 생산이 최고점에 달하는 시기

호황은 약 1950년부터 1973년의 석유 위기 때까지 지속되었다. 특히 두 가지 요인이 이 호황을 유발했다. 하나는 임금의 실제적이고 상대적인 증가였다. 냉전과 서구의 지도층 엘리트가 냉전과 연관하여 갖게 된 공산주의에 대한 두려움이 임금 상승의 유지에 중요한 몫을 했다. 다른 하나는 석유 채굴이 훨씬 더 증가하기 때문에, 수요의 급상승에도 불구하고 여전히 낮았던 실제 유가의 동시적인 하락이었다. 원유의 생성이 수억 년 이상 걸리는 지질학적 과정을 전제로 하는 반면, 인간들—특히 서구 사회의 인간들—은 유기적으로 묶인 이산화탄소를 두 세대 내지 세 세대 안에 대기와 대양으로 방출했을 것이다. 미국, 노르웨이, 영국, 멕시코 등의 산유국들은 **피크 오일**[40]에 이미 도달했다. 석유 위기 때까지의 "엄청난 에너지 가격 이변"은 산업사회들이 대단히 사치스럽게 된 주된 이유들 중 하나이다. 에너지 가격의 이변은 오래 지속되었다. 전 지구적으로 활동하는 기업들의 생성과 노동의 전 지구적인 재조직 같은 구조적인 변화를 조장하기에 충분했다. 이 이변은 또한 생활 양식을 바꾸고, 노동과 절약에 대한 바람과 표상의 방향을 새로이 여가와 소비에 맞춰 설정하는 데에도 일조했다. 지금은 **글로벌 거버넌스**global governance를 통해 이산화탄소 배출을 줄이고, 인간에 의한 온실효과의 위협에 대처하려고 노력하고 있다. 역사적 관점에서 볼 때 이런 노력들은 1950년대 신드롬—또는 바로 거대한 가속—의 단계에서 확립된 지속 가능하지 않은 실천들을 다시 제거하려는 시도로 이해될 수 있다. 우리 두 필자가 보기에, 인류 역사에서 새로운 역사적 시기라는 것을 단지 화석연료로 이루어지는 과도하게 커진 에너지 생산, 이로부터 생기는 온실가스 배출, 낮은 에너지 가격, 상승하는 임금 등을 가지고만 증명하는 것은 충분치 않다. 포괄적인 **사회사적**socialhistorical 관점이 있어야 비로소 경제학적 지표와 지질학적 지표

사이의 연관을 소비사회로의 이행과 함께
판독할 수 있을 것이다. 산업사회의 이 국
면이 지니는 환경사적인 의미는, 즉 그 획

41 homo sapiens sapiens, 현생 인류
로 분류되는, 호모 사피엔스의 아종
亞種

기적인 영향력은 지속 가능성의 좁은 길을 포기하는 데 있다.

이 마지막 논점은 인류세를 둘러싸고 **지구 시스템 과학**earth system science에
의해 촉발된 다학제간 논쟁에 있어서 어느 정도의 영향력을 갖는다
(Ehlers/Krafft 2006). 여기에서는 지질학적 관점과 사회학적 관점의 중요한 모순
을 지적하고 싶다. 이 모순은 지질학의 맥락에서 특히 하나의 종을 대표하
는 인간의 개념에서 나타날 수 있다. 마르크 블로크가 인간을 역사의 중심
이라고 말했을 때, 그는 다른 한편으로 인간을 **사회적**social 존재로 생각했다.
사회성sociality은 인간이라는 속屬의 속성으로 여겨지고, 이로써 다리를 놓을
수 있다(Ehlers 2008). 그렇지만 역사적으로 각각 실현된 인간 사회 형태들은
사회화 능력, 그러니까 잠재력 방식의 사회성으로는 충분히 설명될 수 없는
게 분명하다. 산업화의 이해에 있어서 여기에서는 전체를 둘러싸고 하나의
차이가 존재한다. 산업화는 과거에도 그렇고 지금도 명백히 사회적 역학의
결과이지, **호모사피엔스사피엔스**[41]의 출현 이후 더 이상 의미 있는 변화를 하
지 못한 인간이라는 우리의 속이 생물학적으로 진화한 결과가 아니다. 이 논
점이 간과되지 않는 한, 인류세의 역사는 수십억 명의 개인으로 늘어난 인류
의 생태학적 발자국의 양적인 묘사에 그친다. 더욱이 숫자 배후에 있는 과
정을 파악하고 싶어하는 사람은 인간으로부터 **사회**society로, 산업화로부터
연구 대상인 산업**사회**industrial society로 옮아가야 한다. 이로써 초학문적 기후
연구에 주어진 도전의 본질은 지구계earth system 내에서 지금까지와는 다른
장소를 사회에 제공하는 데 있다. "인간"의 생태적 발자취에 지구사적 차원
을 부여한 진짜 사회적 논리들은 생물권biosphere의 하위 시스템으로 이해되
는 인간 영역anthroposphere의 틀로는 어쨌든 더 이상 파악할 수 없다. 그렇지만

사회권sociosphere을 생태계에 도입한다면, **지구 시스템 과학**은 이 사회적 논리들에는 물론이고 또한 사회학 및 문화학에도 개방될 수 있을 것이다(Mauelshagen 2010a).

전망: 21세기의 기후사

역사 기후학을 기상학 및 기후학의 "하녀"로 만들고 "인간 없는 역사"로 이해하는 것은 어떤 프로그램의 예기치 않은 효과였다. 르 루아 라뒤리는 이 프로그램으로 역사학 분야에서 역사 기후학에 보잘것없는 정도의 승인과 틈새를 마련해 주었다. 그러나 동시에 정신과학에서도 역사 기후학의 틈새적 존재가 고정되었다. 기후 영향 연구를 수십 년간 연기한다는 것은, 바로 기후사를 사회사와 연결한 역사 기후학의 부분을 보류한다는 것을 의미했다. 1990년대 말부터 비로소 극단적인 기후–기상학적 현상, 자연재해, 재난 등에 새로 초점을 맞추는 것과 함께 하나의 전환이 예고된다. 그러나 21세기의 기후사는 여전히 기후 재구성의 결과들을 문화사와 경제사 및 사회사에 삽입하고, 재구성된 기후를 인지된 기후와 관계 맺게 하는 과제에 직면해 있다. 이것에 성공할 때에만 기후사는 기후 영향 연구의 영역에서 지구온난화의 영향에 대한 실제적 물음들을 위해서도 의미 있는 기여를 할 수 있을 것이다.

기후 재구성, 기후 영향 연구, 기후학 등과 함께, 역사 기후학의 부분 영역뿐만 아니라 일반적으로 기후 연구의 부분 영역 역시 거명되었다. 세 가지 부분 영역을 체계적으로 관련시키는 데 역사 기후학이 자신 있게 성공한 것은 지금까지 물론 드물었다(z.B. Pfister u.a. 2010). 특히 기후의 학문사는 잘 통합되지 않았고, 다른 두 가지 관점 옆에 관계없이 있는 것처럼 보인다. 사회권sociosphere을 기후 시스템의 부분으로 보는 사회학적 근거가 있는 이론을 통해, 이 문제는 보다 명확하게 표현되고 해결책에 접근할 수 있을 것이다.

기후 영향 연구의 본격적인 보류나 1950년부터 처음 몇 십 년 동안 이 영역에서 행해진 시도들에 대한 약간의 승인은 기후 결정론적인 사고의 전통에 근거를 두었다. 그러나 결정론의 문제는 보류를 통해 해결되지 않았고, 다만 유예되었을 뿐이다. 사회학과 문화학 및 정신과학과 자연과학 사이의 경계를 넘어서는 논쟁은 기후 연구를 위한 사회학과 문화학과 정신과학의 기여에 대한 발의와 함께 두드러지기 시작한다. 이 논쟁에서는 이 문제도 다시 토의될 것이다. 특히 사회학은 비결정론적인 모델들의 전개를 위한 이론적 및 방법론적 자본을 갖고 있어서, 자연(기후)과 사회의 접촉점에서 영향 관계들을 묘사할 수 있을 것이다.

역사 기후학의 발전은 지금까지는 특히 역사적 시기, 즉 근대 초기와 밀접하게 연관되어 있었다. 또한 기후와 관련된 문서상의 기록물들 덕분에 자료화가 잘된 국립 기상학 관측망이 구현되기 전의 이 시기에, 역사 기후학은 자기의 활동 분야를 발견했다. 그러나 장차 역사 기후학은 관심의 중심을 기후 재구성에서 기후 영향 연구로, 그리고 기후를 변화시키는 인간의 힘으로 옮겨야 할 것이다. 역사적인 기후 연구에서 볼 때 이와 함께 또한 새로운 시간적 초점temporal focus이 생겨날 것이다. 우리 두 필자가 보기에, 이 초점은 19세기 및 20세기와 관련될 것이다. 어떤 다른 시대들과 달리 이 시기에는 상당히 분석적인 기후 자료뿐만 아니라, 사회 및 문화의 역사에 대한 빈틈없는 정보 역시 존재한다. 이로써 본보기의 의미를 지니는 **최적의 자료**best data 연구를 위한 전제가 마련되었다. 두 가지 가능한 작용 방향 중 어느 방향에서라 하더라도, 기후와 사회를 서로 연결하고 싶은 사람은 이런 토대를 필요로 한다. 왜냐하면 그렇지 않으면 사회에서 기후 시스템의 복잡한 피드백에 관해서, 그리고 기후 시스템에서 사회적 변화의 복잡한 피드백에 관해서 추측만 할 수 있을 뿐이기 때문이다. 그리고 추측하지 않는 곳에서만, 거의 필연적으로 기후 결정론으로 끝나는 대강의 축소를 피할 수 있다. 고기후학 자료들은 매년 또는 그보다 작은 단위로 분석한다. 그리고 사회적 과정들은 자료화가 제대로 되어 있지 않아서 인과적으로 시간적인 상관 관계가 눈에 띄지 않게 되고 만다. 고기후학 자료들을 이런 사회적 과정들과 나란히 놓고 비교하는 것으로는 충분치 않다. 고고학적 증거에 근거하는 수많은 선사시대 연구들은 이런 결함으로 고전한다. 역사 기후학은 당연히 장래에도 고유한 기후 자료들을 내놓을 것이다. 역사 기후학은 기후 재구성에 대해 공간적으로는 유럽의 경계를 넘어 가능한 한 멀리까지, 시간적으로는 중세나 훨씬 이전까지 확대할 것이다. 그러나 **최적의 자료** 연구만이 사회문화적으로 형성된 인간-환경 관계의 복잡성을 정당하게 평가할 수 있을 것이다. 영향 impacts의 시공간을 이해할 때 비로소, 더 오래 전의 과거에서도 유사한 영향을 찾으려면 어떤 기후 자료들이 필요한지 알게 된다.

기후 변화는 '지금, 여기, 나'의 문제적 현실이다!

산업혁명 이후 대기 중 온실가스 농도가 상승하고 지구온난화라는 현상이 초래되었다. 지구온난화로 인한 이상 기후 현상은 자연 재해를 현실화시킨다. 전 지구적으로 집중 호우와 폭풍우에 따르는 홍수가 빈번히 발생하고, 가뭄은 물론이거니와 특히 아프리카의 사막화 현상은 가속화되고 있다. 또한 수림의 조기 개화, 새들의 조기 산란, 곤충과 동식물의 서식지의 변화 등 생태계도 변화하고 있다. 우리나라의 경우에도 이상 고온이 발생하고, 사계절이 뚜렷했던 온대성 기후가 점점 아열대 기후로 바뀌고 있다. 지구온난화는 자연환경, 식탁, 에너지, 경제 등 다방면으로 위협을 가하고 있다.

온실가스, 대기 온도 상승, 빙하 감소, 이상 기온, 해수면 상승, 지구온난화로 인한 자연재해…… 각종 매체들은 수시로 이런 내용이 담긴 정보들을 쏟아내며, 이산화탄소 배출이 지금처럼 계속되면 머지않아 커다란 재앙에 봉착할 거라는 경고를 덧붙인다. 그 경고가 괜한 말이 아님에 우리는 대체로 익숙해졌다.

그런데도 기후 변화의 문제는 관심의 우선순위에서 밀려난다. 지금은 오히려 자원을 이용하고 소비하는 데 열중한다. 그리고 이런 생활 방식은 더욱 확산 일로에 있다. 선진 산업국들은 에너지에 대한 갈망이 크고, 신흥 공업국들은 선진국들의 산업화 과정을 따라가고 있다. 성장과 자원 활용이 중시되는 상황에서 '산업화 시기 이전 대비 섭씨 2도 이내'라는 지구 온도 상승폭 억제선(2010년 멕시코 칸쿤 기후회의)은 지켜질 가능성이 적어 보인다. 선진국들에게 온실가스 감축 의무를 부여하는 교토의정서 체제에도 불구하고 탄소 배출은 매년 증가하는 양상을 보인다. 거기다 앞으로 영구 동토층이 드러나게 되면 엄청난 양의 메탄이 방출될 수 있기 때문에 어떤 예기치 못한 효과가 발생할지 알 수조차 없다.

이런 부정적인 징후들은 지구 물리학의 차원에만 머물지 않는다. 자원을 둘러싼 갈등 때문에 피난민들의 이주가 늘어나고, 국경 갈등과 해적 행위도 심화될 수 있다. 기후 변화가 원인이 되어 새로운 형태의 끝없는 폭력이 발생할 수 있는 것이다. 과학 전문지《사이언스》에 실린 논문을 원용하여 기후 변화와 폭력의 상관성을 보여주는 기사(《한겨레신문》 2013. 8. 3.)가 있다. 미국 캘리포니아 버클리대학 연구팀이 지난 수백 년 동안 세계에서 벌어진 공격, 성폭력, 살인, 분쟁, 내전 등과 관련한 60개의 사례를 연구한 결과, 기온과 강수량의 변화가 폭력과 깊은 상관성을 지닌다는 결론을 내렸다고 한다. 또한 중국이 석탄 사용을 과감히 줄이는 데 적극적으로 나선 것이 스모그 때문인 것처럼, 주민의 건강과 생활에 직결되는 문제가 더욱 많이 그리고 심각하게 발생할 수도 있다.

온난화처럼 자연과학적으로 설명되는 현상이 사회적 파국, 시스템 붕괴, 내전, 인종 말살 등과 연결된다는 것은 우리의 관념에 배치되는 것처럼 보인다. 그러나 작금의 상황을 보더라도 환경 문제로 인한 사회적 갈등이 크다는 것은 쉽게 판단이 가능하다.

지금까지는 기후 변화가 자연과학의 소관 사항이라고 여겨졌다. 자연과학자들은 지구의 평균 기온이 올라가고, 인간에 의한 오염 물질 배출, 특히 이산화탄소 배출이 기온 상승의 주범임을 증명하고 있다. 그러나 이런 문제의 대책을 자연과학(자들)에만 맡기기에는 특별히 어려운 점이 있다. 인간으로 인한 기후 변화의 결과는 '미래의 사안'이 될 것이기 때문이다. 지금 드러나고 있는 환경 문제는 그 원인이 적어도 50년이나 된 것이고, 당시 자연과학의 수준에서는 전혀 예측할 수 없던 것들이다. 이러한 사정은 지금도 마찬가지다. 그 시간적 간격은 오히려 여러 세대에 걸칠 정도로 길어졌다. 이처럼 행위 당사자가 그 결과를 경험할 수 있는 게 아니기 때문에, 기후 변화의 문제는 간과되거나 문제 극복을 위한 시도가 나중으로 미뤄지기 십상이다.

인간의 생존 공동체가 우호적인 기후 조건에 얼마나 의존적인가를 명확히 보여주는 것이 기후 변화이다. 미국의 대도시를 완전히 마비시켜버린 허리케인 카트리나(2005), 3만 명의 사망자를 낸 중부 유럽의 불볕더위(2003), 독일에서 온난화로 인해 진드기가 옮긴 뇌염의 확산(2009) 등도 기후 변화와 관련이 있다. 기후온난화의 영향을 받지 않는 사회적 재생산 영역이란 존재하지 않는다. 인간의 삶에서 기후와 문화는 따로 떼어놓고 생각할 수 없다. 기후온난화의 영향으로 앞으로 인간의 생존 및 생활 조건이 현저히 달라질 것은 자명하다. 이제는 기후 변화를 자연과학적 시각에만 기대어 해석해서는 안 될 것이다.

인문학의 본령은 해석 및 비판의 잠재력이다. 그런데 동유럽 공산권의 체제 붕괴 이후 인문학은 소수만이 겨우 알아들을 수 있는 담론의 세계로 옮겨간 채, 세상과 유리된 공간에 안존하는 것에 자족했다. 그 결과 인문학은 비판적 잠재력은 물론이고, 주어진 현실을 극복할 능력 역시 잃고 말았다. 해석 엘리트들이 비판적 잠재력을 포기한다면, 민주주의는 매우 효과적인 교정 수단을 빼앗기고 시민사회는 분석적이고 정치적인 힘을 잃게 된다. 이제는 인문학도 기후 변화의 문제를 수수방관하는 태만에서 벗어나 해석과 비판의 잠재력을 회복해야 할 때이다.

인간의 생활 조건 및 생존 조건에 있어서 기후 변화의 영향을 설명하는 것은 중요한 일이다. 자연과학이 제공하는 정보만으로는 인류의 일상에 있어서 기후 변화와 그 위험이 의미하는 바를 알 수 없다. 이 과제는 자연과학의 관할 영역에 속하지 않는다. 자연과학은 기온 상승, 대륙 빙하의 용해, 말라리아의 북쪽 감염 확산 등에 대해 평가할 수 있다. 그러나 그 해결책이나 적응 방법 등에 대한 질문에는 지구공학, 이산화탄소 저장, 전기자동차 등 단순하거나 기술만능주의적인 답변으로 일관하는 게 고작이다. 기후 변화에 대한 분석과 해석과 예측을 자연과학자와 공학자들에게만 맡기지 말고, 적어도 기후 영향 연구에서만큼은 인문학의 참여가 함께 이루어져야 할 것이다.

이 책의 집필자 중 한 명인 디르크 메스너는 우리가 지구라는 경계 내에서 전 지구적으로 적응하며 함께 살아가야 하는 존재임을 깨달아야 한다고 지적한다.

"지구가 적소適所인지는 불확실하지만, 우리 인간들은 아주 최근에—지구의 수명에서 보면 사실상 순식간에—세상을 채울 정도로 늘어난 신생 종이다. 어떤 의미에서 보면, 우리는 십대 같고 열정과 에너지가 넘치며, 약간 당황한 것 이상으로 혼란스럽다. 또한 모든 십대가 반드시 깨달아야 하는 것처럼, 우리는 우리가 우주의 중심이 아니라는 사실을 발견하려는 참이다. 우리가 결코 이 행성에서 생명의 중심이 아니라는 사실을 말이다. 우리는 수백만 생명체들 중 하나일 뿐이고, 우리의 가치는 우리의 자아가 아니라 우리의 협력에 달려 있다. 우리의 행동이 지금 지구의 장기적인 기후 과정 자체의 부분이기 때문에, 기후 변화는 이윽고 우리를 훨씬 큰 무대에 올려놓는다."

기후 변화의 사안을 "여기는 아닌, 지금은 아닌, 나는 아닌"의 태도로 상징적으로 처리하는 것의 위험성은 대단히 크다. 우도 쿠카르츠의 경고처럼, 대기가 가열되면 그 결과는 단순히 자연 재해가 아니라, 인류의 위기, 즉 매우 상이한 문화적 재앙들이 될 것이기 때문이다.

2013년 겨울 같은 가을 어느 날,
옮긴이

첫 번째 I 인문학은 미래를 잊었는가?

Assmann, Jan(1990), *Das kulturelle Gedächtnis. Schrift, Erinnerung und politische Identität in frühen Hcohkulturen*, München.

Enzensberger, Hans Magnus(1978), «Zwei Randbemerkungen zum Weltuntergang», *Kursbuch* 52, Berlin, S.1-8.

Frühwald Wofgang(1996), «Palimpsest der Bildung. Kulturwissenschaft statt Geisteswissenschaft», *Frankfurter Allgemeine Zeitung* v. 8. Mai 1996, S. 41.

Heidbrink, Ludger/Welzer, Harald(2007), «Das Ende der Bescheidenheit», in: Dies. (Hg.), *Das Ende der Bescheidenheit. Zur Verbesserung des Geistes- und Kulturwissenschaften*, München, S. 8-14.

Hobsbawm, Eric(1995), *Das Zeitalter der Extreme*, München.

Horkheimer, Max/Adorno, Theodor W.(1947), *Dialektik der Aufklärung. Philosophische Fragmente*, Amsterdam.

Hölscher, Lucian(1999), *Die Entdeckung der Zukunft*, Frankfurt a.M.

Latour, Bruno(2001), *Das Parlament der Dinge. Für eine politische Ökologie*, Frankfurt a.M.

Lübbe, Hermann(1992), *Im Zug der Zeit. Verkürzter Aufenthalt in der Gegenwart*, Berlin.

Marquard, Odo(1981), *Abschied vom Prinzipiellen*, Stuttgart.

Oreskes, Naomi(2004), «Beyond the Ivory Tower: The Scientific Consensus on Climate Change», *Science* 306, S. 1686, in: http://www.sciencemag.org/cgi/content/full/306/5702/1686(3.1.2010).

Pomian, Krysztof(³1997), *Der Ursprung des Museums. Vom Sammeln*, Berlin.

Saint-Do, Valerie de(2009), «Sarkozy: président anti-culture», in: http://sdj30.over-blog.com/article-6665743.html(26.10.2009).

Welzer, Harald(2008), *Klimakrieg. Wofür im 21. Jahrhundert getötet wird*, Frankfurt a.M.

Bauman, Zygmunt(2008), *Flüchtige Zeiten. Leben in der Ungewissheit*, Hamburg.

Beck, Ulrich(2007), *Weltrisikogesellschaft*, Frankfurt a.M.

Bell, Daniel(1999), *The Coming of Post-Industrial Society. A Venture in Social Forecasting*, New York.

Calhoun, Craig(2004), «A World of Emergencies», *The Canadian Review of Sociology and Anthropology*, Jg. 41, H. 4, S. 373-395.

Cottle, Simon(2009), *Global Crisis Reporting. Journalism in the Global Age*, Maidenhead/Berkshire.

Davis, Kingsley(1963), «The Theory of Change and Response in Modern Demographic Transition», *Population Index*, Jg. 29, H. 4, S. 345-366.

Dewey, John(1996), *Die Öffentlichkeit und ihre Problem*, Darmstadt.

— (2001), *Die Suche nach Gewissheit. Eine Untersuchung des Verhältnisses von Erkenntnis und Handeln*, Frankfurt a.M.

Giddens, Anthony(2009), *The Politics of Climate Change*, Cambridge.

IPCC(2007), «Fourth Assessment Report: Climate Change 2007: The Physical Science Basis», in: *Intergovernmental Panel on Climate Change*, abgerufen im Juni 2009, http://www.ipcc.ch/ipccreports/ar4-wgl.htm

Latour, Bruno, «'It's development, stupid!' of How to Modernize Modernization?», in: Espaces-Temps.net, 29.05.2008, http://espacestemps.net/document5303.html

Lever-Tracy, Constance(2008), «Global Warming and Sociology», *Current Sociology*, Jg. 56, H. 3, S. 445-466.

Nordhaus, Ted/Shellenberger, Michael(2007), *Break Through. From the Death of Environmentalism to the Politics of Possibility*, New York.

Parsons, Talcott(1971), «Evolutionäre Universalien der Gesellschaft», in: Wolfgang Zapf(Hg.), *Theorien des sozialen Wandels*, Köln, S.55-74.

Rostow, Walt Whitman(1959), «The Stages of Economic Growth», *The Economic History Review*, XII, H. 1, S. 1-17.

Siverstone, Roger(2008), *Mediapolis. Die Moral der Massenmedian*, Frankfurt a.M.

Stern, Nicholas(2007), *The Economics of Climate Change. The Stern Report*, Cambridge.

Weber, Max(2004/1934), *Die protestantische Ethik und der Geist des Kapitalismus*, vollständiger Ausgabe, herausgegeben und eingeleitet von Dirk Kaesler, München.

Auhagen, Elisabeth(1999), *Die Realität der Verantwortung*, Göttingen.

Barber, Benjamin(2008), *Consumed. Wie der Markt Kinder verführt, Erwachsene infantilisiert und die Demokratie untergräbt*, München.

Beckmann, Makrus/Pies, Ingo(2008), "Ordnungs-, Steuerungs- und Aufklärungsverantwortung. Konzeptionelle Überzeugungen zugunsten semantische Innovation", in: Heidbrink, Ludger/ Hirsch, Alfred(Hg.), Frankfurt a.M./New York, S. 31-67.

Beckert, Jens(2007), "Die soziale Ordnung von Märkten", in: Beckert, Jens/Diaz-Bone, Rainer/Ganß-man, Heiner(Hg.), *Märkte als soziale Strukturen*, Frankfurt a.M./New York, S. 43-62.

Diamond, Jared(2008), *Kollaps. Warum Gesellschaften überleben oder untergehen*, Frankfurt a.M.

Gehlen, Arnold(1957), *Die Seele im technischen Zeitalter. Sozialpsychologische Probleme in der in-dustriellen* Gesellschaft, Hamburg.

Hoff, Ernst-H.(1999), "Kollektive Probleme und individuelle Handlungsbereitschaft. Zur Entwick-lung von Verantwortungsbewusstsein", in: Grundmann, Matthias(Hg.), *Konstruktivistische Sozialisationsforschung. Lebensweltliche Erfahrungskonzepte, individuelle Handlungsbere-itschaft und die Konstruktion sozialer Strukturen*, Frankfurt a.M., S. 240-266.

Hölse, Vittorio(1991), *Philosophie der ökologischen Krise*, München.

Kemfert, Claudia(2008), *Die andere Zukunft. Innovation statt Depression*, Hamburg.

Klages, Helmut(2007), "Eigenverantwortung als zivilgesellschaftliche Ressource", in: Heidbrink, Ludger/Hirsch, Alfred(Hg.), *Verantwortung in der Zivilgesellschaft. Zur Konjunktur eines widersprüchlichen Prinzips*, Frankfurt a.M./New York, S. 109-126.

Kuckartz, Udo/Rädiker, Stefan/Rheingans-Heintze, Anke(2007), *Determinanten des Umweltverhal-tens — Zwischen Rhetorik und Engagement*, Umweltbundesamt, Dessau.

Ladeur, Karl-Heinz(2006), *Der Staat gegen die Gesellschaft. Zur Verteidigung der Rationalität der "Privatrechtsgesellschaft"*, Tübingen.

Latour, Bruno(2007), *Eine neue Soziologie für eine neue Gesellschaft. Einführung in die Akteur-Net-zwerk-Theorie*, Frankfurt a.M.

Leggewie, Claus/Sommer, Bernd(2009), "Von der Kohlenstoffinsolvenz zur Klimadividende. Wie man die Zwei-Grad-Leitplanke einhalten und dennoch gewinnen kann", *KWI-Interventionen*, Nr. 4, Essen.

Lübbe, Weyma(1998), *Verantwortung in komplexen kulturellen Prozessen*, Freiburg/München.

Luhmann, Niklas(1968), "Die Knappheit der Zeit und die Vordringlichkeit des Befristeten", *Die Verwaltung*, H. 1, S. 3-30.

— (1992), *Beobachtung der Moderne*, Opladen.

Nowotny, Helga(2005), *Unersättliche Neugier. Innovation in einer fragilen Zukunft*, Berlin.

Ockenfels, Axel/Raub, Werner(2010), "Rational und Fair", in: Albert, Gert/Sigmund, Steffen(Hg.), *Soziologische Theorie — kontrovers*, 50. Sonderheft der Kölner Zeitschrift für Soziologie und Sozialpsychologie, Wiesbaden.

Sachs, Wolfgang(2005), *Fair Future. Begrenzte Ressourcen und globale Gerechtigkeit*, München.

Sieferle, Rolf Peter(1994), *Epochenwechsel. Die Deutschen an der Schwelle zum 21. Jahrhundert*, Berlin.

Stehr, Nico(2007), *Die Moralisierung der Märkte. Eine Gesellschaftstheorie*, Frankfurt a.M.

Von Storch, Hans/Stehr, Nico(2007), "Anpassung an den Klimawandel", *Aus Politik und Zeitgeschehen*, Nr. 47, S. 33-38.

Weber, Max(1934), *Die Protestantische Ethik und der Geist des Kapitalismus*, Tübingen.

Welzer, Harald(2008), *Klimakriege. Wofür im 21. Jahrhundert getötet wird*, Frankfurt a.M.

Wippermann, Carsten/Calmbach, Marc/Kleinhückelkotten, Silke(2008), *Umweltbewusstsein in Deutschland 2008. Ergebnisse einer repräsentativen Bevölkerungsumfrage*, Bundesministerium für Umwelt, Naturschutz und Reaktorsicherheit, Berlin.

네 번째 | 전 지구적 구조 적응: 지구계의 한계 안에서의 세계 경제와 국제 정치

Archer, David/Rahmstorf, Stefan(2010), *The Climate Crisis*, Cambridge.

Cox, Peter M. u.a.(2004), "Amazonian Forest Dieback Under Climate-Carbon Cycle Projections for the 21st Century", *Theoretical and Applied Climatology*, H. 78, S. 137.

Gupta, u.a.(2003), "Abrupt Changes in the Asien Southwest Monsoon During the Holocene and Their Links to the North Atlantic Oceans", *Nature*, 421, S. 324-325.

Intergovernmental Panel on Climate Change(IPCC)(2007), *Climate Change 2007; The Physical Science Basis*, Contribution of Working Group I to the Forth Assessment Report of the IPCC, Genf.

Kaplinsky, Raphael/Messner, Dirk(Hg.)(2008), *The Asian Drivers of Global Change*, Special Issues, World Development, Nr. 2.

Khanna, Parag(2008), *Der Kampf um die Zweite Welt*, Berlin.

Klinke, Andreas/Renn, Ortwin(2006), "Systemic Risks as Challenge for Policy Making in Risk Governance", *Qualitative Social Research*, Jg. 7, H. 1, Artikel 1.

Leggewie, Claus/Welzer, Harald(2009), *Das Ende der Welt wie wir sie kannten. Klima, Zukunft und die Chancen der Demokratie*, Frankfurt a.M.

Leininger, Julia(2009), "Think big — Zukunftsperspektiven der internationalen Gipfelarchitektur", *DIE*, Deutsches Institut für Entwicklungspolitik, Discussion Paper, H. 2.

Lenton, Timothy u.a.(2008), "Tipping Elements in the Earth's System", *PNAS*, Jg. 105, Nr. 6, S. 1786-1793.

McKinsey(2009), *China's Green Revolution*, London 2009.

Messner, Dirk/Nuscheler, Franz(2006), "Das Konzept Global Governance — Stand und Perspektiven", in: Senghaas, Dieter(Hg.), *Global Governance für Entwicklung und Frieden*, Bonn.

OECD(2003), *Energing System Risks*, Paris.

Potter, c. u.a.(2001), "Modeling Seasonal and Interannual Variability in Ecosystem Carbon Cycling Fort he Brazilian Amazon Region", *Journal of Ceophysical Research*, 106, S. 10423-10446.

Rahmsdorf, Stefan(2002), "Ocean Circulation and Climate During the Past 120,000 Years", *Nature*, S. 419-424.

Senge, Peter(2008), *Necessary Revolution. How Individuals and Organisations are Working Together to Create a Sustainable World*, New York.

Röckström, Johan u.a.(2009), "A Safe Operating Space for Humanity", *Nature*, 461, S. 472-475.

Stern, Nicholas(2007), *The Economics of Climate Change*, London.

— (2009), *A Blueprint for a Safer Planet*, London.

UNDP(2008), *Climate Change and Human Development*, New York.

Van Asselt, Marjolein(2000), *Perspectives on Uncertainty and Risk*, Kluwer.

Wissenschaftlicher Beirat der Bundesregierung Globale Umweltveränderungen(WBGU)(2000), *Strategies for Managing Global Environmental Risks*, Berlin.

— (2006), *Die Zukunft der Meere — zu warm, zu hoch, zu sauer*, Berlin.

— (2008), *Climate Change as a Security Risk*, London.

— (2009), *Kassensturz für den Weltklimavertrag ⊠ Der Budgetansatz*, Berlin.

Webster, Peter J. u.a.(1998), "Monsoons: Processes, Predictability, and the Prospects for Prediction", *Journal of Geophysical Research*, 103(C7), S. 14451-14510.

World Bank(2009), *Development and Climate Change*, Washington.

Zickfeld, Kirsten u.a.(2005), "Is the Indian Summer Monsoon Stable Against Global Change?", *Geophysical Research Letters*, H. 32, L15707.

다섯 번째 | 기후 변화: 지구 위상학적 정체성의 종말

Florida, Richard(2002), *The Rise of the Creative Class: And How It'sTransforming Work, Leisure, Community and Everyday Life*, New York.

Fukuyama, Francis(1992), *Das Ende der Geschichte*, München.

Jackson, Tim(2009), *Prosperity without Growth? The Transition to a Sustainable Economy*, in: SD Commission, 16.1.2010. http://www.sd-commission.org.uk/publications/downloads/prosperity_without_growth_report.pdf.

Rawis, John(1971), *A Theory of Justice*, Campbridge/Massachusetts.

Wissenschaftliche Beirat der Bundesregierung Globale Umweltveränderungen(WBGU)(2009), *Kassensturz für den Weltklimavertrag ─ Der Budgetansatz*, Sondergutachten, Berlin.

여섯 번째 | 기후 재앙과 함께 어디로?

Asimov, Isaac(1951), *Foundation*, London.

─ (1952), *Foundation and Empire*, London.

─ (1953), *Second Foundation*, London.

Beck, Ulrich(1986), *Risikogesellschaft. Auf dem Weg in eine andere Moderne*, Berlin.

Borkenau, Franz(²1995), *Ende und Anfang. Von den Generationen der Hochkulturen und von der Entstehung des Abendlandes*, Stuttgart.

Clausen, Lars(2003), "Reale Gefahren und katastrophensoziologische Theorie", in: Ders./Geenen, Elke M./Macamo, Elisio(Hg.), *Entsetzliche soziale Prozesse*, Münster, S. 51-76.

─ (1978), *Tausch. Entwürfe zu einer soziologischen Theorie*, München.

─ (1994), "Zivilschutz als Soziale Frage", in: Ders., *Krasser sozialer Wandel*, Opladen, S. 193-205.

Elwert, Georg(1977), "Gewaltmärkte: Beobachtungen zur Zweckrationalität von Gewalt", in: von Trotha, Trutz(Hg.), *Soziologie der Gewalt*, Sonderheft der Kölner Zeitschrift für Soziologie und Sozialpsychologie, H. 37, S. 59-85.

— (2001), "Gewaltmärkte und Entwicklugnszusammenarbeit", *Wissenschaft und Frieden*, S. 12-16.

Fuchs-Heinritz, Werner u.a.(2007), *Lexikon zur Soziologie*, Wiesbaden.

Günther, Gotthard(1975), "Selbstdarstellung im Spiegel Amerikas", in: Pongratz, L. J.(Hg.), *Philosophie in Selbstdarstellungen II*, Hanburg, S. 1-76.

Nagy, Julius/Heger, Chr.(1982), "'Katastrophe'und Katastrophe", in: Heckmann, Friedrich/Winter, Peter(Hg.), *21. Deutscher Soziologentag 1982, Beiträge der Sektionen und Ad hoc-Gruppen*, Opladen, S. 972-978.

Schinkel, Willem(2009), "'Illegal Aliens' and the State, or: Bare Bodies vs the Zombie", *International Sociology*, Jg. 24, H. 8, S. 779-806.

Schutzkommission beim Bundesminister des Innern(2006), *Dritter Gefahrenbericht der Schutzkommission beim Bundesminister des Innern. Bericht über mögliche Gefahren für die Bevölkerung bei Großkatastrophen und im Verteidigungsfall*, Zivilschutz-Forschung, Neue Folge, Bd. 59, Bonn.

Spengler, Oswald(1998/1963), *Der Untergang des Abendlandes*, München.

Toynbee, Arnold J.(^{2}1939), *A Study of History*, Oxford.

Tönnies, Ferdinand(1887), *Gemeinschaft und Gesellschaft*, Leipzig.

⊠ (1917), *Weltkrieg und Völkerrecht*, Berlin.

일곱 번째 | 기후 책임은 분담의 문제이다

Birnbacher, Dieter(1989) "Neue Entwicklungen des Utilitarismus", in: Bernd Bievert/Held, Martin(Hg.), *Ethische Grundlagen der ökonomischen Theorie. Eigentum, Verträge, Institutionen*, Frankfurt a.M./New York, S. 16-36.

— (2001), "Läßt sich die Diskontierung der Zukunft rechtfertigen?", in: Ders.,/Gerd Brudermüller(Hg.), *Zukunftsverantwortung und Generationensolidarität*, Würzburg, S. 117-136.

Kant, Immanuel(1902ff.), *Werke*, Akademie-Ausgabe, Berlin.

Meyer, Lukas/Roser, Dominic(2006), "Distributive Justice and Climate Change. The Allocation of Emission Rights", *Analyse und Kritik*, Jg. 28, S. 223-249.

Müller, Olaf(2009), "Mikro-Zertifikate: Für Gerechtigkeit unter Luftverschmutzern", *Archiv für Rechts- und Sozialphilosophie*, 95, S. 167-198.

Neumayer, Eric(2000), "In Defence of Historical Accountability for Greenhouse Gas Emissions", *Ecological Economics*, Jg. 33, S. 185-192.

Parfit, Derek(1997), "Equality and Priority", *Ratio*, Jg. 10, S. 202-221.

Singer, Peter(2004), *One World. The Ethics of Globalization*, 2. Aufl., New Haven/London.

United Nations(1992), *United Nations Framework Convention on Climate Change*, New York.

Walzer, Michael(1992), *Sphären der Gerechtigkeit. Ein Plädoyer für Pluralität und Gleichheit*, Frankfurt a.M./New York.

Wolf, Clark(2009), "Intergenerational Justice, Human Needs and Climate Policy", in: Acel Gosseries/Lukas H. Meyer(Hg.), *Intergenerational Justice*, Oxford, S. 347-376.

여덟 번째 | 개별적인 환경 운동 — 문제, 기회, 다양성

Dörner, Dietrich(1991), *Die Logik des Misslingens. Strategisches Denken in komplexen Situationen*, Reinbek.

Ernst, Andreas(2008a), "Ökologisch-soziale Dilemmata", in: Lantermann, Ernst Dieter/Linneweber, Voker(Hg.), *Enzyklopädie der Psychologie*, Serie IX, Umweltpsychologie, Bd. 1, Göttingen, S. 569-605.

— (2008b), "Zwischen Risikowahrnehmung und Komplexität: Über die Schwierigkeiten und Möglichkeiten kompetenten Handelns im Umweltbereich", in: Bormann, Inka/de Haan, Gerhard(Hg.), *Kompetenzen der Bildung für nachhaltige Entwicklung. Operationalisierung, Messung, Rahmenbedingungen, Befunde*, Wiesbaden, S. 45-59.

Ernst, Andreas/Schulz, Carsten/Schwarz, Nina/Janisch, Stephan(2008), "Modelling of Water Use Decisions in a Large, Spatially Explicit, Coupled Simulation System", In: Edmonds, Bruce/Hernandez, Cesareo/Troitzsch, Kluas G.(Hg.), *Social Simmulation: Technolgies, Advances and New Discoveries*, Hershey/NY, S. 138-149.

Gessner, Wolfgang(1996), "Der lange Arm des Fortschritts", in: Kaufmann-Hayoz, Ruth/Di Giulio, Antonietta(Hg.), *Umweltproblem Mensch*, Bern, S. 263-299.

Grübler, Arnulf(1997), "Time for a Change: On the Patterns of Diffusion of Innovation", in: Ausubel, Jesse H./Langford, H. Dale(Hg.), *Technolgical Trajectories and the Human Environment*, Washington, D.C., S. 14-32.

Leggewie, Claus/Welzer, Harald(2009), *Das Ende der Welt, wie wir sie kannten. Klima, Zukunft und die Chancen der Demokratie*, Frankfurt a.M.

Malthus, Thomas Robert(1798), *An Essay on the Principle of Population*, Vol. I.

Messick, David M./McClelland, Carol L.(1983), "Social Traps and Temporal Traps", *Personality and Social Psychology Bulletin*, Jg. 9, H. 1, S. 105-110.

Mulgan, Geoff(2007), *Social Innovation. What it is, why it matters, and how it can be accelerated*, London.

Ostrom, Elinor(2003), *The Drama of the Commons*, Washington.

Rogers, Everett M.(2003), *Diffusion of Innovations*, New York.

Salganik, Matthew J./Dodds, Peter Sheridan/Watts, Duncan J.(2006), "Experimental Study of Inequality and Unpredictability in an Artificial Cultural Market", *Science*, H. 311, S. 854-856.

Siegrist, Michael/Gutscher, Heinz(2008), "Natural Hazards and Motivation for Mitigation Behavior: People Cannot Predict the Affect Evoked by a Severe Flood", *Risk Analysis*, Jg. 28, H. 3, S. 771-778.

Thaler, Richard H./Sunstein, Cass R.(2009), *Nudge. Improving Decisions about Health, Wealth and Happiness*, London.

Vlek, Charles/Keren Gideon(1992), "Behavioral Decision Theory and Environmental Risk Management. Assessment and Resolution of Four 'Survival' *Dilemmas*", *Acta Psychologica*, H. 80, S. 249-278.

아홉 번째 l 여기는 아닌, 지금은 아닌, 나는 아닌
― 대단히 심각한 문제의 상징적 처리에 관하여

Europäische Kommission(2008), Einstellungen der europäischen Bürger zum Klimawandel, Spezial Eurobarometer 300, Brüssel, in: http://ec.europa.eu/public_opinion/archives/ebs/ebs_300_full_de.pdf(13.11.2009).

― (2009), Europeans' Attitudes Towards Climate Change, Spezial Eurobarometer 313, Brüssel, in:http://ec.europa.eu/public_opinion/archives/ebs/ ebs_313_en.pdf(13.11.2009).

Kuckartz, Udo/Rheingans-Heintze, Anke(2006), Trends im Umweltbewusstsein. Umweltgerechtigkeit, Lebensqualität und persönliches Engagement, Wiesbaden.

Kuckartz, Udo/Rheingans-Heintze, Anke/Rädiker, Stefan(2007a), Tendenzen der Umwelt- und Risikowahrnehmung in einer Zeit des Wertepluralismus, Vertiefungsstudie im Rahmen des Projektes "Repräsentativumfrage zu Umweltbewusstsein und Umweltverhalten im Jahr 2006", Berlin Umweltbundesamt, in: http://www.umweltbewusstsein.de/deutsch/2006/download/

tendenzen_risikowahrnehmung.pdf(13.11.2009).

— (2007b), Determinanten des Umweltverhatlens — Zwischen Rhetorik und Engagement, Vertiefungsstudie im Rahmen des Projektes "Repräsentativumfrage zu Umweltbewusstsein und Umweltverhalten im Jahr 2006", Berlin Umweltbundesamt, in: http://www.umweltbe-wusstsein.de/deutsch/2006/download/determinanten_umweltverhalten.pdf(13.11.2009).

— (2007c), Informationsverhalten im Umweltschutz und Bereitschaft zum bürgerschaftlichen Engagement, Vertiefungsstudie im Rahmen des Projektes "Repräsentativumfrage zu Umweltbewusstsein und Umweltverhalten im Jahr 2006", Berlin Umweltbundesamt, in: http://www.umweltbewusstsein.de/deutsch/2006/download/informationsverhalten.pdf(13.11.2009).

— (2007d), Das Spannungsfeld Umwelt und Gerechtigkeit in der öffentlichen Wahrnehmung. Vertiefungsstudie im Rahmen des Projektes "Repräsentativumfrage zu Umweltbewusstsein und Umweltverhalten im Jahr 2006", Berlin Umweltbundesamt, in: http://www.umweltbe-wusstsein.de/deutsch/2006/download/umwelt_gerechtigkeit.pdf(13.11.2009).

열 번째 | 기후문화적 특징과 사회경제적 발전이 상충하는 긴장 영역에 있는 건축 및 도시 계획

Bundesregierung(Hg.)(2009), *Für ein nachhaltiges Deutschland. Fortschrittsbericht 2008 zur nationalen Nachhaltigkeitsstrategie*, Berlin.

Europarat(2000), *Europäische Konvention für die Landschaft*, Florenz, in: http://www.coe.int (25.1.2010).

Hunger, Bernd(Red.)(2005), *Landschaften verwandeln. Empfehlungen am Beispie dreier industriell gestörter Landschaften in Europa*, Dokumentation des italienisch-polnisch-deutschen Projekts "Restrukturierung von Kulturlandschaften", im Auftrag der Internationalen Bauausstellung "Fürst-Pückler-Land", Berlin.

Radermacher, Franz Josef/Beyers, Bert(2007), *Welt mit Zukunft*, Hamburg.

Rat für Nachhaltige Entwicklung(2004), *Mehr Wert für die Fläche. Das 'Ziel-30-ha' für die Nachhaltigkeit in Stadt und Land*, Empfehlungen an die Bundesregierung, Berlin, in:http://www.nachhaltigkeitsrat.de/uploads/media/Broschuere_Flaechenempfehlung_02.pdf(25.1.2010).

열한 번째 I 도시 거버넌스를 통한 기후 보호

Battis, Ulrich/Kersten, Jens/Mitschang, Stephan(2009), *Stadtentwicklung, Rechtsfragen zur ökolo-gischen Stadterneuerung*, Forschungsprogramm ExWoSt, im Auftrag des Bundesministeriums für Verkehr, Bau und Stadtenwicklung(BMVBS) und des Bundesamtes für Bauwesen und Raumentwicklung(BBR), Endbericht siehe: http://www.bbsr.bund.de/cin_016/nn_21686 /BBSR/DE/FP/ExWoSt/Studien/2009/RechtsfragenStadterneuerung/downloads.html (12.01.2010).

Beck, Ulrich(2007), *Weltrisikogesellschaft*, Frankfurt a.M.

CDU/CSU/FDP(2009), *Wachstum. Bildung. Zusammenhalt. Koalitionsvertrag zwischen CDU, CSU und FDP, 17. Legislaturperiode*, in:http://www.csu.de/dateien/partei/beschluesse/091026_koalitionsvertrag.pdf(23.11.2009), insbesondere S. 26 u. 28.

Deutscher Städtetag(2008), *Klimaschutz in den Städten*, Positionspapier, in: http://www.staedtetag.de/imperia/md/content/beschluesse/8.pdf(12.01.2010).

Ingold, Albert(2009), "Climate Improvement Districts(CID)", in: *Umwelt ─ und Plannungsrecht* (2009), S. 431-436.

Faßbender, Kurt(2009), "Kommunale Steuerungsmöglichkeiten zur Nutzung erneuerbare Energien im Siedlungsbereich", in: *Natur und Recht*(2009), S. 618-623.

열두 번째 I "정치는 운명이다" ─ BC 50년 지구온난화에 관한 철학적 도서관 대화

Arnim, Hans F. A. von(1905-1924), *Stoicorum veterum fragmenta*, Bd. 1-4(=SVF), Stuttgart.

Arweiler, Alexander/Möller, Melanie(2008), *Vom Selbstverständnis in Antike und Neuzeit*(Trans-formationen der Antike), Berlin.

Bernhart, Joseph(1955), *Augustinus. Confessiones(Bekenntnis´´se)*, München.

Brandt, Reinhard(2005), "Selbstbewusstsein und Selbstsorge. Zur Tradition der *oikeiosis* in der Moderne", *Archiv für Geschichte der Philosophie*, Jg. 85, S. 179-197.

Blumenberg, Hans(1979), *Schiffbruch mit Zuschauer. Paradigma einer Deseinsmetapher*, Frankfurt a.M.

Büchner, Karl(1979), *Cicero. De re publica / Vom Gemeinwesen*, Stuttgart.

Diels, Hermann/Kranz, Walther(1951), *Die Fragmente der Vorsokratiker*, Bd. 1(=DK), Zürich.

Dilcher, Roman(1995), Studies in Heraclitus, Spudasmata 56, Hildesheim/Zürich/New York.

Düring, Ingemar(1969), *Der Protreptikos des Aristoteles*, Frankfurt a.M.

Froschner, Maximilian(1998), "Das Gute und die Güter. Zur stoischen Begründung des Wertvollen",
in: ders., *Über das Handeln im Einklang mit der Natur*, Darmstadt, S. 31-39.

— (1981), *Die stoische Ethik: über den Zusammenhang von Natur-, Sprach- und Moralphilosophie im altstoischen System*, Stuttgart.

Faoucault, Michel(2007), *Sexualität und Wahrheit*, Bd. 3: *Die Sorge um sich*, Frankfurt a.M.

Gerwing, Manfred(1996), *Vom Ende der Zeit. Der Traktat des Arnald von Villanova über die Ankunft des Antichrist in der akademischen Auseinandersetzung zu Beginn des 14. Jahrhundert*, Münster.

— (1997), "Weltende", in: Norbert Angermann u.a.(Hg.), *Lexikon des Mittelalters*, Bd. 8, München, S. 2168-2172.

Gigon, Olof(1988), *Cicero. Über die Ziele des menschlichen Handelns* (De finibus bonorum et malorum), Darmstadt.

Hadot, Pierre(1991), *Philosophie als Lebensform, Geistige Übungen in der Antike*, Berlin.

Hartmann, Nicolai(⁴1962/1926), *Ethik*, Berlin.

Hengelbrock, Matthias(2000), *Das Problem des ethischen Fortschritts in Senecas Briefen*, Hildesheim.

Kannicht, Richard/Snell, Bruno(1981), *Tragicorum Graecorum Fragmenta*, vol. 2: *Fragmenta Adespota*, Göttingen.

Kuhn, Helmut(1975), "Wert — eine Urgegebenheit", in: Hans-Georg Gadamer/Paul Vogler(Hg.), *Philosophische Anthropologie, Zweiter Teil*, Stuttgart, S. 343-373.

Long, Anthony A./Sedley, David N.(2000), *Die hellenistischen Philosophen. Texte und Kommentare*, Stuttgart.

O'Brian, Dennis(1969), *Empedocles' Cosmic Cycle. A Reconstruction from the Fragments and Secondary Sources*, Cambridge.

Pohlenz, Max(³1964), *Die Stoa. Geschichte einer geistigen Bewegung*, Bd. 1-2, Göttingen.

Reinhardt, Karl(²1959/1916), *Parmenides und die Geschichte der griechischen Philosophie*, Frankfurt a.M.

Rosenbach, Manfred(⁴1989), *L. Annaeus Seneca. Philosophische Schriften*, Bd. 1, Darmstadt.

Schaber, Peter(2004), "Wert — B. S´´cheler, Hartmann", in: Joachim Ritter u.a.(Hg.), *Historisches Wörterbuch der Philosophie*, Bd. 12, S. 568-571.

Scheler, Max(1913-1916, ⁴1954), *Der Formalismus in der Ethik und die materiale Wertethik. Neuer Versuch der Grundlegung eines ethischen Personalismus*, Bern.

Spaemann, Robert(1989), *Glück und Wohlwollen. Versuch über Ethik*, Stuttgart.

Steinmetz, Peter(1994), "Die Stoa bis zum Beginn der römischen Kaiserzeit im allgemeinen", in:

Hellmut Flashar(Hg.), *Grundriss der Geschichte der Philosophie, begründet von Friedrich Ue-berweg. Die Philosophie der Antike*, Bd. 4.2, Basel, S. 495-517.

Theiler, Willy(1984), *Marc Aurel. Wege zu sich selbst*, hg. von Willy Theiler, Darmstadt.

Ullrich, Wolfgang(2006), *Haben Wollen. Wie funktioniert die Konsumkultur?*, Frankfurt a.M.

Wildberger, Jula(2006), *Seneca und die Stoa. Der Platz des Menschen in der Welt*, Berlin.

Ziegler, Konrat(1980), *Plutarch. Große Griechen und Römer*, Bd. 4, München.

열다섯 번째 | 기후에서 사회로: 21세기 기후 역사

Behringer, Wolfgang(2003), "Die Krise von 1570. Ein Beitrag zur Krisengeschichte der Neuzeit", in: Jakubowski-Tiessen, Manfred/Lehmann, Hartmut(Hg.), *Um Himmels Willen. Religion in Katastrophenzeiten*, Göttingen, S. 51-56.

— (2007), *Kulturgeschichte des Klimas. Von der Eiszeit bis zur globalen Erwärmung*, München.

Bloch, Marc(2002/1974), *Apologie der Geschichtswissenschaft oder Der Beruf des Historikers*, Stuttgart(frz. Originalausgabe: *Apologie pour l'histoire ou Métier d'historien*).

Bradley, Raymond S.(^{2}1999), *Paleoclimatology*, Burlington.

Braudel, Fernand(1971), *Die Geschichte der Zivilisation. 15. bis 18. Jahrhundert*, München.

— (1990), *Das Mittelmeer und die mediterrane Welt in der Epoche Philipps II*, Frankfurt a.M.

Brazdil, Rudolf u.a.(2005), "Historical Climatology in Eruope ⊠ The State of the Art", *Climatic Change*, Jg. 70, S. 363-430.

— (2010), "European climate of the past 500 years. New challenges for historical climatology", *Climatic Change*, DOI 10.1007/s10584-009-9783-z.

Burckhardt, Jacob(1982), , München.*Über das Studium der Geschichte, Der Text der "Weltgeschichtli-chen Betrachtungen"*, München.

Burke, Peter(2004), *Die Geschichte der Annales, Die Entstehung der neuen Geschichtsschreibung*, Berlin.

Crutzen, Paul J.(2002), "Geology of mankind", *Nature*, Jg. 415, H. 6867, S. 23-23.

— /Stoermer, Eugene F.(2000), "The 'Anthropocene'", *Global Change Newsletter*, Jg. 41, S. 17-18.

Dobrovolny, Petr u.a.(2009), "A Standard Paleoclimatological Approach to Temperature Recon-sturction in Historical Climatology: An Example from the Czech Republic, A.D. 1718-2007", *International Journal of Climatology*, Jg. 29, S. 1478-1492.

Durkheim, Emile(1983/1897), *Der Selbstmord*, Frankfurt a.M.

— (2007/1985), *Die Regeln der soziologischen Methode*, Frankfurt a.M.

Ehlers, Eckart(2008), *Das Anthropozän, Die Erde im Zeitalter des Menschen*, Darmstadt.

— /Krafft, Thomas(2006), *Earth System Science in the Anthropocene*, Berlin.

Hsü,Kenneth J.(2000), *Klima macht Geschichte. Menschheitsgeschichte als Abbild der Klimaentwicklung*, Zürich.

Huntington, Ellsworth(1915), *Civilization and Climate*, New Haven, Conn./London.

Kraemer, Klaus(2008), *Die soziale Konstitution der Umwelt*, Wiesbaden.

Lamb, Hubert H.(1989), *Klima und Kulturgeschichte. Der Einfluß der Wetters auf den Gang der Geschichte*, Hamburg.

Landes, david(1998a), "Culture Counts: Interview with David Landes", *Challenges*, Jg. 41, S. 14-30.

— (1998b), *The Wealth and Poverty of Nations. Why Some Are so Rich and Some Are so Poor*, Norton/New York.

Le Roy Ladurie, Emmanuel(1959), "Histoire et climat", *Annales: Economies, Sociétés, Civilisations*, Jg. 14, S. 3-34.

— (1960), "Climat et recoltes aus XVIIe et XVIIIe siècles", *Annales: Economies, Sociétés, Civilisations*, Jg. 15, S. 434-465.

— (1961), "Aspect historique de la nouvelle climatologie", Revue Historique, Jg. 85, H. 225, S. 1-20.

— (1967), *Histoire du climat depuis l'an mil*, Paris.

— (1970), "Pour une histoire de l'environnement: la part du climat", *Annales. Histoire, Sciences Sociales*, Jg. 25, H. 5, S. 1459-1470.

— (1972), *Time of Feast, Times of Famine, A History of Climate since the Year 1000*, London.

— (1973a), *Le territoire de l'historien*, Bd. 1, Paris.

— (1973b), "L'histoire de la pluie et du beau temps", in: Le Goff, Jacques/Nora, Pierre(Hg.), *L'histoire nouvelle et ses méthodes*, Paris, S. 11-46.

Luterbacher, Jürg u.a.(2004), "European Seasonal and Annual Temperature Variability, trends, and Extremes since 1500", *Science*, Jg. 303, S. 1499-1503.

— u.a.(2002), "Reconstruction of Sea-Level Pressure Fields over the Eastern North Atlantic and Europe back to 1500". *Climate Dynamics*, Jg. 18, S. 545-562.

Manley, Gordon(1958), "The Revival of Climatic Determinism", *Geographical Review*, Jg. 48, H. 1, S. 98-105.

Mauelshagen, Franz(2009), "Keine Geschichte ohne Menschen: Die Erneuerung der historischen Klimawirkungsforschung aus der Klimakatastrophe", in: Kirchhofer, André u.a.(Hg.), *Nach-*

haltige Geschichte. Festschrift für Christian Pfister, Zürich, S. 169-193.

— (2010a), *Die Gesellschaft erscheint im Anthropozän, Für eine Soziosphäre im Klimasystem*(KWI-Interventionen, H. 5), Kulturwissenschaftliches Institut(KWI), Essen.

— (2010b), *Klimageschichte der Neuzeit 1500-1900*, Darmstadt.

Pauling, Andreas u.a.(2006), "Five Hundred Years of Gridded High-Resolution Precipitation Reconstructions over Europe and the Connection to Large-Scale Circulation", *Climate Dynamics*, Jg. 26, S. 387-405.

Pfister, Christian(1975), *Agrakonjunktur und Witterungsverlauf im westlichen Schweizer Mittelland 1755-1797*, Liebefeld/Bern.

— (1992), "Das 1950er Syndrom: Der Energieverbrauch unserer Zivilisation in historischer Perspektive", *Natur und Mensch*, Jg. 34, H. 1, S. 1-4.

— (1994), "Das 1950er-Syndrom. Die Epochenschwelle der Mensch-Umwelt-Beziehung zwischen Industriegesellschaft und Konsumgesellschaft", *Gaia*, Jg. 3, H. 2, S. 71-90.

— u.a.(1999), *Wetternachhersage. 500 Jahre Klimavariationen und Naturkatastrophen(1496-1995)*, Bern.

— (2001), "Klimawandel in der Geschichte Europas. Zur Entwicklung und zum Potential der Historischen Klimatologie", *Österreichische Zeitschrift für Geschichtswissenschaften*, Jg. 12, H. 2, S. 7-43.

— (2003), "Energiepreis und Umweltbelastung. Zum Stand der Diskussion über das '1950er-Syndrom'", in: Siemann, Wolfram(Hg.), *Umweltgeschichte. Themen und Perspektiven*, München, S. 61-86.

— (2005), "Weeping in the Snow ☒ The Second Period of Little Ice Age-Type Crises, 1570 to 1630", in: Behringer, Wolfgang u.a.(Hg.), *Kulturelle Konsequenzen der 'Kleinen Eiszeit'/Cultural Consequences of the 'Little Ice Age'*, Göttingen, S. 31-85.

— /Bär, Peter(Hg.)(²1996), *Das 1950er Syndrom der Weg in die Konsumgesellschaft*, Bern.

— /Brazdil, Rudolf(2006), "Social Vulnerability to Climate in the 'Little Ice Age': An Example from Central Europe in the Early 1770s", *Climates of the Past*, Jg. 2, S. 115-129.

— u.a.(2008), Documentary Evidence as Climate Proxies, "White Pater" written for the Proxy Uncertainty Workshop in Trieste, 9-11 June 2008(PAGES).

— u.a.(2010), "The Meteorological Framework and the Cultural Memory of Three Severe Winter-Storms in Early Eighteenth-Century Europe", *Climatic Change*(online), Nr. DOI 10.1007/s10584-009-9784-y.

— (2010a), "The '1950s Syndrome' and the Transition from a Slow-Going to a Rapid Loss of Global Sustainability", in: Ükötter, Frank u.a.(Hg.), *Turning Points in Environmental History*, Pittsburgh(im Druck).

Polanyi, Karl(1944), *The Great Transformation*, New York/Toronto.

Post, John D.(1977), *The Last Great Subsistence Crisis in the Western World*, Baltimore, London.

Pyne, Stephen J.(2001), *Fire. A Brief History*, Seattle.

Revelle, Roger/Suess, Hans(1957), "Carbon Exchange Between Atmosphere and Ocean and the Question of an Increase of Atmospheric CO_2 During the Past Decades", *Tellus*, Jg. 9, H. 1, S. 18-27.

Rohland, Eleonora(2010), *Swiss Re, 1864-1906, Risk, fire, climate*, London(im Druck).

Rotberg, Robert L./Rabb, Theodore K.(Hg.)(1981), *Climate and History: Studies in Interdisciplinary History*, Princeton, N.J.

Siemann, Wolfram(2003), *Umweltgeschichte. Themen und Perspektiven*, München.

Steffen, Will u.a.(2007), "The Anthropocene: Are Humans Now Overwhelming the Great Forces of Nature?", *AMBIO: A Journal of the Human Environment*, Jg. 36, H. 8, S. 614-621.

Stehr, Nico/Storch, Hans von(1997), "Rückkehr des Klimadeterminismus?", *Merkur*, Jg. 51, S. 560-562.

— (2000), "Von der Macht des Klimas. Ist der Klimadeterminismus nur noch Ideengeschichte oder relevanter Faktor gegenwärtiger Klimapolitik?", *Gaia*, Jg. 9, H. 3, S. 187-195.

— (2010), *Klima, Wetter, Mensch*, Opladen/Farmington Hills, MI.

Utterström, Gustav(1955), "Climatic Fluctuations and Population Problems in Early Modern History", *Scandinavian Economic History Review*, Jg. 3, H. 1, S. 3-47.

van Leeuwen, Thomas A. P.(2001), "Das Elfte Buch", in: Kunst- und Ausstellungshalle Deutschland GmbH(Hg.), *Feuer*, Köln, S. 393-425.

Weigl, Engelhard(2004), "Wald und Klima: Ein Mythos aus dem 19. Jahrhundert", *Humboldt im Netz*, Jg. 5, H. 9, S. 2-20.

Wheeler, Dennis(2009), "British Ships' Logbooks as a Source of Historical Climatic Information", in: Kirchhofer, André u.a.(Hg.), *Nachhaltige Geschichte. Festschrift für Christian Pfister*, Zürich, S. 109-128.

Whitehead, Alfred N.(1984), *Wissenschaft und moderne Welt*, Frankfurt a.M.

Wigley, T. M. u.a.(Hg.)(1981), *Climate and History. Studies in Past Climates and their Impact on Man*, Cambridge u.a.

Xoplaki, Elena u.a.(2005), "European Spring and Autumn Temperature Variability and Change of Extremes over the Last Half Millennium", *Geophysical Research Letters*, Jg. 32, Nr. L15713.

지은이

하랄트 벨처Harald Welzer: 에센 문화학연구소 다학제간 기억연구센터 소장이며, 비텐
　　헤어데케대학에서 사회심리학을 가르치고 있다.

한스-게오르크 죄프너Hans-Georg Soeffner: 콘스탄츠대학에서 일반사회학을 가르치고
　　있고, 에센 문화학연구소의 연구원이자, 독일학술진흥재단 연구단체 '근대 이전
　　문화와 근대 문화에 나타나는 종교와 정치' 선임연구원이다. 2007년부터는 독일
　　사회학회 회장을 맡고 있다.

다나 기제케Dana Giesecke: 사회학 석사이고, 에센 문화학연구소에서 사회학-독일사회
　　분과를 이끌고 있다.

미하엘 하크너Michael Hagner: 취리히 대학에서 과학사와 과학철학을 가르치고 있다.

울리히 벡Ulrich Beck: 뮌헨 루트비히막시밀리안대학 사회학과에서 사회학을 가르치고
　　있고, 런던 정경대학의 초빙교수이자 하버드대학의 선임연구원이다.

루트거 하이트브링크Ludger Heidbrink: 에센 문화학연구소 책임연구센터 소장이고, 비
　　텐헤르데케대학에서 기업의 책무를 가르치고 있다.

디르크 메스너Dirk Messner: 독일개발정책연구소 소장이고, 지구환경변화 연방과학자
　　문위원회 의장이며, 뒤스부르크-에센대학에서 정치학을 가르치고 있다.

비르거 P. 프리다트Birger P. Priddat: 비텐 헤어데케대학 경제학부에서 경제학을 가르치
　　고 있다. 2007년부터 2008년까지 학장을 지냈다.

라르스 클라우젠Lars Clausen: 킬 크리스티안알브레히트대학 사회학과에서 사회학을 가
　　르치고 있고, 1978년부터 페르디난트 퇴니스 학회의 회장이다. 연방 내무부 보호위

원회 회원이고, 2003년부터 2009년까지 회장을 지냈다.

디터 비른바허Dieter Birnbacher: 뒤셀도르프대학 철학과 교수로, 쇼펜하우어 학회 부회
장이자 연방의사회의 중앙윤리위원회 회원이다.

안드레아스 에른스트Andreas Ernst: 카셀대학의 환경시스템리서치센터에서 환경 시스
템 분석을 가르치고 있다.

우도 쿠카르츠Udo Kuckartz: 마르부르크 필립대학 교육학과 학과장이고, 방법 및 평가
를 위한 작업 그룹을 이끌고 있다.

베른트 홍어Bernd Hunger: 프리랜서 도시계획 전문가이자 도시사회학자이며, 독일 주
택 및 부동산 기업 협회 담당관이다.

베르너 빌켄스Werner Wilkens: 사회학 석사이고, 사회적 주택 및 주거 제도를 위한
DESWOS 개발지원자금 독일 지부장으로서 아시아 NGO 협력단체들의 공동 프
로젝트 계발 및 관리를 맡고 있다

울리히 바티스Ulrich Battis: 베를린 훔볼트대학 법학과 교수로, 헌법과 일반행정법 및 특
별행정법을 가르치고 있다.

토마스 쉬렌Thomas Schirren: 고전어문학 분야의 고대 그리스어 문학과 고대학 분야의
고대 영향사를 가르치고 있고, 잘츠부르크 파리-로드론대학에서 수사학 연구소
를 이끌고 있다.

닐스 밍크마르Nils Minkmar: 역사학자이자 출판업자이다. 1999년부터 2001년까지 《차
이트ZEIT》의 주필이었으며, 그 이후로는 《프랑크푸르터 알게마이네 존탁스차이
퉁Frankfurter Allgemeine Sonntagszeitung》 문화면의 주필을 맡고 있다.

잉고 슐체Ingo Schulze: 소설 《아담과 이브》(2008), 에세이집 《우리는 무엇을 원하는
가?》(2009)를 출간한 작가이다. 2007년부터 독일 언어와 문학 아카데미 회원이자
베를린 예술 아카데미의 회원이다.

프란츠 마우엘스하겐Franz Mauelshagen: 2008년부터 에센 문화학연구소의 연구원이고,
기후 문화 연구 분과 코디네이터이다.

크리스티안 피스터Christian Pfister: 2009년까지 베른대학에서 경제사, 사회사, 환경사
를 강의했다.

옮긴이

모명숙

성균관대학교와 서울대학교 대학원에서 독문학을 공부하고 독일 뮌스터에서 수학한 뒤, 서울대학교 대학원에서 문학박사 학위를 받았다. 성균관대학교 강사를 지냈고, 현재는 번역가로 활동하며 인천광역시 연수구 인문학대학에 출강하고 있다. 옮긴 책으로 《운라트 선생 또는 어느 폭군의 종말》《카사노바의 귀향·꿈의 노벨레》《한낮의 여자》《에너지 명령》《지구의 미래》《이성의 섬》 등이 있다.

찾아보기

KLIMAKULTUREN
SOZIALE WIRKLICHKEITEN IM KLIMAWANDEL

기후문화
기후 변화와 사회적 현실

1판 1쇄 인쇄 2013년 12월 20일
1판 1쇄 발행 2013년 12월 30일

지은이 ┃ 하랄트 벨처·한스-게오르크 죄프너·다나 기제케 외
옮긴이 ┃ 모명숙
펴낸곳 ┃ 성균관대학교 출판부

등록 ┃ 1975년 5월 21일 제1975-9호
주소 ┃ 110-745 서울특별시 종로구 성균관로 25-2
전화 ┃ 02) 760-1252~4
팩스 ┃ 02)762-7452
홈페이지 ┃ press.skku.edu

ISBN 979-11-5550-028-6 93000
값 30,000원